Rolf Famulla

Revision der Kunstgeschichte III

Von der Renaissance bis zum Symbolismus: Illusionistische Kunst?

Rolf Famulla

Revision der Kunstgeschichte III

Von der Renaissance bis zum Symbolismus: Illusionistische Kunst?

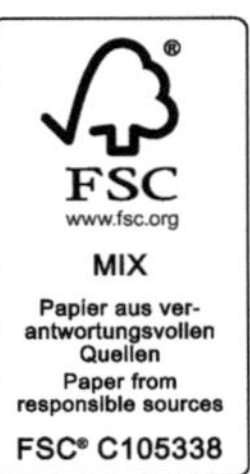

Bibliografische Information der Deutschen Nationalbibliothek: Die Deutsche Nationalbibliothek verzeichnet diese Publikation in der Deutschen Nationalbibliografie; detaillierte bibliografische Daten sind im Internet über http://dnb.dnb.de abrufbar.

Verlag: BoD · Books on Demand GmbH, Überseering 33, 22297 Hamburg, bod@bod.de
Druck: Libri Plureos GmbH, Friedensallee 273, 22763 Hamburg

ISBN: 978-3-7693-5737-0

Inhalt

Dank

Mein besonderer Dank gilt den vielen Fotografen, die die Bebilderung dieses Buches erst ermöglicht haben. Ohne die Erlaubnis
zum Abdruck der Bilder und ohne die Institutionen Wikipedia
und Wikimedia wäre die Arbeit viel aufwendiger und schwieriger
gewesen. Wegen der ansonsten anfallenden hohen Kosten für
Bildrechte wäre es mir nicht möglich gewesen, dies Buch zu veröffentlichen.

Renaissance: Wiedergeburt? Barock: eine Perle? Rokoko: Muschelwerk? Klassik: klassisch?

In der Prähistorie kannten die menschlichen Gemeinschaften keine obrigkeitsstaatlichen Hierarchien. Es gab keine Pharaonen, Kaiser, Könige oder Fürsten mit militärischem und priesterlichem Gefolge, die die große Mehrheit der Gemeinschaften als Untertanen befehligten. Unbekannt waren kriegerische Auseinandersetzungen oder Fehden zwischen den Gemeinschaften. Herrschaftsgebiete existierten nicht, deshalb konnte sich auch kein Streit darüber entwickeln. In dieser Ordnung der Gemeinschaften waren die Geschlechter gleichberechtigt. Es gab keinen Streit um Vorrechte, Besitz und Geld, weil der Reichtum allen gehörte. Nur mit egalitären Beziehungen konnten die Menschen überleben. Das stärkte das Gemeinschaftsgefühl und die Empathie. Allein auf sich gestellt wären die Menschen dem Untergang geweiht gewesen – die Tiere waren stärker als sie. In der Gemeinschaft konnten sie sich nicht nur behaupten, sondern sich auch ausreichend Nahrungsquellen erschließen. Die Nahrung musste Tag für Tag in gemeinschaftlicher Aktion gewonnen werden und wurde in den Gruppen zu gleichen Teilen verteilt. Es gab keine Ideologien staatlicher oder religiöser Institutionen, die vorgeschrieben haben, was die Mitglieder zu denken und wie sie zu handeln hätten. In der langen Zeit der Evolutionsgeschichte hat sich die menschliche Psyche entwickelt, die von der Notwendigkeit der Kooperation und der menschlichen Sympathie und Liebe geprägt ist.

Eine Utopie?

Wenn wir die „Urgeschichte", die Prähistorie, die Evolutionsgeschichte der Menschheit von drei Millionen Jahren als Ausgangspunkt der geschichtlichen Betrachtung nehmen, kommen wir zu der Erkenntnis, dass eine andere Ordnung der Welt als die heute existierende möglich ist – und zwar eine friedliche und egalitär organisierte.

Die Geschichtsschreibung bestreitet, dass es eine derartige Ordnung der menschlichen Gemeinschaften gab. Sie fasst allerdings nur die historische Entwicklung der vergangenen 5.000 Jahre zusammen. Sie behauptet, dass wir keine Aussagen über die Vorzeit treffen könnten, weil wir keine schriftlichen Zeugnisse besitzen würden. Aber die Archäologie kann detailliert die materielle Kultur der Menschen der Prähistorie beschreiben. Und wir verfügen über die Werke der Kunst, die schöpferischen Willen und Verstand belegen.

Kultur, politische Verfassung, Geschichtsschreibung und die Kunst entstehen nicht abseits der Auseinandersetzungen in den Gemeinschaften und Gesellschaften. Sie sind Ausdruck der Ordnungen der Gemeinschaften und der dort herrschenden Kräfteverhältnisse. Und die werden seit den Staatenbildungen im Zweistromland, im alten Ägypten, Griechenland und im römischen Reich von Fürsten, Pharaonen Kaisern und Königen bestimmt.

Die Kunst der Neuzeit – von der Renaissance bis zum europäischen Symbolismus – war immer eine höfische Kunst. Sie schmückte vor allem die Gemächer des Vatikans, die Hallen der Kirchen und trug zur prachtvollen Ausstaffierung der vielen Schlösser und Herrschaftssitze bei. Sie erreichte nicht die Hütten und die Häuser der Bevölkerungen. Sie war Herrschaftskunst, ein Instrument der ideologischen Beeinflussung. Jetzt wird diese Kunst in den Museen archiviert. Gleichwohl prägt sie auch heute noch unsere Kunstvorstellungen. Hat sie sich nicht überlebt? Sind keine demokratischen Bilderwelten entstanden?

Womit beginnt die Kunst der „Neuzeit"? Der Begriff „rinascita" („Wiedergeburt") tauchte erstmals in „Leben der Künstler" (um 1550) von Giorgio Vasari auf, während das entsprechende französische Wort „Renaissance" in den 1830er Jahren als Bezeichnung für diesen Zeitraum ins Englische übernommen wurde. Renaissance bedeutet nicht nur eine Wiedergeburt, sie behauptet, eine Wiederbelebung der Antike zu sein, ein „Neuanfang" im Geist des antiken Rom. Der katholische Vatikan besinnt sich auf die Kunsttradition des heidnischen Griechenlands und des heidnischen Roms der Antike. Warum? Es galt eine Schmach zu leugnen, eine Schande aus dem kulturellen Gedächtnis zu löschen.

hatte Konstantin das Kreuzzeichen von Gott am Himmel empfangen: „In hoc signo vinces." In diesem Zeichen wirst du siegen. In der Schlacht an der Milvischen Brücke am 28. Oktober 312 besiegte Konstantin der Große seinen Rivalen Maxentius und wurde damit zum alleinigen Herrscher des römischen Reiches. Das Kreuz kennzeichnete seine Krieger – und es emanzipierte zum Kennzeichen der Christenheit. Vorher gab es ein derartiges Kennzeichen nicht. Mit der Hagia Sophia in Konstantinopel, dem heutigen Istanbul, wurde die größte Kirche als Zentrum der christlichen Welt errichtet. Also beeilte man sich, im 15. Jahrhundert den Petersdom prachtvoller und größer neu aufzubauen. Heidnische Vor-

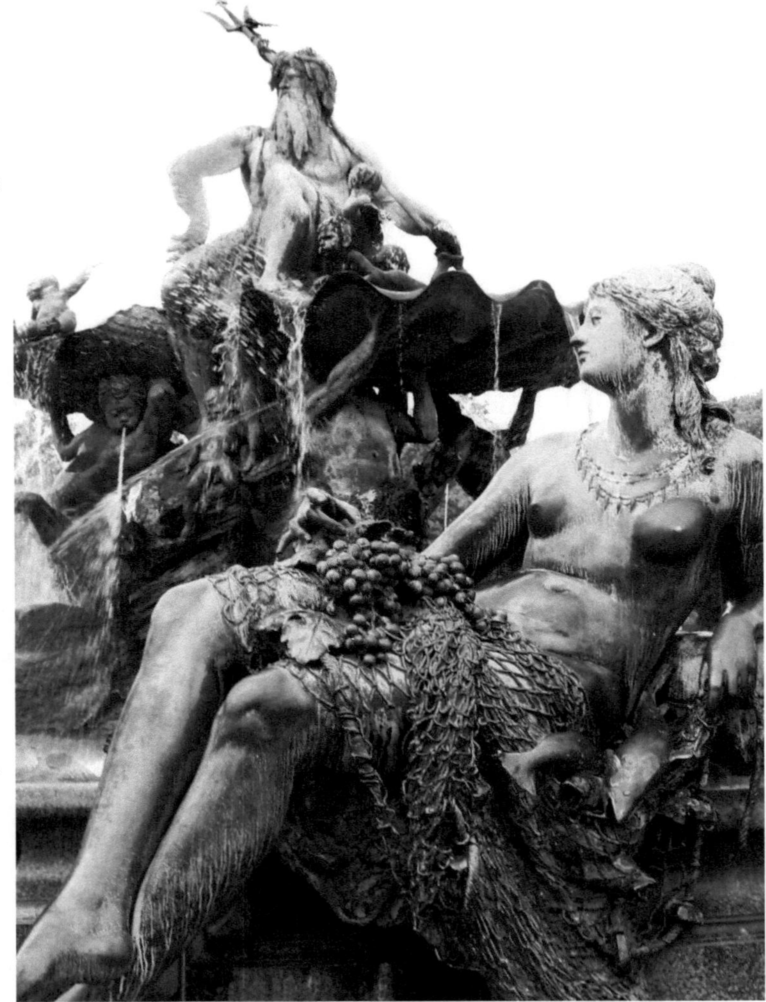

Abb. 1: Im Zentrum Berlins thront der heidnische Gott der Meere Neptun mit seinem Dreizack, umgeben von ihn bewundernden Barbusigen. Foto: RF

Über ein Jahrtausend war Konstantinopel und das byzantinische Reich Zentrum der kulturellen Welt des Christentums gewesen. Es galt im 15. Jahrhundert, nachdem das byzantinische Reich untergegangen war, Rom als Zentrum der Welt zu installieren. Konstantin der Große hatte Konstantinopel gegründet, die Stadt als Zentrum seines Reiches bestimmt – und das Kennzeichen der Christenheit geschaffen. Vor der Schlacht gegen seinen innenpolitischen Gegner an der Milvischen Brücke

bilder? Kein Problem: Raffael malte in den Stanzen des Vatikans die Schule von Athen, glorifizierte den Olymp und kennzeichnete den Papst als Herrscher und weltlichen Richter in oberster Instanz. Dagegen regte sich Widerstand, nicht nur bei Luther und in der Kunst bei Lucas Cranach.

Für die nachfolgenden Kunstepochen hat die Wissenschaft widersprüchliche Kennzeichnungen gefunden.

Manierismus: Die Bedeutung des Wortes ist, dass Künstler-Genies in erster Linie ihren eigenen Stil, die maniera, entwickeln und zur Geltung bringen müssen. Aber der Begriff beinhaltet auch eine andere mögliche Sichtweise. Der Stil kann als eigenartige Manier, als pathetisch überzogen, gewollt schwülstig, gekünstelt ohne innere Überzeugung oder als geziert empfunden werden.

Zu der Bezeichnung Barock führt wikipedia aus: „Der Begriff Barock entstammt dem Portugiesischen – die unregelmäßig geformte Perle wurde barroco genannt. Sie heißt bis heute Barockperle. Im Gothaischen Hofkalender aus dem Jahr 1765 kann man lesen, dass ›die Perlen in runde, birnenförmige, in baroque oder übelgeformte, in Staubperlen und in Zahlperlen eingetheilet (werden)‹." Das ist eine formale Kennzeichnung des Kunststils. Inhaltlich entwickelt sich das Barock zur Kunst der Könige und Fürsten. Der französische Sonnenkönig Ludwig XIV., der sich mit der Devise L'État, c'est moi (Der Staat bin ich) als Mittelpunkt der Welt inszenierte, ließ das Schloss Versailles prachtvoll als Zentrum der Welt ausgestalten. Der Absolutismus erreichte mit glitzerndem Gold und schnörkelhafter Verschwendung seinen architektonischen Ausdruck und Höhepunkt. Das prunkvolle Bett des Königs, das Schlafgemach, in dem sich der

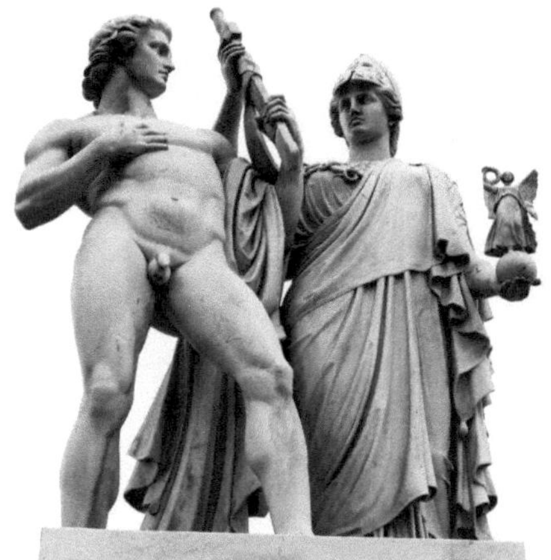

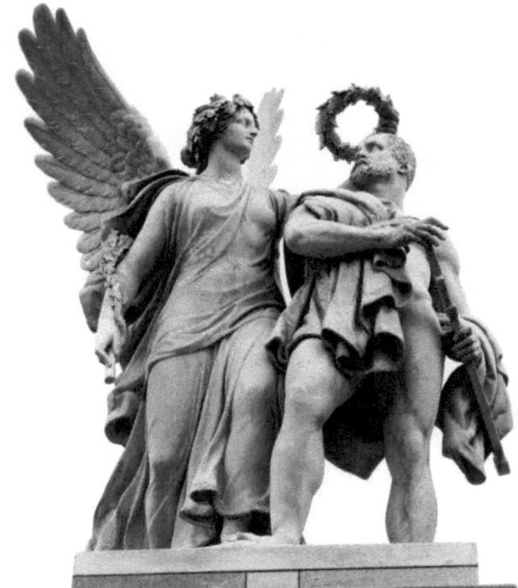

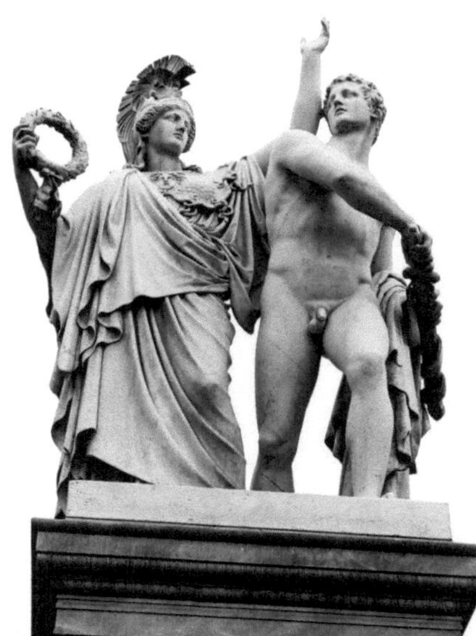

Sonnenkönig mit seinen Konkubinen wohlfühlte, bildete das architektonische Zentrum von Versailles. Von dort waltete und bestimmte der Sonnenkönig über Frankreich und die Kolonien. Er verfügte über eine fabelhaft zentralisierte Macht. Die am französischen Hof ausgeklügelten Ideologien, das Hofzeremoniell, die Umgangsformen und die Architektur werden von den Fürsten und Königen aller europäischer Länder begeistert übernommen: Das Barock ist die attraktive Kulisse für die Welt der Aristokratie, fern von der darbenden, ausgeplünderten Bevölkerung.

Auch die römisch-katholische Kirche profitierte. Nach dem Ende der Dreißigjährigen Krieges sonnte sie sich in neuer Macht. In der Gegenreformation war es ihr gelungen, viele abtrünnige Gläubige ihrem Einflussbereich wieder einzugliedern. Die kämpferischen Jesuiten errichteten zahlreiche Kirchen in aller Welt, deren Architektur und Pracht die Gläubigen beeindrucken sollten. Baukunst und die schönen Künste wollten erstaunen und überwältigen. In allen katholischen Ländern Europas und Übersee wurden machtvoll demonstrativ mit Schönheitsidealen jubilierend Kirchen in die Zentren der Städte platziert. Da konnten die protestantischen Gebieten mit ihren bescheiden ehrfürchtig wirkenden Gotteshäusern nicht mithalten. Im Barock bildet also das Bett des Sonnenkönigs den Mittelpunkt der Welt. Und die Jesuiten wollten mit der Kunst nicht überzeu-

Abb. 2-4: Das schmückende Schwert ist bei den klassizistischen Skulpturen sehr häufig schmückendes Beiwerk. Und die Siegesgöttin Nike. Und der Lorbeerkranz für die Helden ... Fotos: RF

gen sondern überwältigen.

Der schöne Schein sollte blenden und das höfische Leben preisen: Rokoko. Der Name leitet sich von dem französischen Wort Rocaille (Muschelwerk) her. Die Muschel wird das schmückende Ornament. Die Zeit übt sich in verspielten Schönheitsidealen, mit der Absicht, Anmut und Leichtigkeit auszustrahlen. Die aristokratische Elite findet Vergnügen in kleineren und intimeren Schlössern: Dort wird ein leichtfüßiges, feinsinniges Lebensgefühl kultiviert, gepaart mit vornehm-zarter Sinnlichkeit und galanten Umgangsformen. Die Schönen Künste feiern dies mit lieblichen oder niedlichen Darstellungen. Der österreichische Kulturphilosoph Egon Friedell kennzeichnet dies mit den Worten: „[…] vielsagend lächelnd, aber selten eindeutig lachend; amüsant, pikant, kapriziös, witzig, kokett, komödiantisch …" Die Adjektive können erweitert werden: aufgesetzt, gekünstelt, vordergründig, verlogen, süßlich, erotisch, weltfern.

Die Kunst des Rokoko reizte zum Widerspruch. Dagegen übte sich die folgende Epoche der Klassik in staatsmännischer Erhabenheit. Die schönfärberische Kulisse des Barock und Rokoko, die Flucht in Scheinwelten wird abgelehnt. Die Kunst der Klassik sei zeitlos, schön, erhaben.

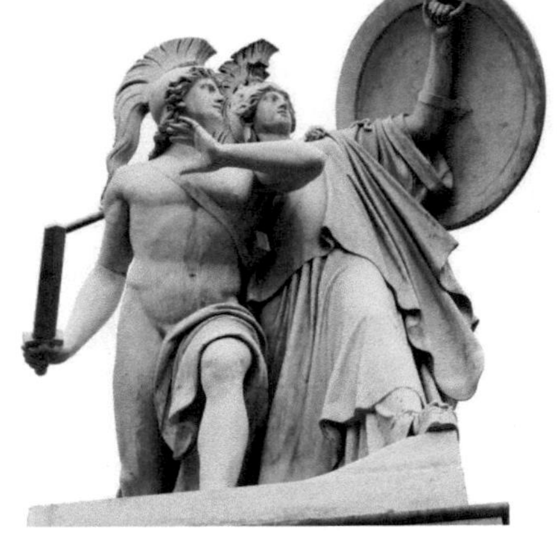

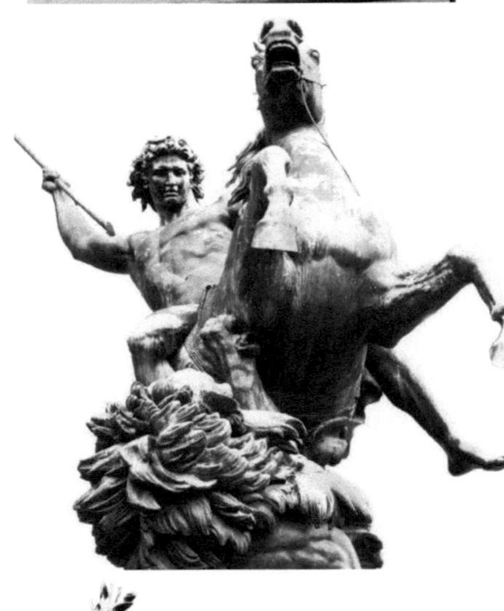

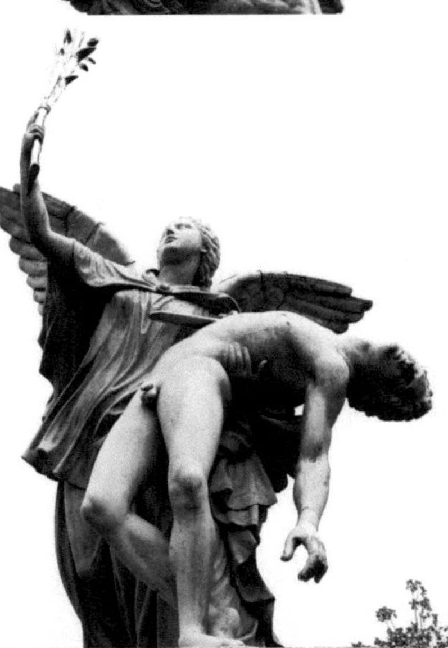

Abb. 5-7 … und natürlich die mit durchsichtigem Umhang gekleideten Engel, die die Ruhmestaten der Helden preisen: klassizistische Statuen auf der Schlossbrücke von Berlin, Fotos: RF

Insgeheim gehen Goethe, Hegel und Winckelmann davon aus, dass es sich bei der Klassik nicht um eine vorübergehende Kunstepoche handelt, sondern um die Verwirklichung des Ideals der Kunst, der Schönheit der Erhabenheit schlechthin. Sie halten die Zeit an, um dem Ideal der Schönheit zu huldigen. Es ist der Versuch der Rettung der aristokratischen, hierarchischen, patriarchalen Ordnung.

Zweifel an dem würdevollen aber kriegerischen Auftritt der Klassik äußert die Romantik. Sie träumt von der „guten, alten Zeit", tritt hausbacken auf, weiß allerdings keine Perspektive aufzuzeigen.

Der folgende Symbolismus wird oft als Abgesang auf die Kunst der Vergangenheit beschrieben. Die Décadence versuchte, Verfall und Untergang einer Epoche künstlerisch zu überhöhen und ihr Heil in überspitzter Sinneslust zu finden. Symbolisten beschwören den heilsamen Geist der mystischen Urahnen, sie bringen das Unverbraucht-Natürliche gegen eine Welt der Technik und Bürokratie in Stellung. Symbolistische Künstler attackieren die materialistischen, dinglichen Gegebenheiten und rufen die idealistische Welt des Übersinnlichen, Überindividuellen, Mystischen auf. Dabei bleiben die Symbole in ihrer Vieldeutigkeit oft im Unklaren, im Verschwommenen. Sehr oft werden Motive der antiken Mythologie und biblische Allegorien aufgerufen. Themen sind von Traum und Ekstase durchtränkte Bildinhalte. Be-

drohliches, Unerklärliches, aufgewühlte Gefühle, Erge-
benheit in das Schicksal, in Krankheit und Tod werden
Themen. Sünde und Leidenschaft werden als Bedrohung
empfunden. Das sündige, verführerische Weib, die
femme fatale wird gefürchtet, gleichzeitig wird den reinen und keuschen Jungfrauen gehuldigt. Engel preisen
die Helden. Phantasien, Visionen, Halluzination, durch-
mischen sich mit dunklen Träumen.
Das Reine, Edle und Erhabene kontrastiert mit den ge-
fahrvollen Seiten, die um Tod und Teufel, Sünde und Ver-

rat ranken. Der Symbolismus schafft eine geheimnis-
volle, von dunklen Mächten durchgeisterte Welt. Thematisiert er die Angst vor dem Niedergang?

In der Klassik versucht sich die aristokratische Welt
ihrer Beständigkeit, ja ihrer in Ewigkeit andauernden irdischen Ordnung zu vergewissern. Der Symbolismus
sieht dagegen schon dunkle Wolken aufziehen und sucht
das Heil in mystischen, archaischen Beschwörungsfor-
meln. Die Zeit der Neuzeit durchschreitet eine Periode

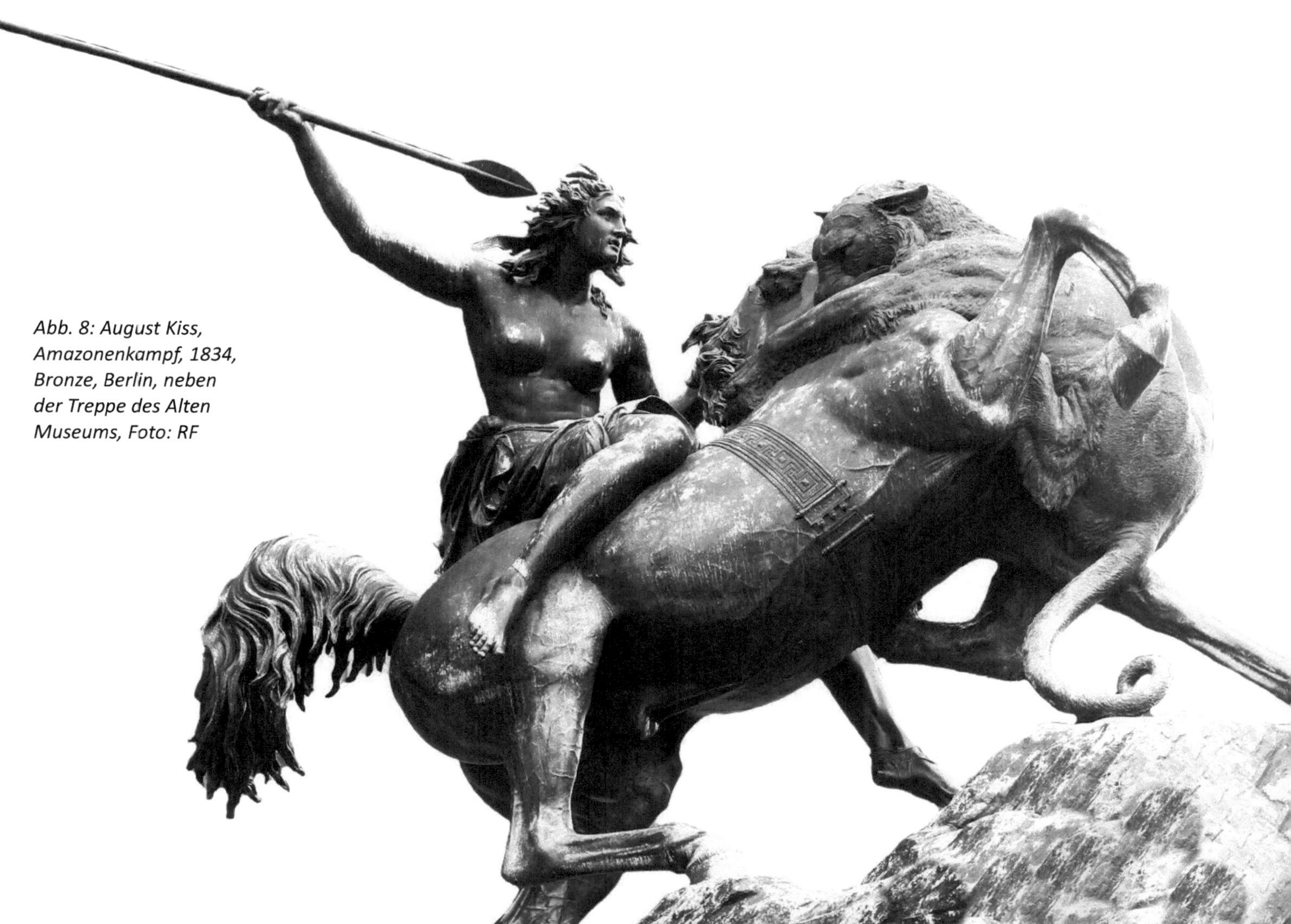

*Abb. 8: August Kiss,
Amazonenkampf, 1834,
Bronze, Berlin, neben
der Treppe des Alten
Museums, Foto: RF*

des kraftvollen, doch widersprüchlichen Aufschwungs in der Renaissance, gefolgt von der lustvollen, doch mit morbidem Beigeschmack durchwachsenen Zeit des Manierismus, Barock und Rokoko, die schon von Verfall und Niedergang gezeichnet ist. Dann kommt wieder eine Zeit der Selbstvergewisserung und trotzig-selbstbewussten Behauptung und eines Höhenflugs in der Klassik. Anschließend halten in der Romantik und im Symbolismus Wehmut mit der Sehnsucht nach einer heilen Welt Einzug, die allerdings in den Wirren der Zeit unerreichbar zu sein scheint.

Künstler der Zeit haben die Aufgabe, eine neue Welt zu gewinnen. Gustave Courbet: „Man muß sich durch die Tradition durcharbeiten, wie ein guter Schwimmer einen Strom durchschwimmt. Die Akademiker ertrinken darin." Er will die Tradition aufarbeiten, abstreifen und eine neue Welt gewinnen. Er will als guter Schwimmer den Strom durchqueren und das rettende, sichere Ufer erreichen.

Ich habe in „Revision der Kunstgeschichte" Band I und Band II belegt, dass unser derzeit noch dominantes Geschichts- und Kunstverständnis revisionsbedürftig ist: **Erstens** ignoriert es die „vor"geschichtliche Zeit weitgehend. In dieser Zeit entstand aber menschliches, ästhetisches Bewusstsein. In dieser Zeit entwickelte der Mensch seine Psyche und seine Fähigkeiten als soziales, empathisches Wesen.
Zweitens ist die Kunstgeschichte wie auch die Geschichtswissenschaft insgesamt durch ein eurozentristisches Weltbild geprägt, das die außereuropäischen Kulturen weitgehend unberücksichtigt lässt. Ich würde gern auf die eurozentristische Sicht bei der Aufarbeitung der Kunst der Neuzeit verzichten. Das ist aber unmöglich. Die kolonialistische Expansion in der Neuzeit seit der Renaissance hat die Kulturen in allen Regionen der Welt plattgewalzt. Nicht nur das Gold der Völker der Mayas und Inkas wurde eingeschmolzen und nach Spanien verfrachtet. Damit wurden auch Kulturschätze vernichtet. Überall wurden die Heiden missioniert und das siegreiche Banner des Christentums gehisst und sakrale Bau-

werke mit dem Kreuz auf der Kirchturmspitze errichtet. Afrika wurde als Fundgrube großer profitabler Bodenschätze und als Reservoir von Sklaven missbraucht. Indien und Australien wurden Kolonialreiche. In China wurden Stützpunkte der britischen und französischen Herrscher errichtet. Überall kam das kulturelle Leben zum Erliegen oder nahm großen, irreversiblen Schaden. **Drittens** wurde die Kunstwissenschaft in Zeiten des Absolutismus und der Feudalherrschaft geprägt: Sie ist gekennzeichnet von Machtinteressen der Herrscher vergangener Zeiten, die ihre Bevölkerungen brutal unterdrückten. Es ist an der Zeit, ein demokratisches Verständnis für moderne Kulturen zu entwickeln.

Deutliche Widersprüche mit einem humanistischen Menschenbild zeigen sich schon in der Renaissance. Hier seien nur Hieronymus Bosch, Dürer und Cranach genannt, die den Stachel wider die Obrigkeit löckten. In Kriegen und innerstaatlichen Repressionen werden emanzipatorische Bestrebungen unterdrückt. Mit dem Aufkommen von Akademien im 16. Jahrhundert und mit staatlich verordneten Ideologien werden Künstler gegängelt. Das kennzeichnet die Widersprüchlichkeit der Entwicklung: Rembrandt van Rijn fristete das Ende seiner Karriere in Armut, Francisco Goya musste vor der Inquisition emigrieren.

Doch im 19. Jahrhundert zeigten sich deutlich Zweifel an der glorreichen Zukunft der aristokratischen Ordnungen. Nicht nur Gustave Courbet warb für Freiheit – in der Kunst und in der Gesellschaft. Edouard Manet und die französischen Impressionisten waren dann die Künstler, die das alltägliche Leben der einfachen Bürger in den Städten und auf dem Land thematisierten. Der Aristokrat Henri Toulouse-Lautrec war es, der an der Seite des Anarchisten Aristide Bruant die Vergnügungen der unteren Schichten und das Lebensgefühl der Zukunft entdeckte. Er schreibt: „Es lebe die Revolution! Es lebe Manet! Der Wind des Impressionismus weht durch das Atelier. Ich bin überglücklich."

Renaissancekunst in Italien in byzantinischer Tradition

Folgt man den Auffassungen des ersten großen Kunsthistorikers der Neuzeit Giorgio Vasari (1511 - 1574), gleichzeitig Architekt und Hofmaler der Medici, dann beginnt die moderne Malerei mit dem Florentiner Giotto di Bondone (um 1266 - 1337). Denn er habe die italienische Malerei aus der byzantinischen Abhängigkeit befreit. Giotto habe mit der „Maniera greca" gebrochen, den typischen Goldgrund durch ein Himmelblau ersetzt und sei bestrebt, die Figuren schon auf dem Malgrund perspektivisch anzuordnen. Gleichzeitig versucht Vasari, die italienische Malerei bis zur Hochrenaissance als Begründer der abendländischen Malerei und Kultur insgesamt hinzustellen. Viele bedeutende Kunsthistoriker folgten seinem Urteil. Heinrich Wölfflin bezeichnete zum Beispiel die Renaissance als „die klassische Kunst", als einen einsamen Höhepunkt, dem danach der Verfall folgte. Auch sein Schüler Ernst Gombrich sieht in dem Schaffen Giottos einen epochalen Wendepunkt, der Beginn des perspektivischen Sehens. Schon Vasari hatte die byzantinische Kunst als „gotisch" diffamiert, was bei ihm gleichbedeutend mit barbarisch, fremdartig und wirr war. Das düstere Mittelalter sei mit der Kunst Italiens, vor allem in den Städten Florenz, Rom und Venedig, überwunden worden. Vasari benutzt auch die Bezeichnung „Renaissance", gleich Wiedergeburt: Die Größe und Blüte der Kunst des alten Griechenlands und des antiken Roms erblüht im neuen Rom zu neuer Pracht und Großartigkeit. In den Schriften des 15. und 16. Jahrhunderts haben die Wörter wie „restauratio", „restutio" und „generatio" Hochkonjunktur. Mit dem abwertenden Urteil „gotisch" konnte sich Vasari auch von der Malerei jenseits der Alpen absetzen, denn dort jauchzten die Bilder nicht in der italienischen Farbenpracht und Schönfärberei.

Vasaris Idealisierung der italienischen Kunst schafft auch einen neuen Mythos der Künstler. Sie folgen der Intuition, einer Eingebung Gottes. Sie seien die Auserwählten, denen Gott die Hand führt. In seiner Einleitung zu seiner Leonardo-Biografie schreibt Vasari: „Was er leistet, ist von Gott gespendet, nicht durch menschliches Können erzwungen. Das hat die Welt an Leonardo da Vinci gesehen. Denn, von seiner nie genug gepriesenen Schönheit abgesehen, erfüllt göttliche Anmut all sein Tun." Das hatte Leonardo noch 50 Jahre vor ihm vollkommen anders gesehen: Für ihn war die Malerei eine wissenschaftliche Herausforderung, erlernbares menschliches Handwerk, eben keine göttliche Erleuchtung. Mit seiner Interpretation versucht Vasari die ideologische Vormachtstellung Roms und der Papstkirche zu begründen. Er verklärt gleichzeitig die Malanweisungen des Vatikans und der weltlichen Herrscher an die Künstler als die Eingebungen Gottes.

Die italienische Kunst bis zur Hochrenaissance (und der darauf folgenden Schönfärberei und überschwänglichen, göttlichen Verklärung im Manierismus) kann nicht verstanden werden, wenn man die großen byzantinischen Traditionslinien, die die italienische Kunst maßgeblich prägen, unberücksichtigt lässt. Die Zentren der Kunst, die Städte Venedig, Florenz, Siena und auch Rom, waren wirtschaftlich erstarkt gerade durch ihren Handel und Austausch mit dem damaligen Machtzentrum der Welt – und das war Byzanz. Zwar hatten die Päpste in Rom immer versucht, wenigstens in religiösen Fragen die Vorherrschaft zu erlangen, waren aber stets gescheitert, weil sie mit ihren Besitztümern sich in byzantinischer Abhängigkeit befanden. Große Teile Süditaliens waren byzantinisches Einflussgebiet und wurden den Päpsten nur zur Verwaltung überlassen.

In der Kunst war Rom lange Zeit byzantinische Provinz und kopierte die dortigen Praktiken. Die mit Reliquien gefüllte Privatkapelle des Papstes Leos III. (795 - 816) Sancta Sanctorum konnte keinem Vergleich mit den Reliquienschätzen von Byzanz standhalten. Am Bosporus wurden die Nägel vom Christuskreuz, ja sogar die Windeln von Jesus, der Mantel der Maria und das heilige Schweißtuch des Erlösers aufbewahrt. In Sancta Sanctorum hing „nur" das von dem heiligen Lukas angefangene und von Engeln vollendete Bild des Gekreuzigten. Diese Tradition wurde bewahrt. Belting berichtet: „In der Zeit um 1200 gab es in Rom offenbar nur zwei Marienikonen, die unangefochten den Anspruch erhoben, ein Porträt von der Hand des Evangelisten Lukas zu sein: die ›Madonna von S. Sisto‹ und das Hausbild in S. Maria Maggiore." (Belting, S. 358)

Besonders in Venedig legen der Dogenpalast und San Marco, die Paläste am Canale Grande noch heute Zeugnisse für den orientalisch-byzantinischen Einfluss ab. Im Unterschied zu der Kunst in den Ländern nördlich der Alpen gab es in Italien keine romanische und keine gotische Stilepoche. Sie entwickelte sich wie die byzantinische aus den nachantiken Vorstellungswelten. „Das Papsttum ist Erbe und Fortsetzer des römischen Cäsarentums, und deshalb konnte auch künstlerisch die römische Hierarchie Bewahrerin des byzantinischen Griechentums oder des bürokratischen Formalismus spätantiker Cäsarenverherrlichung werden. Insofern ist auch in dieser Kunst der Hochrenaissance viel Klassizismus und sterile Nachahmung der Antike." (Hamann, S. 51)

Schon vor rund 150 Jahren hatte Jacob Burckhardt in seinem Werk „Die Kultur der Renaissance" auf die hochgradig widersprüchlichen Entwicklungsbedingungen in Italien hingewiesen. Auf der einen Seite häuften die Kaufleute und Manufaktur-Industriellen vor allem in den Städten Florenz, Siena, Venedig und Rom Reichtümer an und schmückten ihre Städte mit prachtvollen Bauten. In der Toskana-Region erblühte die Textil- und Bekleidungsbranche. Florenz war berühmt für seine Gold- und Silberstoffe und für Damaste – und damit reich geworden. Die Florentiner Banken waren die ersten Adressen in Europa. Zu Beginn des 14. Jahrhunderts hatte Florenz rund 100 000 Einwohner, viele Handwerker für die Goldschmiede- und Juwelierkunst aber auch für die Holzschnitzerei und Möbelherstellung. Das Großherzogtum mit seiner Hauptstadt zählte im 15. Jahrhundert rund eine Million Einwohner. Kurzum: Florenz hatte sich zu einem Zentrum der damaligen Welt auf Grund seiner wirtschaftlichen Stärke entwickelt. Der Reichtum basierte auf der Leistungsfähigkeit seiner Bürger. Der Fernhandel verlieh der Stadt eine kosmopolitische Dynamik. Das Schulwesen war überdurchschnittlich gut, an Akademien wurde humanistisches Wissen angehäuft. Hier wetteiferten die italienischen Städte miteinander. Das war die Grundlage für die Ausbildung von Persönlichkeiten. Und das war auch die Grundlage für die explosionsartige Zunahme der Andachtsbilder und Tafelkreuze im 13. Jahrhundert. Der Engländer Edward B. Garrison, der diesen Zeitraum untersucht hat, registrierte 700 italienische Tafelbilder in byzantinischem Stil.

Auf der anderen Seite entbrannte unter den italienischen Städten der Streit um die Vormachtstellung mit ständigen Kriegen, die kein Zentrum eindeutig für sich entscheiden konnte. Mit reich gefüllten Stadtkassen kauften die Städte Feldherren (die sogenannten Condottieren) samt Söldnerheeren ein. Doch diese Condottieren strebten allzu oft nach unabhängiger Herrschaft und schwangen sich zu ruhmgierigen Tyrannen in den Städten auf. Burckhardt stellt fest: „Florenz war damals mit der reichsten Entwicklung der Individualitäten beschäftigt, während die Gewaltherrscher keine andere Individualität gelten und gewähren ließen als die ihrige [...]" (Burckhardt, S. 9) So waren auch die Stadtrepubliken keineswegs Stätten bürgerlicher Freiheiten sondern die der mittelalterlicher Unterdrückung, wenn nicht durch die Condottieren, dann durch die privilegierten Familien der Städte. Burckhardt kommt zu der Einschätzung, dass auf Grund der andauernden Machtkämpfe, der Zwistig-

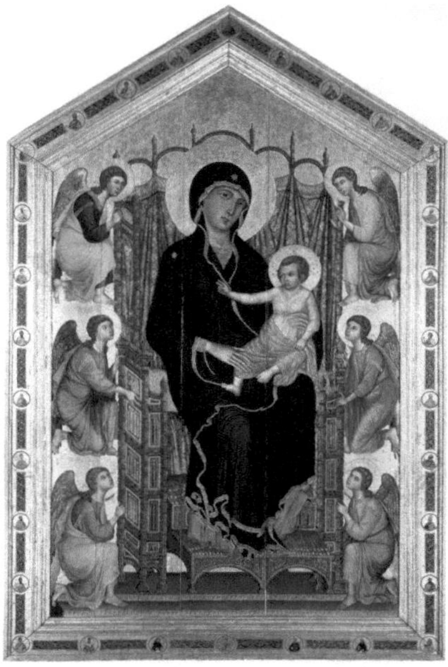

Abb 9: Duccio di Buoninsegna, Madonna Rucellai, nur Mittelteil, 1285, Tempera auf Holz, 450 x 290 cm, Florenz, Galleria degli Uffizi, public domain

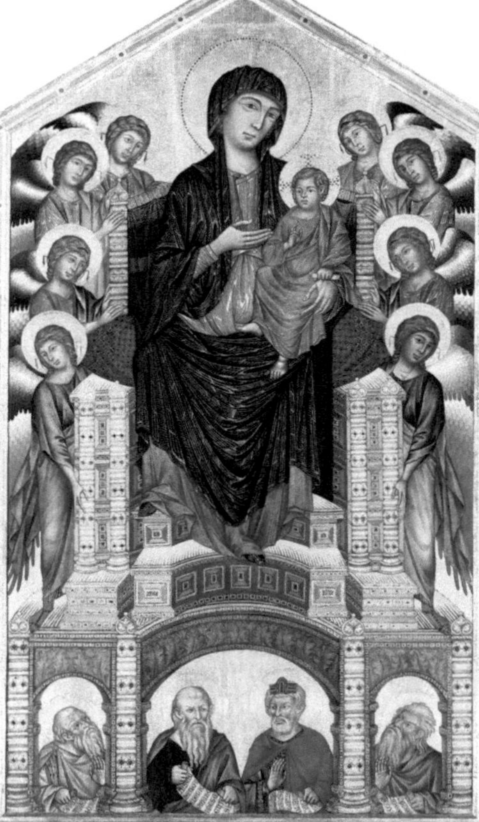

Abb 10: Cimabue, Thronende Madonna, nur Mittelteil, um 1280, Altarbild für die Kirche Santa Trinià in Florenz, Tempera auf Holz, 385 x 223 cm, Florenz, Galleria degli Uffizi, public domain

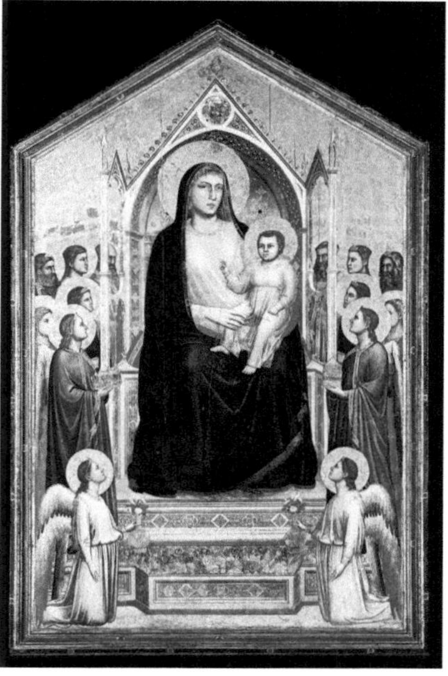

Abb 11: Giotto di Bondone, Madonna di Ognissanti, 1310 - 15, Tempera auf Holz, 325 x 204 cm, Florenz, Galleria degli Uffizi, public domain

keiten innerhalb der Städte und der Auseinandersetzungen in den herrschenden Familien die großen Verbrechen in Italien viel häufiger zu registrieren waren als im übrigen Europa, wo unter den großen Dynastien eine stabilere Ordnung herrschte. Und die Päpste, die in den ständigen Kriegen um die weltliche Vorherrschaft mitmischten, verhinderten mit ihren Bistümern und wechselnden Bündnissen eher eine staatliche Einheit, weil sie zu schwach waren, selbst zur dominierenden Kraft zu werden. Auf der einen Seite ermöglichte der ausgeweitete Handel, die erstarkende Wirtschaft auch ein Aufblühen der Kultur und der Künste und die Herausbildung starker Persönlichkeiten, auf der anderen Seite erhielten sich die feudalen Unterdrückungsstrukturen, wurden immer wieder neu geschaffen und sorgten bei den Bürgern für Angst und

Schrecken. Hinzu kam, dass besonders Italien im 14. und 15. Jahrhundert von einer dichten Folge von Pestepidemien getroffen wurde.

Diese Umstände müssen reflektiert werden, wenn die inflationsartige Zunahme der Andachtsbilder – vor allem der Marienikonen – erklärt werden soll. Maria, die intimste Person in der Nähe des Mensch gewordenen Gottes wurde als Fürsprecherin in der Zeit der Not und sozialer Spannungen gebraucht. In dem blühenden toskanischen Finanz- und Handelszentrum waren es vor allem zwei Städte, die um die Vorherrschaft kämpften: Florenz und Siena – auch in der Kunst konkurrierten die Sieneser und die Florentiner Schule miteinander.

Die beiden Schulen standen ganz in byzantinischer Tra-

15

dition, wie auch der Vergleich des sienesischen Malers Duccio (Madonna Rucellai) mit der Thronenden Madonna des Florentiners Cimabue zeigt. Beide Madonnen thronen auf architektonisch gebauten reich verzierten Herrschersitzen. Beide versammeln eine Schar von Engeln um ihren Thron und beide integrieren auch Heilige und die jeweiligen Stadtväter in ihre Bilder. Das unterscheidet sie nicht von der byzantinischen Kunst. Auch dort nimmt der erzählende, ausschmückende Charakter zu. Die Reihung einzelner Geschichten und Legenden aus dem Leben Christi, Maria oder von Heiligen rund um das Hauptbild, die Integration von Wunder-Geschichten hat dort eine lange Tradition. Aber der Osten hatte dem Westen eines voraus: die Bilderwand mit zentralen Plätzen für den Christus Pantokrator und die Mutter Gottes und die auswechselbaren Tagesikonen: Sie waren dort fest in das Kirchenzeremoniell und in die Liturgie eingebunden. Mit wechselnden Ikonen konnte ein weiter Themenkreis abgedeckt werden. Im Westen hatte sich der Altar als der zentrale Kultort im Kirchenraum herausgebildet. Hier wurden die Reliquien aufbewahrt, hier mussten auf dicht gedrängtem Raum die zentralen Bildbotschaften offenbart werden.

Die Lösung wurde um 1300 etwa gleichzeitig in den Werkstätten des Sienesen Duccio und des Florentiners Giotto gefunden: in der Reihung von getrennt gemalten Ikonen, die durch Holzrahmen verbunden und mit einem Dreiecksikone gekrönt wurden. Über dem Bild mit der Muttergottes wurde zum Beispiel der Christus Pantokrator als Dreiecksikone gesetzt, rechts und links daneben konnten die Apostel Peter und Paulus, dann die Stadtheiligen nebst Kirchenfürsten erscheinen. Duccio rückt davon aber schon mit seinem bedeutendsten und 211 mal 426 Zentimeter großen Werk Maesta, 1308 bis 1311, wieder ab. Dort ist die Muttergottes mit Christus zentral auf ihrem Thron in der Mitte des Bildes platziert, umgeben von einer Engelsschar, Heiligen, Stadtheiligen, kirchlichen und weltlichen Würdenträgern der Stadt. Die ganze Schar wird aufgerufen, um Siena als Mittelpunkt der Welt zu preisen. Die Rückseite der Maesta ist dann mit vielen kleinen Szenen aus dem Leben Mariä und

Christi ausgeschmückt. Ein Bruch mit der byzantinischen Tradition, die das Gottesbild frontal präsentiert, Distanz zum Betrachter hält und Grüße aus der Ewigkeit senden will, ist bei Duccio und auch bei seinem Schüler Simone Martini (1284 - 1344) nicht zu erkennen. In der Sieneser Malerei bleibt bis in das 16. Jahrhundert der byzantinische Einfluss mit dem Goldgrund prägend, Maria mit dem Jesuskind das dominierende Motiv.

Einzig die Gebrüder Pietro (um 1280 – 1348) und Ambrogio Lorenzetti (um 1290 – 1348) scheinen sich aus der Tradition vorsichtig zu lösen – wenn sie sich weltlichen Themen widmen. Hier werden andere Anforderungen wichtig. Das Andachtsbild will, dass der Betrachter in Demut erstarrt und in der Meditation die Illusion der Einheit mit der Gottheit imaginiert. Die Distanz, Wirklichkeitsfremdheit, das nur umrisshaft Angedeutete ist ein Vorteil des Andachtsbilds, weltliche Details lenken da nur ab. Wenn Ambrogio Lorenzetti Landschaften aus der Umgebung Sienas malt, Bauern bei der Arbeit, Pinien- und Olivenbäume, dann werden Details wichtig. Wen beginnt diese Landschaftsmalerei zu interessieren? Die Sieneser Regierung, die Kaufleute und Händler, die sich um die Regionalplanung kümmern. Ambrogio Lorenzetti bekommt auch den Auftrag „Die gute Regierung" (1337 – 1338) zu malen: Vor dem Hintergrund Sienas idealisiert er Ratsherren und Soldaten als Sittenwächter, die sich durch Gerechtigkeit, Freiheitsliebe und Bildung auszeichnen. Noch sehen die Frauen, die Frieden, Stärke und Weisheit darstellen sollen, derb aus. Sie schauen etwas verträumt in die Ferne, als hofften sie auf das Glück ihrer Erfüllung. Aber die „göttlichen" Eigenschaften nehmen Menschengestalten an. Ambrogio Lorenzetti fasst auch „Die schlechte Regierung" ins Bild, da sind alle Laster, Hunger und Krieg vereinigt. Laut Jacob Burckhardt litt Siena an den schwersten Übeln, gewalttätige Behörden eigneten sich das Hab und Gut der Bürger an – auf den Bildern Lorenzettis sind das Handlungsweisen nur in fernen Tyranneien.

Nicht in Siena, in Florenz revolutionierten Künstler – allen voran Giotto di Bondone (1266? – 1337) – die Ma-

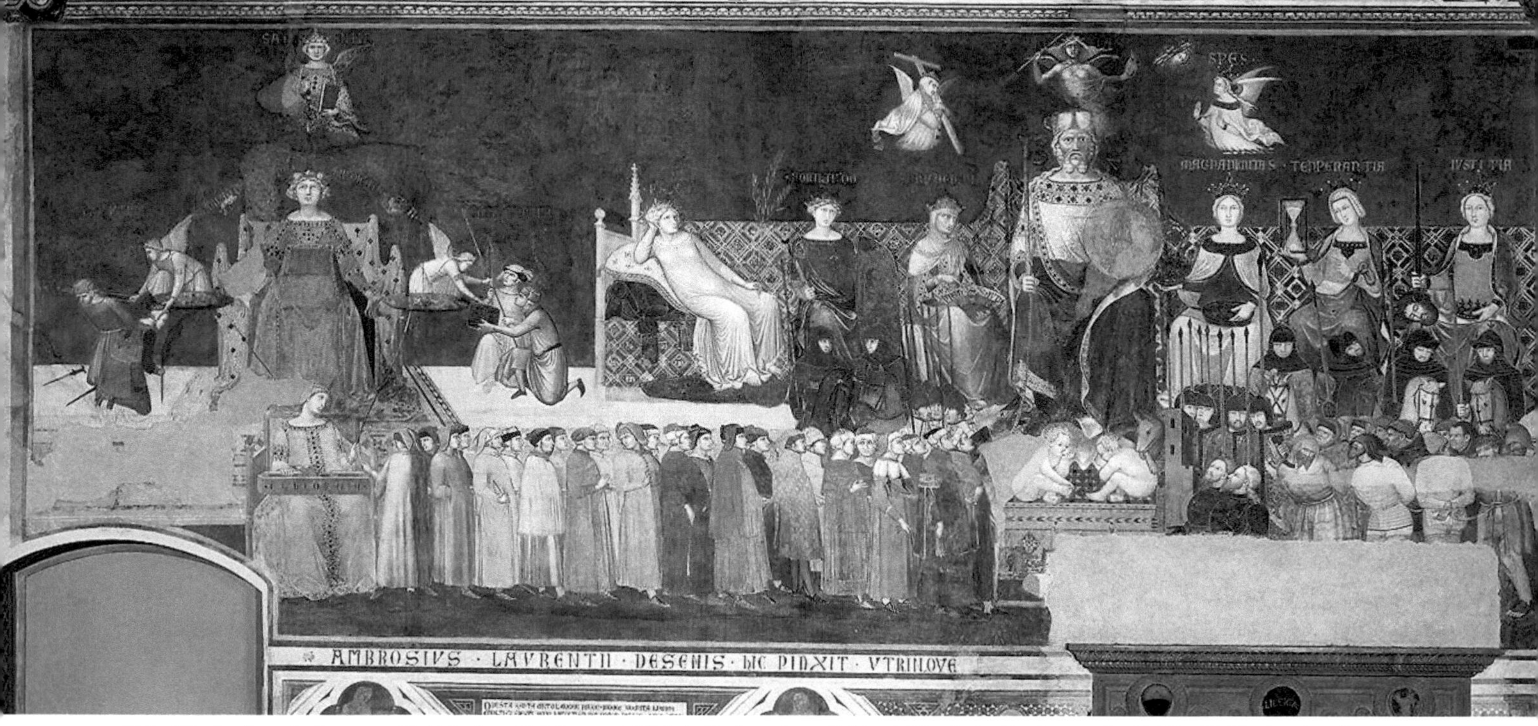

Abb. 12: Ambrogio Lorenzetti, Frieden, Stärke und Weisheit, Aus dem Zyklus "Die Gute Regierung", 1338 - 1339, Fresko, Detail, Siena, Palazzo Pubblico, Sala della Pace, public domain

lerei, behauptet der Kunsthistoriker Ernst Gombrich. „Sie wollten die Gesetze des Sehens erforschen und eine derartige Kenntnis des menschlichen Körpers erwerben, dass sie ihn so aufbauen konnten, wie es die Griechen und Römer getan hatten. [...] Statt die Mittel der Bilderschrift zu verwenden, wurde nun die Illusion geschaffen, die heilige Geschichte spiele sich direkt vor unseren Augen ab. [...] Wie würde ein Mensch stehen, wie sich bewegen und wie handeln, wenn er an einem solchen Geschehen teilnähme? Und wie würde sich dann seine Haltung unserem Auge darstellen? [...] Sein Bild ist nicht mehr ein Schriftersatz für Analphabeten, wie das Papst Gregor der Große von der Malerei verlangt hatte. Bei ihm werden wir zu Zeugen des Ereignisses, das sich vor unseren Augen wie auf einer Bühne abspielt. (Gombrich, S. 202) Zwar gesteht auch Gombrich ein, dass Giotto noch sehr viele byzantinische Anleihen nimmt, aber seine Bildauffassung und seine Methode seien „von Grund auf" verschieden. Eine genaue Analyse des Textes von Gom-

brich zeigt die Problematik. Giotto wollte es den Griechen und Römern gleichtun, es ist also keine Revolution sondern ein Rückgriff, Reaktion. Giotto möchte die „Illusion" schaffen, er analysiert also nicht die Wirklichkeit, sondern imaginiert: Darin unterscheiden sich seine Werke nicht von den byzantinischen. Er will uns zu Zeugen von Ereignissen machen, die sich mit Sicherheit so nicht abgespielt haben. Farbenzauber auf der Bildbühne. Bebilderung für Analphabeten.

Auch Giottos Bildprogramm bleibt in byzantinischer Tradition. Wenn er das Leben des heiligen Franziskus beschreibt, dann bemüht er viele Wunder, die unglaubliche Rettung von Kranken und Sterbenden, die aufopferungsvolle Hingabe an die Armen – und schließlich erscheint Christus dem Franziskus persönlich. In dem Fresko „Der Verzicht des Franziskus auf die weltlichen Güter" (um 1325), den Giotto bezeichnenderweise für den reichen Florentiner Bankier Bardi in der Kirche S. Croce herstellte, erklärt der heilige Franziskus seinem Vater, einem Florentiner Tuchhändler, dass er forthin in Armut leben und nur noch Gott dienen will. Der hinter ihm stehende Bischof unterstützt ihn bei dieser Absicht. Den Hintergrund füllt der riesige, prachtvolle Palast des Tuchhändlers aus, dessen Dienerschaft ist links im Bild zu sehen. Eine Ambivalenz ist diesem Bild anzusehen, rechts die kirchliche, links die weltliche Macht: Die Würdenträger sind fürstlich gekleidet – dazwischen der heilige Franziskus.

Sicherlich sind die Werke Giottos figurenreicher gestaltet, Ansätze der perspektivischen Sicht sind vorhanden, Giottos Engel schweben nicht mehr nur vor einem Goldgrund, sondern öfter auch im blauen Himmel. Die Figuren werden dramatisch inszeniert, um die zentrale Bildaussage zu bekräftigen. Aber die handelnden Personen sind noch typisiert, sie werden oft wie in einer Prozession gereiht aufgestellt, um die Bedeutung der Bildaussage zu erhöhen. Das ist keine Revolution sondern ein Spektakel mit mehr Personal. Das zeigt sich auch an der Madonna di Ognissanti: Marias Körper ist plastischer, fast wuchtig, massig. Jesus ist in zart-rosa gleich entrückt wie auf byzantinischen Bildern, allenfalls ist sein Körper detailreicher dargestellt. Allerdings ist Marias Thron architektonisch konstruiert und reicher geschmückt. Die Engel verharren in still ergriffener Symmetrie.

Andrea da Firenze (seit 1343 nachgewiesen – 1377) zeigt in seinem Triumph des heiligen Thomas von Aquino (1365) die Vergöttlichung eines Heiligen. Dort, wo sonst nur Christus oder Maria thront, ist jetzt Thomas von Aquino auf dem Herrschersitz platziert. Über ihm jubilieren im Himmel die Engel, neben ihm leisten zehn Heilige Assistenz, streng abgetrennt von weiblichen Figuren und kirchlichen Würdenträgern in den unteren Rängen. Ein gleiches theologisches Programm mit hierarchisch abgestufter dogmatischer Vorstellungswelt verkündet seine „Allegorie der Kirche". Oben thront Christus in einer Aureole wie der Christus Pantokrator, umgeben von Engeln im Himmel, darunter ordnet die

Kirche die irdische Hierarchie. Wie im Himmel so auf Erden...

Wirklich Neues zeigt sich im Werk von Gentile da Fabriano (um 1370 -1427), der zwischen Mailand, Florenz, Venedig und Siena pendelte, der sicherlich auch Kenntnisse der Kunst nördlich der Alpen hatte – vor allem der Niederländer. Detailreichtum, Detailtreue und Beachtung der Perspektive haben sich bei ihm durchgesetzt. Äußerlich hält er in seinem Hauptwerk „Die Anbetung der Könige" an dem religiösen Thema fest, aber er benutzt es, um die weltliche Schaulust zu befriedigen. Er schildert den Festzug der prachtvoll mit Florentiner Textilien ausgestatten Könige samt Dienerschaft und mit Goldschmuck verzierten Pferden. Das ist kein Andachtsbild mehr sondern weltliches Spektakel, Zurschaustellung von Reichtum und Macht. Das Geschehen, die Geburt des Gottessohnes rückt an den Rand. Im Mittelpunkt steht die Präsentation materieller Dinge, die Schönheit des Festzugs und die edler Stoffe. Die Florentiner Kaufleute üben sich in höfischer Kunst und präsentieren sich als neue Könige.

Auch Pisanello (1395 bis 1455), nutzt die Inszenierung der Heiligen, um weltliche Prachtentfaltung zu idealisieren. Er löst sich vom byzantinischen Vorbild und formuliert das höfische Ideal. Der heilige St. Georg erscheint als der letzte Ritter. „Der hl. Georg und die Königstochter" (1435) zeigt den Heiligen in prunkvoller Rüstung vor architektonischer italienischer Prachtkulisse, die Königstochter zeigt sich stolz aufgerichtet in wallendem Gewand als Adlige Veronas. Die gleiche Inszenierung erfolgt in „Der hl. Georg befreit die Königstochter", „Aufbruch des hl. Georg zum Kampf mit dem Drachen". In der „Vision des hl. Eustachius" erscheint dem mit kostbaren Tüchern gekleideten Heiligen auf dem reich geschmückten Pferd bei der Jagd sitzend ein Hirsch, der zwischen seinem kapitalem Geweih Christus am Kreuz trägt. Der Illusionismus dieser Rittermärchen ist realistisch vorgetragen.

Eine wirkliche Wende kündigt sich aber an, als fünf

Künstler und Wissenschaftler in Florenz auf den Plan traten: der Humanist und Politiker Giannozzo Manetti (1396 – 1459), der Baumeister des Florentiner Doms Filippo Brunelleschi (1377-1446), der Bildhauer Donatello (um 1386 – 1466), die Maler Paolo Uccello (um 1397 bis 1475) und Masaccio (1401-1428). Manetti arbeitet ein neues Menschenbild des italienischen Renaissance-Humanismus aus. In „Über die Würde und Erhabenheit des Menschen" (1452) beschreibt er den Menschen anatomisch-wissenschaftlich korrekt und betont vor allem die Bedeutung der Intelligenz, die den Menschen bedeutende schöpferische Kulturleistungen ermöglicht. So wendet sich Manetti gegen die von der Kirche gepredigte Überzeugung vom „Elend des Menschen" und der Erbsünde. Der führende Architekt der Zeit Brunelleschi erarbeitete auch das mathematische Gerüst für die Beachtung der Perspektive in der Malerei. Donatello setzte die neuen Erkenntnisse als erster in der Plastik um: Das bekannteste Resultat ist die Reiterfigur in Padua. Es ist ersichtlich, dass es sich an dem antiken Vorbild der Statue des Marc Aurel in Rom orientiert (nur noch kolossaler) und so römisch-antiken Glanz wiederzubeleben sucht. Es zeigt den Kriegsführer „il Gattamelata", der für den Vatikan, Florenz und Venedig Kriege führte. 1437 wurde er in Padua Diktator, wo ihm nach seinem Tod das Denkmal errichtet wurde. Es sollte zum klassischen Vorbild der Reiterstandbilder fürstlicher Herrscher in vielen Städten Europas werden.

Der Maler Uccello erhielt von dem seinerzeit reichsten

und mächtigsten Bürger von Florenz Cosimo de Medici (1389-1464), der sich mit „Vater des Vaterlandes" anreden ließ, den Auftrag, den Verlauf der Schlacht von San Romano und den Sieg der Florentiner über die Sieneser 1432 in drei großen Gemälden zu würdigen. Das erste Bild zeigt, wie der Kriegsherr Niccolò da Tolentino mit seinem gelben Feldherrenstab das Zeichen zum Angriff gibt. Hinter ihm reitet sein Page. Helme und Lanzen und ein Gefallener liegen perspektivisch verkürzt am Boden, rechts wehrt sich ein Sieneser mit einer Streitaxt gegen angreifende Florentiner Lanzenträger. Im Mittelteil wendet sich das Schlachtenglück: Der Sieneser Kriegsherr wird von einer Lanze durchbohrt, die Lanzen ragen in gelber und rot leuchtender Farbe empor, Teile der sienesischen Streitmacht befinden sich schon auf der Flucht. Die Pferde leuchten in plastischem Volumen in den Farben Rot, Weiß-Gelb und Blau von einem unwirklichen Licht erhellt. So wirken die Pferde wie Holzfiguren auf einem Jahrmarktskarussell. Uccello bemüht sich um Anschaulichkeit, aber er übertreibt mit kühnsten Verkürzungen das perspektivische Bemühen. Zu allem Überfluss hopsen noch Hasen und Hunde durch das Gemälde: Durch seine Liebe zum Detail bekommen die Bilder einen Zug ins Unwirkliche, Inszenierte, das Drama eines gestellten, nicht ernsthaft geführten Duells. Aber Uccello hat in der abendländischen Malerei das Genre der Historienbilder wiederbelebt. Darstellungen von Schlachten hat es auch in der byzantinischen Kunst gegeben. Dort stand aber immer im Vordergrund, dass man deshalb gesiegt habe,

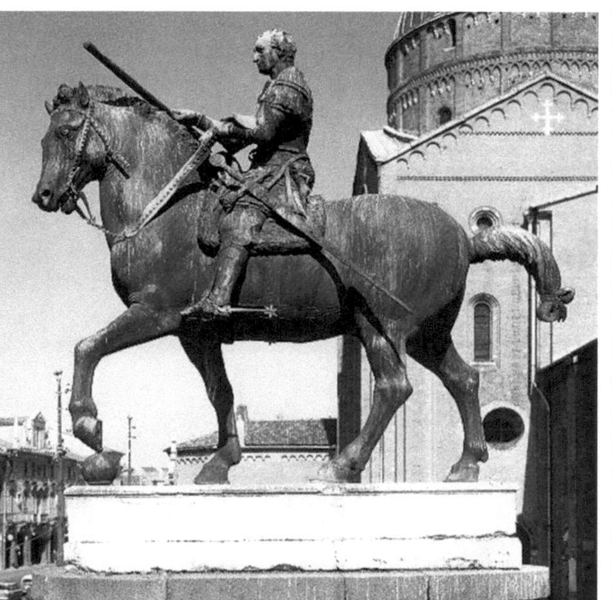

Abb. 13: Donatello, Denkmal des Erasmo da Narni, genannt „il Gattamelata", 1447 - 53, Bronze, Pferd und Reiter etwa 4 Meter hoch, Padua, Piazza del Santo, Foto: Lamré, public domain

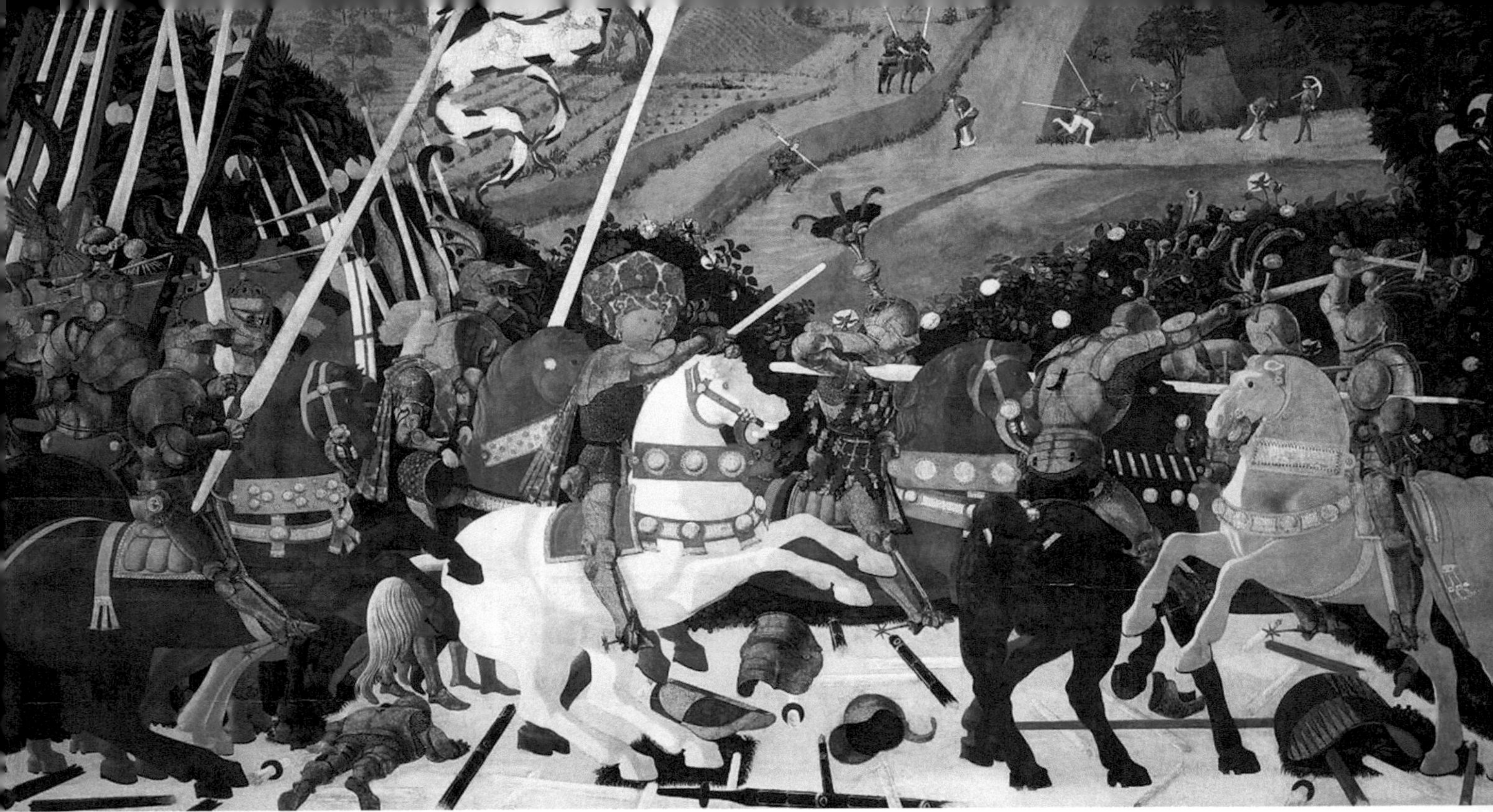

Abb. 14: Paolo Uccello, Die Schlacht von San Romano mit dem Feldherrn Niccolò da Tolentino, um 1456, Tempera auf Holz, 182 x 317 cm, London, National Gallery, public domain

weil das Heer im Zeichen Christi oder mit dem Segen Mariens in den Feldzug gezogen ist. Uccello kostet den ästhetischen Genuss des Kriegsgeschehens voll aus.

Uccello würdigt auch 1436 in einem Fresko im Dom in Florenz die Kriegstaten des Condottiere „Giovanni Acuto (John Hawkwood)". Er hatte damit Donatellos Denkmal „il Gattamelata" malerisch vorbereitet. Florenz verdankte dem waghalsigen, draufgängerischen und rücksichtslosen Bandenführer und seinem bezahlten Söldnerheer viele Siege. Auch der Papst nahm seine kriegerischen Dienste gern in Anspruch. Vatikan und Florenz bedankten sich bei ihm fürstlich mit Geld und Lehensgaben. Die Glorifizierung der Kriegsführer sollte viele Nachahmer finden. Andrea del Castagno (um 1422 - 1457) verewigte Niccolò da Tolentino im Florentiner

Dom. Andrea de Verrocchio (1436-1488) schuf um 1480 das Reiterstandbild des Condottiere Bartolomeo Colleoni.

Masaccio setzte in seinem Trinitätsfresko „Die Hl. Dreifaltigkeit" 1429 in der Kirche S. Maria Novella in Florenz „... als erster Maler die Zentralperspektive in einem korrekt durchkonstruierten Bildraum ein; damit gilt er als Begründer der Renaissancemalerei." (Dörfler 10, S. 37) Weiter wird ausgeführt: „Die Grundlage der gesamten Komposition ist ein Quadratraster in der antiken Maßeinheit ›dodrans‹ (1 kleine Elle = 22,25 cm); die Höhe des Freskos lässt sich deshalb auch mit 30 (3 x 10) kleinen Ellen angeben - ein symbolischer Hinweis auf die Hl. Dreifaltigkeit. Das Raster stellt ein modulares Koordinationssystem dar, das einerseits die Proportionslehre des

Vitruvs berücksichtigt [...], andererseits auch als Hilfe bei der Übertragung der Konstruktionszeichnung auf die Wand dienen konnte. Eine der wichtigsten Errungenschaften der Neuzeit, die systematische Erfassung der wissenschaftlichen Perspektive, ist Filippo Brunelleschi zu verdanken. Er schuf in Zusammenarbeit mit Masaccio einen System-Bildraum, in dem durch die Synthese von Ellen-Modulraster, Koordinatengeometrie und Perspektivkonstruktion jeder Punkt der Darstellung definierbar ist." (Dörfler 8, S. 60) In der Tat: Man sieht dem Bild das Konstruierte, das Gewollte an. Die Figuren postieren steif wie Puppen und lenken den Blick perspektivisch auf Gottvater, Sohn und Heiligen Geist. Maria belehrt eher, als dass sie Ergriffenheit zeigt, Johannes der Evangelist erstarrt im Gebet, genauso wie das kniende Stifterehepaar. Man hat darauf hingewiesen, dass der Körper von Jesus anatomisch richtig erfasst sei. Korrektheit und Geometrie zeichnen das Fresko aus. Das architektonische Gerüst weist das Fresko als die Nische eines antiken Tempels aus, in dem die Götterstatuen deponiert waren. Das ist kein Schritt in die Neuzeit sondern Rückgriff in die Antike.

Die formalistische Argumentation mit der „Entdeckung der

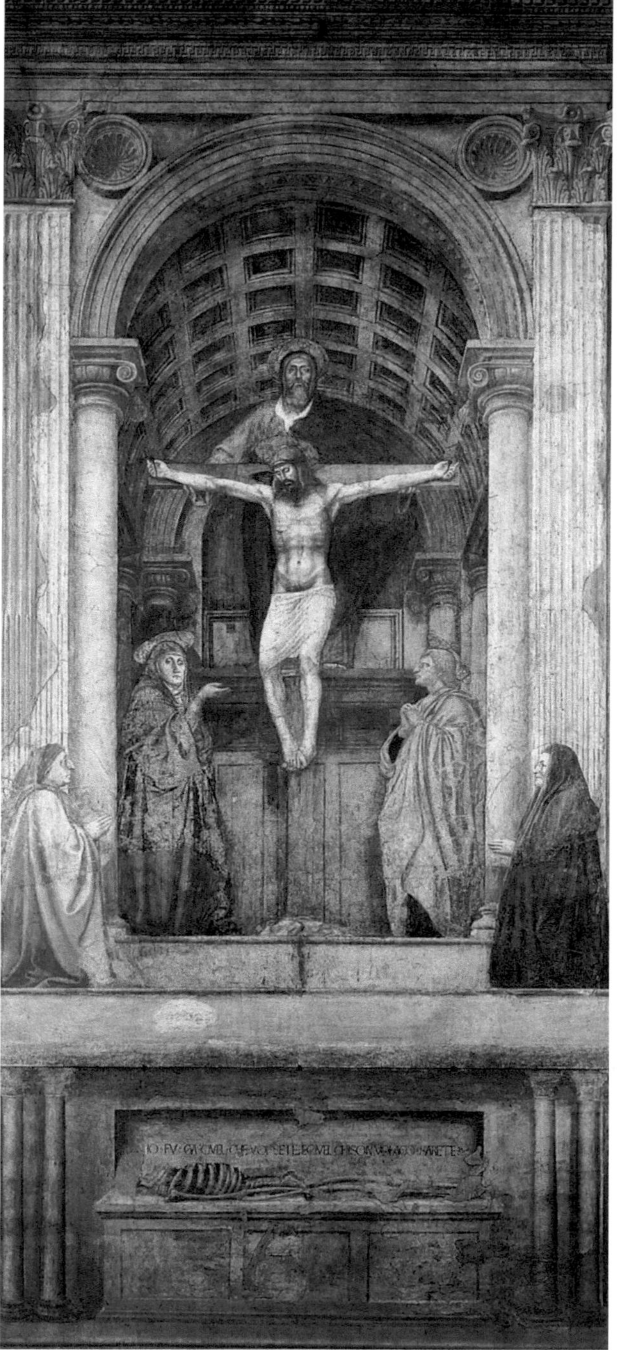

Abb. 15: Masaccio, Dreifaltigkeit, 1429, Fresko, 680 x 475 cm, in der Kirche S. Maria Novella in Florenz, public domain

Perspektive" als die Errungenschaft der Renaissance verstellt den Blick auf die inhaltliche Notwendigkeit neuer Sichtweisen. „Perspektivisches Denken" wurde notwendig zur Vermessung der Landschaft, zur Konstruktion neuer Bauten, zur Entwicklung von Handwerk und Industrie – und vor allem zur Entwicklung eines neuen Menschenbildes. Denkmäler wie von Donatello oder die Schlachtendarstellungen von Uccello sind ohne perspektivisches Denken nicht möglich. Aber dass damit automatisch ein neues humanistisches „Menschenbild in seiner vollen physischen und psychischen Bedeutung" verbunden sei, wie der italienische Kunsthistoriker Luciano Berti behauptet, ist falsch. Auch Masaccios Figuren sind noch durch die kirchlichen Dogmen wie zu Säulen erstarrt. Donatellos Denkmal ist ein Herrscher gewordener Eisblock. Und Uccellos Krieger bewegen sich auf ihren Pferden wie Puppen. Auf Schlachtfeldern und in Kirchen lässt sich nicht die „Würde und Erhabenheit des Menschen" mit einer individuellen Persönlichkeit entwickeln, die der

Humanist Manetti einfordert. Diese Kunst ist noch Fürsten- und Kirchenkunst ihrer Auftraggeber, die keine Individualität zulässt, sondern Unterwerfung einfordert.

Auch der Kunsthistoriker Richard Hamann betont: „Eins aber wird völlig deutlich. Die Perspektive ist in all diesen Bildern nicht eine neue Errungenschaft des Könnens, nicht ein technisches Problem, sondern eine Forderung der neuen Gesinnung und der neuen Bildwelt. [...] Die jetzt notwendig gewordene Entrückung aus der Kirche, die Teilnahme am Privat- und Eigenleben der Heiligen, bedurfte der Perspektive und der Darstellung im eigenen Raum und deshalb völlig neuer Bildmittel [...] Für die kirchlichen Ansprüche waren die Mängel der Perspektive, die Raumlosigkeit im Hintergrund, Vorzüge; die falsche Perspektive war die gewohnte, die richtige die ungewohnte." (Hamann, S. 396)

Die Befreiung aus den gewohnten Bildwelten gestaltet sich schwierig. Die Kunst des Dominikanermönchs Fra Angelico da Fiesole (1387 bis 1455) ist erzählfreudig, voller lieblich-anmutigen Figuren, sanft, bezaubernd, einfach, leicht, andächtig, voller himmlischer Gestalten und musizierender Engel. Die Form bedient sich der Mittel, die aus der Malerei jenseits der Alpen hereinschweben, der Inhalt ist ganz byzantinisch geprägt. In dem Bild „Das Jüngste Gericht" (1432 bis 1435) thront oben Jesus Christus wie der Pantokrator, umgeben von einer Aureole lobpreisender und musizierender Schar von Engeln. Neben ihm links und rechts sind auf einer Wolke im Himmel Apostel, Heilige und Kirchenführer postiert. Unter ihnen teilt sich die Erde in ein Reich der Glückseligen für diejenigen, die Gottes Wort befolgen und Ringelrein tanzen dürfen, während auf der rechten Seite die Sünder von Teufeln in die Hölle gezerrt werden, wo sie dann von Scheusalen aufgefressen oder in riesigen Bottichen gekocht werden.

Aber mit Fra Filippo Lippi (um 1406 – 1469) nehmen die Heiligen auch schon menschliche Züge an und werden in einen architektonisch richtig gegliederten Privatraum gestellt. In seinem Bild „Madonna mit Kind und Szenen aus dem Leben der Hl. Anna" betört in lyrischer Stimmung und in weichen stimmigen Farben das verträumte Gesicht Marias. Im Hintergrund wird ihre Geburt märchenhaft realistisch geschildert.

Piero della Francesca (1416?-1492) ist steifer, höfischförmlicher. Er betreibt Reliquienkult und erzählt in einer Bildfolge rührselig die Geschichte des Kreuzes Christi. Danach fiel nach dem Tode Adams vom Baum der Erkenntnis ein Samen, aus diesem entstand der Kreuzesbaum. König Salomo (er regierte von zirka 970 - 931 v. u. Z.) erbaute daraus eine Brücke. In einem anderen Bild betet die Königin von Saba das Holz der Brücke an: Sie erkannte, dass an einem Kreuz aus dem Holz dieser Brücke jemand sterben würde, der den Menschen die Erlösung bringt. Salomo ließ anschließend das Holz vergraben. An dieser Stelle geschahen viele Wunder. Zur Zeit Christi wurde dann das Kreuz aus diesem Holz angefertigt. Später wurde das Holz wieder vergraben. Dann verbildlicht er den Traum Konstantins, in dem ihm das Zeichen des heiligen Kreuzes vor seiner entscheidenden Schlacht erschien. Konstantin ließ nach dem Verbleib das Holzes forschen und fand es schließlich. Berühmt sind auch seine Bilder von Söldnerführern, des Condottiere Sigismondo Malatesta und des Herzogs Federigo di Montefeltro, die im Kreise ihrer Heiligen andächtig betend gezeigt werden. Beide waren als brutal und skrupellos um die Macht kämpfende Söldneranführer bekannt. Seine Bilder sind Auftragsarbeiten, sie müssen lügen.

Das Jahr 1453 brachte der Welt eine Zäsur: Konstantinopel fiel unter die Herrschaft der Osmanen. Das Zentrum der orthodoxen Kirche wurde in das ferne Moskau verlegt. Der Vatikan in Rom konnte jetzt beanspruchen, endgültig das alleinige Zentrum des christlichen Europas zu sein. Die Päpste und Kirchenfürsten nutzten ihre Chance.

Das Rom im Jahr 1455, als Papst Nikolas V. starb, konnte keinem Vergleich mit Konstantinopel und auch nicht mit den Handelsstädten Venedig und Florenz standhalten. Rom war Provinz. Unter seinen Nachfolgern, den Päpsten Sixtus IV. (Papst von 1471 - 1484), Innozenz VIII. (1484 -1492), besonders unter Alexander VI. (1494 - 1503), Julius II. (1503 - 1503 und Leo X. (1513 - 1521) kommt es zur Aufholjagd und zur beispiellosen Prachtentfaltung. Dabei werden klare Schwerpunkte gesetzt: die Selbstdarstellung des Vatikans als die führende geistliche und geistige Macht in Europa, die Ausschmückung der Kirchen als Zentren des kulturellen Lebens, die Betonung der Vormachtstellung Roms als logische Folge antiker Tradition. Das antike Rom sollte als der Ursprung der europäischen Kultur herausgestellt, das über 1000 Jahre während „Intermezzo" in Byzanz getilgt werden. Das heißt nicht, dass man liebgewonnene Rituale aufgibt: Sixtus IV. erklärte 1478 das Marienbild von S. Maria del Popolo, das um 1300 gemalt worden war, als authentisches Lukasbild und forderte dafür Ablass-Spenden ein. Bild-Prozessionen wurden eher intensiviert. Und später sahen es die Päpste als ihr alleiniges Recht an, Marienbilder würdevoll zu krönen.

Melozzo da Forli (1438 bis 1494) erhält 1477 den Auftrag „Sixtus IV. ernennt Bartolomeo Platina zum Präfekten der Vatikanbibliothek" zu malen. Thema: Die Päpste als Bewahrer des kulturellen Erbes. Sixtus IV. sitzt wie der oberste Richter auf seinem Thron, den Blick starr nach vorn gerichtet. Platina kniet vor ihm. Mitglieder der Familie della Rovere sind würdevoll vor eine architektonische Prachtkulisse postiert. Das Bild ist mit Bedeutung aufgeladen. Vor lauter Großartigkeit kann kein Wort gesprochen werden, Steifheit als Staffage. Melozzo stellt auch im Palazzo del Quirinale in Rom die Himmelfahrt

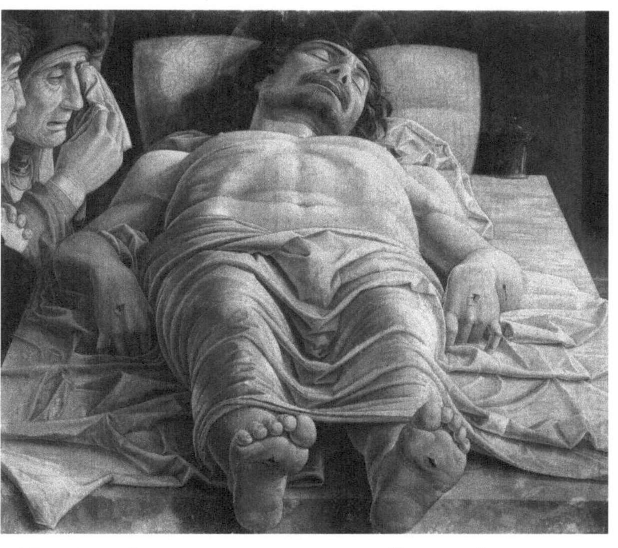

Abb. 16: Andrea Mantegna, Der tote Christus, beweint von Maria und dem hl. Johannes, um 1480 bis 1490, Tempera auf Leinwand, 66 x 81,3 cm, Mailand, Pinacoteca di Brera, public domain

Christi dar: architektonische Illusionsmalerei. Christus in geschickter Verkürzung schwebend unwirklich-realistisch, umgeben von der Schar jubilierender Engel. Ein wahres Feuerwerk von Scheinarchitekturen feuert er in der S. Marco in Loreto ab. Die Kuppel wird illusionistisch überhöht, Engel schweben mit den Marterwerkzeugen Christi herab.

Melozzo wird noch übertroffen von Andrea Mantegna (1431-1506), der die Kuppel in dem Palazzo Ducale in Mantua mit einem täuschend echt gemalten Himmel ausdekoriert, an den Rändern blicken Engelchen auf den Betrachter herab. Mantegna wird der Meister der perspektivischen Verkürzung. Sein „Der tote Christus, beweint von Maria und dem hl. Johannes" zeigt den Toten in hartem Realismus, gelblich schimmert die Haut. Die Distanz zum Betrachter wird aufgegeben. Der soll in den Sog des Bildes hineingezogen werden, er soll wie die links am Rand nur ausschnitthaft angedeuteten Maria, Johannes und Magdalena zum schmerzverzerrten, trauernden Miterleben und Mitleiden angeregt werden. Die Suggestivkraft dieses Illusionismus ist kaum zu übertreffen. Unter formalen Gesichtspunkten stellen die Fresken in der Eremitani-Kapelle in Padua einen Höhepunkt der italienischen Malerei dar. Mit einer derartigen Überzeugungskraft, mit Wucht und Pathos war der tote Jesus bisher noch nicht dargestellt worden.

Andere Bilder überzeugen nicht auf gleiche Weise. Mantegna versucht antike Motive in seine Bilder zu integrieren. So wirken die Figuren der Kreuzigungs- Ölbergs- und Auferstehungs-Szenen wie herausgeputzt, ausstaffiert, farbig dekoriert. Bei der Beachtung der Perspektive ist er meisterhaft, aber die Farben geraten ihm zu dekorativ bunt.

In seinen neun Gemälden des „Triumphzuges Julius Caesars" versucht er das Historienbild zu aktualisieren: Er beschwört die einstige Größe Roms und sieht die Wiederherstellung der Vormachtstellung als Aufgabe seiner Gegenwart.

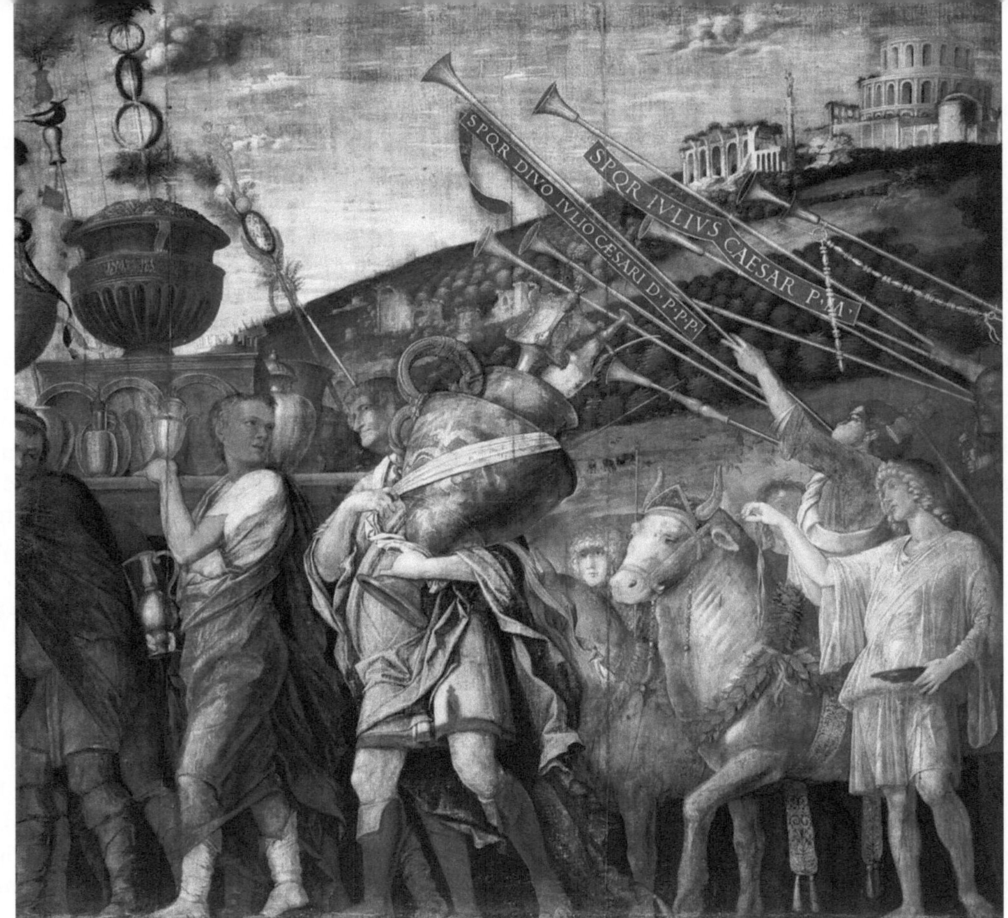

Abb. 17: Andrea Mantegna, Der Triumphzug Caesars, Der Vasenträger, um 1500, Tempera auf Leinwand, 266 x 278 cm, London, Royal Collection, Hampton Court, public domain

der Päpste: Aufführungen mit wettstreitenden römischen Kämpfern, die ihre antiken Schwerter anmutig im Takte der Musik führten. Die Götter Roms, Jupiter, Juno, Mars und Venus wurden in Mythenaufführungen wieder beschworen, Fackelzüge zu ihren Ehren veranstaltet. Rom im Antikenrausch. Die Päpste

Julius Caesar wird umjubelt auf dem Triumphwagen, spärlich bekleidete Knäblein streuen Blumen, ein Page hält für Caesar den Lorbeerkranz, Tubabläser jubilieren, Fahnen wehen, Reihen von Elefanten, Stieren, sehr viele Gefangene, die zahlreich erbeuteten Feldzeichen und die geraubte Kunst werden massenhaft in dem Festzug mitgeführt. Das ist ein Zuviel des Triumphes. Mit großem Aufgebot an Militär und Kraftmeierei soll an die Staatsaktionen des römischen Caesarentums nahtlos angeknüpft werden. Diese Kunst, die die römische Antike dramaturgisch-pompös wiederzubeleben versucht, hatte ihre Unterstützung und Entsprechung in Inszenierungen

identifizierten sich mit heidnischen Göttern und Helden, Alexander VI. mit Alexander dem Großen, Paul III. mit Jupiter, Julius der II. wollte mit Mars oder Herkules tituliert werden.

Michelangelo und Raffael im Dienst des Vatikans

Rom im Machtrausch. Alexander VI. ließ sich auch Gott nennen, er nutzte die Allmacht und ließ Kardinäle ermorden, um an deren Geld und Landbesitz zu kommen.

Sein Sohn Cesare vergiftete sogar den Bruder Alexanders und andere Verwandte, um sich den alleinigen Einfluss auf den Papst zu sichern. Julius II. baute Rom dann endgültig zum Imperium aus. Beide Päpste sicherten ihre Macht, indem sie wechselnde Bündnisse schlossen, sich aber dann mit dem spanischen Militär und Kaiser verbandelten. Beide Päpste erhöhen die Abgaben und förderten den Ablasshandel vor allem in Deutschland. Gewaltige Summen flossen nach Rom. Die wurden auch gebraucht. Julius II. plante den prunkvollsten Kirchen-Neubau St. Peter. Er sollte die Hagia Sophia in Konstantinopel an Monumentalität und Pracht übertreffen. Zur Neuinszenierung der Macht wurden der Architekt Donato Bramante (1444 - 1514), der Plastiker und Maler Michelangelo Buonaroti (1475-1564) und der Maler und Architekt Raffael da Urbino (1483 - 1520) engagiert. Julius II. hatte für seine Pläne eine ausgezeichnete Wahl getroffen.

Michelangelo dramatisiert Gott als männlichen Herr-

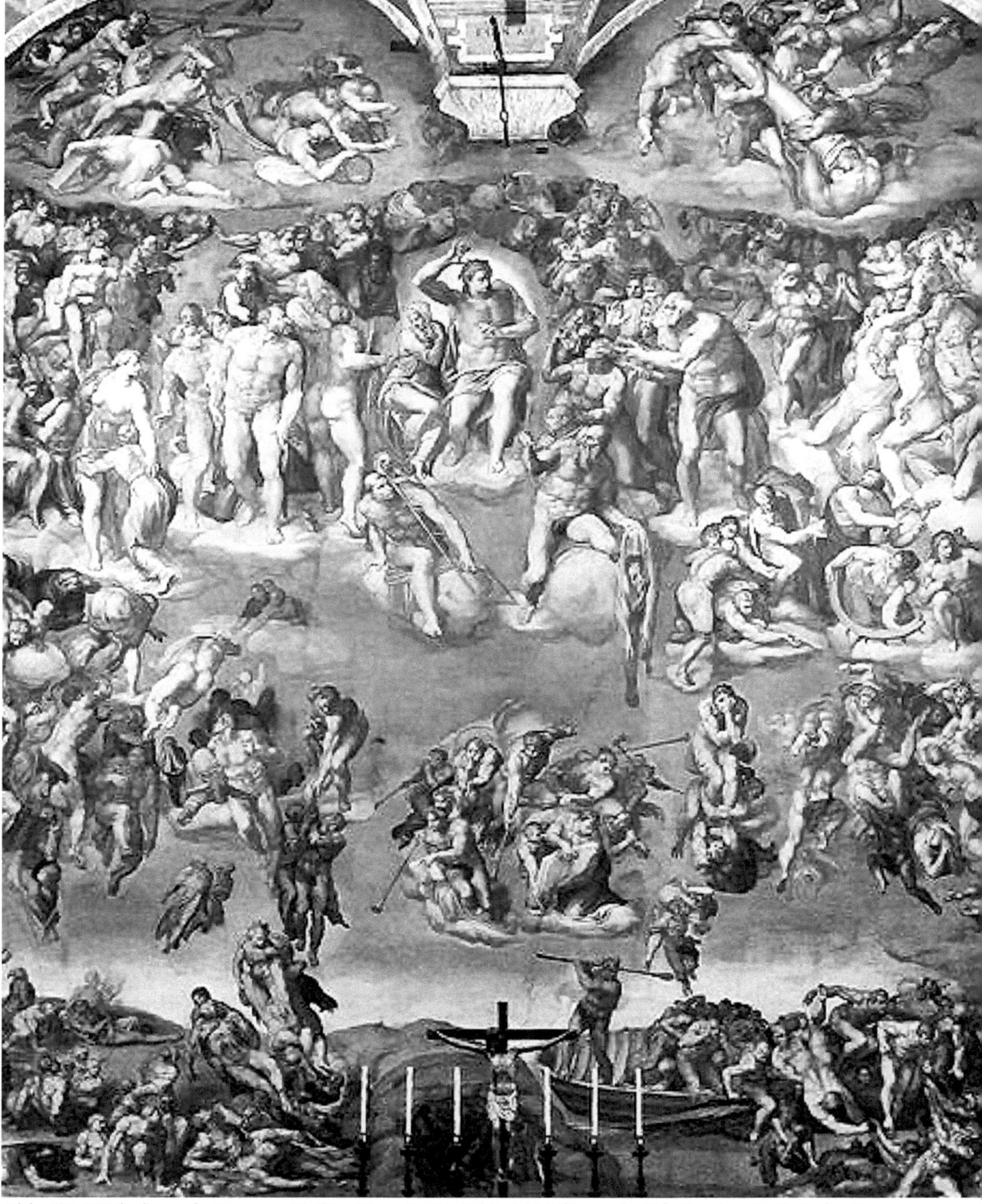

Abb. 18: Michelangelo Buonaroti, *Das Jüngste Gericht, 1512 (Ausschnitt), Fresko, Sixtinische Kapelle, Vatikan, Foto: Aangelus, CC BY-SA 3.0*

scher-Heroen, Schöpfer und allgegenwärtiger Lenker des kosmischen Universums. Man hat versucht, die Malereien in der Sixtinischen Kapelle theologisch zu deuten. Man muss aber ganz das Pathos auf sich wirken lassen, Michelangelo kommt von der Figurenwelt der Antike, dessen idealisierten Heroenkult er durch Muskulosität und Kraftmeierei zu überbieten verstand. Dieser kraftstrotzende Olympier schwebt an der Decke der Kapelle, schafft Himmel und Gestirne, die Sonne, stiftet Ordnung im Chaos – und erweckt vor allem sein Ebenbild Adam, einen gut gebauten Jüngling, zum Leben. Es ist ein homoerotisches Abenteuer des zornigen Gottes. Am besten erfasst Romain Rolland das Werk: „Erklärungen und Analysen wurden angehäuft. Aber sie töten das Werk, indem sie es zerstückeln. Man muss es als Ganzes nehmen und untertauchen in die letzten Tiefen seiner visionären Seele. Es ist ein erschreckendes Werk, das man nicht kaltblütig ansehen kann, wenn man es verstehen will. Man muss es hassen oder anbeten. Es erstickt, es verbrennt einen [...] Es ist ein Feuerwirbel. Der wilde Taumel hat kein anderes Ziel als Gott. Alles ruft Gott an, alles fürchtet ihn, alles schreit ihn aus. [...] Wenn wir diese unbändige Kraft, die uns vergewaltigt, nicht hassen wollen, so müssen wir uns ihr widerstandslos unterwerfen, wie jene Seelen Dantes, die ein ewiger Wirbelsturm mitreißt [...] Göttliches mischt sich mit Tierischem. Duft hellenischer Vornehmheit mit dem herben Geruch ersten Menschentums. Diese Riesen mit olympischer Brust, mit ungeheuren Lenden und Flanken [...] sind kaum aus ihrem Doppelursprung von Tier und Göttern gelöst." (zit. n. Néret, S. 37 f.) Diese ekstatische Wucht Michelangelos ist kein christliches Gewitter sondern das Donnergrollen von Dämonen und antiken Göttern. Dementsprechend die Themenwahl: „Die Versuchung", „Der Sündenfall", „Die Sintflut". Gewalttaten kennzeichnen die Ahnen der Christen: Judith präsentiert den Kopf des Holofernes, David tötet Goliath, Haman endet am Galgen. Die Staffage: 20 nackte Jünglinge, Sklaven, weissagende heidnische Orakelfrauen, die Sibyllen, griesgrämig dreinblickende Propheten. Das ist Welterschaffung und -untergang zugleich, aber keine Verkündung des christlichen Heilsgeschehens. Auftraggeber Julius II. und der

Künstler glichen sich in den Charakteren: aufbrausend, herrschsüchtig, gewalttätig, besessen von gigantischen Inspirationen. Und Julius strebte nichts Geringeres als die Weltherrschaft an. Gewalttätigkeit zeichnet auch das „Jüngste Gericht" aus, das Michelangelo über 20 Jahre später malte. Christus erscheint als jugendlicher Athlet, umgeben von grimmig blickenden Aposteln, deren Körper ähnlich muskulös durchgearbeitet sind. Jesus Christus ist kein Erlöser. Er ist der allen Furcht einflößende, verdammende oberste Richter. Einem Märtyrer ist bei lebendigem Leib die Haut abgezogen worden. Sünder stürzen in die Hölle. Wer sich nicht unterwirft, wird vernichtet.

Auch der Neurologe Zeki hebt hervor, dass Michelangelo danach strebt, das Idealtypische, das Göttliche darzustellen. „Das Konzept oder concetto spielte in Michelangelos Kunsttheorie eine zentrale Rolle. Er war fest überzeugt, dass der Künstler ein Konzept im Kopf hat und dieses Konzept bei einem genialen Künstler göttlich, nah an Gott ist. Aber für den neuplatonischen Michelangelo bezogen sich diese Konzepte auf die Kunst „draußen", da Kunstformen in der Außenwelt eine Existenz besitzen, die vom Künstler weitgehend unabhängig ist." (Zeki, S. 111) Und: „Zeit seines Lebens war Michelangelo von dem überwältigenden Wunsch getrieben, nicht nur körperliche, sondern auch geistige Schönheit und göttliche Liebe darzustellen." (ebd. S. 109) Das sei auch ein Grund für Michelangelo gewesen, keine Porträts zu malen. Es gibt zwei Ausnahmen: Tommaso de´ Cavalieri und Andrea Quaratesi, mit denen ihn eine Liebesbeziehung verband. Hier sah er offensichtlich sein Ideal verwirklicht.

Raffael malte das umfassende Programm der theologischen Propagandakunst des Vatikans eindringlicher, als es je ein Priester von der Kanzel hätte predigen oder in Schriften verbreiten können. In den Stanzen, den Gemächern von Julius II., gelang es ihm, die ganze kirchliche Wunder-Welt unwirklich-realistisch zu dramatisieren und zugleich würdevoll zu präsentieren. Es beginnt mit der Disputà 1509. Das zentrale kirchliche Dogma, die Erscheinung des Leibes Christi im heiligsten Sakrament

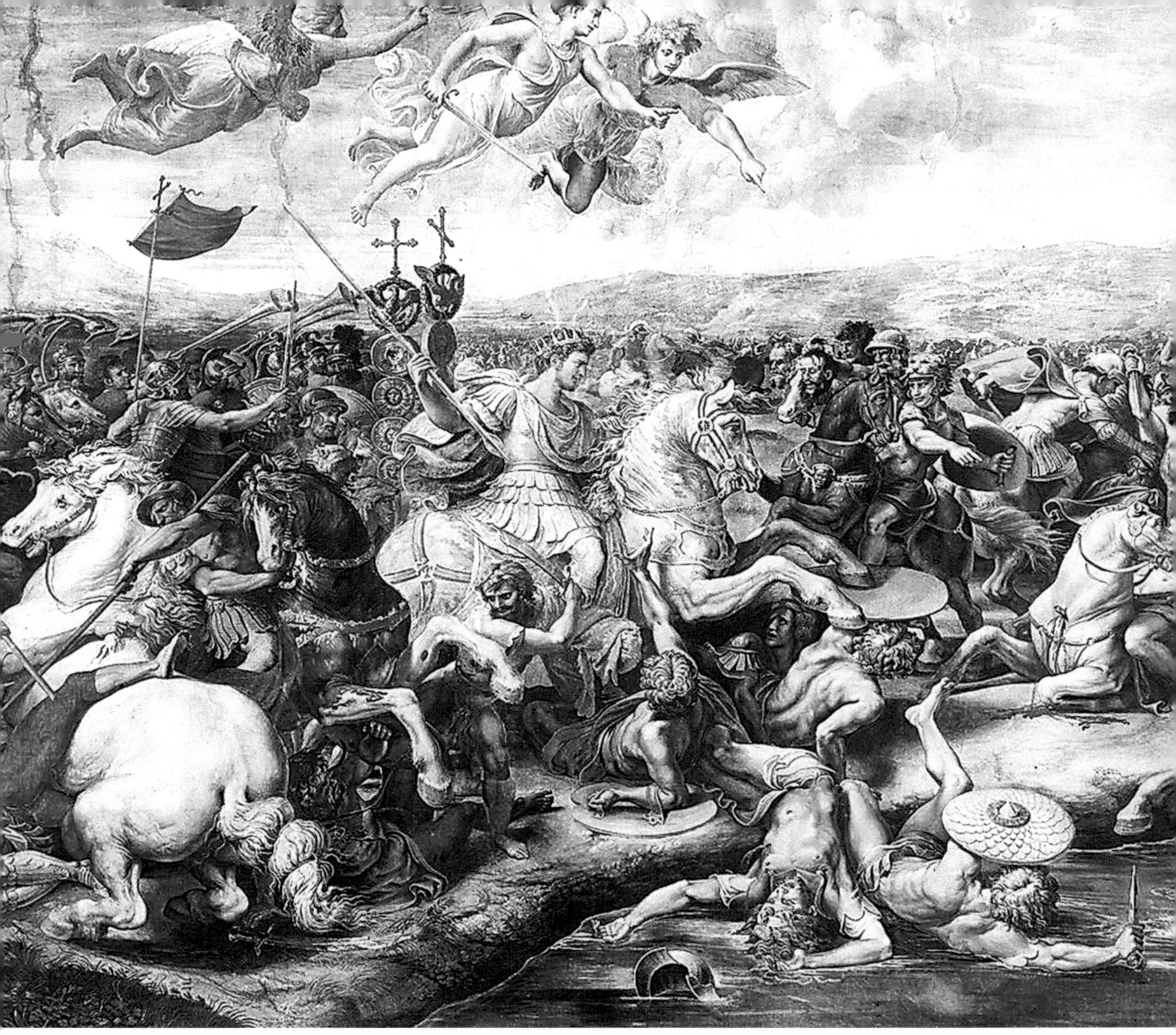

Abb. 19: Raffael und Schüler, Die Schlacht an der Milvischen Brücke, 1514, Fresko, Ausschnitt, Rom, Palazzo Vaticano, Stanza d´Eliodoro, public domain

wird verbildlicht. Die Hostie mit der Taube markiert den Mittelpunkt, darüber erhebt Jesus in einer goldenen Gloriole segnend die Hände, darüber erscheint Gottvater im goldgetränkten Himmel, assistiert von jubilierenden Engeln. Links und rechts von Jesus bezeugen Maria und Johannes die Wahrhaftigkeit des Gottessohnes. Auf einer unteren Wolke haben Propheten, Apostel und Heilige Platz genommen. Auf der Erde bezeugt dann eine vatikanische „Disputation" die Glaubwürdigkeit dieser Darstellung, unter den vielen kirchlichen Würdenträgern auch Julius selbst – eine Darstellung der kirchlichen Hierarchie. Es folgt 1510 „Der Parnass", jener heidnische Ort,

Institution, die die Wissenschaften pflegt. Würdevoll betreten sie die Bühne: der Philosoph Platon, Aristoteles als Ethiker, Sokrates als Weiser und Politiker, Pythagoras und Euklid als Mathematiker. Nur Diogenes fällt etwas aus der Reihe. Er hat es sich auf den Stufen des Tempels mit einer Schale Wein bequem gemacht. Schließlich „Justitia" 1511: Oben im Bogen über der Tür verbildlichen drei Frauen die Kardinalstugenden Stärke, Klugheit und Mäßigung, links neben der Tür empfängt der byzantinische Kaiser Justinian auf einem Schemel sitzend das römische Recht (Corpus Juris Civilis), rechts thront der Papst, der eine Sammlung des Kirchenrechts (Corpus

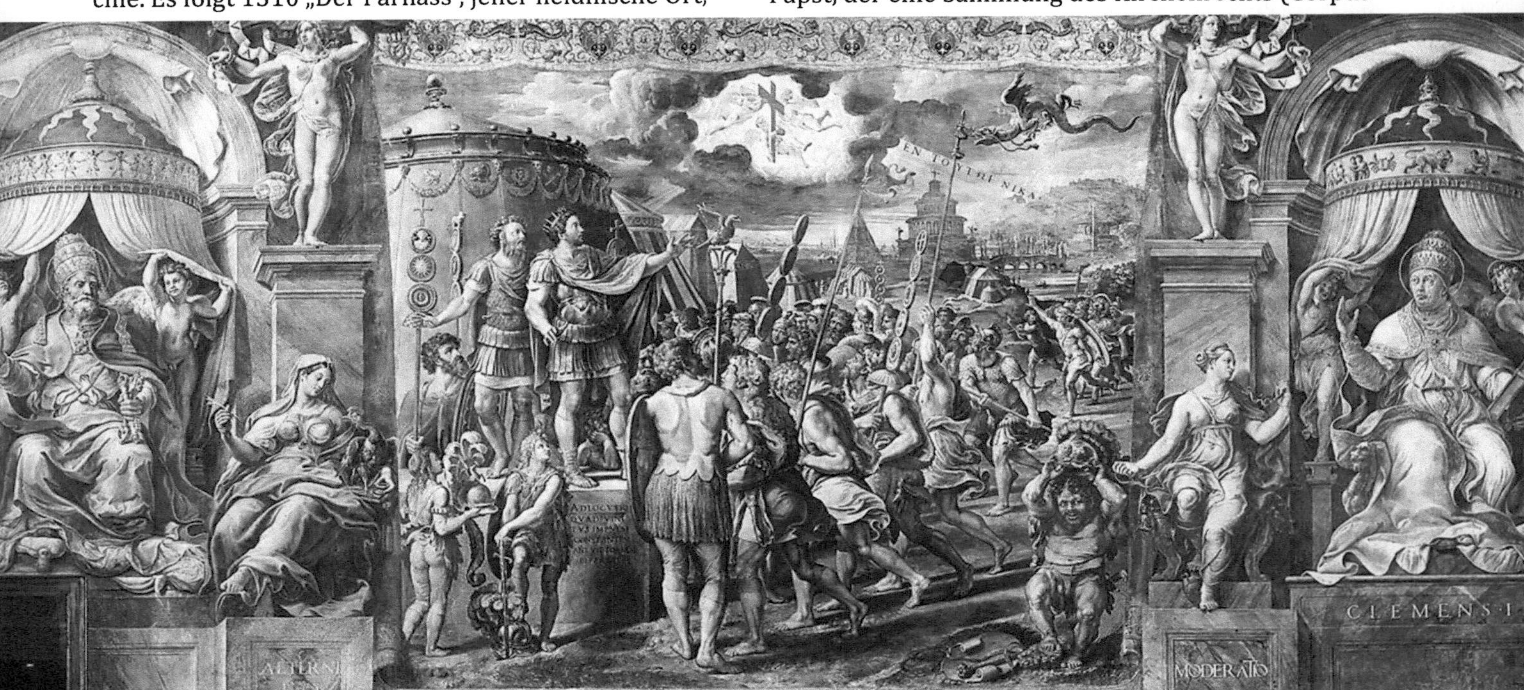

Abb. 20: Raffael und Schüler, Die Erscheinung des Kreuzes, 1520 - 1524, Fresko, Ausschnitt Rom, Palazzo Vaticano, Stanza d'Eliodoro, public domain

der Apoll geweiht ist und die Heimat der Musen, der Göttinnen der Künste, ist. Das nächste Fresko ist „Die Schule von Athen 1511. Die Kirche präsentiert sich als die führende geistige Instanz, die den Schatz der antiken Weisheit bewahrt – und als politische Macht und weltliche

Juris Canonici) erhält. Der Papst hat die Züge von Julius II.. 1512 folgt „Die Messe von Bolsena". Ein böhmischer Priester hatte das Wunder der Verwandlung der Hostie in den Leib Christi angezweifelt. Als er in Bolsena in Rom das Abendmahl zelebrierte, floss aus der Hostie Blut. Die

„Vertreibung des Heliodor" 1512: Gott lässt Heliodor, der
den Schatz im Tempel von Jerusalem rauben wollte, von
drei Engeln richten; Papst Julius II. schaut auf einer
Sänfte getragen dem Schauspiel mit Genugtuung zu. „Die
Befreiung Petri" 1515: Raffael spielt mit dem Licht, um
das Wunder in krassen Gegensätzen auszuleuchten. Vasari nennt dieses Fresko das „Göttlichste aller gemalten
Nachtstücke". Petrus wird aus dem schwer bewachten
Kerker befreit und verlässt ihn von einem Engel geleitet.
Petrus hat die Gesichtszüge von Julius II. erhalten. „Die
Zurückweisung Attilas", 1514: Die Umkehr der einfallen-
den Barbaren wird allein auf das entschlossene Auftre-
ten von Leo I. (Papst von 440 - 461) zurückgeführt.
Inzwischen war Leo X. nach dem Tod von Julius Papst ge-
worden, der mit diesem Bild sich und seinen Namenspa-
tron ehren wollte. Die Päpste als Retter des
Abendlandes. „Der Seesieg bei Ostia" thematisiert den
Sieg über die muslimischen Eroberer im Jahr 849. Wieder war es ein Leo, der Italien und den Rest Europas ret-
tete. Leo IV. hatte die abfahrenden Schiffe gesegnet. „Der
Reinigungseid Leos III." (Papst von 795 - 816) hebt den
Gedanken der Reinheit der katholischen Kirche hervor.
„Die Krönung Karls des Großen" durch Leo III. weist den
Papst als den wahren Souverän aus. „Der Borgobrand"
zeigt den Papst Leo IV. als Wundertäter: Er hatte im Jahr
847 durch ein Kreuzeszeichen den Brand in der Vatikan-
vorstand Borgo zum Stillstand gebracht. Der Papst als
Bezwinger selbst von Naturkatastrophen. Auch er trägt
die Züge von Leo X.

Das sind alles „wunder"schöne Wandgemälde. Aber es
ist geschönte Geschichtsklitterung einzig mit dem Ziel,
den geistlichen und weltlichen Machtanspruch des Vatikans zu untermauern. Raffael besetzt sämtliche Felder:
zuallererst natürlich die Deutungshoheit über die religiösen Fragen wie die Fleischwerdung des Leibes Christi
in der Hostie, dem allerheiligsten Sakrament, dann als
Hüter der Wissenschaften, als oberster Richter in allen
Fragen (den byzantinischen Kaiser gibt es ja nicht
mehr), dann als Souverän über die weltlichen Kaiser und
als Kriegsherr. Umfassender und deutlicher kann ein
Herrschaftsanspruch nicht formuliert werden.

Drei Dinge sind neu an dieser Triumphalkunst Raffaels.
Erstens formuliert er ein umfassendes Bildprogramm
und stellt es in den Dienst eines absoluten Herrschers.
Er ist damit ein Begründer des Caesaropapismus. Es ist
ein kämpferisches Programm, das Unterwerfung in allen
Fragen gebietet. Es leitet einen Kampf der Bilder ein, der
in der Folgezeit vor allem von den Ordensbrüdern und
der Inquisition ausgefochten wird.

Zweitens ist diese „Renaissance" keine „Neugeburt" sondern eine „Wiedergeburt" der Antike, eine Restauration,
die Installation eines neuen Caesars. Nicht nur Apoll darf
wieder im Vatikan thronen. Poetisch-grausam zeigen
sich Raffaels „Apoll und Marsyas" im Wettstreit um die
Gunst der Musen. Im „Triumph der Galatea" erscheint
die Milchweiße als Göttin der Flüsse, von Delphinen gezogen. Die heidnischen Götter schlüpfen nur schlecht
verkleidet in christliche Kleider. Die Heiden Platon, Sokrates, Pythagoras und Euklid dürfen assistieren, um
den Papst als Bewahrer des Wissensschatzes der
Menschheit zu glorifizieren.

Drittens wird der Kunst eine neue Rolle zugewiesen. Das
„alte" Kultbild bekam ihre Authentizität und Macht
durch die scheinbare Kraft des Faktischen. Es war von
Gottes Hand geschaffen, ein Abdruck des Leichentuchs,
über Nacht von selbst, also durch Wunder, entstanden. In
dem Gemälde der Sixtinischen Madonna wird die Idee
einer unübertroffenen Schönheit in der Mutter Gottes als
künstlerische Inspiration entscheidend. Der Künstler
avanciert vom Handwerkszeug zum Inspirierten, Erleuchteten, zum Genie. In dem Bild zieht Raffael den Vorhang weg und lässt seine innere Erscheinung leuchten.
Allenfalls der Papst, der den irdischen Bühnenraum verlassen hat, wo er seine Tiara abstellt, darf die himmlische Imagination direkt schauen. Raffael will ein inneres
Erbeben erzeugen. Hans Belting schreibt: „Das ältere
Bild enthält eine himmlische Erscheinung. Die ›Sixtinische Madonna‹ ist eine solche. Damit wendet sich das
Werk an die innere Vorstellung, statt uns die Illusion
eines Fensterblicks vorzugaukeln, den man für bare

Münze nehmen könnte. Wo ein Naturraum fehlt, treten die Figuren, ohne räumliche Bindung, gleichsam direkt vor unser Auge [...] So wird der Vorhang vor einem Bild weggezogen, das in Wahrheit die Idee von einem Bilde ist: Es wird transparent zu einer anderen Wirklichkeit. Die Sichtbarkeit ist Symbol einer unsichtbaren Schönheit. [...Die Bilder] verlieren ihre Präsenz als ›Original‹ im religiösen Sinne, das mit seiner faktischen Präsenz eine Macht über die Gläubigen ausübte. Statt dessen wird das Bild zum ›Original‹ im künstlerischen Sinne, das die Idee des Künstlers authentisch wiedergibt. Diese Idee ist letztlich an eine philosophische oder gar metaphysische Erfahrung gebunden, für welche die Kunsttheorie des Manierismus die Formel fand." (Belting, S. 535 ff.) Man muss hinzufügen: Die metaphysische „Erfahrung", die innere Verzückung und Erleuchtung durchbebt nicht nur die Künstler des Manierismus sondern die Kunst der folgenden Jahrhunderte. Das Kultbild wird nicht aufgegeben: Es rettet sich auf die neue Ebene der Kunst, der erregten metaphysischen und mystischen Imagination.

Raffaels Propagandakunst wendet den Blick von der wirklichen Welt, von der geschichtlichen Wahrheit ab und schafft eine nach den Vorstellungen seines Auftragsgebers konstruierte neue. In seiner religiösen Kunst gelingt ihm das von Künstlerhand geschaffene göttliche Ideal zu imaginieren, das ebenso entrückt wie zuvor die Ikone in frontaler, vergeistigter, würdevoller Distanz zum Betrachter bleibt. Er zeigt Maria und Jesus nicht als Menschen, sondern schafft eine religiöse Scheinwelt, die nur mit der Perspektive und mit „Natur" ausdekoriert wird, um realistisch zu wirken. Es ist eine durch und durch idealistische Kunst.

Die Kunst der Innerlichkeit beginnt die gesellschaftliche Wirklichkeit zu leugnen. Und in Italien der Zeit nahmen die Widersprüche zu, predigten Eremiten den Untergang der Welt wegen der Lasterleben der Kirchenfürsten, der Exzesse und Orgien der Päpste. Nicht überall kam es zu Aufständen wie in Florenz, wo der Dominikanermönch Girolamo Savonarola in Florenz die Medici vertrieb und von 1494 bis 1498 herrschte. Zwar hatte er anfangs Papst Alexander zur Hochzeit seiner Tochter Lucrezia gratuliert, dann wollte er ihn aber abgesetzt wissen. Nicht nur Savonarola begehrte auf und forderte kirchliche Reformen. Er predigte: „Ihr Kirchenführer, ... nachts geht ihr zu euren Konkubinen und morgens zu euren Sakramenten." Später wurde er noch deutlicher: „Diese Kirchenführer haben das Gesicht einer Hure, ihr Ruhm schadet der Kirche sehr. Ich sage euch, diese halten nichts vom christlichen Glauben." (Wikipedia). Dafür wurde er dann auch auf dem Scheiterhaufen verbrannt. Auch Burckhardt schildert diese Zeit drastisch: „Fürsten und Regierungen gaben allerdings das schlimmste Beispiel: Sie machten sich gar keine Bedenken daraus, den Mord unter die Mittel ihrer Allmacht zu zählen. Es bedurfte dazu noch keines Cesare Borgia; auch die Sforza, die Aragonesen, später auch die Werkzeuge Karls V. erlaubten sich, was zweckmäßig erschien." (Burckhardt, S. 364) Der Jesuit Ludwig Hertling zeigt sich in seiner „Geschichte der katholischen Kirche" über das weltliche Treiben Leo X. um so peinlicher berührt, „als unter ihm die Reformation begann. Während Luther seine Thesen veröffentlichte, wurden im Vatikan Komödien aufgeführt. Unter Julius II. war die Lage der Kirche ernst gewesen, aber noch nicht verzweifelt; nun war sie verzweifelt, aber sie wurde nicht ernst genommen. Mit Lachen und Tanzen ging es dem Abgrund entgegen." (zit. n. Uhlitzsch, S. 42) Während sich in Italien die Auseinandersetzungen zuspitzten und Kriege tobten, malte Raffael für Papst Leo die Welt schön. Diese Aufgabe erhielten die Künstler dann vor allem im Zuge der Gegenreformation. Die Aufträge bekamen diejenigen, die sich am besten in die Scheinwelten hineinsteigern konnten.

Florenz auf einem Sonderweg der Rationalität

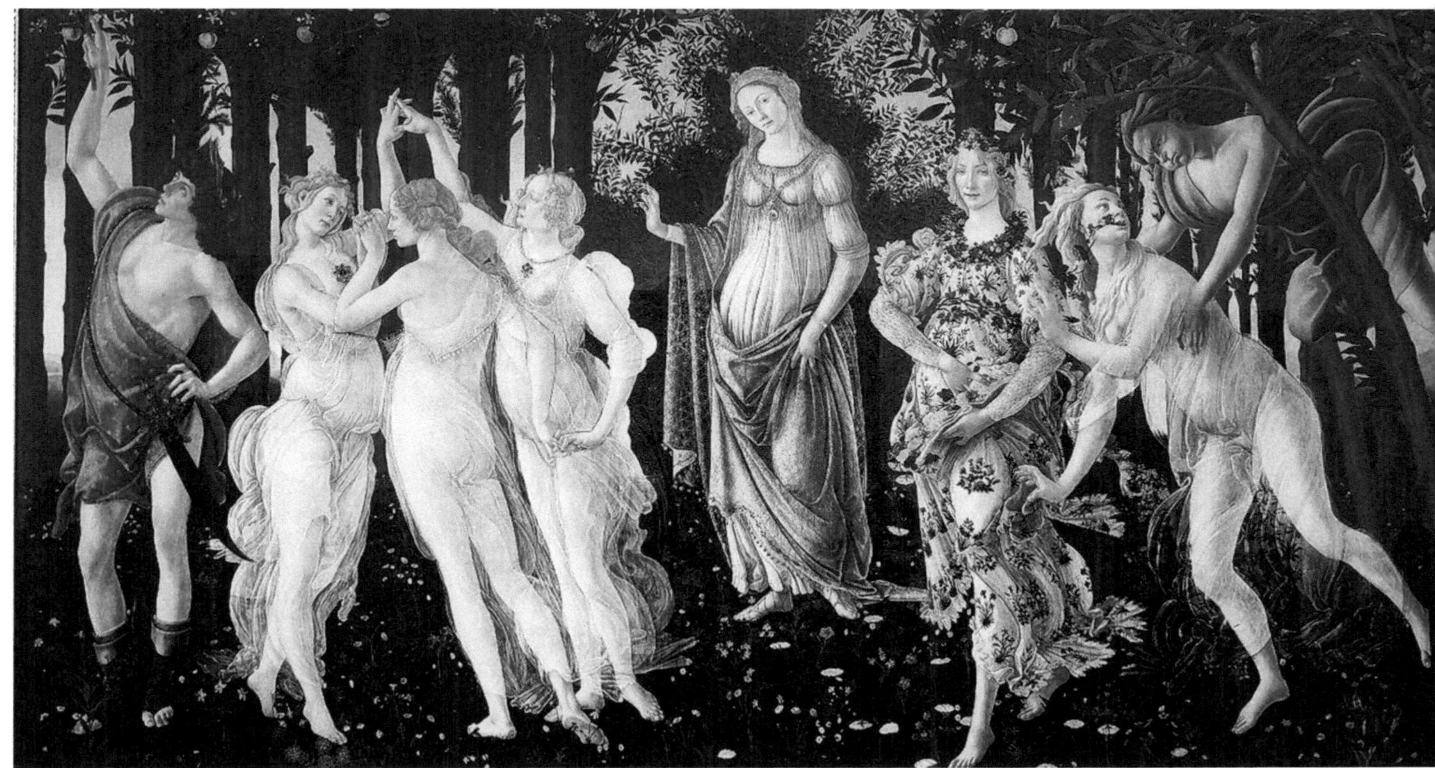

Abb. 21: Sandro Botticelli, La Primavera, (Der Frühling, Ausschnitt), 1477- 1478, Tempera auf Holz, 203 x 314 cm, Florenz, Galleria degli Uffizi, Foto: Livioandronico2013, CC BY-SA 4.0

Hätte es auch anders kommen können? In Florenz hatte die Kunst andere, rationalistische, nachdenkliche Akzente gesetzt, die die gegebene Ordnung in Frage stellten. Zwar bestimmte auch hier die führende Medici-Familie die Inhalte. Benozzo Gozzoli (1420 bis 1497) hatte in „Die Anbetung der Könige" einen prachtvoll ausgestatteten Festzug mit Adligen und Kaufleuten in wertvollsten Kleidern gestaltet, allen voran auf stolzem Schimmel Lorenzo de´Medici als heiligster König.

Auch Sandro Botticelli (14454 - 1510) malt für die Medici „Liebhaberbilder", die ihre herrschaftlichen Villen ausschmücken. In seinen Gemälden „Die Geburt der Venus" (um 1485) und „Frühling" (um 1482) bemüht er noch die antike Mythologie: Venus taucht auf der Muschel aus dem Meer auf, sanft getrieben vom Windgott Zephir und der Brise Aura, umgeben von zart dahinschwebenden Rosen. Rosen, so weiß es die Sage, erblühten zum ersten Mal bei der Geburt der Venus. An Land wird die Liebesgöttin von der Frühlingshora mit einem prächtigen Mantel erwartet. Byzantinische Linearität betont ihre Weiblichkeit. Körperhaltung und zur Schau ge-

stellte Scham entsprechen ganz der kapitolinischen
Venus, der römischen Kopie der schamhaften Venus, dessen Original dem Praxiteles zugeschrieben wird. Ein
gleichartiger Apparat wird beim „Frühling" eingesetzt.
Im Mittelpunkt steht wieder
die Venus, wehmütig win-
kend, wobei ihr Busen durch
Bordüren plastisch-sanft modelliert wird. Über ihr
schwebt Amor, links der Göt-
terbote Merkur, rechts der
Windgott Zephir, der die
Nymphe Chloris verfolgt. Mit
ihr kommt die Frühlingsgöt-
tin, Blumen streuend. Drei
nur sehr spärlich verhüllte
Grazien tänzeln und verkünden das Erwachen der Liebe.
Das ist ein märchenhafter
Reigen schöner Jungfrauen.
Ist es eine Wanddekoration
eines mittelalterlichen Palastes oder Erwachen einer modernen Individualität? Wohl
beides. Denn die Göttin der
Liebe hat einen Namen: Es ist
die junge adlige Florentine-
rin Simonetta Vespucci, die
Geliebte von Giuliano de´Me-
dici. In dieser Periode entstehen auch „Venus und Mars"
(um 1483) und „Minerva und
der Kentaur" (1482): Die
Liebe überwindet Gewalt
und Krieg, Minerva als Göttin
der Weisheit siegt über das
Barbarentum. Die Weisheit ist offenbar eine Eigenschaft
der Medicis, denn Minervas Kleid ziert das Emblem der
Familie.

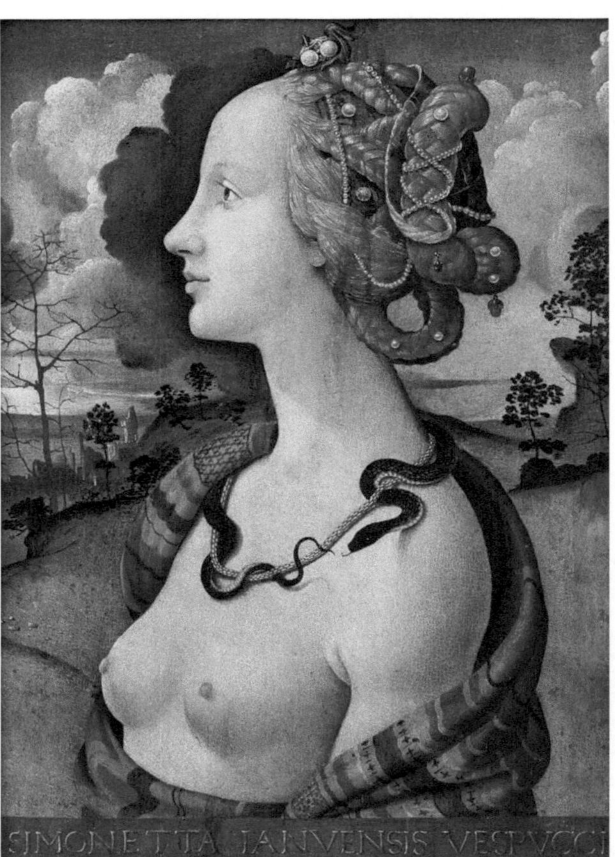

*Abb. 22: Piero di Cosimo, Simonetta Vespucci, vor 1520,
Tempera auf Holz, 57 x 42 cm, Chantilly, Musée Condé, Paris,
public domain*

sichtszüge der Frauengestalten auf. Sie sind trotz aller
Nacktheit unnahbar, schamhaft fern. Botticellis Frauen
sind träumerisch entrückt in sich versunken, sie grüßen
aus der Ferne und nehmen Abschied. Die Unterdrückung
der Frau rächt sich mit der
Distanz und erweckt die
Sehnsucht nach Harmonie.
Deshalb die byzantinische
Entrücktheit.

Selbst diese verhaltene, sich
noch versteckende Indivi-
dualität und erst erwachende
Lebensfreude ist einigen
Bußpredigern wie Savona-
rola ein Zuviel. Er predigt:
„Fliehe die Werke der Kunst,
die zu den Reichtümern der
Welt zählen. Man erfindet sie
heutzutage für die Kirchen
mit solcher Kunst und solchem Aufwand, dass sie das
Licht Gottes verdunkeln" und
dazu verführen, „nicht Gott,
sondern die Kunst in ihnen
zu betrachten." (zit. n. Belting, S. 525) Auch Botticellis
Bilder sollen unter denen gewesen sein, die Savonarola
auf den Scheiterhaufen nebst
anderem weltlichen Tand
verbrennen ließ. 1495 malt
Botticelli noch „Die Verleum-
dung des Apelles". Der junge
nackte Maler wird zur Verur-
teilung vor den Thron des
Königs geschleppt, während links im Bild die nackte
Venus als Sinnbild der Wahrheit um Gerechtigkeit fle-
hend in den Himmel weist. Aber auch Botticellis Kunst
verkommt während und nach der Terrorherrschaft Savo-
narellas. Er stellt seine Madonnen wieder züchtig ange-
zogen auf Podeste, die Figuren versteinern, die Farbe

Botticellis Bilder dieser Zeit sind ein Aufbruch. Allerdings fallen die wehmütigen und melancholischen Ge-

wird fahl. Inhaltlich wirkt jetzt alles gewollt, aufgesetzt, freudlos, depressiv.

Einen neuen Anlauf nimmt Piero di Cosimo (1462 - 1521). Er ist erzählfreudiger mit der Liebe zum Detail. Bei „Venus, Mars und Cupido" (um 1490) ist Venus sinnlicher dargestellt, Cupido schmiegt sich an die Brust der Liebesgöttin und schmachtet sie an, andere Cupido-Figuren entfernen Teile der Rüstung des schlummernden Mars. Zwei Tauben turteln im Vordergrund, ein Hase als Symbol der Wollust ist über den Schenkeln der Venus zu sehen, ein Schmetterling hat sich auf einem Bein niedergelassen. Witz und Humor zeigt er auch bei der Behandlung antiker Mythen „Die Befreiung der Andromeda", Szenen aus der „Prometheus-Sage" (1510 – 1520) „Tod der Prokris" (um 1510). Sie haben schon fast surreale Anklänge, das heißt ihr unwirklicher Charakter wird betont, sie werden als Märchen erzählt. Sein schönstes Bild ist das Porträt von „Simonetta Vespucci" (vor 1520). Was bei Botticelli noch Göttin war, wird bei Piero di Cosimo eine schöne, begehrenswerte individuelle Frau. Die Landschaft wird als atmosphärische Stimmung eingesetzt. Die Dramaturgie der Wolken betont die Ausgewogenheit und Harmonie des schönen Gesichts. Aber auch bei ihm hat man den Eindruck, dass seine Bilder von einem Schleier der Melancholie überlagert sind.

Mit Leonardo da Vinci (1492 - 1519) gelangte die Kunst der Renaissance in Italien zur Meisterschaft, ja zum einsamen Höhepunkt. Er ist oft als göttliches Genie bezeichnet worden, so auch von Vasari. Leonardo habe vor allem in der Mona Lisa per Intuition die göttliche Anmut auf die Leinwand gebracht. Das ist falsch, denn Leonardo sah die Malerei als erlernbares Handwerk und als Wissenschaft an. Er fertigte häufig „Kartons" mit Vorzeichnungen, überließ vieles seinen Mitarbeitern, um dann den Werken zum Schluss einen letzten Schliff zu geben. Deshalb können viele seiner Werke ihm auch nicht eindeutig zugeordnet werden, weil andere Künstler daran mitgewirkt haben – Teamwork.

Malerei ist nach seiner Ansicht die erste unter den Wis-

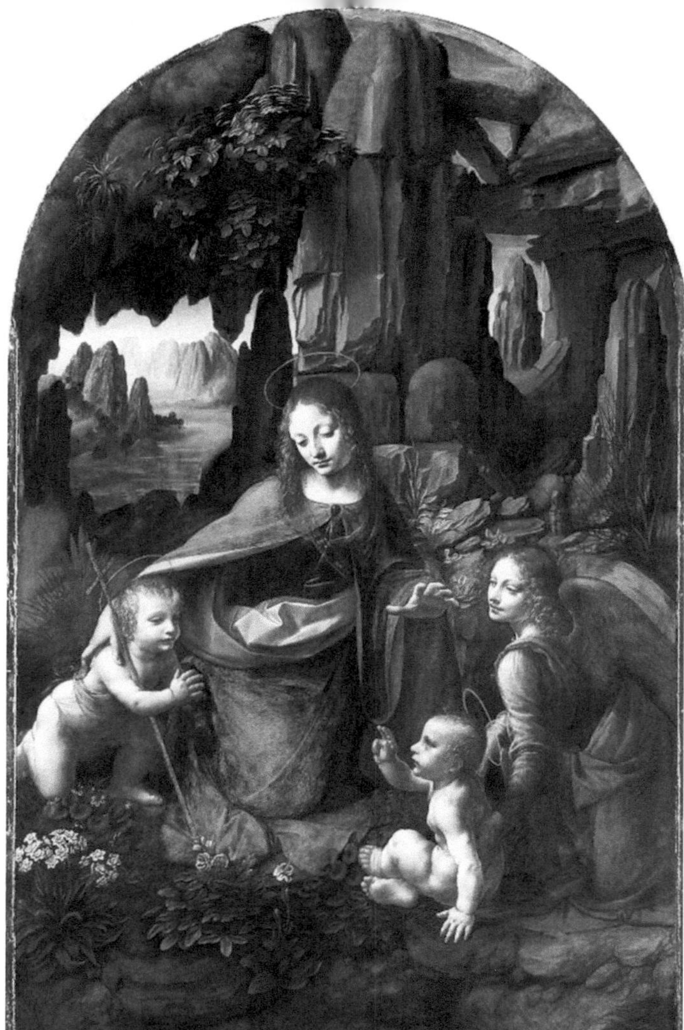

Abb. 23: Leonardo da Vinci, Felsgruppenmadonna, um 1495 - 1508, Öl auf Holz, 189,5 x 120 cm, National Gallery, London, Foto: The Yorck Project: 10.000 Meisterwerke der Malerei. DVD-ROM, 2002. ISBN 3936122202, public domain

senschaften, denn das Studium der sichtbaren Dinge und das Erfassen der Psyche der Menschen, der Seele, waren für ihn Ausgangspunkte für alle Wissenschaften. Die Bezeichnung „Uomo Universale" trifft schon eher zu; er betätigte sich als Ingenieur, Architekt, Konstrukteur, Anatom, Geograf, Botaniker... Er baute Flugmaschinen, beschäftigte sich mit dem Wachstum eines Kindes im

Mutterbauch, wollte schon die Sonnenenergie nutzbar machen, analysierte das Planetensystem...

Er wollte die Welt mit seinen Augen begreifen. Er kümmerte sich dabei nicht um die kirchlichen Dogmen (rebellierte aber auch nicht offen gegen sie). In den Jahren 1483 bis 1486 malte er für die „Bruderschaft der Unbefleckten Empfängnis" die „Felsgrottenmadonna" für die Mailänder Franziskanerkirche San Francesco Grande. Die Auftraggeber hatten eindeutige Vorgaben gemacht: Im Mittelpunkt sollte Maria andächtig ergeben stehen, daneben sollten Jesus, Johannes und Engel erscheinen. Es ist ein Andachtsbild. Aber es zeigt Menschen unter sich in einer harmonischen Einheit, die durch den pyramidalen Aufbau erreicht wird. Es wird eine Stimmungseinheit nicht nur durch die Ausgeglichenheit der Charaktere erzielt. Die Chiaroscuro-Technik, die sanfte Hell-Dunkelzeichnung der Gesichter und der Landschaft sind mehr als nur Beachtung der Perspektive und Beobachtung der Menschen und der Landschaft. Es ist Einfühlen in die Psyche, Miterleben der Gefühlswelt, die so zusätzlich zu einer gemeinsamen Gruppe zusammengeführt werden. Leonardo lässt Details weg und fordert den Betrachter, durch eigene Aktivität an dem Geschehen teilzuhaben. Er malt nicht eine Landschaft, er konstruiert sie und schafft durch die Hell-Dunkeltechnik eine grandiose Perspektive, die einen Widerspruch zu der Nähe der dargestellten Personen darstellt. Aber dadurch treten die Personen umso eindrucksvoller feierlich aus dem Bild heraus. Die „Bruderschaft der Unbefleckten Empfängnis" lehnte das Bild ab, angeblich, weil Maria, Jesus und Johannes – wie zu der Zeit üblich – nicht mit einem Heiligenschein ausgestattet waren. Irgend etwas anderes mag sie an dem Bild – unbewusst – gestört haben. Oft wurde schon die ungewöhnlich, eigentümlich Ausgestaltung der Felsgründe als Felsendom gerätselt: Es sind Phallussymbole und geben Leonardos Überlegungen zur unbefleckten Empfängnis wieder. Hier malt kein gläubiger Verehrer der Maria, hier ist ein Wissenschaftler am Werk, dessen Vorstellungen man allenfalls als pantheistisch bezeichnen kann. In einer zweiten Fassung der Felsgruppenmadonna (1495 - 1508) sind

die Symbole noch deutlicher herausgearbeitet worden, allerdings haben die Heiligen wie gewünscht jetzt ihre Aureolen erhalten.

Ähnliche Gedanken hat Leonardo auch in „Leda und der Schwan" (1505 - 1510) oder in einer „Studie zu einer knienden Leda mit dem Schwan" (um 1508) geäußert. Neben der frontal in zarten Farbabstufungen nackt dargestellten Leda, die von Zeus in der Gestalt des Schwans mit seinem Flügel zärtlich umarmt wird, ragen mit Samen gefüllte Lampenputzer oder Rohrkolben als Phallussymbole in die Landschaft. Links unten tummeln sich aus dem Ei geschlüpfte Neugeborene. In späteren Kopien sind dann die Lampenputzer weggelassen worden.

Im Porträt der Mona Lisa (1503 - 1506) ist die Maria-Ikone endlich vollkommen Frau geworden: Mona Lisa del Giocondo (geb. Gherardini), Gattin des Kaufmanns Francesco di Bartolommeo di Zanobi del Giocondo aus Neapel. Dieser hatte Leonardo den Auftrag nach der Geburt eines Sohnes gegeben. Über die Dargestellte ist oft spekuliert und sogar behauptet worden, sie sei in Wirklichkeit ein Mann, Leonardos Geliebter „Mon Salai" (deutsch: Mein Salaj). Diese Interpretation verleugnet die große Leistung des Meisters, dem es hier nicht um die Darstellung eines homoerotischen Abenteuers sondern um die Schönheit der Individualität einer stolzen, selbstbewussten Frau mit einem einzigartigen, rätselhaften Charme ging. Nicht vordergründige Prachtentfaltung, nicht Standesbewusstsein, keine prahlerische Dokumentation reicher Kleidung – Menschlichkeit, Mitempfinden. Der Maler erzielt diese Wirkung, indem er den Betrachter einbezieht, ihn aktiv werden lässt. Mona Lisa dreht sich leicht und neigt sich dem Betrachter zu, als wolle sie kommunizieren. Leonardo holt Mona Lisa nah an den Betrachter heran – wieder wird wie in dem Felsgrottenbild der Kontrast „ferne Landschaft – nahe Person" voll ausgekostet. Die Ausnutzung des sanften Hell-Dunkels, ein Schleier wie beim erlebten Sehen ist über das Bild gelegt. Das ist nicht wie unter einer Lupe gemalt, nicht bis ins letzte Detail ausgemalt (besonders schön zu sehen an den geheimnisvollen Augen und der Zartheit

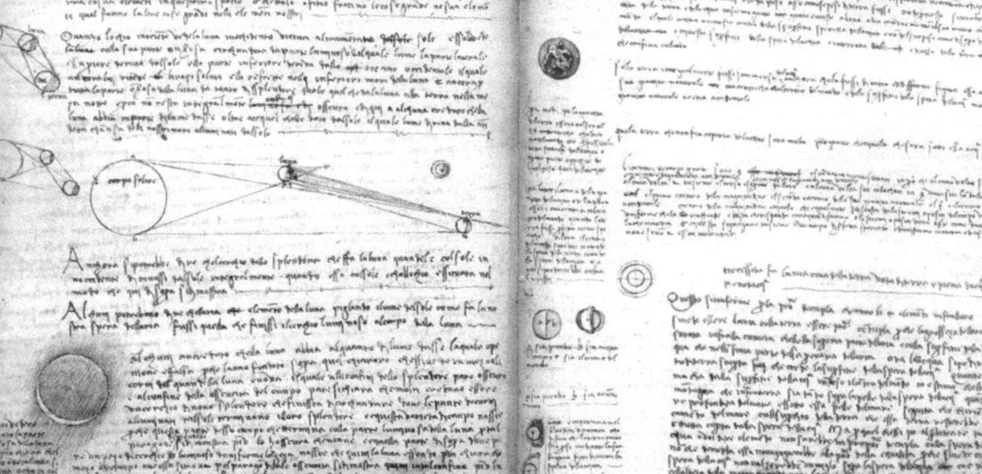

Abb. 24: Leonardo da Vinci, Codex Hammer (Leicester), spiegelverkehrt gesehen, public domain

der Hände) – der Betrachter muss ergänzen, aber die Grundstimmung ist vorgegeben.

Leonardo lieferte die Mona Lisa beim Auftraggeber nie ab, er behielt sie bis zu seinem Tod. Er bekam zwischenzeitlich zusammen mit Michelangelo den Auftrag, die Anghiarischlacht, in der die Florentiner 1440 die Mailänder geschlagen hatten, für den großen Ratssaal des Florentiner Regierungspalastes zu malen. Erhalten geblieben sind von beiden Künstlern nur Kopien anderer. Aber aus ihnen geht die entgegengesetzte Position beider hervor. Während Leonardo hässlich, wilddämonisch in sich verkrallte, draufhauende Krieger skizziert, die Pferde sich angsterfüllt aufbäumen, moduliert Michelangelo muskulöse Gestalten. Zöllner schreibt: „In der dramatischen Darstellung des kriegerischen Geschehens hätte der Kontrast zwischen den Entwürfen der beiden Künstler nicht größer sein können. Leonardo thematisierte den gewaltsamen Zusammenprall gegensätzlicher Kräfte und kennzeichnete die Kriegsparteien mit erkennbaren Attributen. Michelangelo entgegen enthielt sich weitgehend einer Kennzeichnung des Bildpersonals und widmete sich der expressiven Gestaltung des männlichen Aktes ..." (Zöllner, S. 77) Leonardo vollendete das Wandbild nicht. Offensichtlich lehnte er die Gewaltidealisierung ab.

Schon im Jahr 1472 hatte er das „Profil eines Kriegers mit Helm" gezeichnet, einen verbohrten, hässlichen, aggressiv dreinblickenden, reich verzierten Kriegerkopf. Leonardo hasste die kriegerische Auseinandersetzung und auch die Physiognomie des Kriegers. Weshalb hat er dann aber so viele Befestigungsanlagen und so viel Kriegsgerät

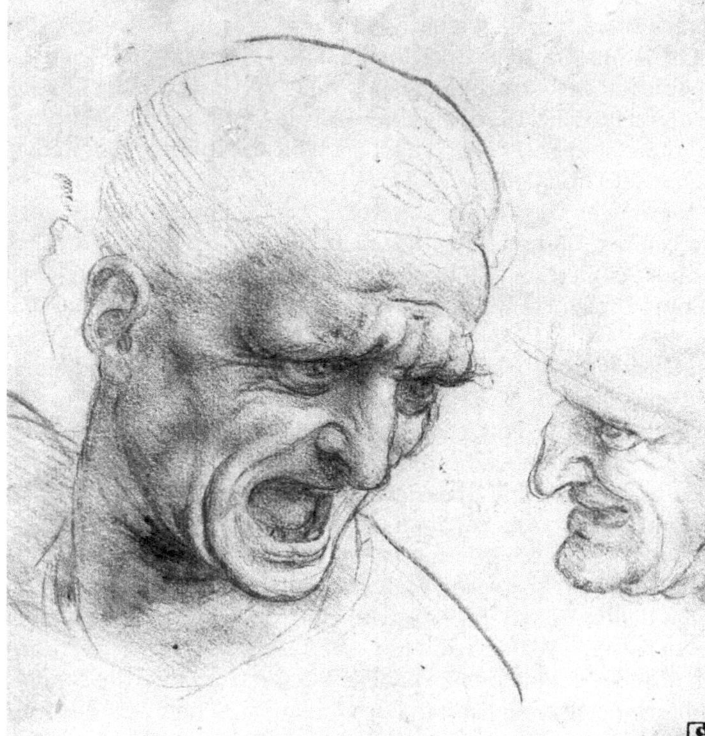

Abb. 25: Leonardo da Vinci, Zwei Krieger, Vorstudien für die Anghiari-Schlacht, 1504 - 1905, Zeichnung, schwarze Kreide oder Kohle, public domain

entworfen? Seine Antwort ist: „Um das Hauptgeschenk der Natur, nämlich die Freiheit, zu bewahren, erfinde ich Angriffs- und Verteidigungsmittel für den Fall, dass wir von ehrgeizigen Tyrannen bedrängt werden." (zit. n. Uhlitsch, S. 13)

Aber ganz eindeutig ist seine Haltung nicht. Er hatte mehrere Reiterstatuen mit heroischer Gestaltung von Fürsten entworfen, die bei ihrer Realisierung wohl mehr als monumental ausgefallen wären und alles bis dahin Geschaffene an Größe in den Schatten gestellt hätten. Zum Glück verhinderten widrige Umstände die Gestaltung, Geld fehlte oder die Bronze wurde für Kriege gebraucht. Leonardo musste mehreren Herren dienen. Am unwohlsten wird er sich in den Jahren 1513 bis 1516 gefühlt haben, als er von Giuliano de´Medici, dem Bruder des damaligen Papstes Leo X., am vatikanischen Hof engagiert war. Papst Leo X. misstraute Leonardo und ließ ihn bespitzeln, die Aufträge bekamen Raffael und Michelangelo. Leonardo rächte sich 1516 mit einer „Allegorie mit einem Wolf und einem Adler". Der Papst als Wolf (allerdings ohne Schafsfell) und der französische König als Adler auf einer Weltkugel: Die Karikatur hatte er nach einem Treffen von Leo X. und Franz I. gezeichnet. 1516 emigrierte er mit Schülern auf Einladung des französischen Königs Franz I. nach Frankreich.

Ein tiefer Pessimismus zeigt sich in seinen Prophezeiungen: „Zahlreich sind jene, die sich als einfache Kanäle für die Nahrung, Erzeuger von Dung, Füller von Latrinen bezeichnen könnten, denn sie kennen keine andere Beschäftigung in dieser Welt. Sie befleißigen sich keiner Tugend. Von ihnen bleiben nur volle Latrinen übrig." Und: „Auf der Erde wird man Geschöpfe sich unaufhörlich bekämpfen sehen, mit sehr schweren Verlusten und zahlreichen Toten auf beiden Seiten. Ihre Arglist kennt keine Grenzen. In den riesigen Wäldern auf der Welt fällen ihre grausamen Mitglieder eine riesige Zahl an Bäumen. Sind sie erst mit Nahrung vollgestopft, wie wollen sie ihr Bedürfnis befriedigen, jedem lebenden Wesen Tod, Trübsal, Verzweiflung, Terror und Exil zuzufügen ... O Erde! Worauf wartest du, um dich zu öffnen und sie in die tiefen Spalten deiner großen Abgründe und deiner Höhlen zu reißen und dem Angesicht des Himmels ein so grausames und furchtbares Monster nicht mehr zu zeigen!" (Wikipedia)

Es ist erstaunlich, dass Leonardo als einer der ersten Maler der Welt das voll entwickelte individuelle Porträt mit der Darstellung einer Frau präsentiert. Zumal ihm homoerotische Neigungen nachgesagt werden. Harmonie und Frieden: Es erscheinen nur Frauen auf den Bildern. Sexualität, Zusammensein von Mann und Frau: Da werden Schwäne, Lampenputzer und Felsendome bemüht. Denkt man sich einen Mann in die „Anna selbdritt" oder in die „Felsengrotte", die Bilder würden aus den Fugen geraten. In der Anghieri-Schlacht zeigt er die Bestie Mensch als Mann. Allenfalls in „Johannes der Täufer" (um 1513 - 1516) versucht er die gleiche Überzeugungskraft in der Darstellung männlicher Schönheit – es gelingt ihm nicht in gleicher Weise. Johannes wirkt eher androgyn. Der große Künstler, der auf naturwissenschaftlichem Gebiet so viele Entdeckungen gemacht und der Welt das Lächeln der Mona Lisa geschenkt hat, steht eher ratlos vor gesellschaftlichen Fragen. Eine Perspektive kann er nicht sehen. Hier hofft er, der alles berechnen wollte, auf ein günstiges Schicksal, eine Wende. Der Himmel soll sich auftun. So ist bezeichnend, dass Leonardo keine Herrscher- oder Fürstenbilder gemalt hat, obwohl er zeitlebens in deren Dienste stand. Er konnte sie nicht malen, weil er es nicht wollte. Es ist wichtig hervorzuheben, was er nicht in Angriff genommen hat. Gerade dadurch setzt er sich von seinen „Nachfolgern", vor allem von Tizian, ab.

Leonardo hatte keine Nachfolger. Vor allem die florentinische Schule entwickelte dann in Frankreich im königlichen Palast den höfischen Stil von Fontainebleau: verspielte Dekorationsbilder zur Verherrlichung der Fürsten, die schon den Weg weisen in die gekünstelte Scheinwelt des französischen Rokoko.

Der Weg in den Manierismus

Die Lage spitzte sich zu. Der deutsch-spanische Karl V. und der französische Kaiser kämpften um die Vorherrschaft in Italien. Der verhasste Papst Clemens VII. (1523 - 1534) verursachte durch eine Reihe von Intrigen den Einmarsch des spanisch-deutschen Heeres in Rom 1527. Die Hauptstadt wurde geplündert und gebrandschatzt. Eine Lethargie legte sich über das Land. 1528 wurden die französischen Truppen endgültig besiegt, und Italien geriet unter spanische Vorherrschaft. Es begann eine Zeit des wirtschaftlichen und gesellschaftlichen Niedergangs. Die Bevölkerung verarmte, Landwirtschaft, das Handwerk und der Handel und Gewerbe stagnierten. Die spanischen Herren erhöhten ständig die Steuern, um ihre Kriege zu finanzieren.

In Venedig erschienen wie in Florenz anfangs noch andere Wege möglich. Eine kritische Auseinandersetzung mit den herrschenden Sitten und der verlogenen Moral leuchtet in dem sogenannten Kurtisanenbild „Zwei Damen" von Vittore Carpaccio (um 1455 - 1526) auf. Zwischen Schoßhündchen und allerlei Hausrat warten zwei Halbweltdamen eher gelangweilt auf ihren Ruf zum Dienst.

Giorgione (1478 - 1510) ist malerischer, ausgewogener. Er ist ein Meister der atmosphärischen Stimmung in warmer Tonigkeit. Der Mensch in seiner Individualität und die Natur finden zueinander. Die Landschaft ist wie bei Leonardo nicht mehr allein Hintergrund sondern verbindet sich harmonisch mit dem Menschen zu einem natürlichen Ganzen.

Seine Porträts erreichen eine große Aussagekraft, es sind Charakterköpfe voller Individualität. Das „Selbst-

porträt als David" zeigt ihn voller Zweifel, aber selbstbewusst und forschend. Ein Mann in der Blüte seiner Jahre, der Vieles vorhat. Beeindruckend ist die Darstellung einer alten abgearbeiteten Frau mit einem etwas müden und skeptischen Blick und leicht geöffnetem Mund, der den Betrachter etwas fragen will. Auf einem Zettel in ihrer Hand steht Col Tempo: Mit der Zeit sei sie zu dem geworden, was zu sehen ist: Hart war ihr Schicksal, schwer die Arbeit. Giorgione entwickelt ein neues Verständnis vom Menschen. Giorgione erzeugt Mitgefühl.

Auch bei ihm wird die Madonna Mensch. Deutlich zu sehen in dem Bild „Gewitter". Dieses Bild hat viele Interpretationen erfahren. Die Frau sei ein Zigeunermädchen, seine Geliebte Cecilia oder insgesamt die Idealisierung einer Familie. Man muss das Bild von den Sehgewohnheiten der damaligen Zeit her begreifen. Eine schöne junge Frau stillt ihr Kind. Sie blickt den Betrachter fragend an. Sie tut das Natürliche, sie beschützt und nährt ihr Kind. Obwohl Mutter und Kind sich harmonisch in die Landschaft einfügen, tobt ein Gewitter, eigentlich etwas Bedrohliches. Aber durch die individuelle Weiblichkeit, die natürliche Nacktheit wird alles Widersprüchliche aufgehoben, wird Harmonie hergestellt. Diese Aussage war bisher dem Madonnenbild vorbehalten, Giorgione sprengt die Bildmuster. nimmt den Heiligenschein weg und behauptet die Natürlichkeit. Der Mann am Bildrand ist eher Bildbegrenzung, er gehört einfach dazu, er stört auch nicht. Der Bildinhalt ist der fragende Blick der Mutter.

In der „Schlummernden Venus" beeindrucken die milddurchmischten Farbflächen der Landschaft. Wie bei Leonardo schafft es Giorgione, durch den Nah-Fern- und

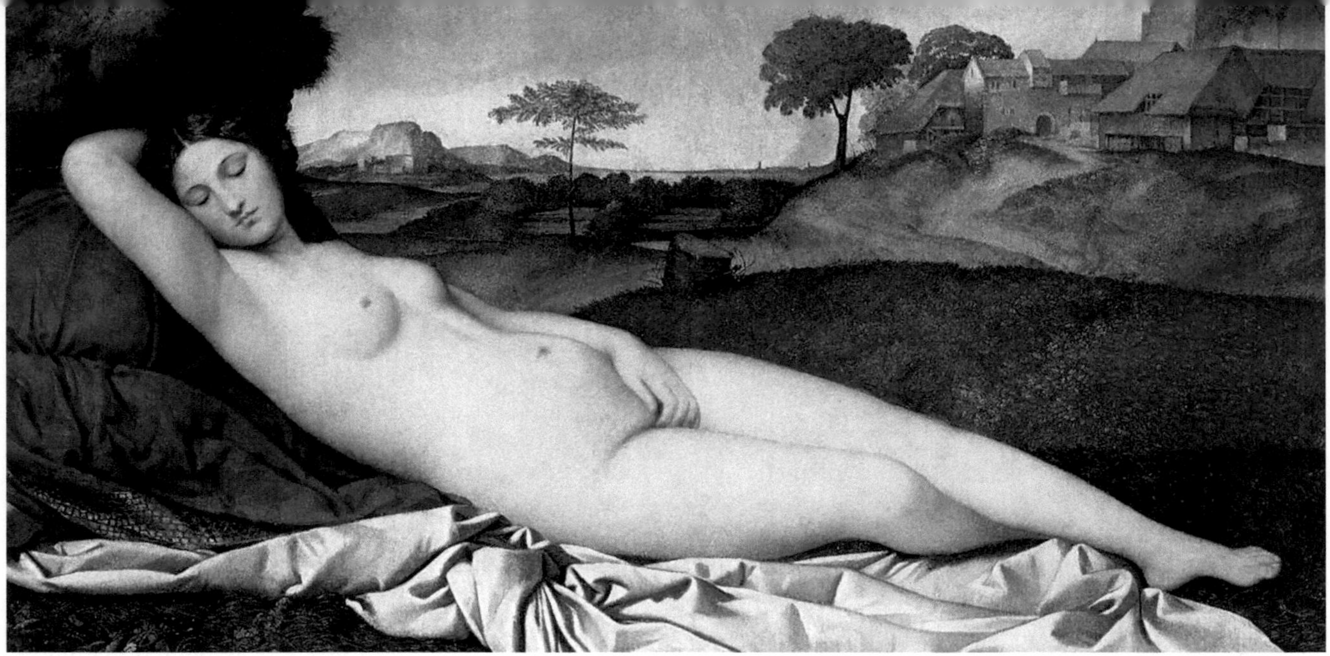

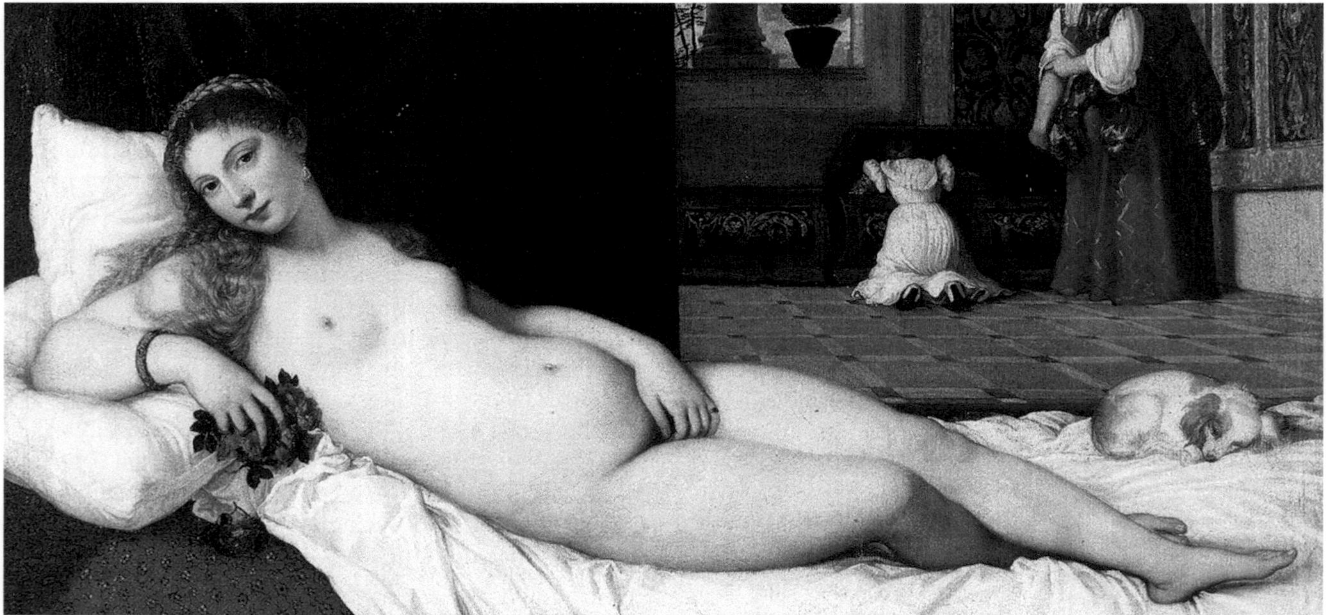

Abb. 26: Giorgione, Schlummernde Venus, um 1508, Öl auf Leinwand, 108 × 175 cm, Gemäldegalerie Alte Meister, Dresden, public domain

Abb. 27: Tizian, Venus von Urbino, 1538, Öl auf Leinwand, 119 × 165 cm, Galleria degli Uffizi, Florenz Gallerie, Foto: PhotographerThe Yorck Project (2002) 10.000 Meisterwerke der Malerei (DVD-ROM), distributed by DIRECTMEDIA Publishing GmbH. ISBN: 3936122202. public domain

Hell-Dunkel-Kontrast mit zarten Abstufungen die Schlummernde dem Betrachter sinnlich nahe zu bringen. Die Landschaft betont die Natürlichkeit, sie strömt eine Harmonie aus und korrespondiert mit der Ruhenden. Über Landschaft und Person legt sich so ein zarter Schleier. Die Schönheit, der Anmut der Frau werden durch die zarten Farbübergänge und die geschlossenen Augen, die Sinnlichkeit durch die liebevolle Modellierung der Brüste und die Position der linken Hand am Geschlecht hervorgerufen. Das Schlafen stellt eine Distanz zum Betrachter her, er wird angelockt und gleichzeitig aufgerufen, die Stille des Bildes nicht zu stören. Intimität und Sinnlichkeit halten sich die Waage, es kommt zur Besinnlichkeit. So verheißt Giorgione das Erleben individueller Sinnlichkeit in Harmonie. Die Grazie scheint vor einer natürlichen Landschaft zu schweben. Die Grenzen zwischen Sinnlichkeit und Natürlichkeit, von Äußer- und Innerlichkeit sind gefühlvoll ausgelotet.

Diese Grenzen werden bei Tizian (um 1485 - 1576) überschritten. Die Venus von Urbino schaut den Betrachter träumerisch-verführerisch an, als erwarte sie ihn. Sie wird Objekt, Ziel der Begierde. Das fleischlich Lockende wird betont, ihr Haar wallt sinnlich über ihre Schulter. Sie schmückt sich mit Ring und Armreif, in ihrer rechten Hand hält sie Blumen, Geschenke eines Mannes. Sie liegt nur scheinbar entspannt auf einem Bett in einem Privatzimmer eingeschlossen. Neben ihr schlummert ein Hund, Symbol der Treue. Im Hintergrund des prächtigen Saals kramen zwei Dienerinnen Textilschätze aus einer Truhe. Die Anwesenheit des reichen Mannes, der sich die Liebe erkauft, darf mitgedacht werden. Die Position der Frau ist auf dem ersten Blick in beiden Bildern gleich, aber durch die Veränderungen bei Tizian wird der Geschlechterantagonismus präsent. Völlig unerträglich wird die Nacktheit in „Venus mit Orgelspieler und Cupido" (um 1548), wenn Tizian vor die Unbekleidete den höfisch gekleideten Musiker platziert, der sich nach hinten wendet und ihr Geschlechtsteil mit den Augen fixiert.

Tizian versucht noch einen Ausgleich in dem Bild „Himmlische und Irdische Liebe" (1514). Gestritten wird bei diesem Bild darüber, ob die Nackte oder die Bekleidete die Himmlische sei. Ist das so wichtig? Ein Augenschmaus sind sie beide. Bedeutsamer ist, dass der Künstler überhaupt zwischen der himmlischen und der irdischen Liebe scheidet, zwischen Laster und der göttlichen Erhabenheit der Venus. Hervorzuheben sind auch zwei kleine Details. In der linken Bildhälfte tummeln sich zwei Hasen, Symbole der Wollust und Fruchtbarkeit, rechts wird ein Hase von zwei Männern auf Rossen und ihrem Hund gejagt und anschließend erlegt. Das Thema der käuflichen Liebe variiert Tizian in seinen Danae-Gemälden, in denen es Gold auf ihren unbedeckten Schoß regnet. Nach der Sage gelangte so Gottvater Zeus zu der schönen Königstochter und schwängerte sie. Das ist offenbar keine Darstellung der Prostitution, kein Protest gegen die körperliche Ausbeutung der Frau, das ist Götterdienst. Weibliche Nacktheit wird in „Diana und Kallisto" (1559), „Diana und Aktäon" (1559) mythologisch erhöht. Im Bacchanal (1525) wird dann weibliche Nacktheit orgiastisch inszeniert. Eigentliches Thema ist die Unterdrückung der Frau, die als Göttin mythologisch überhöht, aber real als Objekt sexuell ausgebeutet wird.

In den religiösen Bildern dramatisiert Tizian religiöse Wunder und Märtyrer-Heroisierung. Tiefe Ergriffenheit auf einer Theater-Bildbühne. Da schwebt Christus mit der Fahne in der linken Hand, die rechte Hand weissagend erhoben, in den Himmel. Oder Maria gleitet in einer Ganzkörperaureole über die Tempeltreppen zum obersten Priester empor, während unten die Fürsten und Geistlichen andächtig, würdigend verharren. Das ist mehr Pose, vorgetäuschte Ergriffenheit.

Ernsthaft und würdevoll präsentiert Tizian die kirchlichen und weltlichen Machthaber. Papst Paul III. gibt sich 1543 in purpurner Robe auf purpurnem Stuhl ernsthaft, prüfend in dem Moment, bevor er eine klare Entscheidung trifft. Dieser Papst nutzte den Streit zwischen den Habsburgern und der französischen Krone, um die eigene weltliche Macht zu stärken. Er zeugte vier Kinder. In „Papst Paul III. mit seinen Nepoten" (1546) zeigen sich zwei weitere Resultate. Das kirchliche Oberhaupt ist zwar sehr alt, aber geistig hellwach, skeptisch und kontrollierend. Er kommuniziert mit seinen Nepoten, übersetzt mit seinen Verwandten. Es waren seine Enkel und Günstlinge Alessandro und Ottavio.

Den Prototyp des Herrscherbildes liefert Tizian mit „Kaiser Karl V. bei Mühlberg" (1548) für künftige Malergenerationen als Kopiervorlage. Karl reitet in reich verzierter, mit Gold besetzter Ritterrüstung erhaben und kämpferisch entschlossen auf einem prachtvollen spanischen Rappen. Die Lanze, die er in der rechten Hand hält, ragt in den gelblich erleuchteten Himmel. Der erleuchtete Kaiser, die Lanze und die Öffnung des Bildraumes nach rechts geben dem Bild eine vorwärtstreibende Dynamik. Die rote Schärpe, die roten Federbüsche an seinem Helm und am Kopf des Pferdes

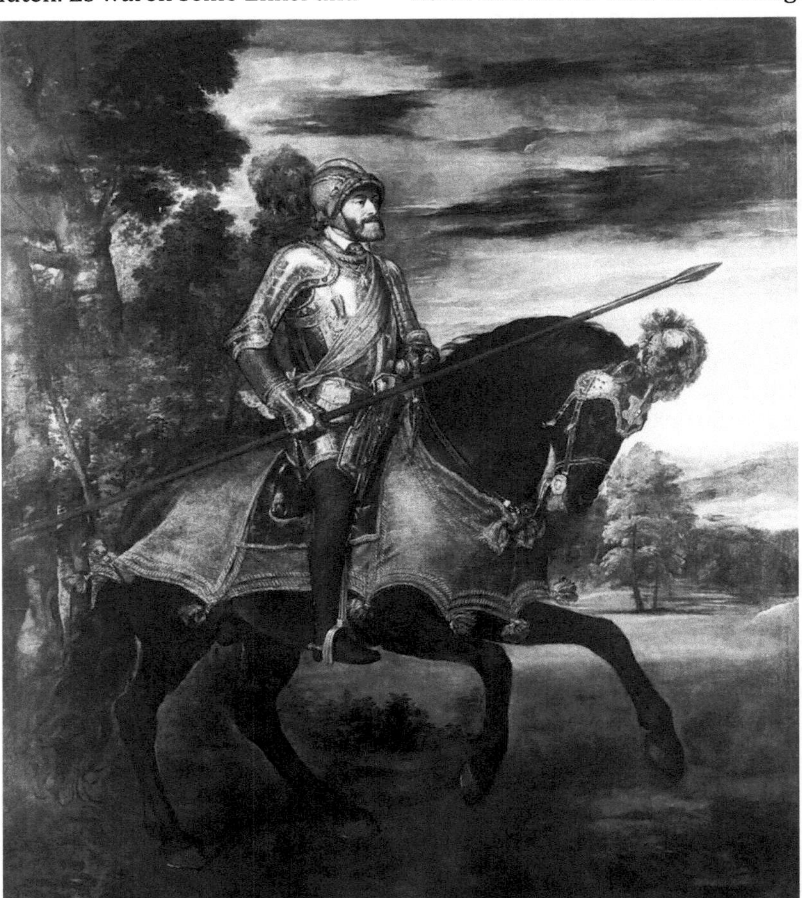

Abb. 28: Tizian, Kaiser Karl V. bei Mühlberg, 1548, Öl auf Leinwand, 332 x 279 cm, Museo Nacional del Prado, Madrid, Foto: The Yorck Project, public domain

weisen ihn als Anführer der katholischen Partei in den Religionskriegen aus. Es ist das Bild des entschlossenen Herrschers und Siegers. Kaiser Karl V. hatte in der Schlacht bei Mühlberg im Jahr 1547 die protestantischen Fürsten besiegt. In „Spanien eilt der Religion zu Hilfe" (1575) wird das Thema noch einmal aufgegriffen. Eine ermattete, erschöpft sich stützende, halb bekleidete Schönheit als katholische Kirche mit den Attributen Kelch und Kreuz wird von Schlangen, den ungläubigen Protestanten, bedroht. Da eilt eine stolze, siegesbewusste Kämpferin in rotem Seidenkleid als Zeichen der katholischen Liga und mit einer senkrecht erhobenen Lanze in der Hand engelsgleich herbei und bringt der darnieder liegenden Kirche Hilfe und Rüstung. Hinter der spanischen Heroin erscheint ein Heer von engelsgleichen Kämpferinnen mit Schwertern und Lanzen in den Händen. Dahinter steigt eine Rauchwolke empor, die von Verwüstung und Strafvollzug kündet.

Ein Spätwerk Tizians gibt zu denken: „Die Schindung des Marsyas" (1576). Dem Satyr Marsyas wird bei lebendigem Leib die Haut abgezogen. Denn er hatte den Gottesfrevel begangen und Apoll in einem musikalischen Wettstreit um die Meisterschaft herausgefordert. Warum dieses Bild? Tizian hatte doch immer die geschönten Bilder zur jeweils herrschenden Ideologie geliefert – Vorbilder für die Künstler folgender Jahrhunderte. Wollte Tizian mah-

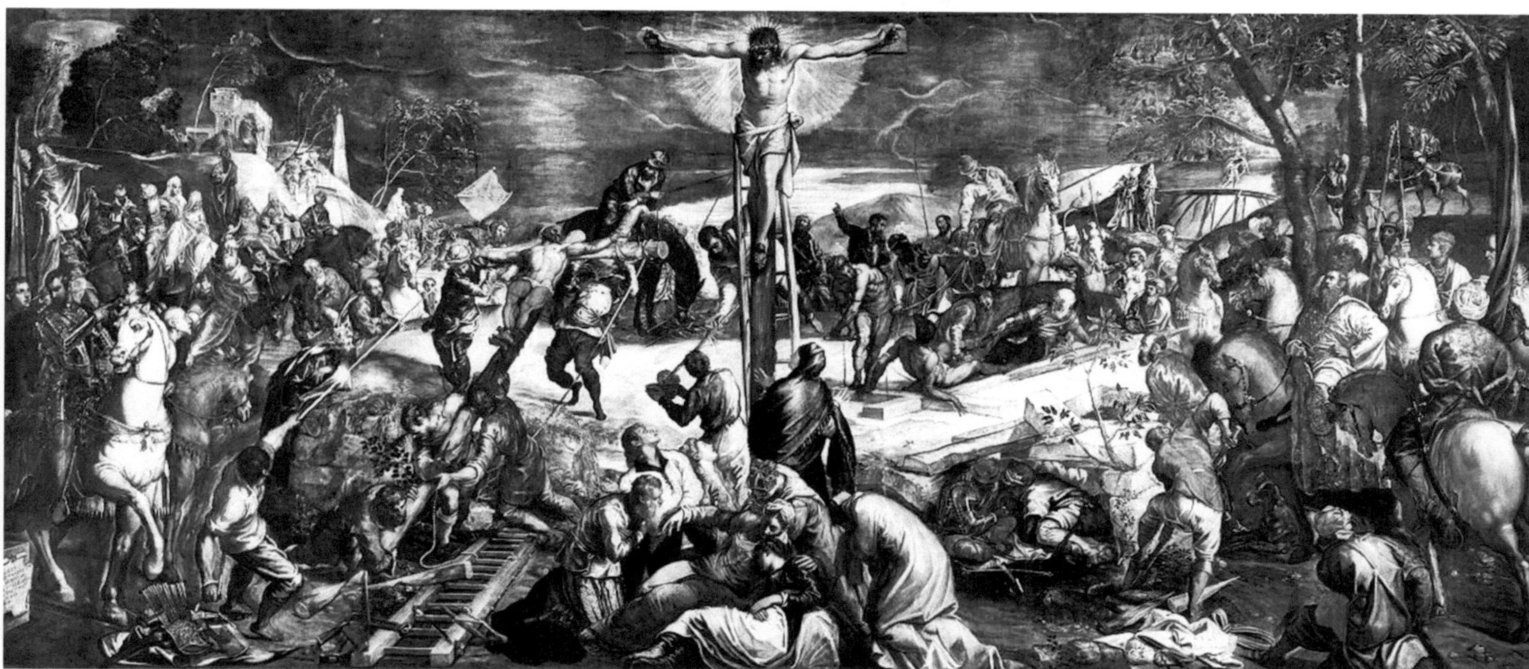

Abb. 29: Tintoretto, Die Kreuzigung, 1565, Öl auf Leinwand, 518 × 1,224 cm, Scuola Grande di San Rocco, Sala dell'Albergo, Foto: The Yorck Project, public domain

nen, die Mächtigen nicht herauszufordern? Oder entschuldigt er sich, dass er nicht anders konnte?

Vor allem in seiner religiösen Kunst wirkt Tizian schwülstig, überzogen pathetisch. Es ist offenbar ein Zug der Zeit, in der Glaubensskepsis in Folge der Prunksucht der Päpste und der kirchlichen Würdenträger sich verbreitet. Die offensichtlich mit weltlicher Gewinn- und Machtsucht geführten Glaubenskriege lassen das Ansehen der Kirche sinken. Dem soll mit süßlich übertriebener Farbenpracht und überschwänglichem Formenreichtum begegnet werden. Corregio um (1489 - 1534) übertreibt es in „Die Heilige Nacht" (1522) mit seiner Lichtmagie. Das Christuskind erstrahlt von innen und leuchtet so die Gestalten um ihn herum aus. Vor allem sein Fresko „Himmelfahrt Mariä" in der Kuppel des Doms Santa Maria Assunta in Parma, in der die Gottesmutter von unzähligen musizierenden und lobpreisenden Engeln auf ihrem Flug zum Gottvater begleitet wird, nimmt die Formenwelt des Barock und des Rokoko vorweg.

Parmigianino (1503 - 1540) will die Vornehmheit der heiligen Gestalten hervorkehren, indem er die Madonna mit überlangem, zierlichem Hals, mit ebenfalls gelängten und zartesten Fingern ausstattet und den hageren Prophet noch hagerer und erbärmlicher erscheinen lässt. Wirklichkeit wird im Zerrspiegel präsentiert. Man merkt, dass die Dramatik der Märtyrertriumphe und Bibelwunder, die Gespreiztheit des Gefühls über eine tiefe Skepsis hinwegtäuschen soll. Die Schlichtheit der Andacht soll durch einen gewaltigen Wirbelsturm der Schwindelanfälle von Ergriffenheit und seligen Gefühlen abgelöst werden.

Wird der Maler Jacobo Robusti (1518 – 1594) schon von seinen Zeitgenossen deshalb Tintoretto, „das Färberchen", genannt? Er will erschüttern, eine innere Erregung erzeugen, in glühender Leidenschaftlichkeit die Heiligenlegenden und die Wunder zu neuem Leben erwecken. Dazu braucht er komplizierte Perspektivwechsel, düstere Beleuchtungseffekte und viel Personal. In

41

seinem „Letzten Abendmahl" (1593) geht es eigentlich hochherrschaftlich zu. Viel Dienerschaft umsorgt von allen Seiten die Heiligen, ganze Heerscharen von Engeln schweben von der Decke herunter. Es ist keine heilige, andächtige Szene. Die Lampe imitiert die Taube und den Heiligen Geist. Jesus ergleißt im Lichterkranz, während die Aureolen der Jünger leicht erglühen.

In Tintorettos Bildern wimmelt es von Wundern „Wasserwunder des Moses" (1577) oder „Markus wirkt viele Wunder" (1566). In letztem Bild erweckt der Stadtpatron Venedigs nicht nur Tote, er heilt Blinde und treibt die Teufel aus. Gestiftet hatte dies Bild Tomaso Rangone, der selbst Heilwunder zu vollbringen versprach und damit viel Geld verdiente. Er ließ sich kniend in den Vordergrund malen. In „Heilung der Pestkranken" (1549) thematisiert Tintoretto die Angst vor der aktuell in Venedig wütenden Pest. Im Mittelpunkt heilt der Heilige Rochus einen Erkrankten durch Handauflegen. Die anderen recken ihre Körper sehnsuchtsvoll in Richtung des Heiligen, damit auch sie an die Reihe kommen.

Zentrales Thema von Tintorettos Malerei ist der pathetisch vorgetragene Appell zur Rückkehr zum wahren Glauben, sie ist religiös-pompöse Propagandakunst im Auftrag der Gegenreformation. Als Beispiel dient variantenreich die Darstellung der Bestrafung des israelischen Volks, das vom althergebrachten Glauben abgefallen ist. Die Belohnung für ein Gott ergebenes Leben ist dann „Das Paradies" (1592). In dem 22 Meter breiten und 7 Meter hohem Bild wimmelt es von Engeln und Menschenmassen. Im Mittelpunkt erstrahlen Jesus und Maria. Jean Paul Sartre schrieb: „Jedenfalls sind Engel und Menschen passiv, sie kreisen im Himmel, wie die verendenden Katzen in den kleinen, vom vorbeifahrenden Vaporetto [kleines Motorboot] hervorgerufenen Strudeln im Canal treiben und kreisen." (Sartre, S. 171 - 202)

Auch Paolo Veronese (1528 - 1588) übertreibt es mit seinen monumentalen Dekorationsmalereien. Die „Hochzeit zu Kana" (1563) ist höfische Triumphalkunst, so dass Jesus, obwohl in der Mitte platziert, unter all den vielen fürstlich Gekleideten kaum auffällt. Das Wunder der Weinvermehrung durch Jesus geht unter, weil eh schon Dekoration und Überfluss dominieren. Geschichtsklitterung wird gar nicht als Problem empfunden. In „Das Abendmahl bei Gregor dem Großen" (1572) sitzt Jesus am Tisch, mit dem Papst in ein Gespräch vertieft, auch eine Vielzahl anderer Würdenträger ist dabei. Aber auch wenn die Religiosität figurenreich herausgeputzt wird, eine andere Göttin hat längst Platz genommen. Es ist „Der Triumph der Venetia" (1582), Sinnbild der ewigen Herrschaft Venedigs. Das goldene Kalb ist nicht anwesend, wohl aber der geflügelte goldene Löwe. Die Engel jubilieren und setzen Venetia die goldene Krone der Herrschaft auf. Das Historienbild erhält die religiöse Form.

Tintoretto und Veronese waren die großen Vorbilder, die die Akzente setzten, sie überdrehten das zuvor von Raffael und Tizian ausgearbeitete Bildarsenal. Annibale Carracci (1560-1609), als Mitbegründer der römischen Barockmalerei gefeiert, konnte mit kopierter Lichtmagie keine neuen Akzente mehr setzen. Der Appell an das religiöse Gefühl lässt sich nicht mehr steigern, die Bilder werden süßlich. Deutlich lehnt er sich an Raffael, Tizian und Michelangelo als Vorbilder an. Seine Fresken im Festsaal des Stadtpalastes des Kardinals Odoardo Farnese idealisieren die amourösen Abenteuer der Götter des Olymps. Carracci schafft Scheinwelten, monumentalisiert, feiert Farbenfeste und ignoriert die Realität. Guido Reni (1575-1642) glorifiziert den jugendlichen Sonnengott Apollo in seinem Wagen, niedliche Kindlein tanzen einen Reigen. Sie stellen den Kreislauf des Tages dar, der Morgenstern trägt eine Fackel. Der Kreis um Carracci und Reni forderte ein „Idealisieren" der Kunst. Alles Unschöne müsse aus den Bildern entfernt oder weggelassen werden.

In Italien hatte El Greco (um 1541 – 1614) die Bildideen Tintorettos begierig aufgesogen. In Spanien fand er dann den Nährboden, um mit Inbrunst und religiöser Ekstase die fantastische, transzendente Ideenwelt noch zu steigern. Glaubenseifer, mystische Religiosität und militante Spiritualität lassen El Grecos Farben und Formen wie Feuer lodern. Die gelängten, sich in den Himmel sehnenden Figuren mit verzückten Gesichtszügen und fiebrig verklärten Blicken wollen von den Wundern der Bibel zeugen. Aber die sich in einer mystischen Atmosphäre schlängelnden Figuren verlieren die Balance. Sie werden von kosmischen Strömungen aufgesogen. Die visionäre Schau des Kaisers Konstantin erfährt in „Der Traum Philipps II." (1578 – König von 1556 - 1598) eine Wiederholung. Der König erblickt im Traum das von Engeln angebetete Monogramm Christi. An der Seite des spanischen Königs erscheint der Apostel Paulus, der Papst und der Doge von Venedig. Rechts öffnet sich der Schlund der Hölle, der die Ungläubigen vertilgt.

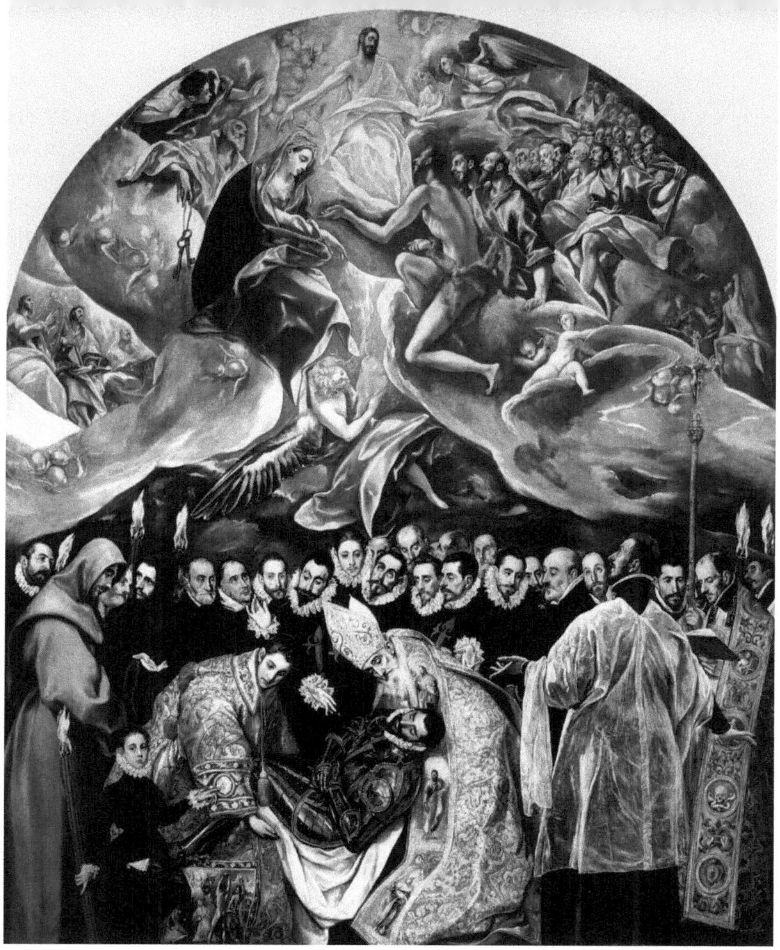

El Greco ist ja selbst Grieche und steht auch in der Tradition der Ikonenmalerei.

Der Manierismus stellt sich mit überdrehten und verdrehten Gestalten in transzendenter Geistigkeit selbst ein Bein. Er will Inbrunst herausschreien und so überzeugen. Er verirrt sich in geschraubten Formen und einem gewaltigen Wirbelsturm von Gefühlswallungen, in einer Farbmagie. Beleuchtungs- und Farbmagie und asymmetrische Kompositionen dramatisieren. Der Manierismus schreit zu laut. Die zarten Inhalte können deshalb nicht mehr gehört werden.

Abb. 30: El Greco, Das Begräbnis des Grafen Orgaz, zwischen 1586 and 1588, Öl auf Leinwand, 480 cm x 360 cm ,Iglesia de Santo Tomé, Toledo, public domain

Das Begräbnis des Grafen Orgaz (1586) gerät zum die Welt bewegenden Spektakel, die Grablegung Christi und Himmelfahrt zugleich ist. Entrückt, verzückt zeigt sich Jesus im Himmel, Engel beten ihn an. Petrus erscheint mit den Schlüssel des Kirchenstaats. Unten stehen steif und ergriffen die weltlichen und kirchlichen Würdenträger. Die Hierarchie ist in byzantinischer Form gestaltet.

Doch ein Künstler malt mächtig gegen den Strom der Zeit an: Michelangelo de Caravaggio (1573-1610). Er lehnt sich gegen die Malvorschriften der Kirche auf. Doch nicht vordergründig. Er greift die religiösen Themen auf und gibt ihnen durch eine neue formale Gestaltung eine realistische Kraft und Aussagen, die den kirchlichen Beschönigungen widersprechen. Er ist der Maler gegen die Gegenreformation, gegen die süßliche Idealisierung und gekünstelte Verschraubtheit seiner Malerkollegen. Nicht mehr die Perspektive ist sein Credo, um Glaubwürdigkeit herzustellen – wie die bisherigen italienischen Maler

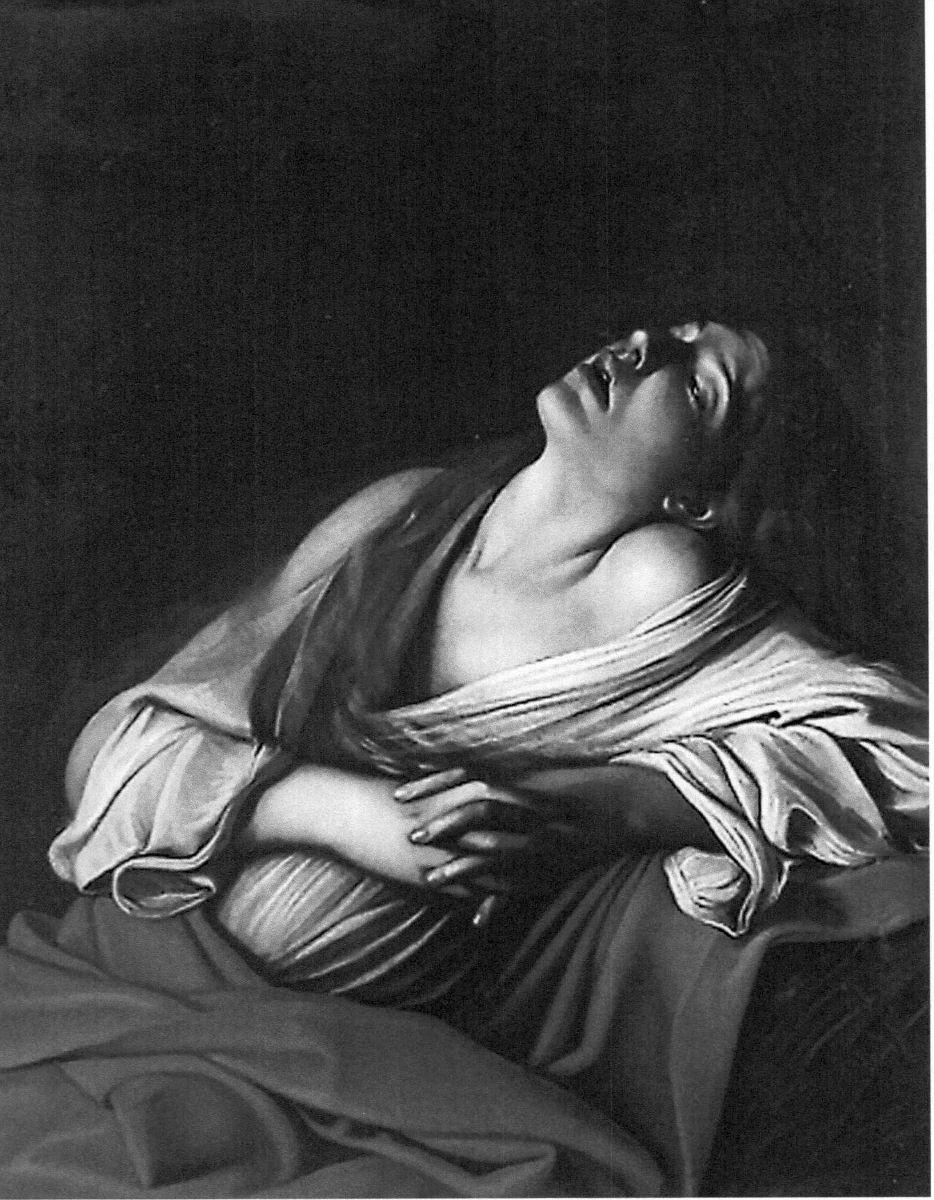

fand er im Wirtshaus oder auf den Straßen Roms. Er spielte mit dem Licht, alles Unwichtige wird weggelassen. Er beleuchtete, lässt seine Figuren aus dem Dunkel ins Helle auftauchen.

Caravaggios Vorliebe für Knaben ist nicht zu übersehen. Aus einem zierlichen weiblichen Engel wird ein gut gegliederter „siegreicher Amor" (1602) mit dem kleinen Unterschied und den Flügeln eines Raubvogels. Siegesgewiss lächelt er den Betrachter lockend an, sein Geschlechtsteil ist im Mittelpunkt, Pfeile hat er als Waffen in der Hand. „Knabe, der von einer Eidechse gebissen wird" (1595) zeigt den Schreckensmoment des Bisses – erstmals wurde eine Augenblicksaufnahme in der Malerei vorgenommen. „Narciss" (1599), „Junge mit Früchtekorb" (1594). Immer, wenn Engel in seinen Bildern erscheinen, sind es zierliche Knaben oder gut gebaute Jünglinge. „Musizierende Knaben" (1596): Da steht unter den Noten im Bild der Text „Ihr wisst, dass ich euch liebe."

Caravaggios zentrales Thema ist die Gewalt, die er selbst erleidet und die er anderen zufügt. Das Bild „David mit dem Kopf des Goliath" könnte ein Doppelselbstporträt sein. Das abgeschlagene Haupt des Goliath mit dem aufgerissenen Mund hat die Gesichtszüge des Künstlers, auf der Stirn ist die Wunde, die ihm in Neapel 1606 zugefügt wurde, zu sehen. David ist ein schöner Jüngling, seine Haltung ist alles andere als selbstbewusst, wehmütig schaut er auf das ab-

Abb. 31: Caravaggio, Maria Magdalena in Ekstase, 1606 oder 1610, Öl auf Leinwand, 106,5 x 91 cm, private Sammlung,Rom, public domain

glaubten. Er revolutioniert die Kunst mit seinem Hell-Dunkel-Kontrast, mit dem er ganz normale Alltagsmenschen modellierte: Prostituierte, Tagelöhner, Bauern, Wirtshausgäste, Falschspieler, Inhaftierte. Seine Figuren geschlagene Haupt. Mehrere Morde hatte Caravaggio auf dem Gewissen – er selbst kann darauf nicht stolz sein. „Die Geißelung Christi" (1607): Konnte er dieses Bild so

gut malen, weil er von der Vati-
kan-Justiz an ein Holzgerüst gefesselt, ausgepeitscht und dabei
verhört wurde? „Enthauptung
des Täufers": Johannes wird hin-
geschlachtet, der Kerkermeister
gibt unbeteiligt Anweisungen,
das abgeschlagene Haupt in
einer Schale zu platzieren, die
eine Magd ihm hinhält. Nur eine
Alte bejammert das Spektakel.
Zwei Gefangene schauen hinter
Gitterstäben im Gefängnis zu,
hinter Gitterstäben, hinter
denen auch Caravaggio häufig
genug gesessen hatte. „Judith
und Holofernes" (1599): Etwas
angewidert schneidet sie ihm
den Kopf ab, sich distanzierend,
eine Alte schaut konzentriert-
gierig-entschlossen zu. Das Blut
spritzt. Dieses Blutbad muss
sein, obwohl es nicht schön ist.
„Das Martyrium des Heiligen
Matthäus" (1600): Während der
Heilige ermordet wird, schaut
Caravaggio, der sich mit in das
Bild gemalt hatte, mit gerunzel-
ter Stirn zu. Gewalt ist sein
Schicksal, der Gewalt kann er
nicht entrinnen.

Das Heiligste wird profanisiert.
Auf dem um 1601 entstandenen
Gemälde „Die Bekehrung des
Paulus" ist der Heilige noch als
Saulus als römischer Söldner

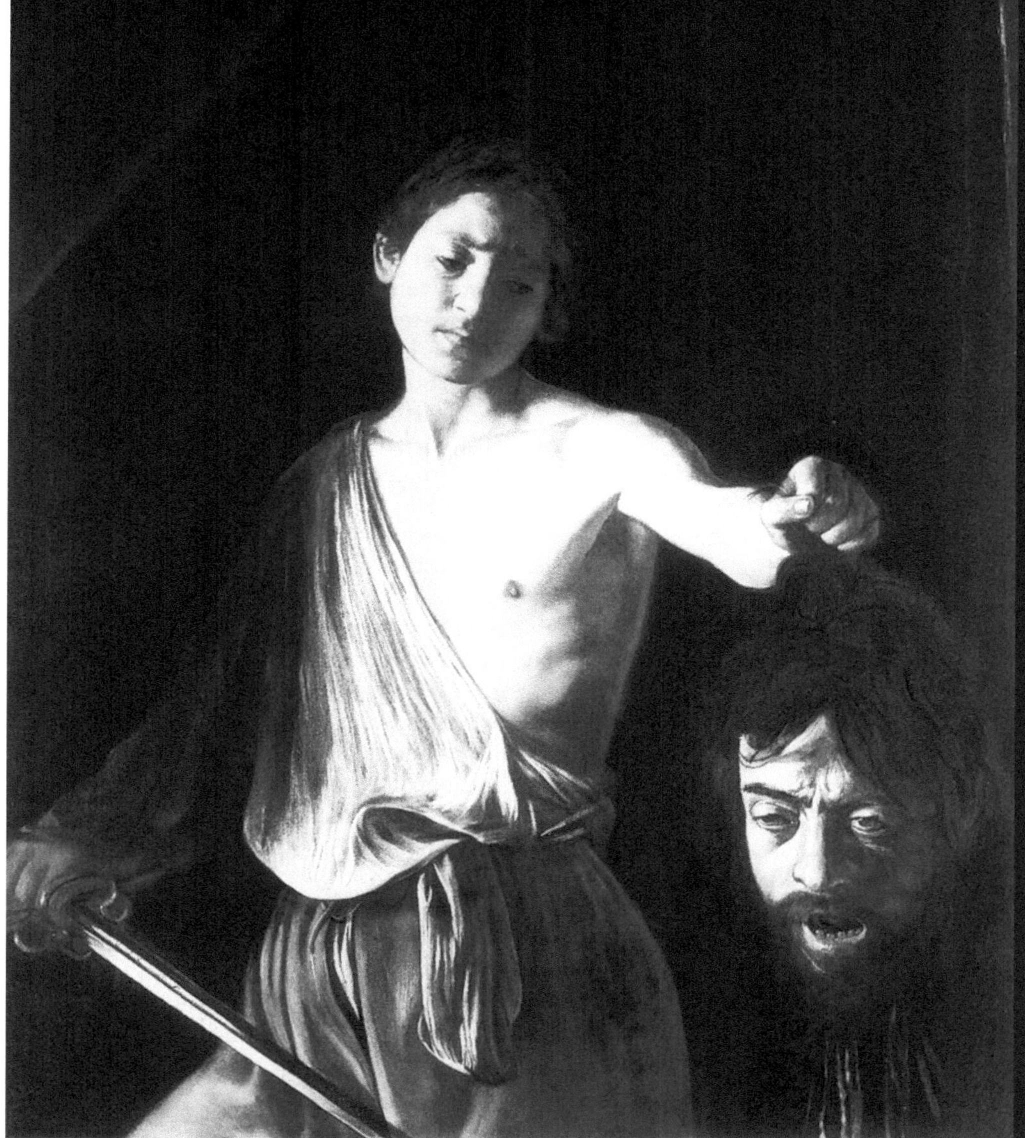

Abb. 32: Caravaggio, David mit dem Kopf des Goliath, 1606 oder 1610, Öl auf Leinwand,
125 x 100 cm, Galleria Borghese,Rom, Foto: Lafit86, public domain

vom Pferd gefallen. Paulus ist in perspektivischer Verkürzung am Boden liegend dargestellt, angestrahlt von
einem merkwürdigen Licht, erhellt in dem Moment, in
dem er bekehrt wird. Ein simpler Unfall leitet seine Bekehrung ein. Carvaggio gibt eine natürliche Erklärung

für einen Sinneswandel. Ein wohl genährtes Pferd dominiert die Bildfläche, das von einem barfüßigen Stall-
knecht gebändigt und weggeführt wird. „Die Verzückung
des Heiligen Franziskus" (1595): Da kommt dem Heiligen die Erleuchtung in den Armen eines Jünglings, der

als Engel getarnt ist. „Die Berufung des heiligen Matthäus" (1600): Jesus betritt den Raum des für die Salzsteuereintreibung Zuständigen, der gerade mit Geldzählen beschäftigt ist. Ein dürftiger, armseliger Raum, ein paar Bürger sitzen auf Bänken um einen Holztisch, die Wände sind ungeschmückt. Dürftiger kann ein Raum nicht ausgestattet sein. „Matthäus mit dem Engel": Der Heilige ist ein einfacher, schlecht gekleideter Bauer, der sich von einem Engel die Heilige Schrift erklären lässt. Die Kreuzigung des heiligen Petrus" (1601): Man spürt geradezu die Mühen und die schwere Last, die die Henkersknechte bei der Kreuzigung des alten, bärtigen Petrus hatten. Die perspektivischen Verkürzungen erklären nicht allein die Wucht des Bildes. Auch nicht, dass der Heilige mit dem Kopf nach unten gemalt wird. Man sieht, wie den Henkern der Schweiß auf der Stirn steht.

Dass Caravaggio Prostituierte als Modelle für seinen Heiligenbilder nahm, erregte den besonderen Zorn der kirchlichen Würdenträger. „Die Madonna der Pilger" (1605): Da schaut seine wunderschöne Lena aus der Prostituiertenszene als die Madonna mitfühlend mitleidsvoll auf die zwei Pilger herab, die in bäuerlich, zerrissener Kleidung und schmutzigen Füßen vor ihr knien. Vom Vatikan bekam Caravaggio den Auftrag für „Madonna mit der Schlange" (1606), über die Roberto Longhi schreibt: „Kann es sein, dass sich Caravaggio gerade bei diesem Auftrag, dem begehrtesten und erstrebenswertesten, zu der rohesten Interpretation getrieben fühlte [...], dominiert in dem Werk ein so dumpfer ›plebejischer‹ Ton, dass er sich unfehlbar dem bereits erwähnten Vorwurf aussetzte, ein Maler der ›Niederen Gesellschaft‹ zu sein. Die heilige Anna sieht aus wie eine alte Bäuerin aus der Umgebung Roms, die Mutter ist als Wäscherin in einem geschürzten Kleid dargestellt, das Kind nackt, wie Gott es geschaffen hat." (zit. n. Lambert, S. 75) Bei „Die Bekehrung der Magdalena" war das Modell Filide Melandroni genauso wie bei der Heiligen Katharina. Für seine „Reuige Magdalena" malte er das Straßenmädchen Guilia. Das Tagesgeschehen wird zum Thema der Malerei: ein kleiner Diebstahl, Betrügereien: „Die Falschspieler" (1596), „Die Wahrsagerin" (1597).

Ein Mädchen entwendet einem Jüngling beim Wahrsagen einen Ring. Die Mimik ist gut eingefangen. Das Mädchen beobachtet sensibel berechnend. Der Junge fühlt sich geschmeichelt und überlegen – und wird betrogen.

„Die Anhänger der Gegenreformation fühlten sich besonders beleidigt durch die kraftvolle positive Eigenschaft Caravaggios: den Geist der Wahrheit. Seine Wahrheitsliebe veranlasste ihn, die Pilger mit Schmutz befleckten Füßen und zerrissener Kappe und die tote Madonna als den Leichnam einer armen Frau wiederzugeben. Mit seinen Mitteln, nämlich denen der Kunst, wies Caravaggio auf eine neue moralische Perspektive hin", schrieb der Caravaggio-Forscher Lionello Venturi. (zit. n. Uhlitsch, S. 39)

Caravaggio war wohl der umstrittenste Maler seiner Zeit in Italien, aber er war auch der berühmteste. Rubens bewunderte und kopierte ihn. In den Niederlanden entstand eine ganze Schule, die ihm nacheiferte. Rembrandt profitierte in starkem Maße von ihm. Velazquez und Georges de la Tour griffen seine Figuren und seine Themen auf. Er wurde auch abgelehnt. Kurz nach seinem Tod sagte Nicolas Poussin über Caravaggio: „Er war angetreten, um die Malerei zu zerstören." Er hatte das Erhabene, das Heilige aus seinen Bildern getilgt und den täglichen Kampf ums Überleben geschildert. Doch dann wurde er „vergessen" und erst im 20. Jahrhundert wiederentdeckt. Welche Gründe führten dazu, dass die höfische und kirchliche Kunst des 17., 18. und 19. Jahrhunderts diesen großen Meister so gründlich ignorieren konnte und sich vor allem an Tizian und Raffael orientierte?

Renaissance im Norden: Die Rebellion wird geprobt

Ist es berechtigt, von einem Sonderweg der Kunst nördlich der Alpen zu sprechen? Der Kunsthistoriker Wilhelm Worringer ist begeistert von der unverbrauchten Kraft der Völker des Nordens. Er sieht die Kunst als Ausdruck der Psyche eines Volkes in einer bestimmten historischen Zeit. Die Gotik sei weniger Stil als „Formwillen des nordischen Menschen": Sie würden von Kraft, Stärke und Erhabenheit künden. Andere werden deutlicher und behaupten, die Überlegenheit der „nordischen Rasse" breche sich auch in der Kunst kraftvoll Bahn. Kurt Gerstenberg sieht in seiner Dissertation „Deutsche Sondergotik" diese Kunst als „Ausdruck der germanischen Rasse", sie sei ein „Rassestil". Da mischt sich viel Dichtung mit Mythos und sehr wenig wirklichem Wissen. Wenn der römische Historiker Tacitus über „Germania" berichtet, dann sind das die Stämme, die jenseits des Limes und des Rheins siedelten, kriegerische „Barbaren". Die „Germanen" sahen sich wohl kaum als einheitliches Volk, jedenfalls kannten sie für sich keine gemeinsame Bezeichnung. Die auf dem Gebiet des heutigen Deutschlands lebten, waren Friesen, Semnonen, Chatten, Sugambrer, Triboker, Vangionen, Ubier, Cherusker, Kelten und slawische Stämme. Von einer eigenständigen Kunst und Kultur kann nicht vor 500 n. u. Z. gesprochen werden. Die allmähliche Auflösung prähistorischer Verhältnisse spiegelt sich in der Kunst. Mit dem Sesshaftwerden werden Amulette, Gürtelschnallen, Kultgegenstände und Waffen mit geometrischen Formen verziert. Waffen, Schiffe oder Gebrauchsgegenstände werden seit etwa 150 n. u. Z. mit Runen beschriftet und erhielten so „magische" Kräfte. Odin mit unterschiedlichen Bezeichnungen wie Wotan oder Uuoden war oberster Kriegsgott, Hüter der Runen und somit Gott der Götter. Thor beeindruckte durch gewaltige Kräfte: Kriegerische Stämme brachten das weströmische Reich zum Wanken und im Jahr 476 schließlich zum Einsturz. Dass die größeren Stammesverbände diese Macht entfalten konnten, wird von vielen Autoren auf die sich aus der Sippen- und Stammesverwandtschaft ergebende Gefolgschaftstreue und besondere Tapferkeit und Brutalität zurückgeführt. Kriegeraristokratie, eine gegenseitige Verpflichtung zur Treue prägten keltische und „germanische" Stammesverbände.

Im Jahr 498 begann eine folgenschwere Wende. Der Frankenkönig Chlodwig ließ sich römisch-katholisch taufen. Das war kein Akt tiefen religiösen Empfindens, sondern kriegerischer Pragmatismus: „Wenn du mir den Sieg über diese Feinde verleihst und ich jene Kraft erfahre, die das nach deinem Namen genannte Volk erfahren zu haben verkündet, so will ich dir glauben und in deinem Namen getauft werden, ich habe nämlich meine Götter angerufen, und, wie ich erfahre, sind sie weit davon entfernt, mir zu helfen." (zit. n. Lippold, S. 163) Er siegte und wurde römisch-katholischer Christ. Jetzt beginnen sich römisch-katholische Kreuz- und heidnische Sonnenradsymbolik zu vermischen, aus den Runen werden die heiligen Buchstaben des Evangeliums, aus dämonischen Tierornamenten die Bebilderung der teuflischen Seiten des Jüngsten Gerichts. Lippold notiert lakonisch: „Die Welt der Götter geht im Reich Gottes auf, die Magie im Wunder, das Heilszeichen im Heiligen Namen." (ebd., S. 166) Wie einst bei Kaiser Konstantin wird das Kreuz das Feldzeichen kriegerischer Truppen. Der einstige Erlösergott der Urchristen ist ein Kriegsgott geworden, ein den Sieg bringender Odin-Ersatz. Der Norden beginnt das Erbe der Antike anzutreten, indem es die antiken Muster in die eigene Formensprache zu integrieren ver-

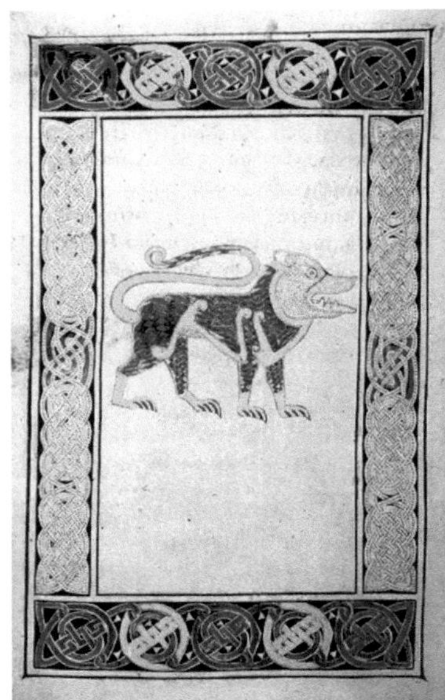

Abb. 33: Book of Durrow, Löwe als Symbol des Johannes, um 675, Buchmalerei, 24,5 x 14,5 cm, Trinity College in Dublin, public domain

sucht. Dieses Erbe ist widersprüchlich. Auf der einen Seite ist es Imperatoren- und Kaiserverherrlichung, auf der anderen Seite christliche Heilslehre mit dem Erlösungsversprechen.

Auch im Norden entwickelte sich die Kunst wie in anderen Weltregionen: 1. Überall herrschte zuerst die prähistorische mit ihren Umrisszeichnungen und Strichandeutungen für Figuren vor. 2. Mit dem Sesshaftwerden hat die Ornamentkunst eine Blüte (Weben, Flechten, Töpfern, Handwerkzeuge mit entsprechenden Mustern). 3. Danach entwickelt sich eine archaische Tier- und Menschendarstellung. 4. Ein erstarrtes und oftmals angebetetes Kultbild entsteht, das ein Ideal – Gott und Mensch zugleich – herausbildet. Den Norden sollte dann noch eine Besonderheit, etwas vollkommen Neues auszeichnen: Aus dem Ideal Gott-Mensch wird eine individuell agierende Persönlichkeit mit Gedanken und Gefühlen. Aus den Idealen werden Männer und Frauen als Individuen in einem gesellschaftlichen Umfeld.

Erste beeindruckende eigenständige Leistungen sind die keltisch-irischen Buchmalereien. Die Wiener Genesis (um 560) zeigt noch starke byzantinische Einflüsse. Die älteste Bibelgestaltung, das Book of Durrow (zwischen 675 und 680 vermutlich von irischen Mönchen gestaltet), grenzt sich durch reiche Ornamentik und farbliche Gestaltung von byzantinischen Vorbildern ab. Aus den Runen werden die mächtigen Initialien, die oft eine ganze Seite des Evangeliars einnehmen. In den Initialen werden mystische Bilder, magische Offenbarungen Gottes integriert. Die Evangelisten Matthäus, Markus, Lukas und Johannes sind nicht Berichterstatter eines historischen Geschehens sondern magische Fabelwesen, überirdische Mächte, die das Wort Gottes in der Heiligen Schrift als den Donner des obersten Herrschers des gesamten Kosmos verkünden. Markus wird als Adler, Lukas als ein Kalb, Johannes als ein Löwe symbolisiert. Noch scheint die Naturreligion mächtig durch. Aber die Form der Evangelientexte als Reliquiar, die Verehrung der Initialien, die mystisch ausufernden Ornamente zeigen, dass diese Religion zur Buchreligion geworden ist. Abstrakte Formfantasie durchmischt sich mit Fisch- und Tierdarstellungen. Mit Gold und Edelsteinen werden die Einbände verziert. Die Heilige Schrift wird das „Instrument der himmlischen Lehre", sie wird zu einem Gesetzestext des Himmels. Das Book of Lindisfarne (um 700) besticht durch seine drastische Farbigkeit, durch seine rankenden, wuchernden Initialien, aber auch durch seine Menschendarstellungen, die zwar noch einen durchgeistigten Schematismus aufweisen, aber schon realistische Züge haben. Die innige magische Verklärung, die Verehrung der Initialen zeigt sich auch darin, dass sie häufig von vielen kleinen Menschen- oder Tierdarstellungen „bewohnt" werden.

Die Bedeutung der Heiligen Schrift wird besonders in den „Libri Carolini" Karls des Großen (747/748 – 814) aufgewertet. In dieser Schrift, in der sich der Kaiser des Frankenlandes von der byzantinischen Kirche abgrenzt, heißt es kategorisch: „Der Gebrauch der Bilder [...] darf und kann daher den Büchern des heiligen Gesetzes nicht gleichgestellt werden." (ebd., S. 190) Während in Byzanz die Bilderverehrer als „heilige Bilder", weil auf Gottes Wille mit dem Urbild verbunden, wieder die Macht erobert haben, lässt der Frankenkaiser die Bilder als Erzeugnisse guter oder schlechter Handwerker einstufen. „Die Malkunst ist [...] nur eine Nachahmung menschlicher Handlungen, und ihre Darstellung ist auf Täuschung berechnet. Die Maler [...] können aber nicht darstellen, was mit dem Geist erfasst oder in Worten ausgesprochen ist. Demgegenüber sind die Maler in der Wahl ihrer Darstellung nicht gebunden [...] Ihre Motive können sie auf profanem wie auf religiösem Gebiet suchen. Darum sei es unsinnig, die Malerei eine fromme Kunst (ars pia) zu nennen, wie es die Griechen tun." (ebd., S. 185) Die Maler würden auf einer Stufe mit der „Kunst der Schmiede, Bildhauer, Eisengießer, Holz- und Erdarbeiter" stehen. Die Betonung des Handwerklichen prägt dann auch die Kunst des Nordens nicht nur im Zeitalter Karls des Großen sondern auch die späterer Jahrhunderte. Das Handwerkliche zeigt sich auch in der Buchmalerei in der geometrisierenden Konstruiertheit, im architektonischen Aufbau. Die Buchseite wird als künstlerische Aufgabe begriffen.

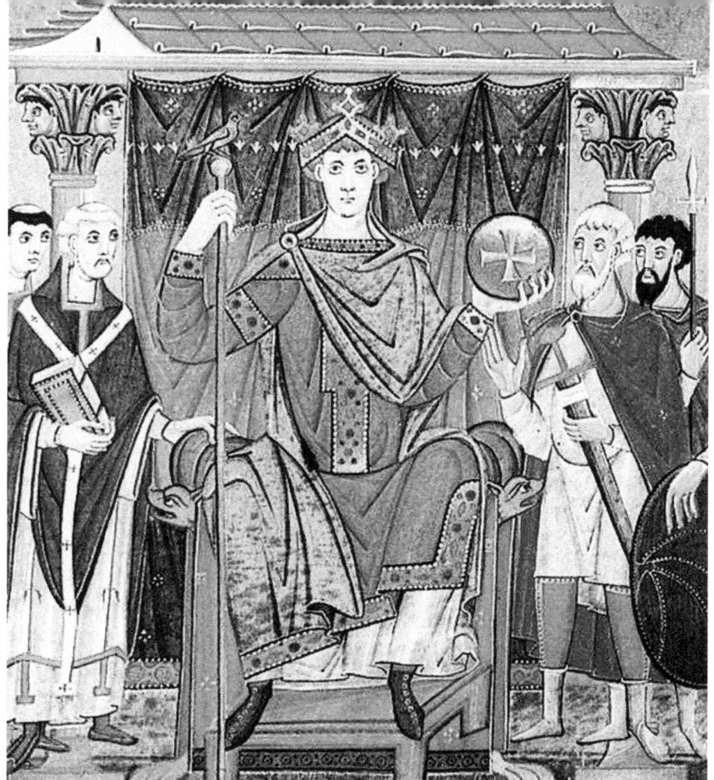

Abb. 34: Evangeliar Ottos III. Aus Bamberg, Kaiser Otto III. mit Geistlichen und Kriegern,, Ende des 10. Jahrhunderts, Buchmalerei, München Staatsbibliothek, Foto: The Yorck Project: 10.000 Meisterwerke der Malerei. DVD-ROM, 2002. ISBN 3936122202. Distributed by DIRECTMEDIA Publishing GmbH.public domain

die Devise. Massentaufen werden angeordnet. Das Kreuz ist fortan auch im Frankenreich das Feldzeichen im Kampf um die Macht. Im „Libri Carolini" heißt es dazu: „Nicht irgendein materielles Bild, sondern das Mysterium des Kreuzes des Herrn ist das Feldzeichen, dem wir auf dem Schlachtfeld folgen müssen, damit wir tapferer kämpfen." (ebd. S. 194 f.) Das Reichskreuz, das Krönungsevangeliar, die Heilige Lanze mit einem Nagel vom Kreuz Christi und das Krönungsornat werden dann in der Folgezeit die Reichsinsignien, auf die alle deutschen Könige bis 1805 ihren Krönungseid schwören.

Das Ziel Karls des Großen war die „Erneuerung des Römerreiches" unter seiner Herrschaft. Dazu gehörte für ihn die ideologische Einheit im katholischen Glauben. Wie schon rund 300 Jahre im oströmischen Reich begann er ab 770 mit einer Gewaltmissionierung vor allem der widerspenstigen Sachsen. 772 ließ er das sächsische Zentralheiligtum, den riesigen Baum Irminsul, fällen und ersetzte ihn durch das Holzkreuz. 775 wurde beschlossen, die Sachsen entweder römisch-katholisch zu taufen oder „gänzlich auszurotten". 782 werden in Verden an der Aller 4500 sächsische Adlige abgeschlachtet. Tod oder Taufe ist

Da die Bilder nicht angebetet werden dürfen, wird die Reliquien- und Heiligenverehrung in den Mittelpunkt gestellt. Kunstvoll gestaltete, mit Edelsteinen besetzte Reliquiare, Malereien in den Evangeliaren, kunstvolle Elfenbeinschnitzereien meist als Einbände der Evangeliare, aus Gold gefertigtes liturgisches Gerät aller Art geben der Kunst des Mittelalters die Richtung vor, die bis in das 15. Jahrhundert fortwirkt. Christus und die Evangelisten werden frontal dargestellt, noch an byzantinische und antike Vorbilder angelehnt. Die Heilige Schrift und Schreibgeräte werden als Herrscherinsignien präsentiert. 801 ließ Karl der Große ein Reiterstandbild Theoderichs von Ravenna nach Aachen bringen. Ein Reiterstandbild in der Kathedrale von Metz – 810 oder 860 entstanden – zeigt einen karolingischen Herrscher ganz in antiker Tradition. Auch die Anrede, mit der Karl der Große sich titulieren ließ, verweist auf die Antike: „Karl, huldreichster Augustus, von Gott gekrönt, groß und friedeschaffend, Herrscher über das Römische Reich, durch die Barmherzigkeit Gottes König der Franken und Langobarden."

In Palastschulen ließ Karl der Große vor allem die Evangeliare und die Reliquienschreine anfertigen – Hofkunst im Dunstkreis des Herrschers entsteht. Diese Tradition wird auch von seinen Nachfolgern fortgeführt. Besonders Karl der Kahle (823 – 877) erweitert das Bildprogramm ganz in antiker Tradition. In diesem Programm erscheint Christus inmitten der Tierkreiszeichen – Allmacht und Unsterblichkeit als ewiges Kennzeichen des kosmischen Zyklus symbolisierend. Daneben werden personifizierte Darstellungen von Sonne und Mond, Erde und Meer gezeigt – Versinnbildlichung der umfassenden Herrschaft, die Christus seinem Vertreter auf Erden übertragen hat. „Seine bedeutendste Ausprägung aber fand das Programm in den Elfenbeinarbeiten der Cathedra Petri in Rom, an jenem berühmten Elfenbeinthron, den Karl der Kahle anlässlich seiner Kaiserkrönung im Jahre 875 dem Papst zum Geschenk machte. Das Giebelfeld des Throns zeigte in der Mitte eine heute verlorene figürliche oder symbolische Darstellung Christi, die an den Giebelschlägen von einem Zyklus von zwölf Sternbildern und den Personifikationen von Sonne, Mond, Erde und Meer gerahmt war. Den unteren Abschluss der Komposition bildete die Querleiste des Giebels mit dem Bildnis Karls des Kahlen, der – wie die antiken Kaiser von Genien und Victorien – von Engeln mit Kronen und Palmwedeln in Händen umgeben war." (Katalog 2012, S. 487) Der Kaiser beansprucht, von Gott in sein Amt eingesetzt worden zu sein, zugleich wird an die Kunst der römischen heidnischen Antike und an die Kunst Ravennas (die wiederum stark von der byzantinischen beeinflusst war) angeknüpft. Das zeigt auch die Metzer Reiterstatuette Karls des Kahlen (um 780): Sie orientiert sich an der Reiterstatue Marc Aurels, zeigt aber selbstbewusst die Reichsinsignien Lanze und Reichsapfel. Nach

der Teilung des Frankenreiches 843 begann eine Zeit politischer, wirtschaftlicher und kultureller Desorientierung.

In der Zeit Ottos des Großen (912 – 973) wird das Ost-Reich des Frankenlandes reorganisiert. Nach zahlreichen Eroberungen und der Festigung der kaiserlichen Macht wird eine neue Blüte der Kunst vor allem in den Handelsstädten mit den Bistumssitzen möglich. Es ist eine ausschließlich sakrale Kunst: In den Zentren Magdeburg, Hildesheim, Köln, Mainz, Essen, Trier wurden prachtvolle Kirchen erbaut, die in ihrer Monumentalität Trotzburgen gleichen. Die Bildhauerkunst hat eine Blüte: Während im oströmischen Reich und in Rom eine Scheu vor dem Anfertigen von Skulpturen bestand (weil der Götzenbildnerei verdächtig), wird hier versucht, die neue religiöse Welt auch plastisch auszuformen. In diesen Städten florierte auch das Kunsthandwerk, die Goldschmiedekunst oder die Elfenbeinschnitzerei. Vor allem in den Klöstern wurden Buchmaler oder Bronzegießer beschäftigt, um die Liturgie ihrer Kirchen immer eindrucks- und prachtvoller zu gestalten. Die ottonische Kunst zeichnet sich durch eine Verfestigung karolingischer Stilelemente aus. Die Reichenauer Malschule perfektioniert zuerst noch die reiche, dynamische Ornamentsprache. Der sogenannte Gregormeister bebilderte dann aber das Evangeliar Ottos II. oder Ottos III. (um das Jahr 1000 angefertigt) mit Gruppenbildern aus dem Leben Christi, die, obwohl sie noch deutlich byzantinischen Einfluss zeigen, doch durch eine reiche Gestik, durch die Darstellung von Blickkontakten und durch leuchtende Farbflächen einen dynamischen eigenen Stil entwickeln. Die Körperlichkeit der Menschen ist noch nicht voll erfasst, aber es werden handelnde Personen.

Bedeutend ist die Entwicklung eines neuen Bildprogramms in der Skulptur: Das sogenannte Gerokreuz (auch: Gerokruzifix) im Kölner Dom zeigt eines der ältesten Kruzifixe in Europa und das älteste in Deutschland. Jesus wird nicht als Imperator, sondern als leidender, gestorbener Mensch mit geschlossen Augen dargestellt. Das 2,88 Meter hohe Kreuz aus Eichenholz (um 980 -

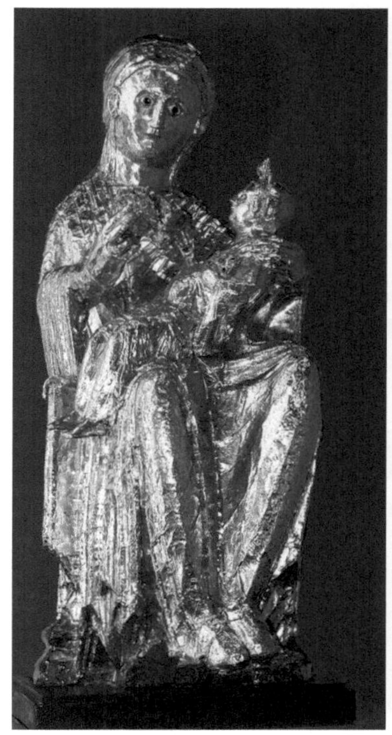

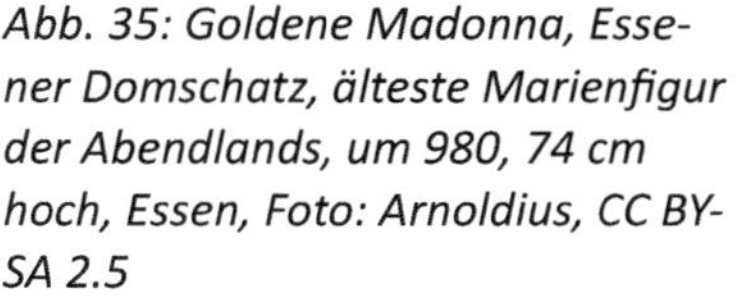

Abb. 35: Goldene Madonna, Essener Domschatz, älteste Marienfigur der Abendlands, um 980, 74 cm hoch, Essen, Foto: Arnoldius, CC BY-SA 2.5

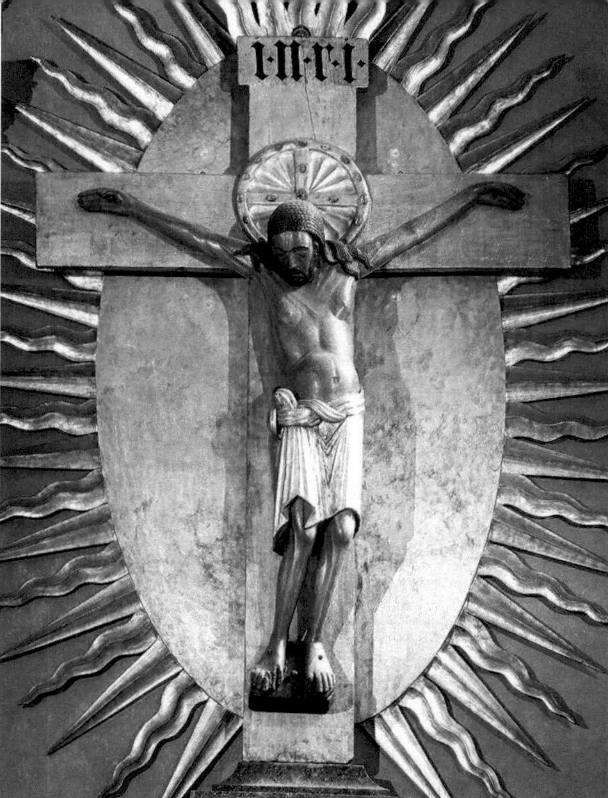

Abb. 36: Das Gerokreuz (auch: Gerokruzifix), Kölner Dom, eines der ältesten erhaltenen Großkruzifixe, um 980 - 1000 n.u.Z., 2,88 m hoch, Köln, Foto: Elke Wetzig (elya), CC BY-SA 3.0

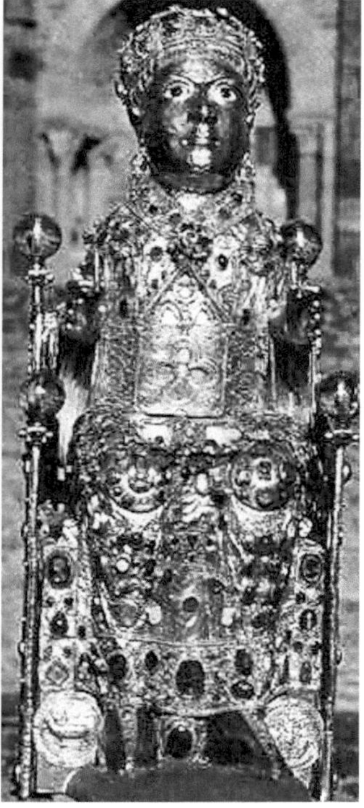

Abb. 37: Reliquienstatue der Heiligen Fides, »La Majesté de Sainte Foy«, vergoldet und mit Edelsteinen besetzt, um 984, ca. 85 cm hoch, Conques, Südfrankreich: Dieses Reliquien-Kultbild zeigt, dass die starren, die Ewigkeit beschwörenden Statuen keine deutsche Besonderheit sind. public domain

1000 n. u. Z.) ist eine der ersten Monumentalskulpturen des Mittelalters. Es ist eine Wende in der Darstellung des christlichen Erlösers: Christus steigt vom Thron. Zuvor war er Held und Sieger in frontaler Position, Gebieter und Herrscher – jetzt wird er leidender Mensch, mit dem der Betrachter mitfühlen soll, den er als seinesgleichen erkennen soll. Mutmaßlicher Auftraggeber des Gerokreuzes ist der Kölner Erzbischof Gero. Die Skulptur ist ein Vorbild für viele Christusdarstellungen des Mittelalters: für das Triumphkreuz aus Bockhorst, um 1200, Triumphkreuzgruppen am Choreingang im Dom von Halberstadt auch um 1200 oder in der Pfarrkirche in Freiberg.

Die Goldene Madonna des Essener Domschatzes ist die älteste Marienfigur des Abendlands, neben dem Gerokreuz eines der wenigen erhaltenen ottonischen Großkunstwerke. Auch heute wird sie als Kultbild verehrt, sie ist eine Identifikationsfigur wie das Gerokreuz. Marias Blick ist auf den Betrachter gerichtet, aber in einer bedeutungsschweren, starren Art und Weise, als schaue sie durch den Betrachter hindurch in die Zusammenhänge des unendlichen Kosmos. Sie sitzt auf dem Thron göttlicher Weisheit, das Gold ist das Licht Gottes. Die Kugel in ihrer rechten Hand weist sie als Herrscherin

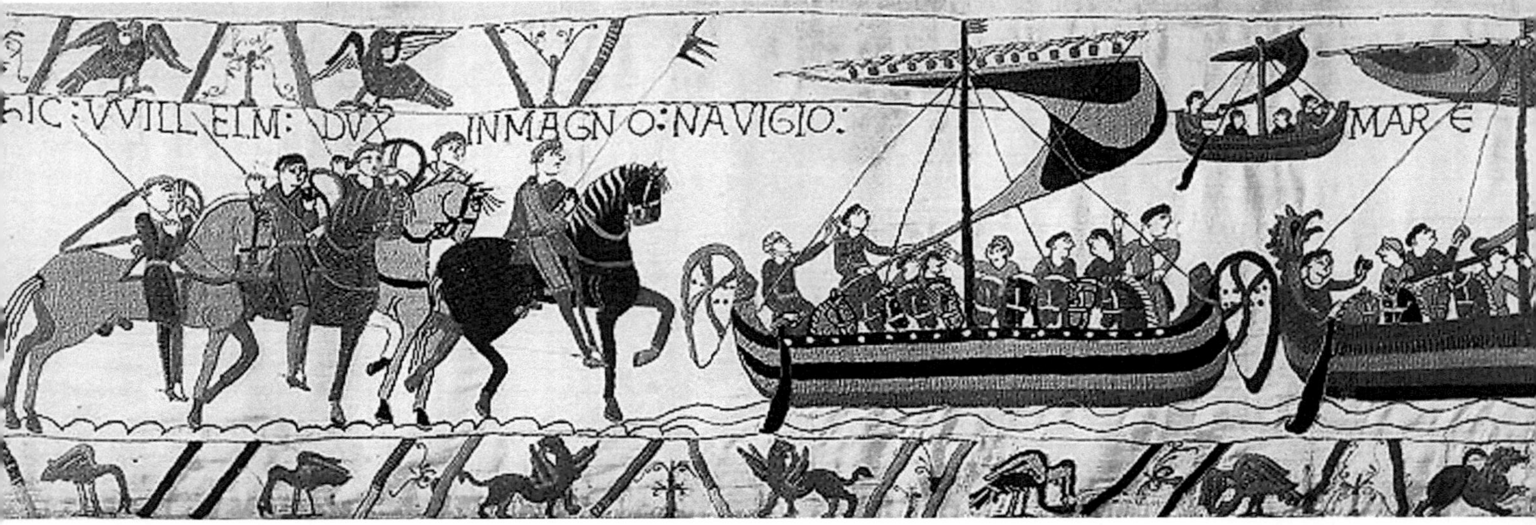

Abb. 38: Teppich von Bayeux (Detail), um 1170, 70 Meter breit, 50cm hoch, hier: Wilhelm überquert den Kanal, Centre Guillaume le Conquérant in Bayeux in der Normandie, public domain

3.0als Majestät des Himmels gekennzeichnet. Mit der linken Hand presst er ein mit Edelsteinen verziertes Evangeliar an seine Brust. Sein Haupt krönt ein mit Kreuzen geschmückter Heiligenschein. Seine Augen und seine rechte Hand korrespondieren mit Maria, die damit als Fürsprecherin der Menschen ausgewiesen ist. Diese ottonische Gebärdefiguren stellen magische Instanzen mit großer Strahlkraft dar. Sie prägen das Bildbewusstsein kommender Jahrhunderte. Besonders deutlich ist ihr Einfluss in den Kölner Malschulen, wo die Marienverehrung einen hohen Stellenwert genießt.

Diese Plastiken nehmen die geometrisierenden Muster auf. Wesentlicher Inhalt wird aber das menschliche, idealisierte Kultbild, das als Gott angebetet wird. Das Bildvokabular entspricht einem Kulturstand, wie er um 700 bis 500 v. u. Z. auch in antiken Griechenland herrschte. Auch dort wurden die Zeus- oder Athenae-Standbilder mit Gold und Edelsteinen in ähnlicher Weise verziert. Wirkmächtig kündeten sie von einer überirdischen, himmlischen Macht. Eines hatten die Kirchen-Ideologen aus dem Bilderstreit, aus der „heidnischen" Götzenverehrung jedoch gelernt: Dass man Holz oder Stein, auch wenn es mit Edelsteinen und Geld geschmückt war, nicht anbeten sollte. Deshalb verwendet

man viele Statuen als Aufbewahrungsort von Reliquien: In Wahrheit würden die Gläubigen die Knochen der Heiligen oder den Kreuzesnagel von Christus anbeten – und so den Segen des Heiligen als Fürsprecher bei Christus und künftige Erlösung im Himmel erhalten.

Dazu steht nicht im Gegensatz, dass die Darstellung der Apokalypse und des Weltgerichts im Mittelalter und darüber hinaus in den Mittelpunkt gestellt werden. Es wird eine Furcht erregende Endzeitstimmung in schillernden Farben inszeniert. Die Figuren der Bamberger Apokalypse (um das Jahr 1000 von König Heinrich II. in Auftrag gegeben) dramatisieren die Darstellung in der Johannes-Offenbarung. Reiter bringen Tod, Drachen mit sieben Köpfen speien Feuer, Pferde verbreiten Unheil, überall vor Angst aufgerissene Augen, die Gliedmaßen sind verzerrt. Die Offenbarung des Johannes verkündet den Weltuntergang mit Angst und Schrecken: Die Apokalypse wird als Inferno mit Jesus Christus als Richter und Erlöser inszeniert. Jesus im Kampf mit dem Teufel, dem Bösen und Grässlichen in der Welt. Hungersnöte, Überfälle, Kriege, Missgeburten, Dämonen: Der Teufel lauert überall. Weil Johannes in seiner Offenbarung ein „tausendjähriges Reich" prophezeit hatte, wurden Untergangsszenarien beschworen. Im Jahr 33 wurde Jesus

Christus gekreuzigt, zur Jahrtausendwende erwartete man apokalyptische Reiter. In dem sogenannten Perikopenbuch (1002 - 1014) wird nicht nur die Krönung von Heinrich II. persönlich bebildert sondern auch das „Jüngste Gericht" mit

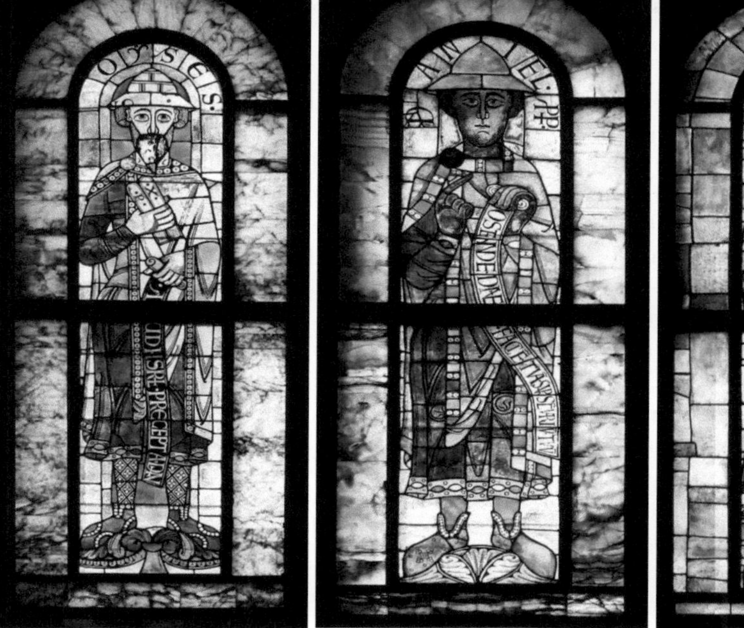

Abb. 39: Glasfenster im Augsburger Dom, nach 1132, Moses, Prophet Daniel und König David, Höhe jeweils: rund 225 cm, Breite rund 53 cm, Augsburg, Fotos: Hans Bernhard (Schnobby), CC BY-SA 3.0

werden. Ihnen wird die Gnade Gottes zuteil. Gleichzeitig werden mit dieser Darstellung auch die Bildmuster der hierarchisch gegliederten feudalen Ordnung eingeübt. Die Untertanen werden ideologisch unter dem

einem ganzen Heer von grässlichen Fabelwesen. Auch in Frankreich steht die Apokalypse im Mittelpunkt. Das um 1120 entstandene Bogenfeld über dem Eingangsportal von Moissac zeigt als bestimmendes Motiv die apokalyptische Erscheinung Christi als Weltenrichter. Auch das Portal von Autun in Burgund thematisiert dieses Hauptthema: Dessen Schrecken widerspiegeln ausgezehrte Gestalten. „Der Herrscher wird zum Richter, die Apostel unter ihnen werden zu Beisitzern des Jüngsten Gerichtes, des Weltgerichtes. Die göttliche Herrschergewalt, die man mit diesem Bilde des Weltenrichters dem Bilde Christi zuerteilt, wird sichtbar und körperlich, ein Übermenschentum wie das der Götter und Göttinnen, die in antiken Tempeln über Sieg und Niederlage entscheiden. [...] Diese Gewalt wird verstärkt für diese archaische Welt durch das Bild der Hölle, der Unterwelt, die mit allen Schrecken der Peinigung der Verdammten und der Furchtbarkeit der tierischen Dämonen geschildert wird." (Hamann, S. 138 ff) Der Besucher des Hauses Gottes wird also mit einem Versprechen empfangen: Wer diese Kirche betritt, zählt zu den Auserwählten, die verschont

Kreuz vereinigt, geeinigt. Wie im Himmel, so auf Erden: Auf Erden bestimmt der Kaiser seine Ordnung, sonst drohen schreckliche Strafen. Hier wird der Ordo-Gedanke verfestigt, einer von Gott für alle Zeiten verfügten göttlichen Ordnung auf der Erde und im Kosmos.

Mit diesen Inhalten sind die Schwerpunkte der sakralen Kunst skizziert, nicht nur die der romanischen sondern bis weit hinein in das Zeitalter der gotischen Kunst und der Renaissance: Das Kreuz mit oder ohne Christus, die Kreuzigung, weiter die thronende Madonna mit Kind, Heilige als Fürsprecher und das Weltgericht, darum kreist der Bildschatz bis zur Neuzeit. Besonders die Kölner Malschule – lange Zeit Richtung weisendes Zentrum – hielt an der Ausdruckskraft der ottonischen Gebärdefigur mit vergeistigter Mimik ohne individuelle Züge fest, deren körperlose Entrücktheit durch erstarrte, kunstvolle, faltenreiche Gewänder gesteigert wurde. Doch es kündigt sich auch etwas Neues an.

Es ist eine Zeit sozialer Spannungen, eine Epoche des

Umbruchs. In diesem Zeitalter andauernder Kriege, der Ritterkreuzzüge zur Befreiung des Heiligen Landes – und dessen zeitweilige Eroberung – bilden sich im Laufe des 11. und 12. Jahrhunderts neue Machtzentren heraus. Der Papst bemüht die Ritterschaft Christi für Eroberungsfeldzüge. Es ist eine „Globalisierungswelle" in Europa, nicht nur ein Aufschwung des Handels sondern auch des kulturellen Austauschs. Diese Mittelpunkte des Handels sind gleichzeitig Zentren der Kultur, wie zum Beispiel Köln, Magdeburg, Metz oder Paris mit über 100 000 Einwohnern. Die Zahl der deutschen Städte stieg von rund 100 auf 1000 an. Flandern mit Antwer-

Volto Santo, dem wundertätigen Holzkreuz mit dem bekleideten Christus. In Spanien lockte die Wallfahrt zum Grab des Heiligen Jakobus in Santiago de Compostela. In Frankreich waren die Pilgerkirchen in Limoges, Poitiers, Conques und Toulouse Zentren. Die zahlreichen Sakralbauten sind das eigentliche Kennzeichen der Romanik, und hier reicht der Einfluss weit über das Kerngebiet des heutigen Frankreichs und Deutschlands hinaus.

In der deutschen Region ließ Karl der Große ab 795 die Aachener Pfalzkapelle errichten – sie war über 200 Jahre lang in Höhe und Größe das bedeutendste sakrale

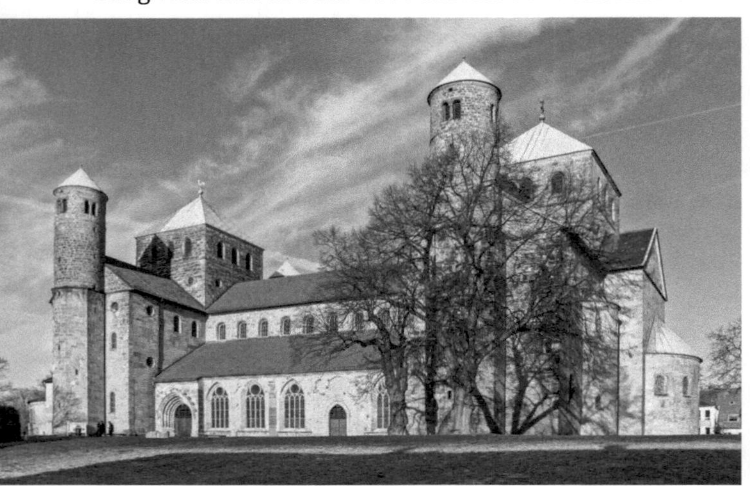

Abb. 40: St. Michael in Hildesheim, erbaut von 1010 - 1033, Foto: Heinz-Josef Lücking, CC BY-SA 3.0

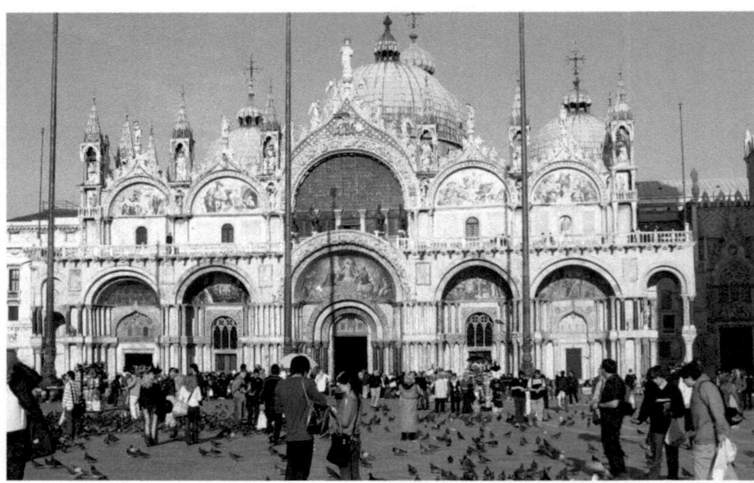

Abb. 41: Venedig, S. Marco, mit dem Bau wurde 1063 begonnen, Foto: Nino Barbieri, CC BY-SA 2.5

pen, Gent und Brügge mit einer florierenden Textilwirtschaft und ausgezeichneten Handelsbeziehungen wird das wichtigste Wirtschaftszentrum nördlich der Alpen.

Der „Heiligen-Tourismus" erblühte. Ziele waren die Heiligen Stätten, von denen man Wunder und Heilung erhoffte. Am begehrtesten war die Pilgerfahrt nach Rom zu den Apostel- und Märtyrergräbern. Es bildeten sich Pilgerrouten heraus: zu den Reliquien des Heiligen Nikloaus in Bari oder zum Heiligtum des Erzengels Michael auf dem Monte Gargano. Stationen waren Lucca mit dem

Bauwerk nördlich der Alpen. Es war nicht nur ein kirchliches Heiligtum sondern gleichzeitig Demonstration kaiserlicher Macht – genauso wie der Dom in Magdeburg unter Otto I. oder der Dom in Speyer, den Heinrich II. ab 1027 erbauen ließ. Die Monumentalität der Mauermassen bekräftigt auch die Gesellschaftsordnung des Feudalismus mit ihren strengen, hierarchischen Regeln, die sie der Gefolgschaft abverlangen. Die unnahbaren Kultbilder halten Distanz und fordern zum Anbeten, zur Adoration auf.

In der ottonischen Kunst wird allmählich auf Ornamentspiele verzichtet. Statt dessen werden Menschengruppen in strenger Haltung und hierarchischer Gliederung abgebildet. Diese Bilder kennen noch keine Individualität. Es sind Umrisszeichnungen, die ein schemenhaftes, vergeistigtes und monumentales Menschenbild offenbaren. Mit der Darstellung von handelnden Personen bildet sich aber etwas Eigenes heraus. Kunsthistoriker haben hier von einem deutschen Stil gesprochen. Auch in Frankreich ergeben sich ähnliche Tendenzen. Der Teppich von Bayeux schildert die Eroberung Britanniens durch die Normannen. In archaisierender Erzählfreude auf 70 Metern Länge und 50 Zentimeter Höhe wird die Geschichte vom Sieg des Normannen-Königs Wilhelm des Eroberers über die Engländer im Jahr 1066 bebildert. Er gibt Aufschluss über die feudalen Ordnungsprinzipien. Der englische König Harald hatte Wilhelm den Treueeid geschworen und anschließend gebrochen. Deshalb wurde er nicht nur vom Papst exkommuniziert sondern auch von Wilhelm überfallen und getötet. Ein feudales Schwerstverbrechen wird hier dokumentiert: Die Hierarchie, in der Regel durch Treueeid beschworen, wurde gebrochen. Die Hierarchiefolge lautete: König, Herzog, Graf, Ritter oder Baron, an letzter Stelle der Bauer. Sie alle mussten dem Übergeordneten den Treueeid schwören. Und der König leistete ihn vor Gott. Die Darstellungsweise des Teppichs von Bayeux erinnert an die Unbeholfenheit von Kinderzeichnungen. Aber es werden handelnde Menschen dargestellt, die geometrischen Ornamente und mythischen Tiergestalten dienen nur noch zur Verschönerung. Deshalb ist der Teppich ein einzigartiges Geschichtsdokument. Die Kunst befreit sich sehr langsam aus dem engen Rahmen, einzig sakrale Kunst zu sein, einseitig jenseitige Transzendenz zu beschwören und widmet sich auch dem Alltagsgeschehen.

Um 1170 ließ Heinrich der Löwe (um 1130 – 1195) einen bronzenen brüllenden Löwen als politisches Denkmal in Braunschweig aufstellen: die erste mittelalterliche, monumentale, frei stehende nicht sakrale Plastik in Deutschland. Und gleichzeitig ein Dokument der erstarkenden Macht der regional regierenden Herzöge. Heinrich hatte als Herzog von Sachsen und Bayern in Braunschweig eine prächtige Pfalzanlage bauen lassen und betonte seine Machtstellung auch gegenüber Kaiser Friedrich Barbarossa. Er gründete die Stadt München und baute Lübeck zur Seehandelsstadt aus. Das Krönungsevangeliar weist aus, von wem Heinrich der Löwe die Machtbefugnisse erhalten hat: Auf einer Bildseite thront in der oberen Bildhälfte Jesus Christus, in der unteren Bildhälfte wird die Krönung von Heinrich und seiner Frau durch die Hände Gottes gezeigt.

Kräftige Farben werden in der Glasmalerei verwendet. Die Glasfenster des Augsburger Doms zeigen die Propheten Daniel, Hoseas und Jonas, König David und Moses (um 1130). Es sind aber nicht die alttestamentarischen Gestalten. Die Figuren präsentieren sich frontal und monumental in fränkischer Adelstracht. Hier kündigt sich etwas an, was die Kunst nördlich der Alpen auszeichnet: Das biblische Geschehen wird in die fränkische Gegenwart „übersetzt", es spielt sich in der Jetztzeit ab. Eine ähnliche Farbigkeit zeichnet das Karlsfenster im Straßburger Münster (um 1180 / 1200) aus: Karl sitzt gekrönt mit rotem Heiligenschein und purpurnem Mantel mit den Reichsinsignien in der Hand. Die Himmelfahrt Christi zeigt ein Glasfenster in der Kathedrale von Le Mans (um 1143 - 1148), ein fast abstraktes Form- und Farbenspektakel. Eine innere Dynamik entsteht dadurch, dass rote gegen blaue Farbfelder gestellt werden. Die Figuren sind gelängt, sodass eine visuelle Sogwirkung in den Himmel erzeugt wird. Die Kunst nördlich der Alpen wird bodenstämmiger, farbiger und beginnt sich, von der transzendent-verschwommen byzantinischen Malerei der seichten Übergänge zu distanzieren. Der Moses des Augsburger Glasfensters erscheint eher als Gesandter eines fränkischen Königs mit Gesetzesbüchern in der Hand als der inspirierte Prophet eines jenseitigen Himmelreichs.

In diesem Zusammenhang ist der Begriff der Stilbezeichnung „Romanik" zu hinterfragen, die als Kennzeichnung der eigenständigen Epoche vom 11. bis zum 13. Jahrhundert für das gesamte christliche Europa gelten soll. Der

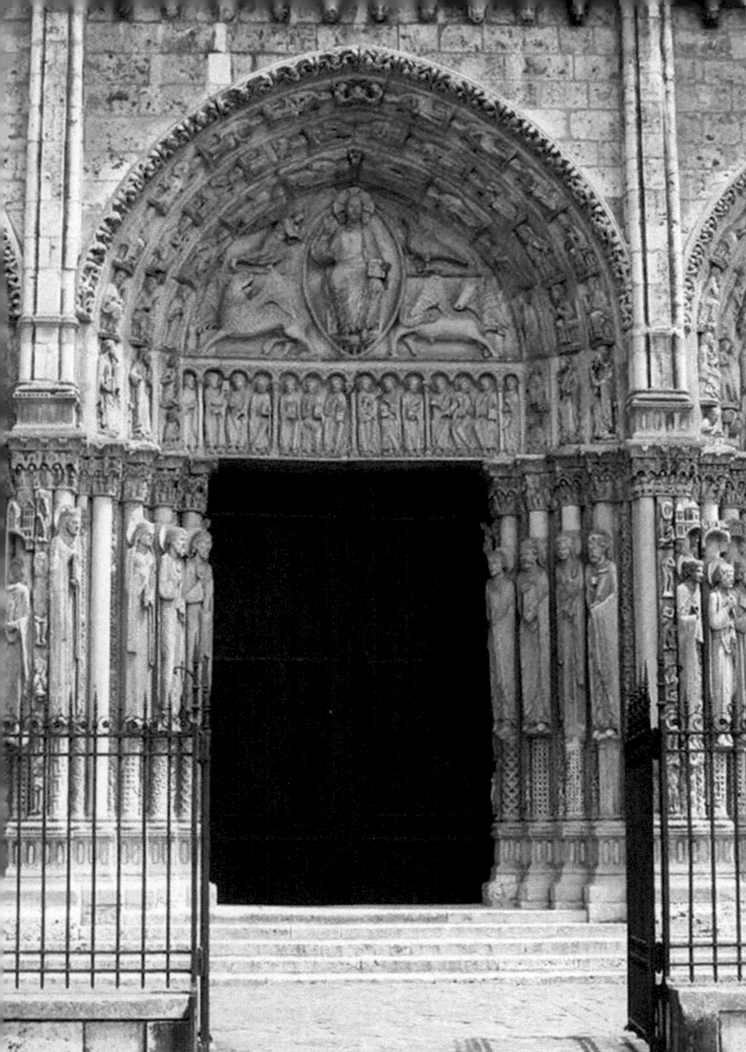

Abb. 42: Fassadenfiguren, Chartres, um 1220, Foto: Nina Aldin Thune User:Nina-no, CC BY-SA 3.0

Begriff impliziert, dass sich diese Kunst an der Roms ausrichtet. Man braucht nur die Kirchenbauten St. Michael in Hildesheim und S. Marco in Venedig zu vergleichen, um festzustellen, dass sich hier ein vollkommen unterschiedliches Formen- und Stilempfinden gegenübersteht. Hier wuchten sich Steinquader wehrhaft in die Landschaft, dort wölben sich Kuppel demütig in den Himmel, filigrane Verzierungen singen ein Loblied auf die himmlischen Heerscharen. Während in Venedig der byzantinisch-orientalische Einfluss dominiert, erinnert der mächtige Hildesheimer Bau an eine irdische Trutzburg. In ganz Italien war in den „romanischen" Jahrhunderten der byzantinische Einfluss bestimmend, bis dann mit Cimabue und Giotto erste zarte Befreiungsversuche unternommen wurden. In Spanien schließlich herrschen in der mozarabischen Malerei iranische, persische und syrische Elemente vor. Von einer „romanischen" Epoche im engeren Sinn kann nur im französischen und deutschen Kulturkreis gesprochen werden. Und auch das nur in einem eingeschränkten Sinn. Sie hat nur in diesen beiden Regionen ihren Ursprung in der karolingischen Kunst, sie wächst organisch aus ihr hervor und verfestigt sich dann in der ottonischen Strenge. Dieser ottonische Stil prägt in den deutschen Regionen bis weit über das 11. und 12. Jahrhundert hinaus, sodass für eine eigenständige „romanische" Stilepoche – wenn überhaupt – nur sehr wenig Zeit bleibt. In der Spätzeit gewinnt die menschliche Figur die Oberhand über die starre Bildsystematisierung. Der Raum findet in den Bildern nur am Rande Beachtung, genauso wie die Landschaft. Der wesentliche Bildinhalt wird noch meist frontal präsentiert.

Wichtig ist, die Entwicklungslinien zu betonen. Während in der byzantinischen und italienischen Kunst die Ikone mit transzendentem Inhalt dominiert, wird nördlich der Alpen ein Konzert der Künste instrumentalisiert. Am Anfang steht die Buchmalerei. Dann geht die Architektur mit monumentalen Bauten allen Künsten voran, gefolgt von der Bildhauerkunst, der Glasmalerei, wenigen Wandmalereien. Bei diesen großformatigen Wandmalereien ist der byzantinische Einfluss übermächtig. Es ist geliehene Kunst, keine eigene Entwicklung. Beispiele sind die Wandmalereien im Frauenkloster auf einer Insel im Chiemsee (um 1130), in der Oberkirche in Schwarzrheindorf (um 1175) oder die in der Kapelle des burgundischen Chateau des Moines in Berzé-la-Ville (um 1100), die alle Christus als Pantokrator überlebensgroß zeigen. Im Norden wächst ein anderes Bildverständnis: Kunst als Handwerk, von Menschenhand gemacht. Die Ikone ist dagegen eine Erscheinung Gottes, letztlich durch ein Wunder entstanden. Eine eigenständige Malerei soll sich im Norden als letztes entwickeln, dann aber mit Macht.

Gotik: Die Menschen beginnen zu lächeln
Der Übergang zu einem neuen Formen- und Bildverständnis ist fließend, die Befreiung aus archaischer Starrheit geschieht langsam. Dabei geht die Architektur voran: Steinerne Zeugnisse sind die Kathedralen in Saint-Denis oder Notre-Dame in Chartres. Der 1140 begonnene Bau des Chors in Saint-Denis mit dem ersten spitzbogigen Kreuzrippengewölbe ist die Wiege der Gotik. Es folgen eine Fülle von Kathedralen-Neubauten, die ihre Türme weit in den Himmel recken. Beim Betreten der Kirchenhallen hat man nicht mehr den Eindruck, in einer architektonisch fest gefügten Halle zu stehen, der Raum öffnet sich in den Himmel, in den Kosmos. Zwischen 1163 und 1345 wird die Kathedrale Notre-Dame de Paris mit ihren 69 Meter hohen Türmen errichtet, die Kathedrale von Senlis (1151-1191), Sens (1140) St.-Germain-des-Prés in Paris (1167 geweiht). Hier bricht sich ein neues Lebensgefühl Bahn, das städtische und höfische Wirklichkeiten zusammenzuführen versucht. Die Anfänge sind schon in der „romanischen" Epoche zu suchen. Überall im Lande bilden sich Zentren heraus, eine Aufbau- und Aufbruchsstimmung findet in den neuen Bauwerken ihren Ausdruck.

Die Gestalter und Lenker dieses Aufbruchs präsentieren sich würdevoll in den Säulenfiguren der Kathedralen in einer Reihe mit den Propheten und Denkern. Sie beginnen sich in den Vordergrund zu stellen. Sie repräsentieren eine höfische, feudale Struktur. Aufgereiht stehen sie zwischen den „Säulenheiligen" in hierarchischer Gliederung: stolz, in sich ruhend, würdig, frei. Man versucht Wissen und Glauben zu versöhnen – aber dogmatisch vom Standpunkt unveränderlicher Glaubensgrundsätze. Die Gesetze der Architektur werden erforscht. Der Scholastiker Alanus ab Insulis, der auch in Chartres lehrte, sieht in Gott den „kunstreichen Architekten". In den gotischen Kathedralen wollen die Architekten die Struktur des göttlichen Prinzips erfassen und umsetzen. Die Architektur will sich von der Erdenschwere befreien und sucht nach einer Verbindung mit himmlischen Gesetzen.

Die Säulenfiguren von Chartres (die frühesten sind zwischen 1145 und 1155 entstanden) zeigen sich würdevoll, faltenreiche, dünne Gewänder verhüllen die Körper. Aber es werden Menschen gezeigt, Frauen und Männer von dieser Welt, nicht mehr als Versinnbildlichung himmlischer Macht – auch wenn die Figuren gelängt und sich gleich den Säulen in den Himmel zu strecken scheinen. Es werden Menschen, obwohl sie noch etwas starr und archaisch wirken. Schon um 1170 werden für die Kathedrale von Senlis Figuren geschaffen, die Ausdruck zeigen, heftige Bewegtheit andeuten. Die Figuren beginnen zu agieren, Frauen geben sich kokett, Jünglinge anmutig, Männer demonstrieren Entschlossenheit: Die höheren Gesellschaftsschichten und deren Moral und Verhaltensregelwerk werden abgebildet. Der Ritter hoch zur Ross erscheint als Ideal, die ersten vollplastischen Figuren werden für die Kathedralen in Frankreich geschaffen. In deutschen Regionen beginnt sich der neue Stil erst 100 Jahre später durchzusetzen. Die Elisabethkirche in Marburg gilt als der erste rein gotische Bau, sie wurde ab 1235 errichtet. Die Liebfrauenkirche in Trier (Baubeginn 1230) datiert noch vor der Elisabethkirche. Nur auf Grund ihres gänzlich „ungotisch" rundlichen Grundrisses sei die Liebfrauenkirche kein „lupenreiner" Beginn deutscher Baugotik. Aber sie war für die Architekten der Elisabethkirche Vorbild. Der Magdeburger Dom (Baubeginn 1209) trage zu viele romanische Bauelemente in sich, um schon als rein gotisch zu gelten. Der Kölner Dom wurde erst 1248 begonnen. Alle diese Kirchen orientieren sich an französischen Vorbildern. Es ist eine Zeit des Umbruchs. Das gilt auch für den Naumburger Dom, dessen Bau nach 1210 in „spätromanischem" Stil begonnen und dessen Westchor ab 1250 in „frühgotischem" Stil fertig gestellt wurde. Wichtiger als die Beachtung der Stilprinzipien ist aber die Veränderung des Ausdrucks. Die Stifterfiguren des Naumburger Doms lächeln, grinsen, geben sich höfisch stolz, mächtig. Sie zeigen deutlich menschliche Züge, ein Novum in der Geschichte der Kunst. Sie verkörpern höfische Verhaltensweisen, neben der milde lächelnden, einsichtsvollen Kaiserin Adelheid die stolze, selbstbewusste Markgräfin

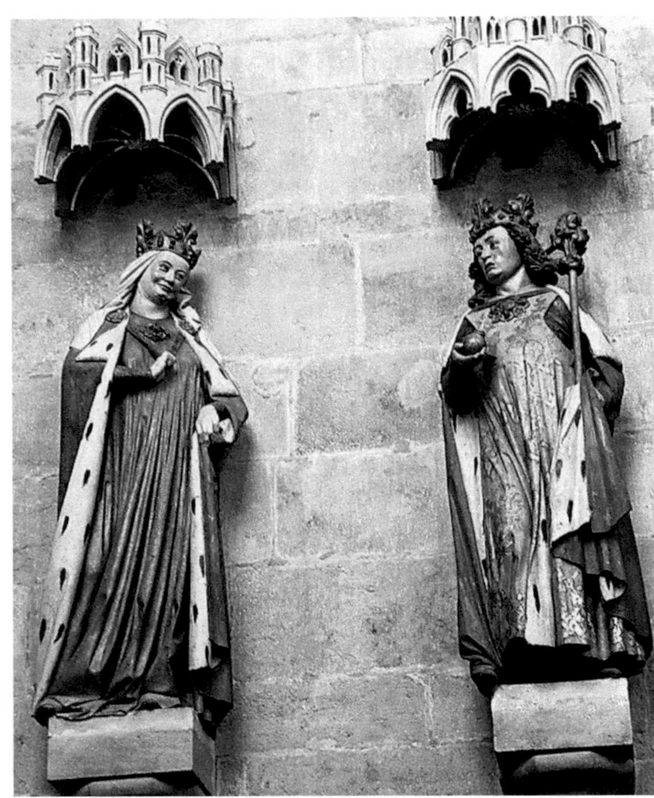

Abb. 43: Unbekannter Meister, Stifterfigur im Naumburger Dom, Kaiserin Adelheid, um 1250, Foto: Витольд Муратов, CC BY-SA 3.0

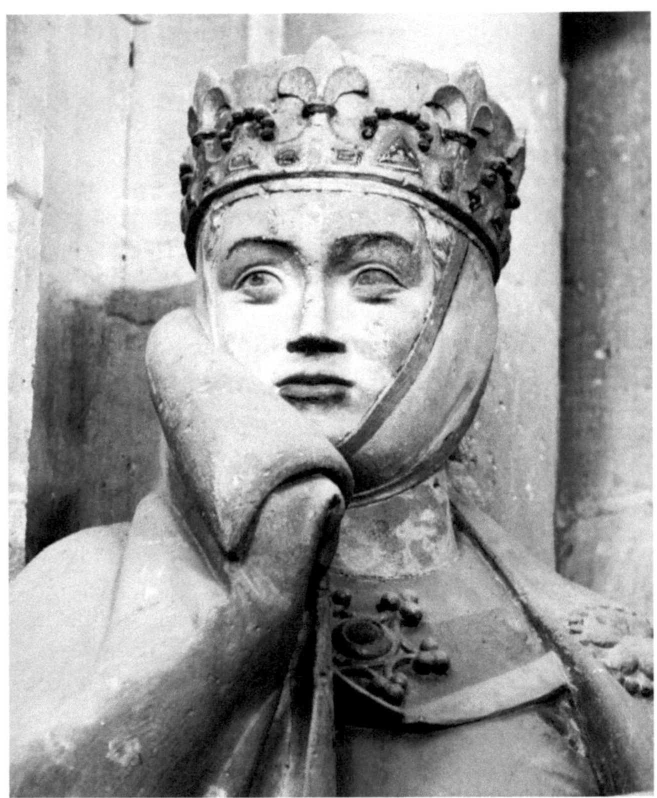

Abb. 44: Unbekannter Meister, Stifterfigur im Naumburger Dom, Markgräfin Uta, um 1250, Foto: Linsengericht Licensingl, CC BY-SA 3.0

Uta, die verschmitzt-freundliche Riglindis, der machtbesessene Markgraf Ekkehard oder der sorgenvolle Syzzo von Käfernburg. Hier werden erstmals Charaktere moduliert. Die Einzelperson wird geachtet, die Figuren wirken zwar noch höfisch-repräsentativ (ihre private Sphäre bleibt ausgeklammert), aber sie tragen deutlich individuelle Züge. Es werden Identifikationsfiguren geschaffen, es sind nicht mehr anzubetende Ideale. Der Betrachter kann mitfühlen. So dichtete der Naumburger Schullehrer Roland Langermann im Jahre 1938 unter dem Titel UTA:

„... Genau wie Du, so standen deutsche Frau'n
Zu allen Zeiten an der Helden Seite. [...]

Du hohes Sinnbild deutscher Frauenwürde!
Präg Dich dem Volk für alle Zeiten ein.
Dass wir in Dir nicht nur das Steinbild ahnen!
Auch wir sind Kämpfer! Folgen unsern Fahnen
Und wollen so wie Du des Volkes Wächter sein!" (zit. n. Ullrich, S. 130)

Eine Fehlinterpretation im Sinne einer nationalistischen Kunstinterpretation. Denn die Stilanalysen weisen darauf hin, dass der Bildhauer-Architekt, der die Naumburger Stifterfiguren schuf, vorher auf den Baustellen in Noyon, Metz, Amiens und Reims sein Handwerk erlernte, bevor er in Mainz und Naumburg seine Meisterwerke schuf. Es war ein Stilempfinden, das mit Epizentrum auf

„französischem" Boden auch in deutschen Regionen Widerhall fand in Figuren wie dem Bamberger Reiter oder den klugen und törichten Jungfrauen im Magdeburger Dom.

Auch die Bildhauer der Figuren im Kölner Dom hatten ihre Lektion in Paris gelernt, die neue Eleganz der Körper, die kunstvoll gestalteten Gewänder: der höfische Habitus der Würdigen und Mächtigen, der Stolzen und Freien. Christus oder der Patron der Kirche schart die Auserwählten zum Gast- oder Abendmahl. Man ist bei Hofe. An zwei verschiedenen Herrscher-Höfen setzen zwei Architekten-Bildhauer dann neue Akzente. Peter Parler (1330 - 1399) wurde von Kaiser Karl IV. mit dem Bau des St.-Veits-Doms in seiner Residenzstadt Prag beauftragt. In den Büsten des Doms porträtiert er die Mitglieder der Herrscherfamilie, die Erzbischöfe, Bauherren – und selbstbewusst auch sich selbst (um 1380). Es ist das erste erhaltene Selbstbildnis eines Künstlers, individuell und lebensnah. Claus Sluter (1355 - 1406) wirkte am Hof Philipps des Kühnen in Dijon. Seine Figuren am Portal des Klosters von Champmol stehen fast frei (eine Neuerung), vor Maria mit dem heiligen Kind kniet das Stiftereehepaar, Philipp der Kühne und Margarete von Flandern, hinter ihnen stehen ihre Schutzpatrone, der heilige Johannes und die heilige Katharina. Ein neues Raumgefühl wird verwirklicht. Die Heiligen weilen unter uns. In Sluters Hauptwerk, dem Mosesbrunnen, erscheint der Prophet bärtig mit faltigem, verhutzeltem Gesicht, auch die anderen Propheten

David, Jeremias, Zacharias, Daniel und Isaias sind psychologisch charakterisiert als erfahrene Männer aus dem Volk, diskutierend, meditierend, nachdenklich versunken. Vordergründige Schönheit wird gemieden, Ausdrucksstärke, Wahrhaftigkeit, Lebensnähe gesucht. Die Propheten sind keine göttlich-idealisierten Gestalten sondern Männer, die das Leben mit harter Arbeit gezeichnet hat. Eine Abkehr von höfisch-feudaler Kunst deutet sich an.

Ein neues Selbstverständnis entsteht vor allem in den Städten mit ihren neuen Schichten und Ständen. Es äu-

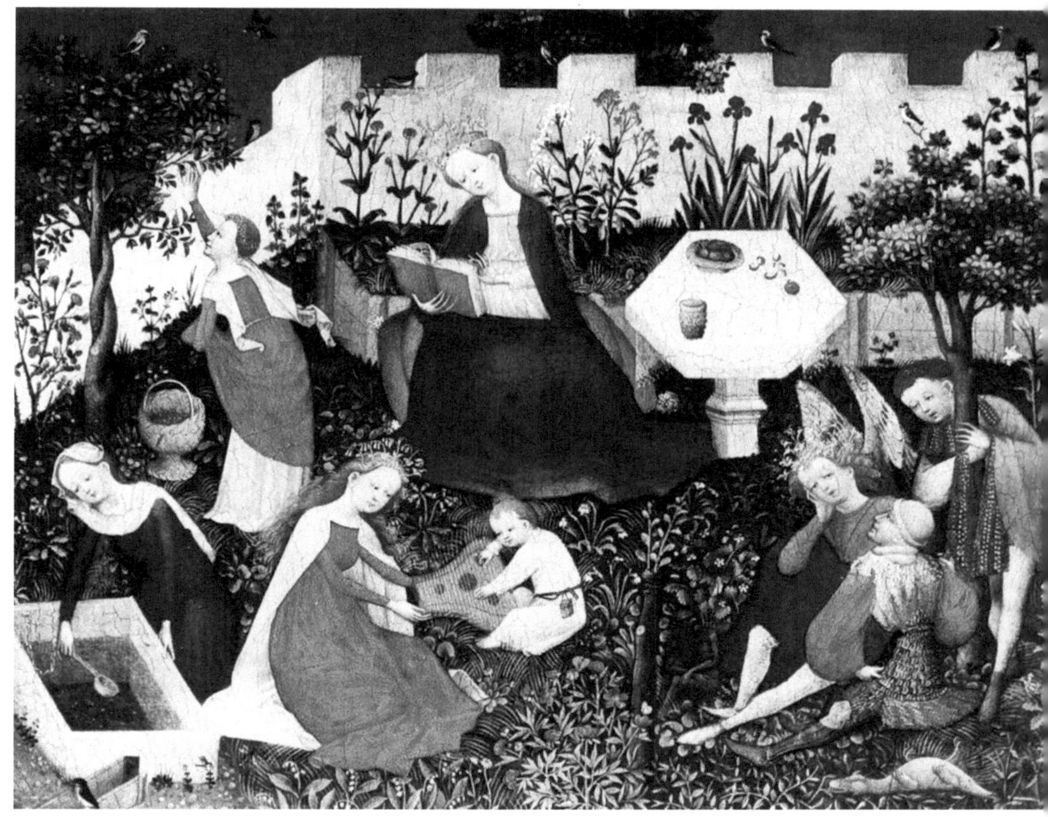

Abb. 45: Oberrheinischer Meister, Das Paradiesgärtlein, um 1410, Mischtechnik auf Holz, 26,3 x 33,4 cm, Städel, Frankfurt, The Yorck Project: 10.000 Meisterwerke der Malerei. DVD-ROM, 2002. ISBN 3936122202. public domain

ßert sich religiös verbrämt in der Heiligenverehrung. Regensburg war der Ausgangspunkt im frühen 14. Jahrhundert, das Nothelferfester im Dom ist eine der frühesten Darstellungen. Die Aufgaben, die den Nothelfern und Heiligen zugewiesen werden, zeugen von den sozialen Veränderungen und der neuen Arbeitsteilung in den Städten. An erster Stelle steht natürlich Maria als Fürsprecherin. Aber sie ist auch Schutzpatronin der Nadelmacher, weil sie die Windeln in der Heiligen Nacht mit Nadeln befestigt habe. Der heilige Franziskus von Assisi ist der Schutzheilige der Sozialarbeiter, der Kaufleute, Schneider, Tuchhändler, Flachs-, Tapetenhändler und Weber. Er steht für ein neues Natur- und Umweltempfinden und betont die Kreatürlichkeit der Natur. Bereitet dieses neue Sehen das Landschaftsbild vor? Die Heilige Barbara (dargestellt mit einem Turm) ist Patronin der Kanoniere, Dachdecker, Bergleute, Gießer, Architekten, Geologen, Feuerwerker. Der Heilige Michael wird mit einer Waage dargestellt und beschützt die Apotheker und Ärzte, die mit Waagen zu tun haben. Der Heilige Bartholomäus ist für Metzger und Gerber zuständig, die Heilige Dorothea für die Gärtner. Am beliebtesten ist der Heilige Christophorus, weil er Christus auf seinen Händen über den Fluss trägt, er ist Schutzheiliger der Reisenden, der Seefahrer, Flößer und der Bogenschützen. Auch der Heilige Erasmus hilft den Seefahrern, Eustachius den Jägern, Blasius zahlreichen Handwerksberufen, Georg den Rittern, er schützt vor Feuer. Er tötet den Feuer speienden Drachen.

Die Angehörigen der Zünfte, der Handwerks-, Handels- und Gewerbegruppen, der sich in den Städten bildenden Bruderschaften suchen ihren privaten Zugang zu Gott. Eine ganze Schar von Heiligen bevölkert jetzt den Götterhimmel-Olymp – zuständig nicht nur für einzelne Berufsgruppen sondern gleichzeitig gegen Hungersnöte, für Regen, gegen die Pest, für die Liebe und gegen Krieg und Zwist. Deutlich wird die Sehnsucht nach Harmonie und inniger Verbundenheit mit der Natur Gottes in einem durch Kriege und Pest zerrissenem Land in dem Paradiesgärtlein eines oberrheinischen Meisters (um 1410). Da werden neben der Himmelskönigin Maria, die

meditierend in das Studium der Bibel versunken ist, drei weitere heilige Schönheiten aufgerufen: Die heilige Dorothea mit dem Korb pflückt Kirschen. Die heilige Barbara sorgt mit ihrer Kelle gegen Dürreperioden. Der heiligen Katharina von Alexandrien hatte Jesus verkündet, er sei mit ihr im Glauben vermählt. Sie spielt mit dem Kindchen auf einem Zupfinstrument. Und der heilige St. Georg spricht mit dem Erzengel Michael. Mit den Blumen des Gartens lässt sich ein Tugendstrauß binden: die Veilchen stehen für Bescheidenheit, die Primel ist der Himmelsschlüssel, die Lilien bedeuten Reinheit, die Rose ist ein Symbol der Liebe und des Paradieses. Neben den botanisch bestimmbaren 20 Pflanzenarten zeugen auch die elf Vögel von einem neuen Sinn für die Natur. Für die Künstler ergeben sich neue Aufgaben, ihre Kundschaft mit Heiligen-Bildern zu versorgen. Für die Institution katholische Kirche ist diese Entwicklung aber ein zweischneidiges Schwert: Jetzt können sich die Mitglieder einzelner Berufsgruppen durch die Vermittlung ihrer Heiligen – ohne Kontakt mit dem kirchlich geweihten Priester – mit Gott in Verbindung setzen. Wenn dann noch die heiligen Sakramente von Laien verabreicht werden – Darstellungen von Johannes dem Täufer als rüstigen, bärtigen Mann aus dem Volk nehmen bedrohlich zu –, wird an den Fundamenten der Institution als Vermittlerinstanz des Himmlischen gerüttelt. Einen direkten Zugang zu den Überirdischen zu haben, drückt gleichzeitig auch das gestiegene Selbstbewusstsein der vor allem städtischen Schichten aus.

Durchbruch in den Niederlanden zu einem neuen Menschenbild

Der Durchbruch zu einem neuen Menschenbild erfolgt in Flandern. Warum dort? Diese Region war das wirtschaftliche Zentrum des Nordens, führender Handels- und Bankenplatz, reich durch die Textilwirtschaft. Die Schifffahrt am Atlantik, in der Nord- und Ostsee wurde wichtiger: Aus Russland kamen Pelze und Holz, aus Italien Teppiche, Gewürze und Seide, aus Spanien Südfrüchte. Die Feudalgesellschaft mit ihrer starren Hierarchisierung (Kaiser/König, Herzöge/Fürsten bis zu den Bauern) bricht auf. Kaufleute, Bankiers und Zunftangehörige werden reich und oft nicht minder einflussreich wie die adligen Herren. Das Mérode-Triptychon (um 1422 - 1430) von Robert Campin (genannt oft auch Meister von Flémalle, um 1375 - 1444) verdeutlicht die Neuerungen. Die Verkündigung Mariens ist nicht für den Kirchenraum gemalt, sondern für einen Stifter, den wohlhabenden Kaufmann Jan Engelbrecht, der erstmals realistisch individualisiert mit seiner Frau im linken Triptychon-Flügel dargestellt ist. Die Verkündigung erfolgt nicht in einem imaginären Raum sondern in einer im Stil des 15. Jahr-

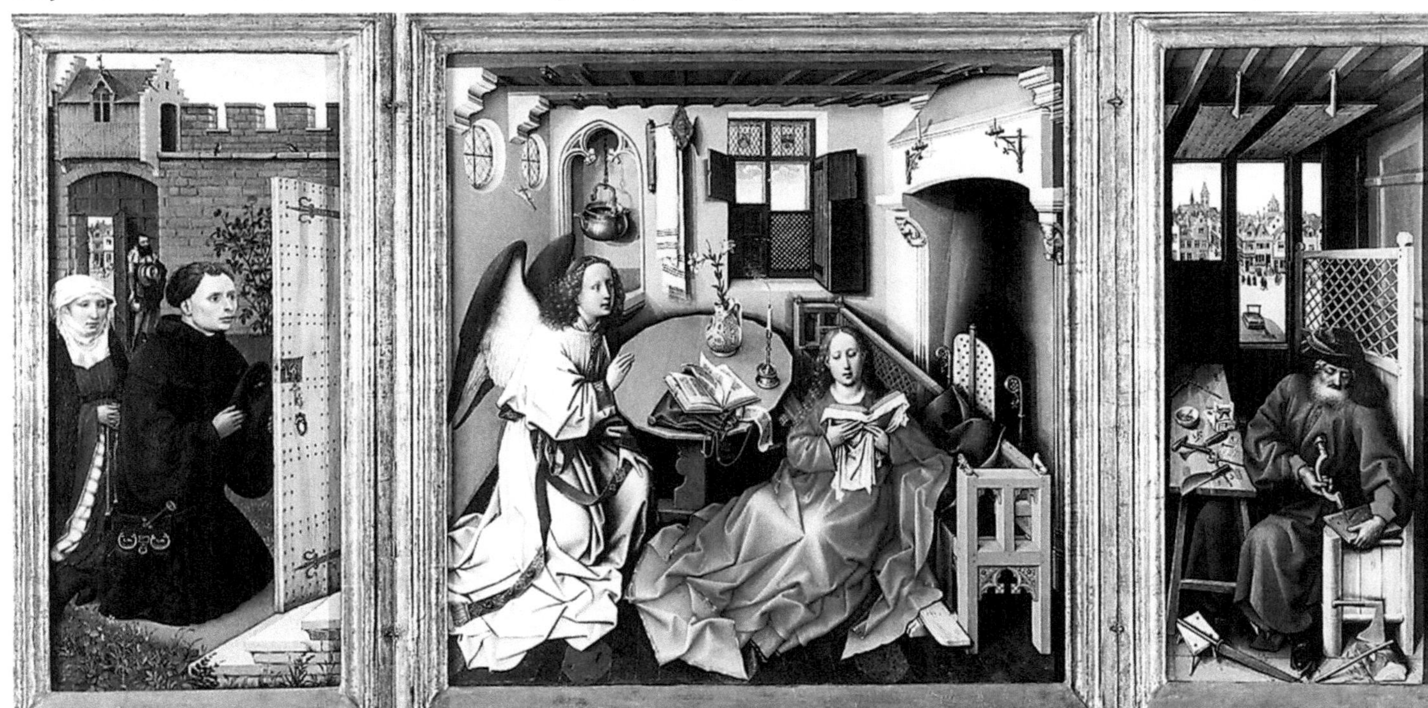

Abb. 46: Robert Campin oder Meister von Flémalle, Mérode-Triptychon, um 1422 - 1430, 64 x 120 cm, Öl auf Holz, Metropoletan Museum of Art, New York, http://www.flickr.com/photos/, public domain

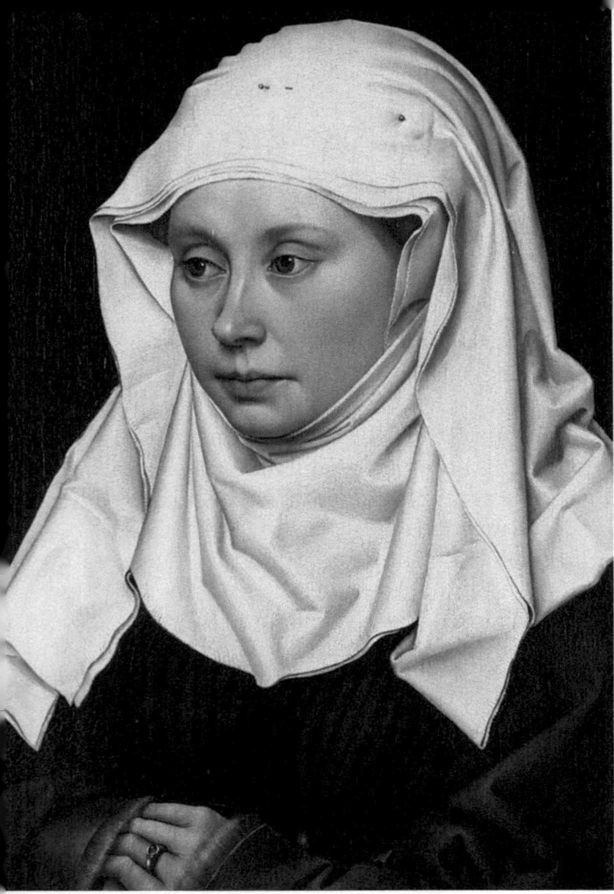

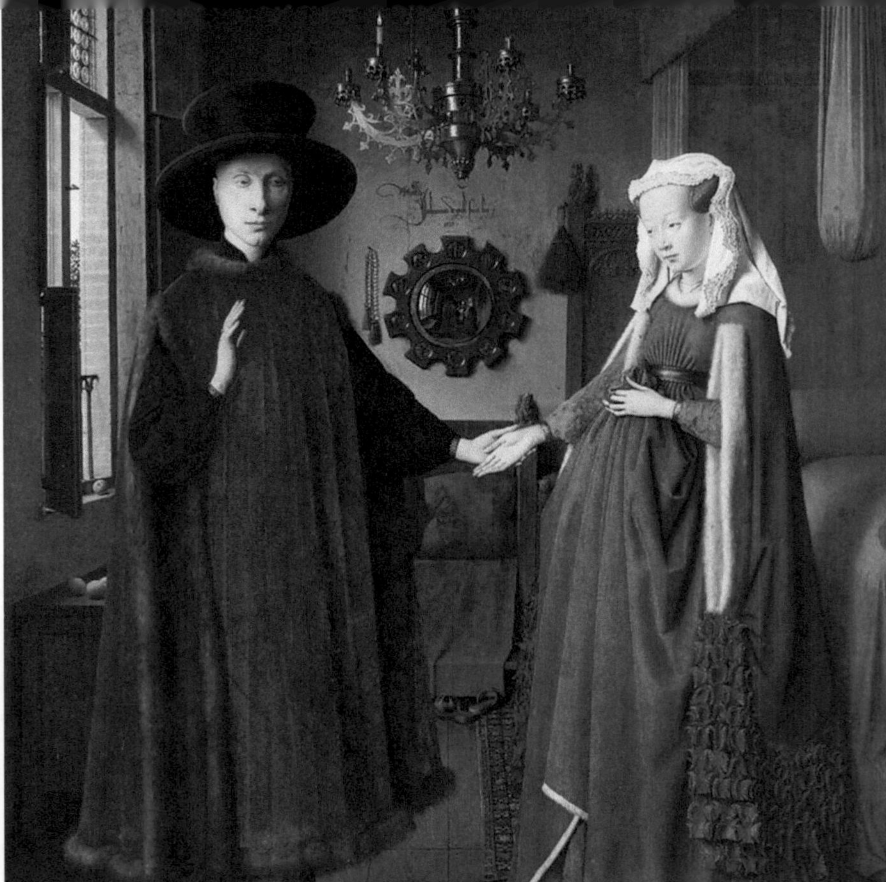

Abb. 47: Robert Campin, Bildnis einer Frau, um 1430, 40 x 27 cm, Öl auf Holz, National Galerie, London, public domain

Abb. 48: Jan van Eyck, Die Arnolfini-Hochzeit, 1434, 82 x 59,5 cm, Öl auf Holz, National Gallery London, Web site of National Gallery, public domain

hunderts ausgestatteten vornehmen Bürgerstube. Der Transzendenz vorgaukelnde Goldgrund ist verschwunden. Maria und der Engel haben keinen Heiligenschein, beide tragen prachtvolle Gewänder, die die Kunst der heimischen Textilindustrie belegen. Die weißen Lilien in einer kostbaren Vase zeugen von der Reinheit Mariens, der Samen Gottes kommt in Gestalt eines winzigen Christus, der ein Kreuz trägt, durch das linke Rundfenster in das Zimmer. Josef schließlich ist Handwerksmeister, er baut mit modernen Gerätschaften der Zeit eine Mausefalle, ein Schutz vor Ungeziefer für private Gemächer. Die geöffneten Fenster gewähren den Blick auf die prachtvollen Steinhäuser einer flandrischen Stadt, in der

reiche Bürger gut gekleidet flanieren. Die Verkündigung erfolgt im bürgerlichen Milieu, Josef verkörpert die Tugenden eines Handwerksmeisters, der Kaufmann Jan Engelbrecht hat seinen privaten Zugang zum Allerheiligsten.

Robert Campin verzichtet keinesfalls auf das symbolbeladene religiöse Bild, wie seine zahlreichen Madonnen-Bilder, die Darstellung der Heiligen Veronika, die Geburt Christi, St. Barbara oder Johannes der Täufer beweisen. Aber er bemüht sich um ein neues Bildvokabular. So hat er bei der „Jungfrau und Kind vor einem Feuerschirm" den aus Bast geflochtenen, runden Feuerschirm so plat-

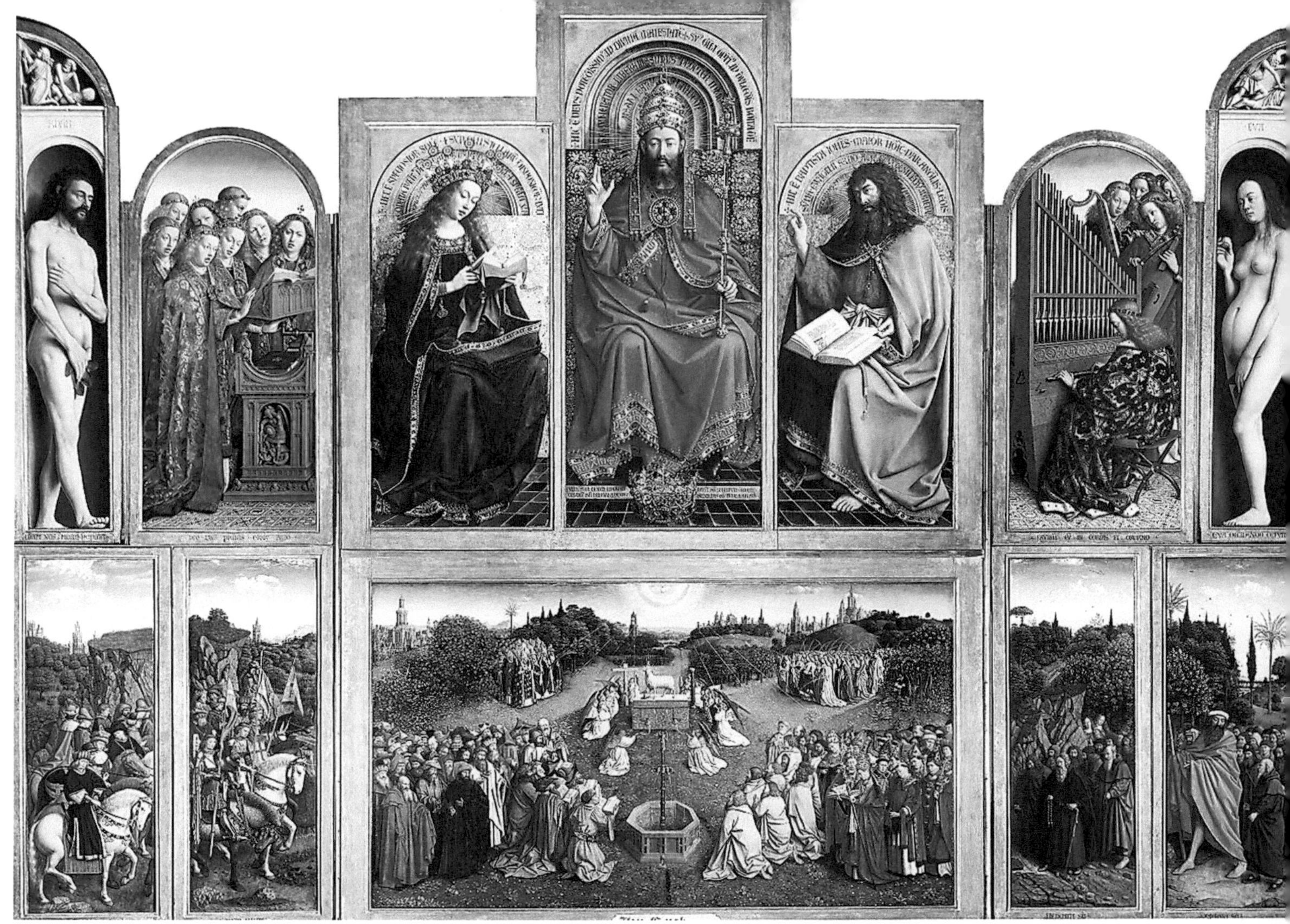

Abb. 49: Jan van Eyck, Der Genter Altar, 1432, geschlossener Zustand: 375 x 260 cm, hier: geöffneter Zustand 375 x 520 cm, St. Bavo-Kirche, , public domain

ziert, dass er als Heiligenschein dient. Vollkommen neu sind aber seine Porträts: Bei dem „Bildnis einer Frau" (London), zirka 1430, soll es sich um eine Geliebte des Malers handeln, bei dem „Bildnis eines Mannes" (London), zirka 1430, um einen Kaufmann. Die Bildnisse eines Mannes in Madrid, zirka 1425, oder in Berlin sollen Robert de Masmines porträtieren. Der war Statthal-

ter des Herzogs von Burgund in Flandern. Aber er wird keinesfalls als Würdenträger, sondern als pausbackiger Mensch mit etwas verzweifelt dreinschauenden Augen und aufgelockertem, unfrisiertem Haar gemalt. Das ist neu, dass er die individuellen Züge des Menschen herausarbeitet. Zwar hatte es zuvor schon Fürstenporträts gegeben, aber meist in frontaler Position, die die Machtposition betonen und kein Interesse an der individuellen Physiognomie, an dem Charakteristischen der Einzelpersönlichkeit haben.

Robert Campin hatte eine Revolution der Malerei hin zum Alltäglichen mit pragmatischem Realitätsbewusstsein eingeleitet. Er hatte dem wohlhabenden Bürger sein individuelles Bild und die ihm gewohnte Umgebung gegeben. Jan van Eyck (um 1390 - 1441) tritt in seine Fußstapfen. Van Eyck ist genauso widersprüchlich wie Campin. Denn er ist einer der ersten Hofmaler Europas, er dient dem damals mächtigsten Mann des Kontingents, dem Herzog Philipps des Guten von Burgund und seinem Kanzler Nicolas Rolin. In dem Bild „Die Madonna des Kanzlers Nicolas Rolin" (um 1435) verschafft der Maler dem Kanzler eine Privataudienz bei der Madonna. Das Jesuskind mit den Insignien der Macht, einer mit einem Kreuz geschmückten Weltkugel, erteilt dem Mächtigen seinen Segen. Der Kanzler war bekannt für seine Gewalttätigkeit und seine heimtückische List, mit der er des Herzogs Reich vergrößerte und die Bewohner auspresste. Die Emporen des Palastes, in der sich die Szene abspielt, gibt dann den Blick frei auf eine Landschaft: Vorne schimmert golden eine reiche Stadt, ein Fluss mit Schiffen durchschlängelt die Landschaft und führt den Blick

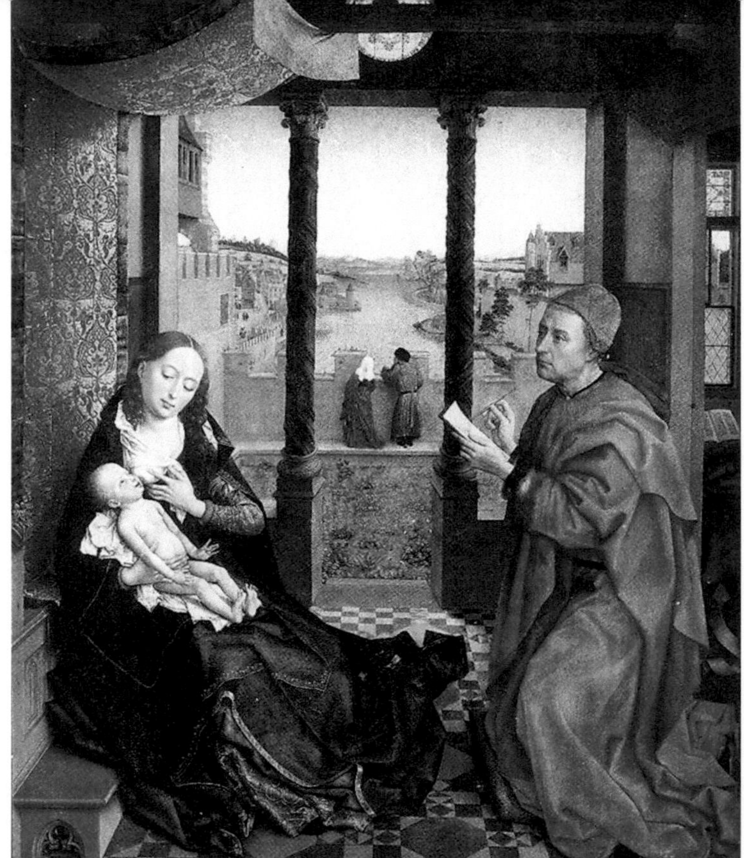

Abb. 50: Rogier van der Weyden, Der Heilige Lucas malt Maria, um 1440, Öl auf Holz, Boston Museum of Fine Arts. 137,5 cm x 11,.8 cm, public domain

zu den Bergen am Horizont. Vom Burgund im Süden Frankreichs bis zur Küste des Atlantiks im Norden reichte die Herrschaft. Der Kanzler kniet zwar vor dem Jesuskind, doch er ist auf gleicher Augenhöhe mit den Heiligen abgebildet, sein Blick ist hart, gemischt mit einer Spur Brutalität. Realistisch, naturalistisch. Sein mit Nerz gesäumtes Gewand ist kostbarer als das der Madonna.

Doch van Eyck tanzt auf mehreren Hochzeiten. Zeugnis davon legt sein Bild mit der Vermählung des Bankiers Giovanni Arnolfini mit Giovanna Cenami (1434) in der Handels- und Hafenstadt Brügge ab. Wieder sind es vor allem die kostbaren Textilien, die vom Reichtum zeugen, der Kronleuchter, der wertvolle Spiegel, die Früchte. Aber der Treueschwur erfolgt nicht im Palast sondern im Schlafzimmer des Paares. Anwesend sind kein Hofstaat sondern nur der Maler und eine weitere Person, die im Spiegel zu sehen sind. Über dem Spiegel steht in lateinischer Schrift: Johann de Eyck war anwesend. Er war Zeuge. Die Echtheit, die Wirklichkeitsnähe wird ab jetzt zu einem wesentlichen Kriterium eines Bildes. Das Wesen der Dinge, ihre Bedeutung in der Realität soll erfasst und dargestellt werden. Insgesamt wird die Privatheit der Eheschließung betont, die individuelle Verbundenheit zweier Menschen, als Symbole der Treue dienen der

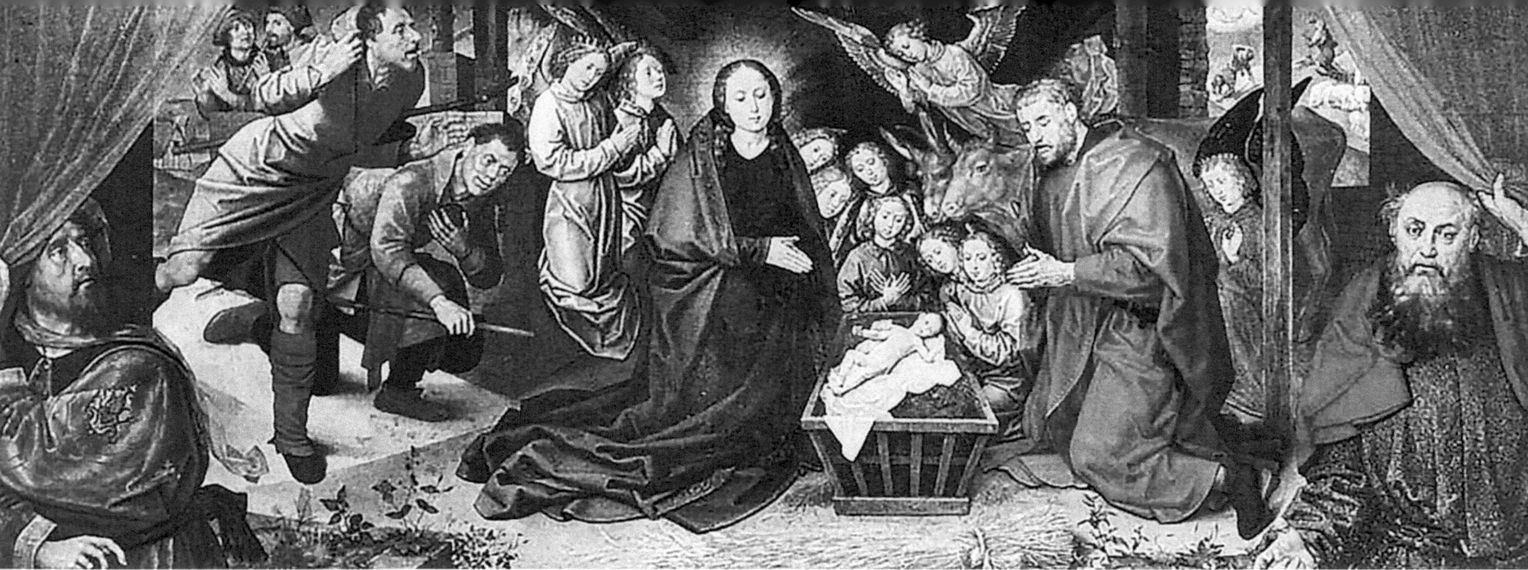

Hund, die Reinheit des Spiegels, die Statuette der Heiligen Margarete, Schutzpatronin werdender Mütter, die Steine des Rosenkranzes neben dem Spiegel. Dass nur eine Kerze des mehrarmigen Leuchters brennt, verweist auf das eine Auge Gottes. Der Bund für das Leben steht unter seinem Schutz.

Auch das religiöse Bild verändert sich. In seinem Genter Altar, an dem bis zu seinem Tod 1426 wohl auch sein Bruder Hubert mitgearbeitet hat, schießt Jan van Eyck ein ganzes Feuerwerk an Widersprüchlichkeiten ab. Im geschlossenen Zustand wird auf zwölf Tafeln ein Präludium intoniert. In der obersten Reihe erscheinen die Propheten Zacharias und Michaea, dazwischen weissagende Frauen, in der mittleren Reihe ist links in einem palastartigen Raum der Verkündigungsengel Gabriel abgebildet, rechts wird Maria von dem Heiligen Geist befruchtet, unten beten links und rechts neben Johannes dem Täufer und Johannes dem Evangelisten (sie sind als Plastiken in Grisaille-Technik auf einem Sockel stehend gemalt) das Stifterehepaar, der Genter Kaufmann Jodocus Vijd und seine Frau Elisabeth Borluut. Das ist die spannungsgeladene Ankündigung: Wird der Altar geöffnet, erzittert der Betrachter vor der Ehrfurcht erweckenden Figur des Allerhöchsten, Gottvater, Sohn und

Heiliger Geist in einem mit der päpstlichen, mit Edelsteinen bestückten Tiara auf dem Kopf, ihm zu Füßen liegt die golden glitzernde, weltliche Krone. In der Gloriole um seinen Kopf steht geschrieben:
„Dies ist Gott der Allmächtige, mächtig durch seine göttliche Majestät,
Der Allerhöchste, der Beste durch seine liebreiche Güte,
Der Allerhöchste Belohner durch seine grenzenlose Freigiebigkeit."
Otto Pächt schreibt treffend: „Dieses östliche Ikonenantlitz hat er nun dem päpstlichen Gottvatertyp eingeblendet und so ein Gottesbild geschaffen, das mit den Attributen des Exotisch-Fremden das unnahbar Transzendente sinnfällig zu machen versteht, bei dem greifbarste Vergegenwärtigkeit und das Gefühl des Mysteriösen keinen Gegensatz zu bilden scheinen, ein Werk, von dem Hegel in seiner ›Ästhetik‹ meinte, dass man es dem olympischen Jupiter an die Seite stellen kann, vollendet durch den Ausdruck der ewigen Ruhe, Hoheit, Macht und Würde." (Pächt, S. 152) „Greifbarste Vergegenwärtigung" und das „Unnahbar-Transzendente": Durch diesen Gegensatz gewinnt van Eyck diese Wucht des Ausdrucks. Aber so erzeugt er auch die Widersprüchlichkeit überall im Bild. Das „Unnahbar-Transzendente" ist real abgeschaut beim Königshofe, es ist ein

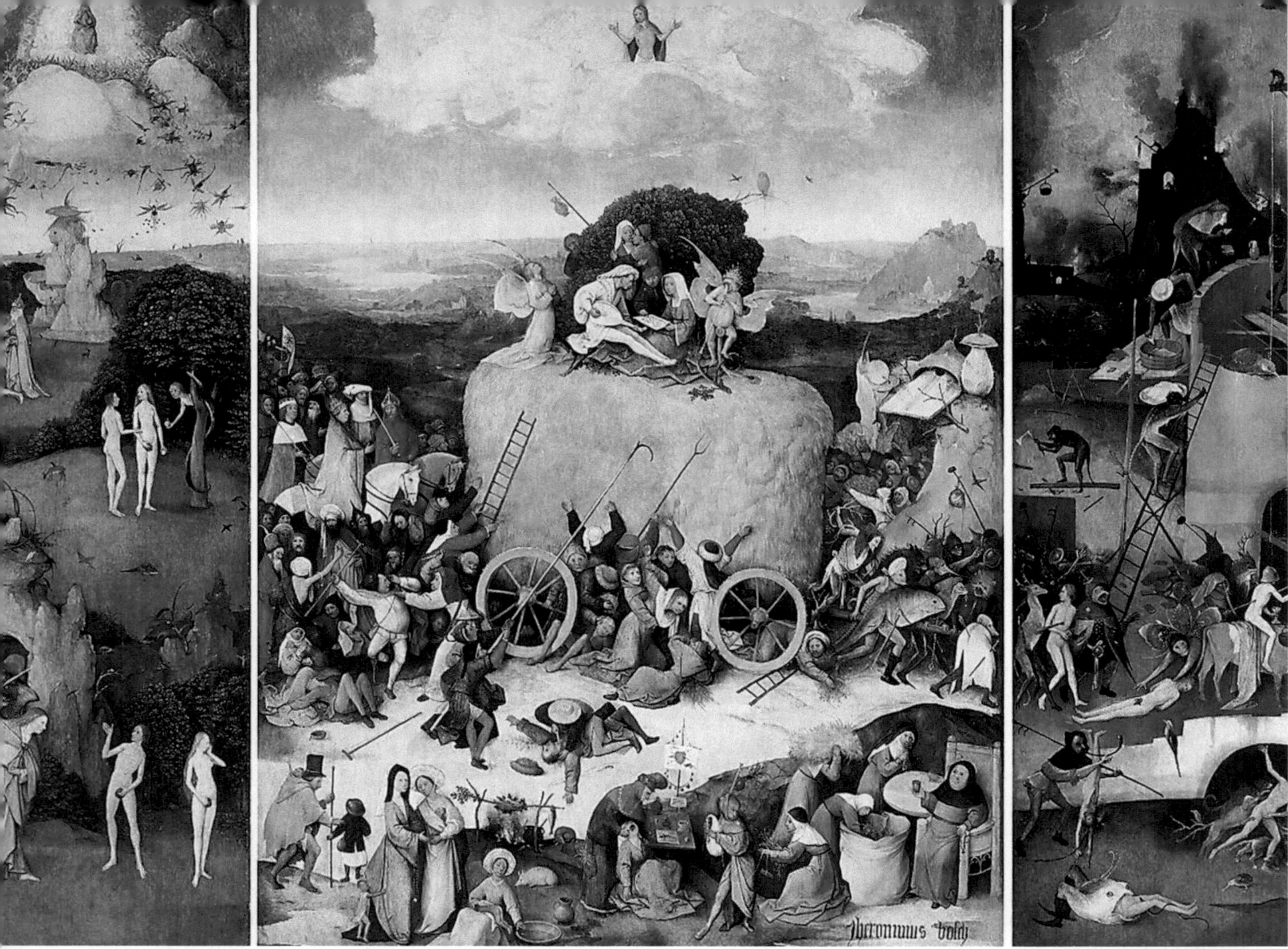

Abb. 52: Hieronymus Bosch, *Der Heuwagen, 1515, Öl auf Holz, 147 x 212 cm (Triptychon), Museo Nacional del Prado, Madrid, public domain*

rationales Bild, keine gefühlte, imaginierte Unendlichkeit wie in den byzantinischen Werken. Da sitzt der Pantokrator, Herrscher und Richter zugleich, links neben ihm die Himmelskönigin, rechts Johannes der Täufer, links die Schönheit, rechts der bärtige Eremit, beide in kostbarsten mit Gold und Edelsteinen besetzten Gewändern und mit Heiligenscheinen versehen. Dazu jubilieren wiederum links und rechts die Schar der Engel ohne Flügel, dafür aber kostbar verziert und mit modernen Musikinstrumenten der damaligen Zeit musizierend. Wir befinden uns noch im Himmel – doch dann krachen dagegen die Gestalten von Adam und Eva, mehr als nur nicht bekleidet, sie sind entblößt, menschlich nackt, nach dem Sündenfall, wie das Opfer Kains und Abels sowie der Brudermord in Grisaille-Technik plastisch dargestellt über ihnen andeutet. Die Ebenbilder Gottes? Sie haben den Brudermord begangen.

Auf den unteren fünf Tafeln schwebt die Taube des Heiligen Geistes im Himmel über dem Paradies. Mittelpunkt ist die Anbetung des Heiligen Lammes. Die Offenbarung des Johannes bezeichnet Jesus als das Lamm Gottes. Und als ob van Eyck nicht richtig überzeugt ist, ob sein Werk verstanden wird, schreibt er auf den Altar, auf dem das Lamm thront: „Jesus der Weg, die Wahrheit, das Leben". Und auf den Brunnen, der mit einem Engel verziert den Blick auf das Lamm lenkt: „Dies ist der Quell des lebendigen Wassers, der ausgeht vom Throne Gottes und dem Lamm." Wie sieht nun das Paradies aus? Die Kulisse bildet eine wunderschöne Wiesen- und Gartenlandschaft mit realistisch gemalten Pflanzen und Bäumen, am Horizont leuchten eine Vielzahl niederländischer Kirchtürme als Versinnbildlichung des Heiligen Jerusalems. Rechts vorn im Bild sind die Kirchenfürsten mit den Jüngern dargestellt. Drei Päpste, die sich für die Einheit der Institution eingesetzt haben, sind besonders hervorgehoben. Links erscheinen die Patriarchen, die Mächtigen der Welt, vor ihnen Propheten, links oben treten kirchliche Märtyrer, rechts oben eine Schar von Jungfrauen in die Lichtung. Die beiden Seitenfenster links zeigen die Ritterschaft Christi, die beiden rechts Eremiten mit dem Heiligen Christophorus.

Es ist noch ein höfisches Altarbild. Obwohl „realistisch" gemalt, obwohl viele neue stilistische Neuerungen zu entdecken sind, atmet es den Geist feudaler Strukturen. Der Auftraggeber – ein Kaufmann – kommt außer in der Außenansicht gar nicht vor. Die städtischen Schichten sind ausgeschlossen. Das Paradies wird nicht beackert, die Bauern, die große Masse des Volkes, sind im Paradies nicht vertreten. Der Realismus der Darstellung steht im Widerspruch zum Inhalt. Das Paradies wird als städtisch mit hohen Kathedralen, würdevollen Bauten mit einem Gärtchen und wunderschöner Botanik gedacht. Da hinein werden die feudalen ständischen Repräsentanten gruppiert. Das wirkt rational gewollt, das sind gemalte Gedanken. Die Physiognomien der Personen werden herausgearbeitet, aber die einzigen „wirklichen Menschen" ohne Ansehen ihres Standes, Adam und Eva, werden eingesperrt in einem engen, dunklen Raum wie in einem

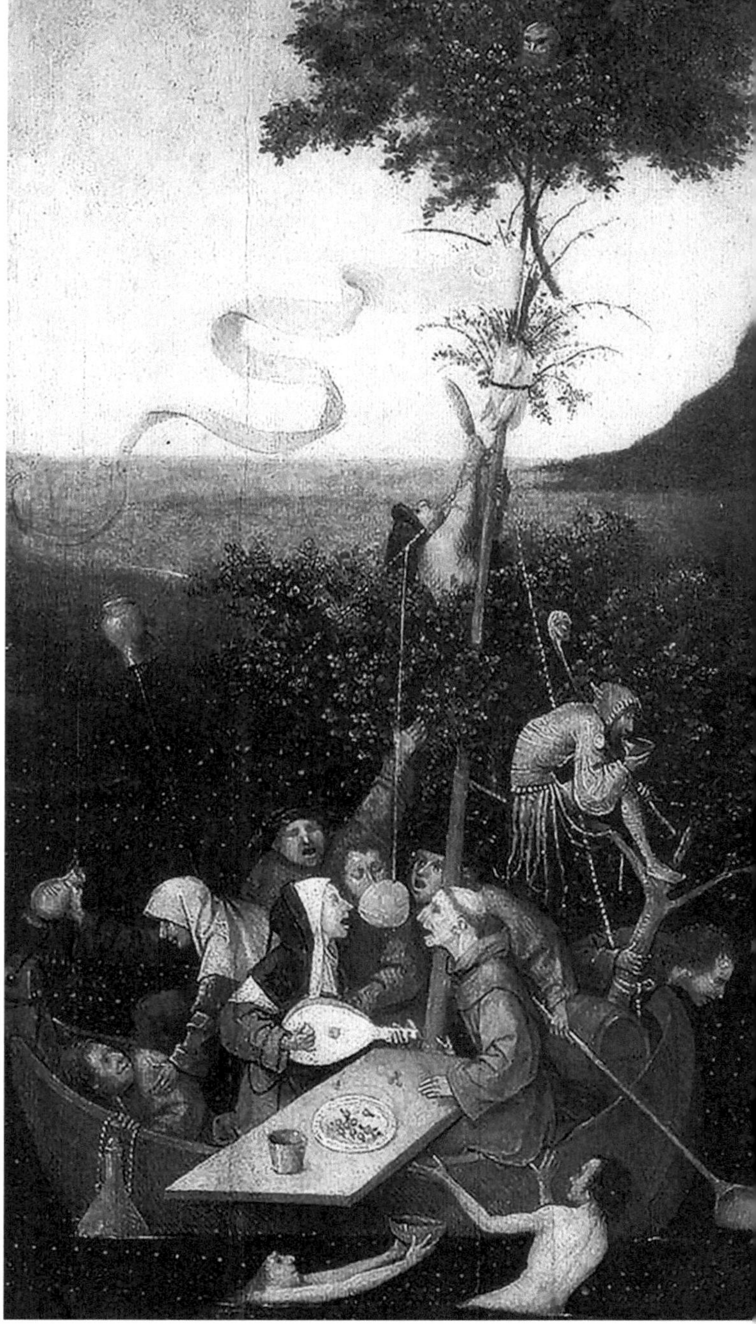

Abb. 53: Hieronymus Bosch, Das Narrenschiff, um 1500, Öl auf Holz, 57,8 X 32,5 cm, Musée National de Louvre, Paris, public domain

Gefängnis, nackt, einsam und verloren.

Auch Rogier van der Weyden (um 1400 - 1464) bleibt vor allem in seinen Altarbildern dem höfischen Ideal befangen. Sie wirken noch steif, arrangiert. Aber er bringt mehr Dynamik in seine Gemälde. Schon zu Lebzeiten vor allem am Hof von Burgund und in den Städten Flanderns hoch verehrt, kultiviert er das Bild vom Genie des Künstlers. In „Der Heilige Lucas malt Maria" sitzt die Heilige nebst Christuskind dem Maler Modell. Van der Weyden bezieht sich deutlich auf van Eycks „Die Madonna des Kanzlers Nicolas Rolin", das fünf Jahre vorher entstanden ist. Dort hatte der mächtigste Kanzler Europas eine Privataudienz, hier der Künstler. Nur die Atmosphäre ist etwas privater geworden, der Künstler ist näher dran.

Privatheit und Individualität wird seit Robert Campin vor allem im flandrischen Porträt herausgearbeitet. Aber es bleibt in den Jahren 1420 bis weit in die 80er Jahre fast immer gleich. Es wird großer Wert auf die individuellen Gesichtszüge gelegt, aber die Personen erscheinen fast alle im Halbprofil und schauen meist in die Leere am Betrachter vorbei. Dass die Porträtierten den Betrachter ansehen und so Kontakt aufnehmen, bleibt die Ausnahme. Bei allen Abgebildeten wird die Würde, die Vornehmheit betont, sie wirken steif, Emotionen werden nicht gezeigt, so, als ob ihnen vom Künstler befohlen wurde, still zu sitzen, den Mund zu halten und starr in eine Richtung zu schauen. Seit Petrus Christus (1444 - 1472/73) und Dieric Bouts (1415 – 1475) wird auch die Landschaft als dekorativer Hintergrund einbezogen. Leider ist bei den meisten Bildnissen nicht überliefert, wer dargestellt ist. So hätten die Initiatoren für die neue Darstellung der Individualität besser identifiziert werden können. Die meisten Titel lauten „Bildnis einer Frau/eines Mannes", „Mann mit Nelke", „Mann mit Brief" oder „Mann mit Pfeil". Bei den Männern mit Briefen darf man annehmen, dass es sich um Kaufleute handelt, bei den Männern mit Pfeilen um Bedienstete des burgundischen Hofs. Von dem in Brügge lebenden und arbeitenden Hans Memling (1433 – 1494) sind besonders viele Porträts überliefert; namentlich erwähnt sind unter an-

derem der burgundische Ritter Grand Batard, der Dichter, Musiker und Geistliche Gilles Joye, der Komponist Jacob Obrecht, der Banker und Bürgermeister von Brügge Willem Moreel, der Bürgermeister von Brügge Maarten van Nieuwenhove und die Banker Folco und Benedetto Partinari oder Bernardo Bembo. Es ist eine bunte Mischung aus Wirtschaft und höfischer Gesellschaft, Angehörige niedriger Stände hatten keine Chance auf Darstellung.

Das änderte sich bei Hugo van der Goes (zirka 1440-1482): Die Hirten stürmen ins Bild und entfalten eine neue Dynamik. Nicht Könige, Päpste oder Kanzler beten das Christuskind an, einfache Leute aus dem Volk zeigen Emotionen, sind ergriffen und wollen an dem Ereignis teilhaben. Sie spielen auch auf der Hirtenflöte die himmlische Musik. Zugleich verändert van der Goes den Charakter des Bildes. Er kennzeichnet es deutlich als Schauspiel, als eine Vorstellung. Die Propheten Jesaja (links) und Habakuk (rechts), die beide rund 700 Jahre vor Christi Geburt lebten, öffnen den grünen Vorhang und nehmen Kontakt mit dem Betrachter auf. Jesaja war einer der ersten, der den künftigen Messias und Erlöser angekündigt hatte. Habakuk beschwerte sich bei Gott, dass dieser die Habsüchtigen und Mächtigen begünstige, dagegen die Armen und Arbeitenden, die Gerechten vor Gott, aber benachteilige. Er wird jetzt eines Besseren belehrt, hofft der Maler. Van der Goes hatte schon in einem weiteren Hauptwerk, dem Portinari-Altar (1475/76), die Hirten ins Spiel gebracht und alles Adlige und Höfische weggelassen.

Was war geschehen? Der Burgunder-Herzog Karl der Kühne führte ab 1474 gegen die Schweizer und den französischen König erbitterte Kriege, um seinen Herrschaftsbereich zu erweitern. Er presste vor allem seine flandrischen Provinzen aus, der Widerstand dagegen wuchs. Karl der Kühne fiel in der Schlacht von Nancy. Burgund geriet zwischen die Mühlsteine der Großmächte Habsburg und Frankreich. Es brach eine Zeit der Unsicherheit, der politischen Wirren und der Verarmung breiter Schichten an. Der Kunsthistoriker Charles Cuttler

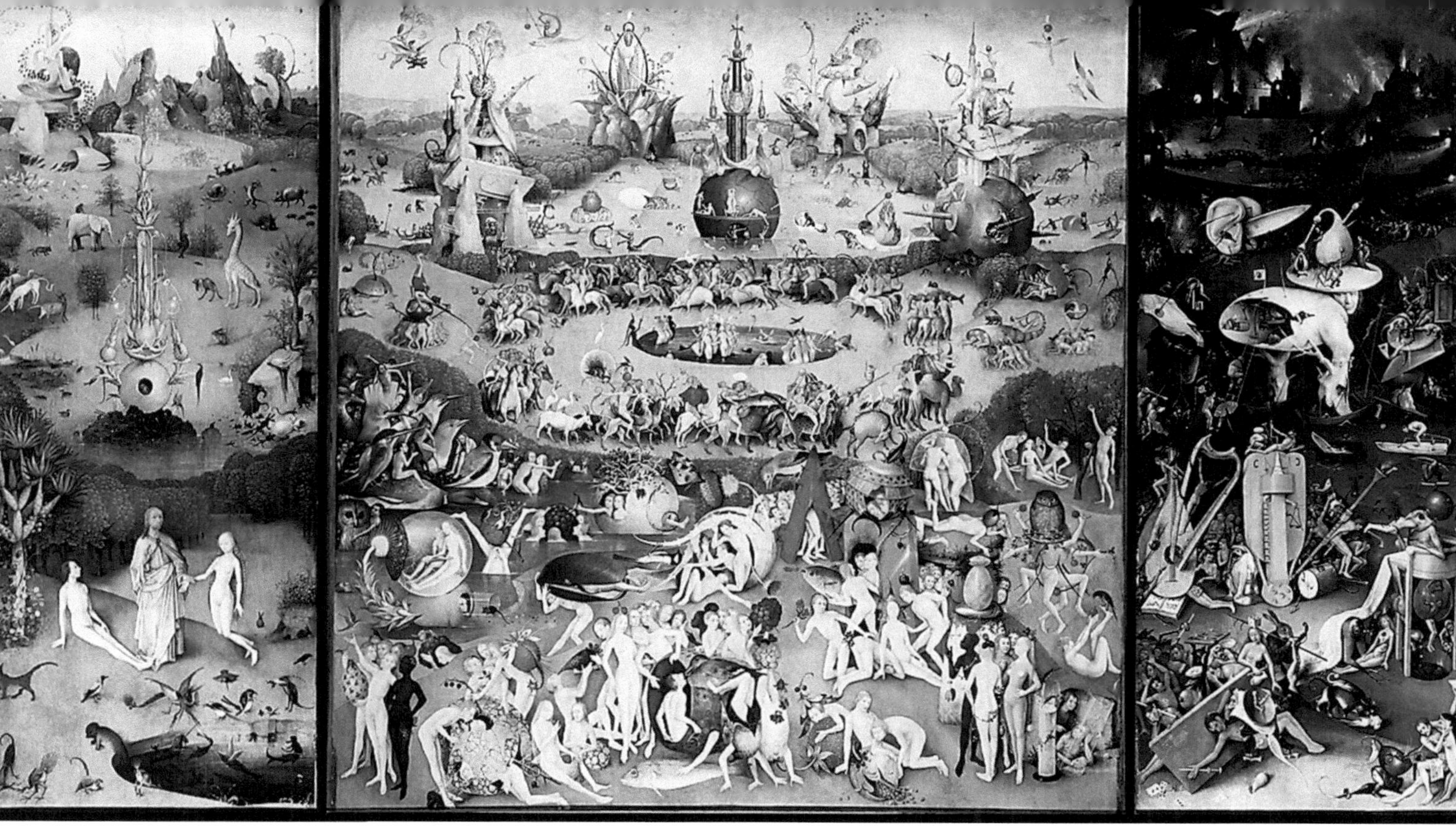

Abb. 54: Hieronymus Bosch, Der Garten der Lüste, 1503 - 04, Triptychon, Öl auf Holz, 220 x 390 cm, Museo del Prado, Madrid, public domain

schreibt: „Es war eine Zeit der Pest und der Unrast, der wirtschaftlichen, sozialen und religiösen Unruhen; eine Zeit, die an den Chiliasmus, den Antichrist und apokalyptische Visionen glaubte; an Hexerei, Alchemie und Astrologie [...] Es war ferner eine Epoche eines extremen Pessimismus, der eine natürliche Folge des von der Kirche selbst beförderten Glaubens an Dämonen war." (zit. n. Pitts Rembert, S. 10) Es war aber auch eine Zeit des Aufkeimens des Humanismus, der Begründung vieler Wissenschaften, des Aufbaus großer und reicher Städte. Die Zeit zeigte ein janusköpfiges Gesicht. Was dem einen Reichtum bescherte, stürzte die Masse in Armut. Die alten Lehns- und Gefolgschaftsverhältnisse brachen auf. In der „guten alten Zeit" hatten die Untergebenen einen Teil des von ihnen Erwirtschafteten an ihre jeweiligen Herrn abgegeben. Dafür erwarteten sie Schutz und Hilfe

im Notfall. Der Gutsherr konnte in Zeiten der Naturalwirtschaft gar nichts anderes machen, als diese Güter wieder unter seinen Untergebenen aufzuteilen. In Zeiten der Geldwirtschaft und des Handels änderte sich das radikal. Jetzt war es möglich, die erwirtschafteten Güter in Geld zu verwandeln und Reichtum anzuhäufen. Die Bediensteten, die nicht unbedingt benötigt wurden, brauchte man nicht mehr durchzufüttern: Sie wurden freigesetzt und bevölkerten die Slums in den Städten. Dort gab es keine Hygiene, keine befestigten Straßen sondern Hunger, Armut und in immer wiederkehrenden Wellen Seuchen und die Pest. Allein sechs Pestwellen erlebte Europa im 15. Jahrhundert. Historiker geben den Anteil der herumstreunenden Vagabunden an der Bevölkerung mit bis zu 30 Prozent an. Dieser Wandel, der sich im ganzen 15. Jahrhundert in Europa vollzog und zu

Bauernunruhen und Aufständen in den Städten führte, traf das einst reiche und gesittete Flandern ab 1475 mit voller Wucht.

Kein Maler bringt diesen Wandel so ideenreich und fantasievoll zum Ausdruck wie Hieronymus Bosch (um 1450 – 1516). Dieser Künstler hat ganze Generationen von Kunsthistorikern in Atem gehalten. Giorgio Vasari (1511 - 1574) nannte Bosch „fantastiche e capricciose", Carel van Mander (1548 - 1606) sah nur die „schrecklichen Phantomen der Hölle". Erwin Panofsky (1892 - 1968) äußerte, der Maler sei „zu hoch für mich". Vom 16. bis 18. Jahrhundert interessierten sich die Bewunderer vor allem für die angeblich apokalyptischen Höllen- und Teufelsdarstellungen, im 19. Jahrhundert sah man in Bosch den Moralisten und religiösen Eiferer aber auch den genialen Maler. Im 20. Jahrhundert schließlich wurde der psychologische Ideenreichtum vor allem mit seinen sexuellen Fantasien in den Vordergrund gestellt. Es ist Fraengers Verdienst, Bosch als kühnen Neuerer dargestellt zu haben, der „als Bahnbrecher des Sittenbildes und der Landschaft die mittelalterliche Kirchenhörigkeit der Kunst zersprengte". (Fraenger, S. 16)

War Bosch der Fantast, der den Weltuntergang in den grellsten Farben beschwor, der sektiererisch verbohrte Prediger oder der Lüstling, der für die freie Liebe warb? Bosch war ein scharfer Beobachter der Krise seiner Zeit. Humor mischt sich mit Moral. Die Institution Kirche und ihre mönchischen Vertreter werden einer schonungslosen Kritik unterzogen. Er ironisiert mit einer imaginierten, individuellen Symbolik, die er vielfach abwandelt. Eine seiner Zeichnungen verzierte er mit einem lateinischen Zitat: „Es ist typisch für die trostlosesten Hirne, stets Klischees und niemals ihre eigenen Erfindungen zu gebrauchen." (zit. n. ebd., S. 72). Bosch setzt sein Hirn in Bewegung, um die gängigen Bilderwelten des ausgehenden Mittelalters aufzugreifen, zu überspitzen, zu ironisieren und zu persiflieren. Er ahmt nach, greift die herkömmlichen Vorstellungen auf, hinterfragt sie und gießt seinen beißenden Spott in seinen Bildern aus. Und er entwirft ein Utopia.

Im Mittelpunkt des um 1515 entstandenen „Der Heuwagen" steht der Wagen, massiv beladen. Hinter dem Gefährt reiten hoch zu Ross Papst Alexander VI. und Kaiser Maximilian mit ihren Gefolgschaften. Sie weisen sich als die Besitzer der Welt aus. Überreich an Macht haben sie Geld wie Heu. Alexander war von 1492 bis 1503 Papst und bekannt für seine Geldgier und Korruption; Morde und Intrigen waren sein tägliches Geschäft. Um den Heu-Geld-Machtwagen herum rangeln sich Menschen, versuchen, etwas von dem Heu zu ergattern. Einer, der Heu gestohlen hat, wird bald von dem Wagenrad zermalmt, ein anderer wird erstochen. Zwei Mönche balgen sich mit einer dritten Person, um das begehrte Heu in ihre Gewalt zu bekommen. Gezogen wird der Wagen von Gestalten, die ackern müssen wie Tiere, sie werden ausgepeitscht und vorwärtsgetrieben. Oben auf dem Heu hat es sich ein Pärchen bequem gemacht. Der männliche Part spielt eine Laute, von Bosch oft als sexuelles Symbol für die Vagina gebraucht. Doch Bosch distanziert sich nicht von diesem harmlos-schönem Spiel, denn er gruppiert links neben dem Paar eine Engelsfigur, die als einzige Person mit Jesus in der isolierten, einsamen Himmelswolke korrespondiert. Rechts neben dem Paar erscheint aber auch eine lustige Teufelsfigur mit Trompetenschnabel und einer eigenartigen Tiara bedeckt, des Teufelchens Penis liegt als eine Pfauenfeder verlängert auf dem Heu.

Für die Dargestellten im Bild (außer dem Engel) scheint der Himmel überhaupt nicht zu existieren. Die Nonnen unten rechts scheffeln Heu, eine betet einen Fettwanst-Abt an, der der Völlerei frönt, eine andere Nonne bietet einem Mann mit einer Sackpfeife (bei Bosch häufig ein Symbol für männliche Begierde) Heu an für sinnlich-sexuelle Freuden. Links daneben kurpfuscht ein vermeintlicher Arzt an einer Frau, das Heu in seinen Taschen zeugt davon, dass er ein Geldschneider ist.

Der linke Seitenflügel illustriert die biblische Geschichte von der Erschaffung Adams und Evas, die Verführung durch die Schlange mit Menschengesicht und die Vertreibung aus dem Paradies durch den Erzengel Gabriel. Aber da müssen noch andere Kräfte im Spiel gewesen sein. Denn Gottvater befindet sich nicht nur im Garten Eden, sondern auch in einer Gloriole über den Wolken, aus denen Engel purzeln, die libellenartig zur Erde schweben und sich in kleine Teufelchen verwandeln. Der rechte Seitenflügel wird gemeinhin als „Die Hölle" bezeichnet. Drachen mit Menschenhänden, Männer mit Vogelgesichtern quälen. Dunkle Gestalten mit Teufelsschwänzchen errichten einen Turm (den Turmbau zu Babel?). Der Himmel ist feuerrot erleuchtet, kleine Figuren in dem brennenden Gebäude deuten an, dass hier gebrandschatzt wird. Es wird eher von Krieg und Verderben als menschlichem Schicksal im Diesseits berichtet. Es ist ein Ergebnis der Zustände, die schon im Mittelteil angelegt sind. Denn von einer gerechten Ordnung, die durch Papst und Kaiser in Gottes Auftrag durchgesetzt werden sollte, ist dort nichts zu spüren.

Auch ein anderes Bild zeigt, dass Bosch auf dem Höhepunkt der Auseinandersetzung seiner Zeit ist. Der mittelalterliche Dichter Guillaume de Deguillevilles hatte in seinem Buch „Pilgerfahrt des Menschenlebens" sein Schiff mit frommen Christen und Kirchenfürsten beladen, das sicher in das Himmlische Reich steuert. Als Gegenstück dazu veröffentlichte der Humanist Sebastian Brant 1494 in Basel das „Narrenschiff", zu dem auch Albrecht Dürer ein Drittel der Holzschnitte beisteuerte. Bosch malte das Narrenschiff als ein Symbol für den Glauben, die Institution Kirche und den Staat. In dem Schiff mit dem Ziel Narragonien, also ohne Ziel und Zweck, singen die Insassen sichtlich alkoholbeschwingt zum Zupfen einer Nonne auf einer Laute. In Boschs Symbolik steht die Laute oft für die Vagina und Wollust. Der Nonne gegenüber singt ein beschwingter Mönch, zwischen ihnen pendelt ein Pfannkuchen. Krüge und ein Fass in dem engen Boot zeugen von einer lange währenden Sauferei, eine Person erbricht sich in das Gewässer. An einem langen Stab ist ein Krug übergestülpt – Symbol für Hurerei. Ein Mann klettert am Mast des Schiffes hoch, um eine dort befestigte gebratene Gans abzuschneiden – Völlerei. Der Mast des Schiffes hat keine Segel, ihn zieren

Äste und Blumen und eine flatternde rote Fahne mit einem Halbmond als Zeichen der Europa bedrohenden Türken. Selbst der Hofnarr mit Eselsohren hat sich von der Gruppe abgesondert und sucht einen anderen Sinn – was sich im Boot abspielt, hat keinen. Während die Krise über Europa hereinbricht, wird in dem Staats- und Kirchenschiff gesoffen, gehurt und geschlemmt, während zwei nackte Gestalten im Wasser vergeblich um Speis und Trank betteln.

In dem „Garten der Lüste" geht es um nichts Geringeres als um die Erschaffung der Welt – wie sich die Menschen darin einrichten könnten (und wie der Zustand auf Erden derzeit ist). Die Außenansicht des Triptychons zeigt die Erdkugel in einem Zustand, wie sie Gott nach drei Tagen Schaffenskraft fertig gestellt hatte. Öffnet man das Triptychon, zeigt der linke Flügel, dass Gott in sieben Tagen ein schönes Paradies mit vielen Tieren und prachtvoller Landschaft geschaffen hat. Doch diese Paradiesdarstellung unterscheidet sich in wesentlichen Punkten von der des Heuwagens. Im Vordergrund wird verdeutlicht, dass Gott Adam und Eva nach seinem Ebenbilde geschaffen hat, wunderschön rein, nicht mit der Erbsünde belastet. Den Baum der Erkenntnis umranken Blumen, keine Schlange züngelt. Aus dem Himmel werden auch keine sündigen Engel verstoßen, die auf die Erde kommen und zu Teufelchen mutieren. Im Mittelpunkt dieses Paradieses reckt sich rosarot, kunstvoll gestaltet der Lebensbrunnen, der Wasser in alle vier Himmelsrichtungen spendet. Den absoluten Mittelpunkt bildet aber eine „Höhle" im Lebensbrunnen, aus der den Betrachter eine Eule – Sinnbild der Weisheit, der Kontemplation und der Erkenntnis – zublinzelt. Hier widerspricht Bosch dem biblischen Text, nach der die Erkenntnis eine Erbsünde begründen soll.

Wenn Gott den Menschen nach seinem Ebenbild geschaffen hat, ihm die Erkenntnis, die Weisheit und die Möglichkeit zur Freiheit gegeben hat, dann kann er seine große Chance nutzen, schlussfolgert Bosch. Die Fortsetzung des Paradieses auf Erden wird im Mittelteil geschildert. Eingerahmt wird dieses Bild rechts und links durch zwei Eulen – Weisheit und Erkenntnis sind Grundvoraussetzungen. Weitere Voraussetzungen werden im unteren Teil des Bildes erläutert. In erster Linie ist dies die gemeinsame Verständigung, der gegenseitige Austausch, die Bereitschaft und Fähigkeit, sich in die Empfindungen, Einstellungen und in die Gedanken des Gegenübers, anderer Menschen, einzufühlen, mitzuerleben. Empathie ist eine innere Lust – in krassem Gegensatz zur Lüsternheit. Die kommt in diesem Bild voller nackter Menschen nicht vor. Fraenger zitiert in diesem Zusammenhang Novalis: „Der Blick (die Rede), die Händeberührung, der Kuss, die Busenberührung, der Akt der Umarmung, dies sind die Staffeln der Leiter, auf der die Seele heruntersteigt, dieser entgegengesetzt ist eine Leiter, auf der der Körper heraufsteigt, bis zur Umarmung." (Fraenger, S. 121) All dies dekliniert Bosch hier durch. Eine weitere Voraussetzung ist die Einheit mit der Natur. Die Paradieslandschaft des linken Flügels setzt sich bruchlos im Mittelteil fort. Dann wird eine ganze Symbolwelt des Natürlichen aufgerufen. Allen voran ist der Fisch ein Symbol für Fruchtbarkeit und Ursprung allen Lebens, aber auch für die getaufte Christenheit und für Jesus Christus. Vögel aller Art bedeuten den Aufstieg zum Göttlichen, sie versinnbilderlichen gerettete Seelen genauso wie der Schmetterling. Der Eisvogel verkündet Liebesglück und Treue, er ist überdies ein Auferstehungssymbol. Der Stieglitz steht für Heilung und weist auf die Erlösung hin, die Ente verspricht Glück, Treue und Zeugungsfähigkeit. Die Blumen öffnen sich, sie sind Symbole für die Entfaltung des Lebens und der Schöpfung, ihre Kelche versinnbildlichen weibliche Empfänglichkeit, bedeuten aber auch Verletzlichkeit. Die Erdbeeren zeugen von Bescheidenheit und Demut aber auch von Sinnlichkeit, die Kirsche kündet von Verlockung und weiblicher Schönheit, der Apfel von Fruchtbarkeit, Liebe und Erkenntnis. In diesem unteren Teil wird ein Bild der Verständigung in Harmonie gezeichnet. Das Glück wird in der zarten, sich verstehenden und vereinigenden Geschlechtlichkeit gezeigt – ganz im Gegensatz zu der kirchlichen Morallehre, die Lust mit Laster und Geschlechtlichkeit mit teuflischer Begierde gleichsetzt.

In der Mitte des Mittelteils wird dann das Fest der Vereinigung gefeiert. Eine Reiterschaar umkreist einen Lebensbrunnen mit Jungfrauen, die nach und nach herauskommen und in den Kreis aufgenommen werden. Eine sitzt schon auf einem Schimmel ganz vorn in dem Kreis zusammen mit einem Jüngling, vereinigt unter einem Blütenkelch. Vor ihnen wird ein Ei balanciert, Keim aller Schöpfung und Auferstehungssymbol. Der Anführer der Reiterschaar sitzt auf einem Einhorn, auf dessen Horn die Eule der Erkenntnis Platz genommen hat. Mehrere Einhörner sind Reittiere, sie stehen für Kraft und Reinheit, Gerechtigkeit, Güte und Sanftmut. Die Hirsche sind Sinnbild für den Kreislauf des Lebens, auch Symbol der Männlichkeit. Ziegen veranschaulichen überschäumende Lebenskraft. Bilder voller Freude und Lebenskraft, eine Aufbruchsstimmung. Die findet ihre Erfüllung in dem oberen Teil des Bildes. Der Lebensbrunnen des linken Flügels hat sich verfünffacht. Alle fünf blau und rot aufbrechenden Berg-Brunnen haben sich zu prachtvollen Freudensburgen entwickelt, in denen sich Menschen tummeln. In dem Paradiessee vergnügen sich Nymph-Menschen, sie lieben sich zärtlich. Menschen werden mit Flügeln ausgestattet und streben gemeinsam mit Früchten und Tieren in den Himmel.

Dagegen knallt der rechte Flügel mit der Darstellung der irdischen Hölle. Der Lebensbaum ist verdorrt, verkünden im Mittelpunkt zwei ausgehölte Baumstämme mit einem eiartigen Geschwulst, in dessen Inneren eine Bordell-Spelunke betrieben wird. Die zwei Bäume haben keine Wurzeln mehr, sie stecken in zwei Booten. Auf der Kopfbedeckung des nachdenklich-melancholisch dreinschauenden Gesichts des Lebensbaumes stolzieren die Geistlichkeit, die Völlerei und der Stolz um den Dudelsack, dem Symbol der Eitelkeit und des Narrentums. Oben am Horizont tobt Krieg, herrscht Tod und Verwüstung. Bosch macht die kirchliche und die weltliche Ordnung dafür verantwortlich: Links neben dem Lebensbaum ist die Mönchshölle, in der eine eigenartige Messe zelebriert wird. Ein Mensch als Klöppel in einer Glocke sorgt für schaurige Töne. Ein anderer Mensch ist in einem Schlüssel erhängt. Das was zum Aufschließen der Himmelspforte dienen könnte, ist Marterinstrument. Rechts vom Lebensbaum befindet sich die Ritter- oder Soldatenhölle, in der auch gefoltert und gemordet wird. Darunter wird eine nackte Frau zurechtgeritten. Andere warten schon auf diese Erniedrigung. Davor wird die Musikantenhölle inszeniert. Laute, Harfe, Drehorgel, Trommel und Trompeten geben mit gepeinigten Akteuren ein Disharmonie-Konzert. Rechts daneben sitzt Satan persönlich auf einem Toiletten-Thron, der Menschen verschlingt und anschließend durch seinen After absondert: Sie fallen in ein Aasloch, in das sich der Lebensbrunnen verwandelt hat. Links davor wird in der Spiel- und Lasterhölle gehurt und gemordet. Rechts unten bringt eine Äbtissin-Sau einen Mann um Hab und Gut.

Eine Ästhetik des Grauens kontrastiert mit der Landschaft des Glücks und der Harmonie. Bosch lotet die Abgründe, die Tiefen und die Höhen, die Möglichkeiten der menschlichen Seele, der Psyche aus. Das ist hoch aktuell. Erich Fromm schreibt in dem Vorwort zur „Die Seele des Menschen – Ihre Fähigkeit zum Guten und zum Bösen": „Ich versuche zu zeigen, dass die Liebe zum Lebendigen mit der Unabhängigkeit und der Überwindung des Narzissmus ein ›Wachstumssyndrom‹ bildet, im Gegensatz zu dem aus der Liebe zum Toten, der inzestuösen Symbiose und dem bösartigen Narzissmus gebildeten ›Verfallssyndrom‹. Aber nicht nur meine klinischen Erfahrungen, sondern auch die gesellschaftliche und politische Entwicklung der letzten Jahre hat mich zur Untersuchung dieses Verfallssyndroms veranlasst. [...] Diese Sorge hat mich veranlasst, das Phänomen der Gleichgültigkeit dem Leben gegenüber in einer immer stärker mechanisierten Industriewelt zu untersuchen. In dieser Welt wird der Mensch zu einem Ding, was dazu führt, dass er dem Leben mit Angst und Gleichgültigkeit, wenn nicht gar mit Hass gegenübersteht. [...] Es erhebt sich die Frage, ob wir uns auf eine neue Barbarei zubewegen – selbst wenn es nicht zu einem Atomkrieg kommen sollte – oder ob eine Renaissance unserer humanistischen Tradition möglich ist." (Fromm, S. 7 f.)

Genau diese Frage treibt auch Bosch an – obwohl er nicht im Industriezeitalter lebte und keinen Atomkrieg zu befürchten hatte. Er wirbt im „Garten der Lüste" für Humanismus und Menschlichkeit, er verwirft hier das Dogma der Erbsünde. Er streitet gegen Narzissmus, Eitelkeit, Machtbesessenheit und Habgier. In „Die Versuchung des Heiligen Antonius" stellt er die Praktiken der Institution Kirche als scheinheiligen Götzendienst bloß. Da erscheint die Kirche als Purpur behangener, alles verschlingender Fisch oder als Teufel in der Mönchskutte. Der Heilige Antonius lächelt verständnislos-verstehend angesichts der weihrauchgetränkten Exerzitien, die den Teufel mit Diabolus austreiben und so nur neue Ungeheuer produzieren. Der Heilige Antonius empfiehlt innere Versenkung in die guten Möglichkeiten der Seele, er rät dazu, sich von dem Feuerwerk weltlicher Macht und religiöser Raserei nicht beeindrucken zu lassen.

Walter Bosing erhebt in seiner Bosch-Biografie hier entschiedenen Einspruch: „Zu guter Letzt ist natürlich auch die Tendenz, Boschs Bilderwelt mit den Begriffen des modernen Surrealismus oder der Psychoanalyse Sigmund Freuds zu interpretieren, wenigstens anachronistisch zu nennen. Wir vergessen leicht, dass Bosch Freud nie gelesen hat und dass die moderne Psychoanalyse einem mittelalterlichen Geist schlicht unverständlich gewesen wäre. Was wir Libido nennen, verurteilte die mittelalterliche Kirche als Erbsünde; wo wir den Ausdruck des Unbewussten sehen, nahm das Mittelalter die Regungen Gottes oder des Teufels wahr. Die moderne Psychologie mag den Reiz erklären, den Boschs Gemälde für uns haben; aber was diese Bilder für Bosch und seine Zeitgenossen bedeuteten, darüber kann sie nichts sagen." (Bosing, S. 9) Bosing zieht nicht in Betracht, dass Bosch das Dogma der Erbsünde ablehnt, genauso wie viele andere Humanisten der Zeit. Bosch begreift Jesus als Menschen. Bosing versteht Boschs tief wurzelnden Humanismus nicht. Er ignoriert die spannungsgeladenen Konflikte dieser Hochrenaissance-Zeit, die geradezu auf weltliche und ideologische Revolutionen zusteuern. Das Menschenbild ist voll herausgearbeitet. In seinen Christusdarstellungen am Kreuz oder bei der Dornen-

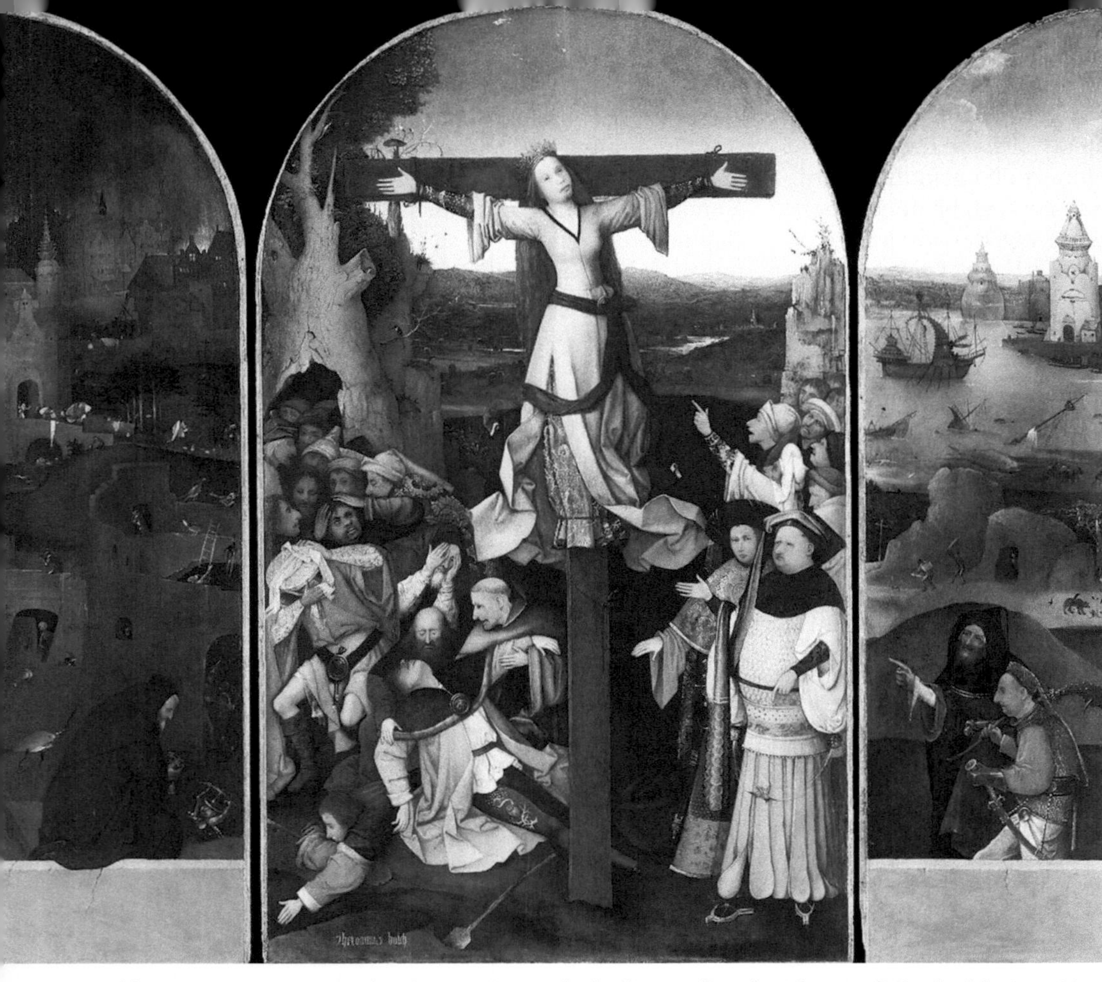

Abb. 55: Hieronymus Bosch: Die Kreuzigung der heiligen Julia oder Liberata (Mitteltafel 104 x 63 cm), Öl auf Holz, public domain

Bosing lehnt auch den Vergleich von Boschs Bilderwelten mit denen der Surrealisten oder anderer moderner Maler ab. „Die Kreuztragung" fordert aber die Gegenüberstellung mit der fratzenhaften Welt eines George Grosz oder Otto Dix geradezu heraus. Die deutschen Künstler verarbeiten mit der Darstellung von Krüppeln und verzerrten Gesichtern die Grauen des Ersten Weltkriegs. Bosch sieht seine Ritter-Söldner ähnlich gezeichnet, unfähig zum Guten, eine Spirale in eine verbohrte, hässliche Welt – wenn sich die Heilige Veronika nicht ins Bild geschmuggelt hätte. Sind es nicht ähnliche Mechanismen, die damals wie heute zu den Deformierungen des Menschenbildes beitragen: Kriege, Traumatisierungen, Machtbesessenheit, Narzissmus, Habsucht? Charaktereigenschaften, Persönlichkeitsstörungen, die Bosch schon vor 500 Jahren zu analysieren versuchte. Seine Darstellung versteht er als mögliche Therapie.

krönung zeigt er Jesus als empfindsamen Menschen, drangsaliert von Vertretern der weltlichen und kirchlichen Macht in niederländischen Kleidern seiner Zeit. Der Mensch ist befähigt zum Guten und zum Bösen: Boschs Appell ist eindeutig, wofür wir uns entscheiden sollten. Geradezu revolutionär ist seine Darstellung „Die Kreuzigung der Heiligen Julia oder Liberata" im heutigen „Zeitalter der Emanzipation". Statt Christus ist die Märtyrerin Julia ans Kreuz gebunden. Auf der rechten Bildseite wird sie von männlichen Machthabern verurteilt, auf der linken von männlichen Bewunderern beweint (diese Rollen nehmen sonst vornehmlich Frauen wahr).

Deutschland: Eine bessere Welt ist möglich

Mit seiner Kunst hatte Hieronymus Bosch die Rechtmäßigkeit der weltlichen und der kirchlichen Herrscher gleichermaßen in Frage gestellt und die klerikalen und moralischen Grundlagen einer gründlichen Kritik unterzogen. In deutschen Landen brechen sich ähnliche Tendenzen Bahnen. Ein realistisches Menschenbild beginnt sich auch hier durchzusetzen. Menschen, die physiognomisch charakterisiert und in einer realen Umgebung, in der Landschaft, am Arbeitsplatz gemalt werden. Stephan Lochner (um 1410 – 1451) ist an seinem Wirkungsort in der Bischofsstadt Köln am stärksten in der traditionellen, christlich-byzantinischen Ikonografie befangen. In seiner „Muttergottes in der Rosenlaube" (1448) wird noch einmal das gesamte Symbol-Vokabular aufgerufen. Gott sendet von oben seine Taube als Samen auf das Haupt Marias. Eine Schar von Engeln musiziert vor einem Goldgrund rund um Maria und das Christuskind. Die Rosen der Laube haben keine Dornen, Maria trägt als Zeichen ihrer Reinheit eine Einhornbrosche. Jesus hält einen Apfel in der Hand, Symbol der Überwindung der Erbsünde und der Erlösung. Aber die Gesichtszüge Mariens sind weich und realistisch gezeichnet, ihre Figur ist körperhaft herausgebildet, ihr Kleid faltenreich, mit kunstvollen Schattierungen ausgestaltet.

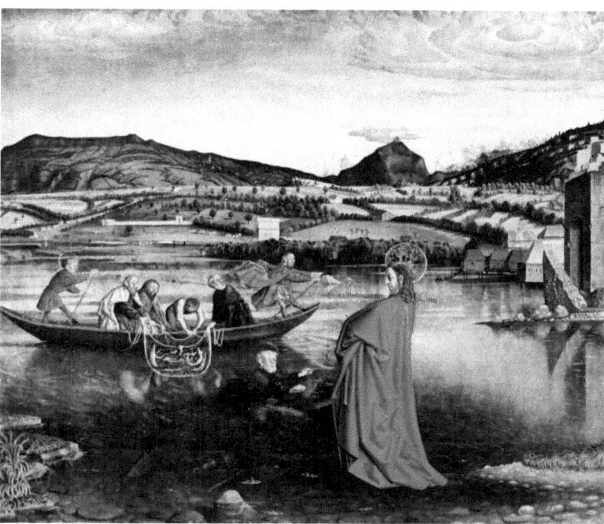

Abb. 56: Konrad Witz, Fischzug Petri (Tafel des Petrusaltars), 1444, Tempera auf Holz, 132 x 154 cm, Musée d' Art et d' Histoire, Genf, The Yorck Project: 10.000 Meisterwerke der Malerei. DVD-ROM, 2002. ISBN 936122202, public domain

Auch Lucas Moser (um 1390 - 1434) hält in seinem Magdalenen-Altar in Tiefenbronn noch an dem Goldgrund fest. Aber die Legende der Heiligen ist figurenreich mit der Liebe zum Detail dargestellt, Einzelheiten sind genau erfasst. Links im Bild schildert er die Bootsfahrt Magdalenas zusammen mit Martha, Lazarus, Maximus und Sidonis. Um das Glitzern der Wellen realistischer abzubilden, verwendete er sogar eine Metallfolie. Weitere Schiffe auf dem See, Berge, Baumdarstellungen zeugen von dem Bestreben, die Landschaft genau zu erfassen. In dem Mittelteil des Altars ist ein Haus abgebildet, eine Stadtsilhouette erscheint im Hintergrund. Unter dem Vordach des Hauses schlafen die Heiligen Sidonius, Maximus, Lazarus und Martha. Sie haben die Vision von der heiligen Maria Magdalena, die im oberen Stockwerk des Hauses in einem Zimmer schlummert. Das rechte Altarbild zeigt die Heilige in einer Kathedrale, wie sie von einem Kirchenfürsten die letzte Kommunion erhält. Die Architektur, die Landschaft sind in das Heiligenbild einbezogen und sollen die wundersame Geschichte anschaulicher, glaubwürdiger erzählen.

Konrad Witz (1400? - 1446?) geht dann den entscheidenden Schritt weiter, indem er in seinem Bild vom Fischzug Petri ein getreues Abbild der Landschaft am

Genfer See malt. Und es sind „echte Fischer" die auf dem Genfer See ihre Netze auswerfen. Weshalb steht aber Christus auf den Wassern des Genfer Sees und wieso eilt ihm Petrus entgegen? Weil der mächtige Savoyen-Herzog Amadeus VIII. – sein Reich reichte von südlichen Provinzen Frankreichs, Teilen des jetzigen Italiens und der Schweiz – sich auf dem Basler Konzil 1439 zum Gegenpapst als Felix V. hatte wählen lassen. Seine Residenz lag am Genfer See. Petrus eilt herbei, weil Christus gesprochen hatte: „Du bist Petrus, und auf diesen Felsen (lateinisch petra) will ich meine Gemeinde bauen." In der unteren Bildmitte ragt ein Felsen aus dem Wasser. Petrus war, bevor er Jünger wurde, von Beruf Fischer. Jesus Christus hatte ihn, den angeblich späteren Begründer der katholischen Kirche, mit den Worten geworben, dass er in Zukunft „Menschenfischer" sein werde. Das erste deutsche „realistische" Landschaftsbild ist also eine faustdicke Lüge mit machtpolitischer Absicht: Mit Sicherheit waren Christus und Petrus nie am Genfer See. Ansonsten ist alles echt: Die Insel im Fluss gibt es noch heute. Die Häuser rechts mussten auf Stelzen gebaut werden, die Wäscherinnen am gegenüber liegenden Ufer bleichen ihre Laken. Eine Reitertruppe mit der Fahne von Savoyen (die heute die der Schweiz ist) galoppiert auf einem Weg. Die Berge sind bestimmbar, am Horizont schimmert der Gipfel des Montblanc. Das Landschaftsbild war geboren.

Im Wurzacher Altar (1437) gelingt Hans Multscher (um 1400 - 1467) ein weiterer Durchbruch: die effektvolle, dramatische, individuell-charakterisierende Inszenierung des Lebens des Erlösers. Jede Idealisierung wird aufgegeben, mit gesteigerter Ausdruckskraft will Multscher beeindrucken. Eine gewisse Roh- und Derbheit, ja Hässlichkeit wird nicht gescheut, um die Wirkung zu steigern. Seine Personen stammen aus dem Volk. Bei der Darstellung der Geburt Christi im Wurzacher Passionsaltar wird Maria als Magd gekennzeichnet, Josef als Handwerker. Menschen aus der Stadt und dem Land schauen zu, Höflinge sind verbannt. Bei dem wohl ausdrucksstärksten Bild „Christus vor Pilatus" zerren grimmig-brutal dreinschauende Söldner Christus vor Pilatus. Ihre Ausrüstung ähnelt der der französischen Armagnaker-Söldnerbanden, die im Jahr 1444 in Deutschland und der Schweiz einfielen und Angst und Schrecken verbreiteten. Das Gesicht des Oberpriesters ist finster verdüstert, während Pilatus eher gelangweilt seine Hände in Unschuld wäscht. Franz Winzinger schreibt dazu: „Der mächtige Stilwille, der besonders auch im Wurzacher Passionsaltar seinen Niederschlag fand, war nicht zuletzt der sichtbare Ausdruck einer tiefgreifenden

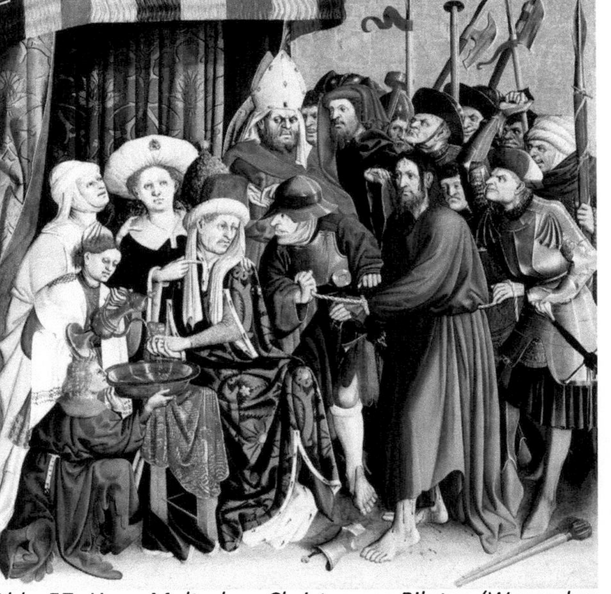

Abb. 57: Hans Multscher, Christus vor Pilatus (Wurzacher Passionsaltar), 1437, Tempera auf Holz, 150 x 140 cm, Staatliche Museen, Gemäldegalerie, Berlin, public domain

geistigen und sozialen Umschichtung, wodurch das Bürgertum gewaltig zu einer Selbstdarstellung drängte und alle höfisch-feudalen Lebensäußerungen mit rauem Zugriff abstieß." (Kindlers, Bd. 9, S. 244) Das sei kein sanfter Übergang gewesen sondern eine gewaltsame Rebellion, mit der die Maler den traditonellen Formenkanon leidenschaftlich abgelehnt hätten. Auch der Farbkanon wird rau: Hart werden die Farben gegeneinandergesetzt, die Formen werden plastisch moduliert.

Vor allem Moser, Witz und Multscher stellen den Durchbruch dar, auf dem die nachfolgende Generation aufbauen konnte, von Hans Pleydenwurff (1420 – 1472) über Michael Wolgemut 1434 - 1519 bis hin zu Martin Schongauer (um 1445 - 1491). Pleydenwurff individualisierte das Menschenbild weiter. Mit seinem „Christus als Schmerzensmann" zeichnete er Jesus als Leidenden. Er perfektioniert die Kunst der Malerei, sie wird herber, nachdenklicher, kantiger – im Bildaufbau allerdings klarer und ausgewogener als zum Beispiel die flämischen Vorbilder Jan van Eyck, Rogier von der Weyden oder

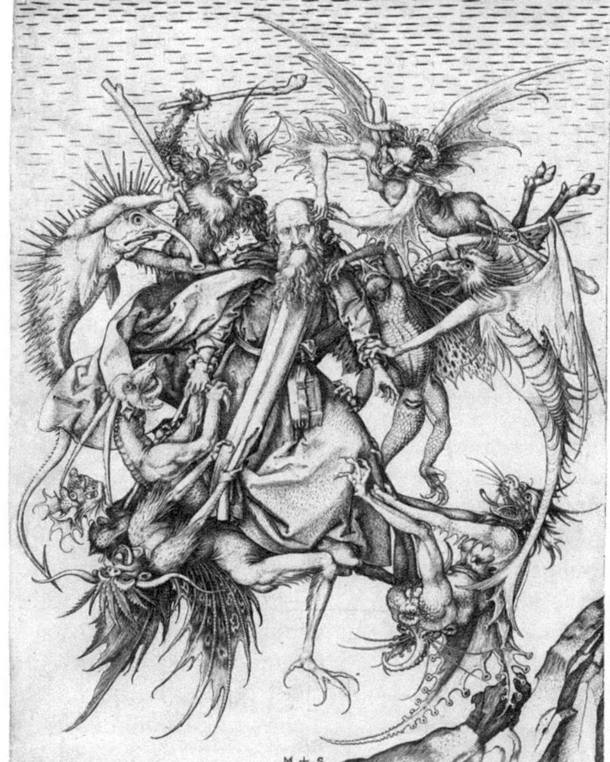

Abb. 58: Martin Schongauer, Die Peinigung des Heiligen Antonius, um 1475, Kupferstich, 31,2 x 23 cm, Staatliche Museen, Berlin, public domain

Dierik Bouts. Eine bleierne Schwermut liegt über den Bildern, eine diffuse Angst schwebt in Farben und Gestalten. Aufstände auf dem Land und in den Städten, die Gründung des „Bundschuh" als Kampforganisation der Bauern künden von der Erosion der feudalen Ordnung. Die Städte mit ihren Patrizierfamilien, reichen Kauf- und Bankleuten werden mächtiger. Auch Adel, Fürsten und Ritter zieht es in diese Zentren, sie erhöhen den Druck auf die Bauern, um einen luxuriösen Lebensstil in den Städten führen zu können. Die traditionell unbestrittene Vormachtstellung der Institution katholische Kirche gerät in die Kritik. Laienprediger, städtische Bruderschaften maßen sich an, die Deutungshoheit der hierarchisch organisierten Kirche zumindest in Frage zu stellen. Das hatte auch wirtschaftliche Gründe. Adel und Fürsten trachteten danach, die Kirchenreichtümer in Be-

sitz zu nehmen, das neue Bürgertum wehrte sich dagegen, immer höhere Abgaben an die Kirche zu zahlen. Denn nach dem Fall Konstantinopels und des oströmischen Reiches setzten die Päpste in Rom alles daran, ihre Stadt als das neue Zentrum der Welt auszubauen. Das hatte auch Auswirkungen auf die Künstler. Schon 1432 hatte Lukas Moser auf seinem Magdalenenaltar die Inschrift aufgebracht: „Schrei Kunst, schrei und beklag dich sehr, dein begehrt jetzt niemand mehr, so o weh. 1432/Lucas Moser, Maler von Weil, Meister des Werks, bitte Gott für ihn." Die großen Kirchen waren mit Altären ausgestattet. Die Geldmittel wurden für den Aufbau Roms gebraucht. Die Maler erschlossen sich in den Bürgerschichten der Städte neue Käufer. Das große Altarbild

wurde seltener in Auftrag gegeben (es begründete aber noch den Ruhm der Malerwerkstätten), kleine, private Andachtsbilder, vor allem aber die preiswerten Drucke wurden nachgefragt. In der Werkstatt Michael Wolgemuts, bei dem auch Albrecht Dürer in die Lehre ging, wurde ab 1488 mit der Arbeit an der „Weltchronik des Dr. Hartmann Schedel" begonnen, mit 1809 Holzschnitten ein voluminöser und bisher in dieser Fülle bisher nicht gewagter Versuch, über den Zustand in der Welt zu informieren. Noch geraten die Bilder hölzern und schemenhaft, aber sie beginnen einen anderen Inhalt zu bekommen: nicht mehr allein transzendentale Verklärung sondern Information und Aufklärung.

Dass die Kupferstiche virtuos mit hoher Ausdruckskraft bildwirksam gestaltet wurden, ist vor allem das Verdienst Martin Schongauers (um 1450 -1491). Er verstand es auch, seine Blätter in Colmar, das damals an einer der wichtigsten Handelsstraßen Europas lag, an die durchziehenden Kaufleute abzusetzen. Kunst wurde auch Geschäft. Schongauers Grundthema ist die Darstellung des Leidens, verinnerlicht-melancholisch wie beim „Tod Mariens" oder bei „Christus als Schmerzensmann zwischen Maria und Johannes", wild dramatisch wie bei der „Geißelung Christi" oder bizarr-dämonisch bei der „Peinigung des Heiligen Antonius". Aus seinen wenigen erhaltenen Ölbildern spricht ein beschaulicher Sinn für eine stille Schönheit. Ihm ist es auch zu verdanken, dass die Grafik in der nachfolgenden deutschen Kunst einen derart hohen Stellenwert bekam. Mit seinen Inhalten und Themen bricht er noch nicht mit der traditionellen Malerei, aber mit seinen Formerfindungen bereitet er den großen Renaissance-Künstlern wie Albrecht Dürer, Hieronymus Bosch oder Grünewald den Weg.

Die deutschen Gipfelerstürmer und ihr jäher Absturz
Witz, Multscher, Pleydenwurff, Wolgemut und Schongauer hatten die Grundlagen gelegt, auf der die Generation aufbauen konnte, die die Malerei revolutionieren sollte. Eine neue Ästhetik für die Welt, Eingriff in die weltlichen und ideologischen Themen, malerische Stellungnahme und zugleich flammender Protest gegen Missstände: Kennzeichen der Künstler der deutschen Hochrenaissance. Das erscheint auf den ersten Blick nicht so, stellt doch die Schar der Kunsthistoriker die Kunst nördlich der Alpen in den Schatten der italienischen Renaissance, wo die Farben bei Raffael oder Tizian in ganz anderem Glanz jubilieren, die Formen unter Michelangelo gewalttätig explodieren und die Gesetze der Perspektive so virtuos gehandhabt werden. Das sind nach Ansicht vieler die Vorbilder, an der sich die nordischen Künstler abgearbeitet haben, deren Perfektion sie zu erreichen versuchten.

Albrecht Dürer zog es nach seiner Lehrzeit bei Wolgemut nicht nach Rom sondern nach Colmar, um die Kunst Schongauers zu studieren. Oder nach Basel, einer Hochburg des deutschen Humanismus, wo er für das „Narren-

schiff" des Sebastian Brant oder zum „Ritter von Thurn" Holzschnitte lieferte. Das „Narrenschiff", der Bestseller mit fast 20 Auflagen, griff die aktuellen Themen der damaligen Zeit auf, neben Heiligenverehrungen werden Hoffnungen artikuliert, die mit der Politik Kaiser Maximilians verknüpft sind. Dieser könnte eine neue Politik des Humanismus und der Gerechtigkeit einleiten und den gierigen niederen Adel in die Schranken weisen, ist die Erwartung auch Dürers. Der niedere Klerus und habgierige Adlige werden verspottet.

Dann sieht sich Dürer auch in Italien um, aber nicht in Rom, sondern in Venedig, wo eine deutsche Handelsgesellschaft residiert. Sicherlich studierte Dürer dort auch die Kunst der Brüder Bellinis oder die Andrea Mantegnas. Was bringt er aber aus Italien mit? Ganz neuartige Landschaftsaquarelle mit einer leuchtenden Farbigkeit, einer Schlichtheit, die ganz und gar nicht der italienischen Repräsentations- und Prunkkunst entsprechen. Er malt 1496 den „Dresdner Altar": Da erscheint eine Schmerzensmadonna, die um ihr Kind bangt, ernst, ehrfurchtsvoll. Die Tafeln mit den „Sieben Schmerzen Mariens" zeigen sich noch unentschlossen, Dürer hat seine Form noch nicht gefunden, sie muten altertümlich an. Dann folgt mit der „Apokalypse" 1497/98, der Illustration der Offenbarung des Johannes, ein grellster Aufschrei, Dürer artikuliert eine tief sitzende Angst um den Zustand der Welt. Der Himmel ist in Aufruhr, Weltuntergang. Auf 15 Blättern wüten und vernichten Engel und Teufel. Den vier apokalyptischen Reitern „ward Macht gegeben, zu töten den vierten Teil auf der Erde mit dem Schwert und Hunger und mit dem Tod" (Offenbarung Johannes 6.8). Das sind die Geißel der Zeit: Die Pest schießt Pfeile ab, der Krieg schwingt das Schwert, Teuerung und Ungerechtigkeit verkörpert der die Waage schwenkende Reiter. Der Tod im Vordergrund auf einem Klappergaul ist der Begleiter der drei Furien. Es trifft alle, aber den Bischof holt der Teufel, verdeutlicht ein Drachenungeheuer links unten im Bild mit dem Kopf des kirchlichen Würdenträgers im Maul. Alle vier Reiter achten nicht auf die Niedergemetzelten, ihr Blick ist starr in die Ferne gerichtet. Dürers Aussagen gegen die weltli-

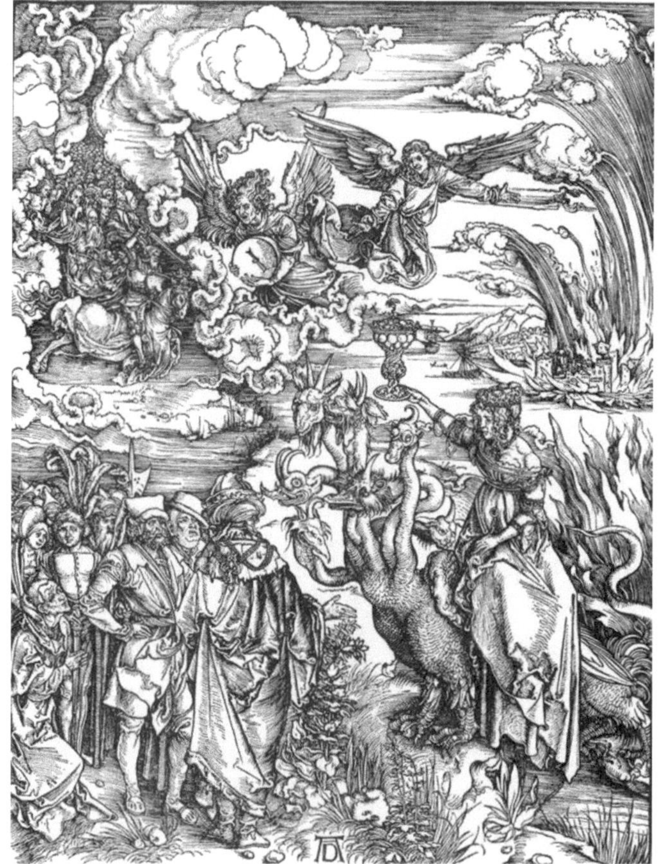

Abb. 59: Albrecht Dürer, Die babylonische Hure, um 1497/98, Holzstich aus: Die Apokalypse, ca. 39,5 x 28,5, public domain

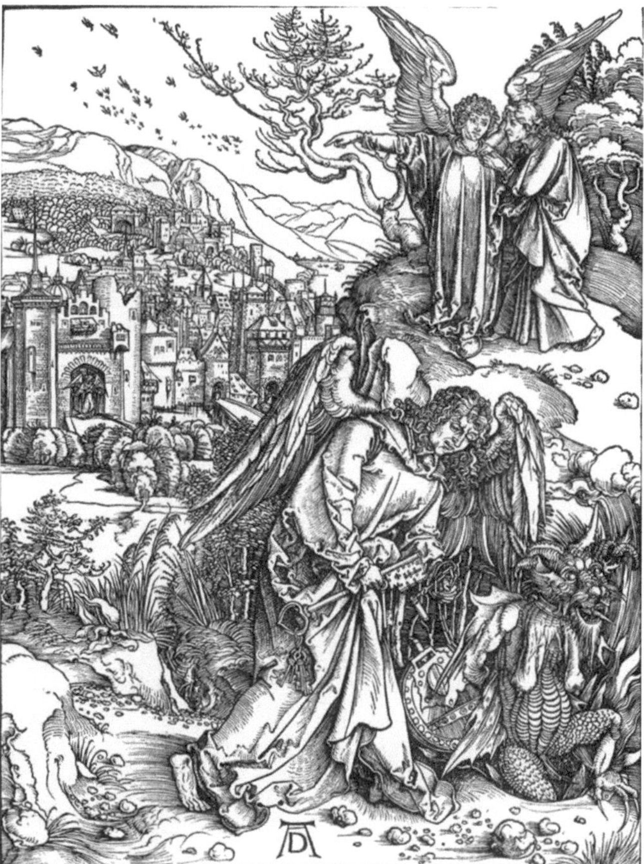

Abb. 60: Albrecht Dürer, Der Engel mit dem Schlüssel zum Abgrund, 1497/98, aus: Die Apokalypse, ca. 39,5 x 28,5 cm, public domain

chen und kirchlichen Institutionen sind eindeutig: Die vier Euphratengel auf einem der folgenden Blätter metzeln vor allem den Ritter, Papst, Bischöfe und den Kaiser nieder. Dann erscheint der siebenköpfige, gekrönte Drache als Verkörperung des Papsttums und der von ihr sanktionierten Kaiser- und Königsmacht. Der Drache kann aber der gottesfürchtigen Maria auf einer Mondsichel nichts anhaben, da sie unter dem besonderen Schutz Gottvaters steht. Noch zwei Mal erscheint der siebenköpfige Drache. Das eine Mal wird das Ungeheuer von Papst und König angebetet, während sich eine andere Gruppe von Bürgern abwendet, das andere Mal reitet die babylonische Hure auf dem siebenköpfigen Fabeltier mit einem Pokal in der Hand, weltlichen Reich-

tum versprechend. Hier betet nur ein Mönch die Schönheit auf dem Dämonen an, andere Bürger, ständische Vertreter stehen misstrauisch, zweifelnd vor ihr. Doch Rettung naht. Der Heilige Michael erscheint mit drei weiteren Engeln und vernichtet das Drachen-Teufelspack. Die von Gott Auserwählten jubilieren und preisen Gottes Güte. Im letzten Bild verbannt ein Engel den Teufelsdrachen in ein Verlies im Abgrund, den er mit einem riesigen Schlüssel abriegeln wird. Gleichzeitig zeigt ein anderer Engel einer Erlösten/einem Erlösten den Weg in eine deutsche Stadt, die von einem Engel bewacht wird. Friedlich liegt dieses „neue Jerusalem" in einem Tal. Dürers Botschaft ist: Die Städte brauchen Frieden und Wohlstand. Sie brauchen Reformen.

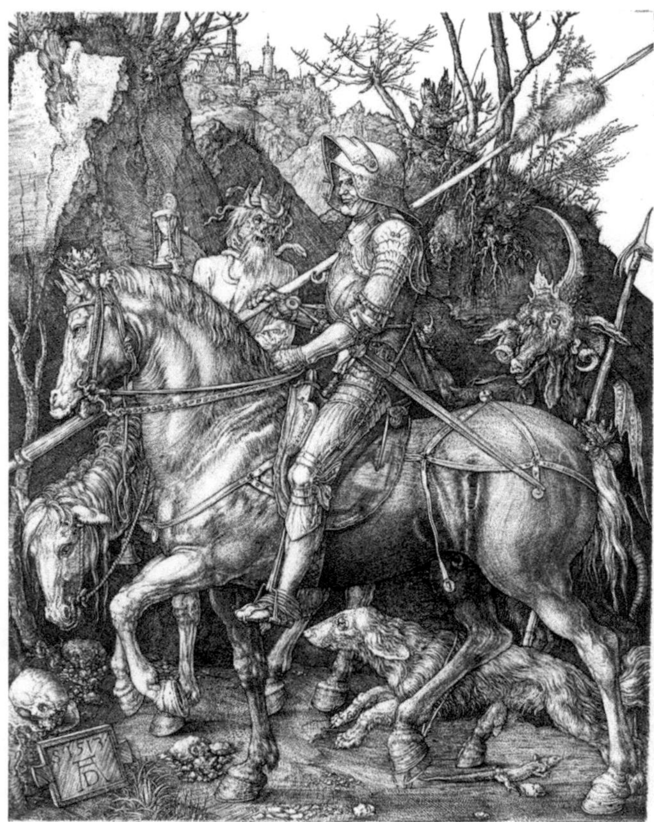

Abb. 61: Albrecht Dürer, Ritter, Tod und Teufel, 1513, Kupferstich, 24,4 x 18,8 cm, public domain

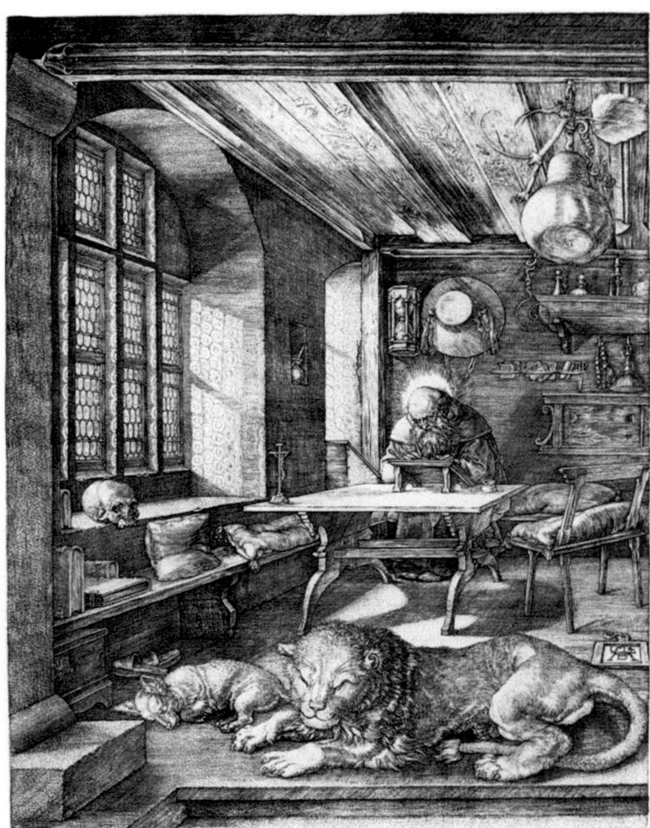

Abb. 62: Albrecht Dürer, Der Heilige Hieronymus im Gehäus, 1514, Kupferstich, 24,7 x 18,8 cm, public domain

Dieses Bildgewitter begründet Dürers Welterfolg. Das ist eine Kampfansage an die Institution der Papstkirche und eine Ankündigung der Reformation. Diese Holzschnittfolge ist gleichzeitig der Vollzug einer Revolution in der Kunst, die Schongauer schon eingeleitet hatte. Mit der Illustration eines religiösen Themas wird Stellung zu weltlichen Themen bezogen. Dürers bevorzugte Ausdrucksmittel werden der Holzschnitt, der Kupferstich und die Zeichnung. Rund 400 Holzschnitte und Kupferstiche und über 1000 Zeichnungen hat Dürer angefertigt, dagegen nur rund 80 Gemälde. Kupferstiche und Holzschnitte bieten große Vorteile: Sie sind preiswerter und können vervielfältigt werden. Sie bieten Kommunikationsmittel für die Bürger in den Städten aber auch für die Landbevölkerung. Neue Käuferschichten mit neuen Bildthemen können erschlossen werden. Der Künstler arbeitet auf eigenes Risiko und nicht mehr auf Bestellung. Er bestimmt den Bildinhalt selbst und bietet seine Stiche auf dem Markt an. Das teure Gemälde, die Altartafeln bleiben den Reichen und der Institution Kirche vorbehalten: Sie diktieren in der Regel auch weiterhin die abzuarbeitenden Themen und sogar die Anordnung der Figuren. Das Werk Dürers spaltet sich also auf in ein malerisches vor allem für die Kirche, die wohlhabenden städtischen Schichten und in ein grafisches.

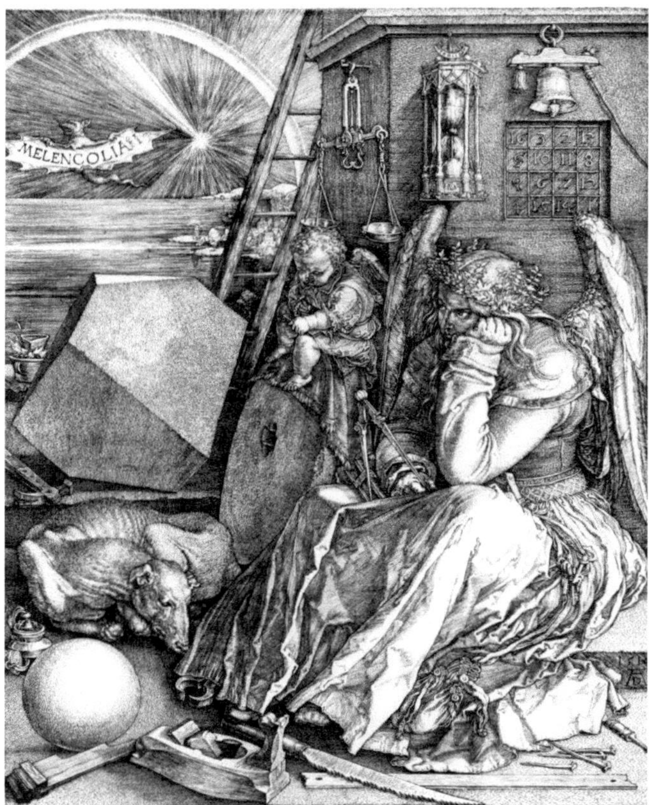

Abb. 63: Albrecht Dürer, Melancholia I, 1514, Kuperstich, 24,2 x 19,1 cm, public domain

Dürer ist in erster Linie Grafiker, auch wenn er mit seinem Schwarz-Weiß eine malerische Wirkung zu erzielen versteht. Allgemeiner formuliert: Die Kunst wendet sich einerseits an die Elite, bietet ihr farbiges Gesicht allenfalls beim sonntäglichen Gottesdienst mit den Altarbildern der breiten Bevölkerung zu, mit den Drucken erreicht sie aber direkt die Massen. Die Kunst hat die Möglichkeit, demokratisch zu werden, sie kann sich von der Repräsentation der Macht und der Ausdekoration der kirchlichen und weltlichen Prachträume verabschieden und sich direkt ans Volk wenden. Eine Wende in der Kunst, die auch die großen Künstler nachfolgender Zeiten vollzogen haben: Rembrandt van Rijn und Francisco

de Goya griffen zum Griffel, um ihre Überzeugungen, ihren Unmut und ihre Kritik zum Ausdruck zu bringen. Im Grunde geben die „Gemäldegalerien" in aller Welt ein verzerrtes Bild der Kunst: Sie sondern die Grafiken aus und damit die Werke, die gerade ein kritisches Hinterfragen möglich machen.

Dürers Philosophie und Weltensicht kommen am besten in den drei Meisterstichen der Jahre 1513 bis 1514 zum Ausdruck. Sie sind in den Atempausen entstanden, die dem Künstler blieben, da er an dem Gebetsbuch für Kaiser Maximilian arbeitete. An den drei Stichen „Ritter, Tod und Teufel", „Der Heilige Hieronymus im Gehäus" und „Melancholia I" haben sich Generationen von Interpreten abgearbeitet und den inneren Zusammenhang der drei Stiche nicht gesehen. Dürer nimmt hier Stellung zu verschiedenen Ständen, die das Zeitgeschehen bestimmen.

„Ritter, Tod und Teufel" ist düster und bedrohlich in der Grundstimmung. Sicher, sein Hengst ist prachtvoll, seine Rüstung ist glänzend. Aber sein Weg ist mit einem Totenkopf gepflastert. Und der Fuchsschwanz an seiner Lanze – Symbol für zerstörerisches Feuer und für Hinterlist – weist ihn nicht als Hilfe bringenden Samariter aus. Der Tod, um dessen Haupt Schlangen züngeln, korrespondiert mit ihm und zeigt ihm das Stundenglas: Seine Zeit ist abgelaufen. Hinter ihm stiert der Teufel den Ritter erwartungsvoll an, ebenfalls mit einer Lanze bewaffnet. Im Gefolge des Berittenen gibt es etwas zu holen. Den Reiter begleitet treudoof ein Hund. Hier reitet das Grauen, hier wird Unheil verkündet. Wie sollte auch Dürer, Bürger einer blühenden Handelsstadt, ein positives Bild des Ritterstandes zeichnen? Ritter überfielen die Kaufleute auf den Handelswegen und raubten sie aus. Auch Dürer hatte Verluste an Kunstwerken zu verkraften. Das ist kein Bild des christlichen Ritters, wie die überwiegende Zahl der Kunstkritiker weismachen will. Der Mann reitet auf einem engen Weg in die Sackgasse. Der Ritterstand – Macht und Ansehen schwanden schon zu Dürers Zeiten erheblich – ist zum Aussterben verurteilt. Trotzdem schreibt Wilhelm Waetzoldt 1935: „In der Vorstellung vom ›miles christianus‹ verkörpert sich ein

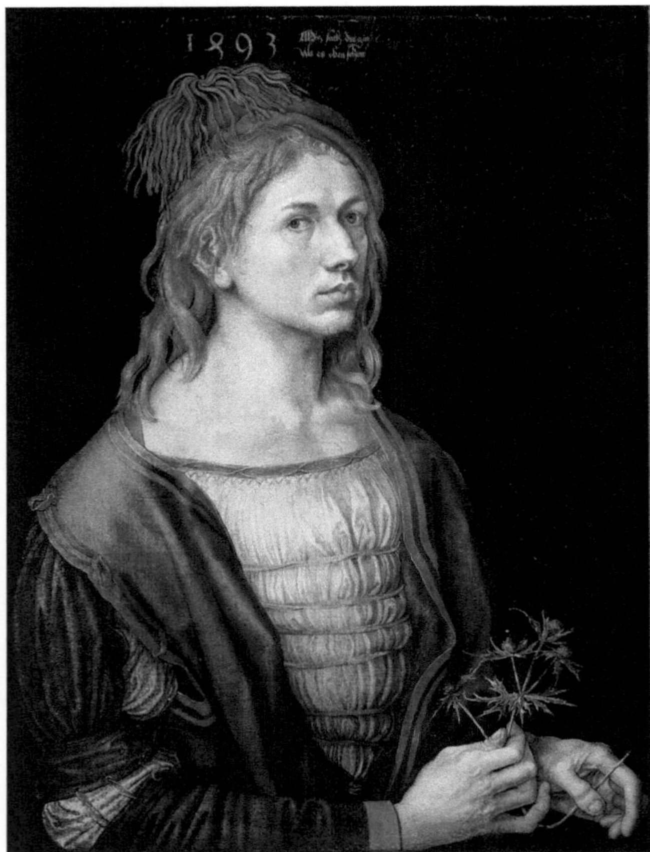

Abb. 64: Albrecht Dürer, Selbstbildnis, um 1493, Mischtechnik auf Pergament (um 1840 auf Leinwand übertragen und restauriert), 56 x 44 cm, Musée du Louvre, Paris, public domain

Mannesideal, an dem Urinstinkte der germanischen Rasse, deutsche Mystik und nordische Renaissancegesinnung mitgeformt haben. Der christliche Ritter ist ein Siegfried, der zum Manne wurde. [...] Der Stich ›Ritter, Tod und Teufel‹ bleibt für uns der bildliche Inbegriff des soldatischen Menschen voll ritterlich-männlicher Haltung und kämpferischer Gestimmtheit." (Waetzoldt, S. 116 f.) Eine nationalistische Fehlinterpretation, die den Künstler als Kriegsverherrlicher missbraucht. Verteidigung ja, das beweist Dürers Schrift über die Befestigungslehre, aber die Verherrlichung von Kriegen oder des Soldatentums kann dem Künstler nicht unterstellt

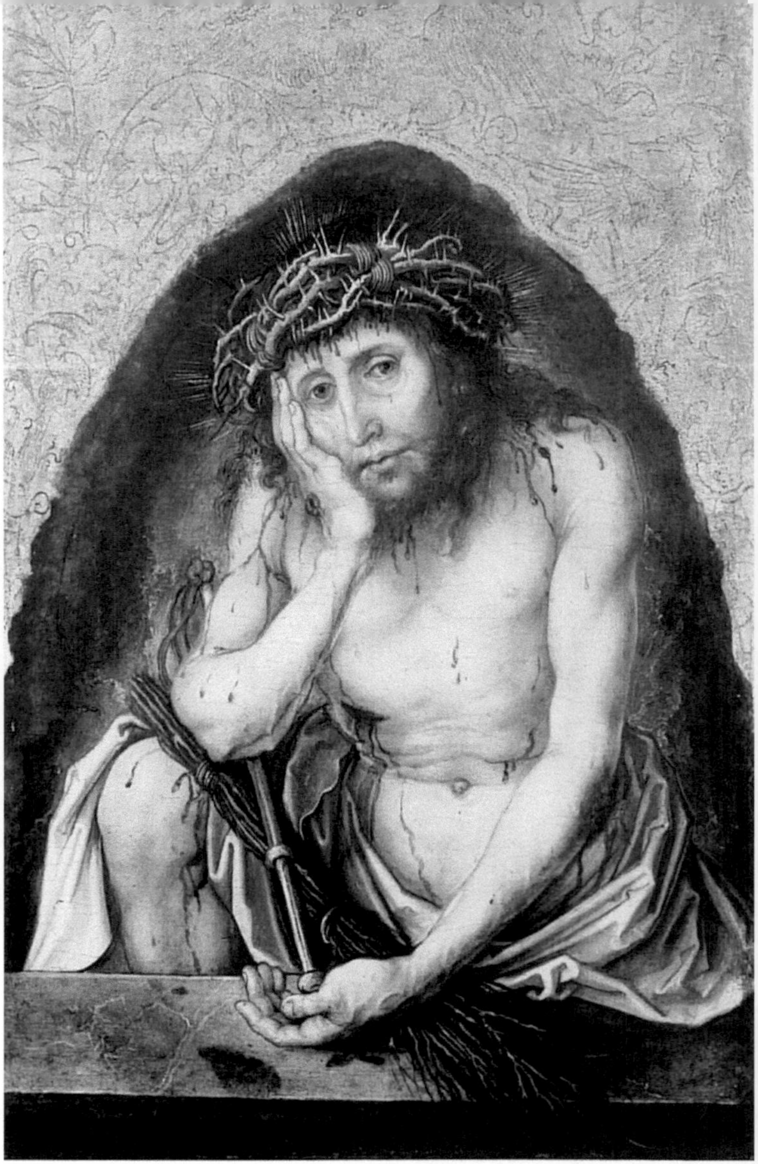

Abb. 65: Albrecht Dürer, Christus als Schmerzensmann, um 1493/94, Mischtechnik auf Tannenholz, 30,1 x 18,8 cm, Staatliche Kunsthalle, Karlsruhe, public domain

werden. Aber genau das tun die Interpreten, die in dem Ritter den „christlichen Soldaten" sehen wollen.

Wie das Rittertum schwindet auch das Ansehen der

Mönche. Hier ist eine grundlegende Reform notwendig, meint Dürer. Er entwirft das positive Bild des humanistischen Gelehrten. Der Heilige Hieronymus übersetzt in seinem gegen die Außenwelt abgeschirmten Raum mit dickem Gemäuer – allerdings fällt auch viel Licht durch die Butzenscheiben – die Bibel ins Lateinische. Der Heilige ist erleuchtet, die Sanduhr zeigt, dass er sich Zeit nimmt, er ist versunken in seine gottesfürchtige Arbeit. Bücher auf der Bank unterstreichen seine Gelehrsamkeit. Würde er seinen Blick aufrichten, würde er das Kruzifix und in gleicher Blickrichtung den Totenschädel fixieren: die Passion Christi, der Tod, die Auferstehung und Erlösung. Der schlafende Hund und der blinzelnde Löwe im Vordergrund verdeutlichen die friedvolle Einheit des Natürlichen, Gottes Bestimmung.

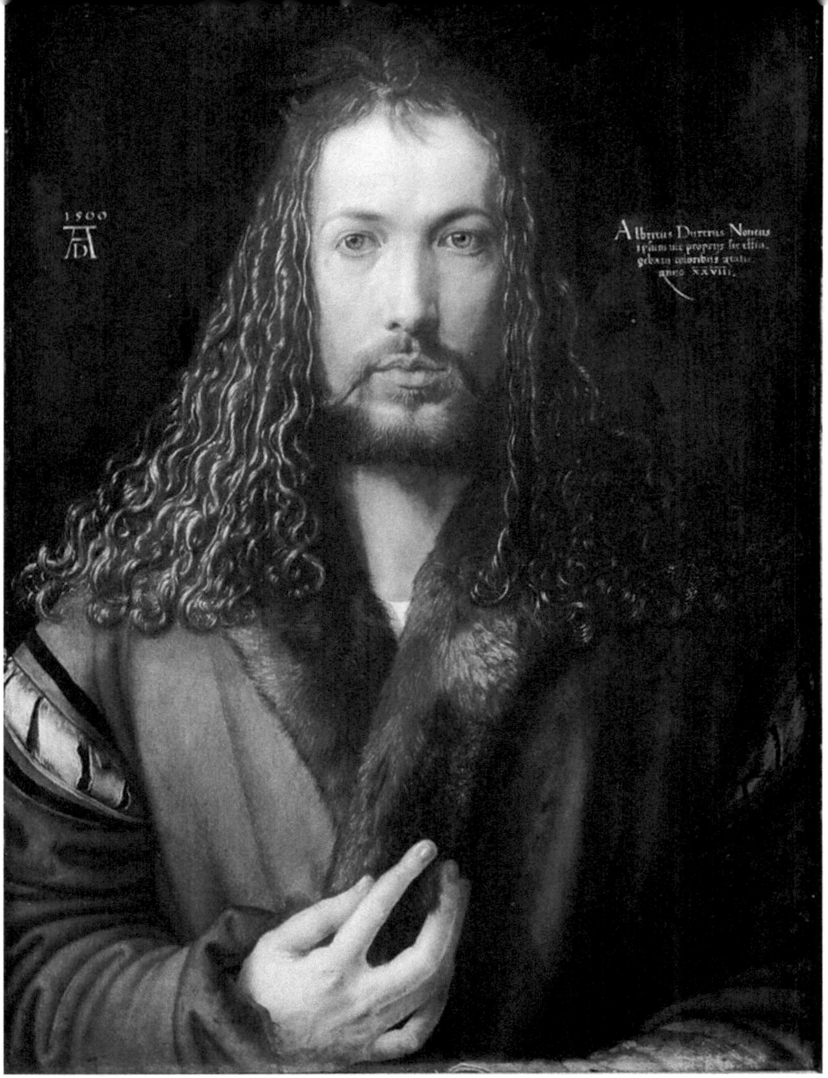

Mit der „Melancholia I"- setzt der Künstler dem städti-

Abb. 66: Albrecht Dürer, Selbstbildnis im Pelzrock, 1500, Mischtechnik auf Lindenholz, 67 x 49 cm, Bayerische Staatsgemäldesammlungen, Alte Pinakothek, München, public domain

schen Schichten und sich selbst ein Denkmal. Erwin Panofsky hat den Stich treffend als „geistiges Selbstbildnis" bezeichnet. Da sitzt der mächtige Engel mit zwei kräftigen Flügeln, mit denen er sich zu lichten Höhen aufschwingen könnte, in sich zusammengesunken auf einer Steinstufe, den schwermütig dreinblickenden Kopf mit der linken Hand abstützend. Grübelnd, doch wachen Blickes schaut er in die Ferne. In seinem Schoß liegt ein Buch, in der rechten Hand hält er einen Zirkel – überhaupt fallen die vielen Messgeräte in dem Stich auf, Waage, Sanduhr, Abstandsmaß. Die Waage ist nicht nur Messinstrument sondern gleichzeitig ein Symbol für Gerechtigkeit. Eine kleine Putte sitzt neben ihm auf einem Mühlstein, offenbar erlernt sie das ABC, Grundvoraussetzung für alle Wissenschaften. An des Engels Gürtel hängen Schlüssel und ein prall gefüllter Geldbeutel, sie zeugen von Reichtum und Besitz. Auf dem Boden liegen Handwerkszeuge herum, ein Schmelztiegel köchelt. Ein kunstvoll behaue-

ner Stein und eine Kugel beweisen architektonisches
Können, in der Ferne liegt eine Stadt, im Hafen ankern
Schiffe. Eine Sanduhr zeigt an, dass die Zeit kostbar ist,
sie muss gemessen werden. Dürer hat die Bücher „Un-
derweysung der Messung, mit dem Zirckel und Richt-
scheyt, in Linien, Ebenen und gantzen corporen" und
„Vier bücher von menschlicher Proportion" geschrieben.
Er schreibt: „Welcher aber durch die Geometria sein
Ding beweist und die gründliche Wahrheit anzeigt, dem
soll alle Welt glauben." (Musper, S. 42) Überall liegen Ge-
rätschaften der Wissenschaft und der handwerklichen
Praxis herum. Doch was nützen all dieses Techniken und
Bemühungen? Es ist Abend geworden, Zeit, darüber
nachzudenken.

Dürer ist der Überzeugung, dass der Künstler in allen
Wissenschaften bewandert sein muss, „Stricheln" allein
reicht nicht. Mathematik, Architektur, Chemie, Astrono-
mie aber auch Jura und Philosophie muss er berücksich-
tigen. Dürer hat sich intensiv mit Proportionsstudien
auseinandergesetzt, um die Idealmaße des menschlichen Körpers zu ergründen. Er hat die Gesetze der Perspektive erforscht. Er hat Bücher darüber verfasst und
die neu entdeckten Gesetzmäßigkeiten in seinen Bildern
erprobt. Der Engel und Dürer könnten stolz sein auf das
bisher Erreichte. Doch es nagen Zweifel. Er wird sich bewusst, dass er Vollkommenheit nicht erreichen kann. Er
schreibt: „Dann es ist uns van Natur eingossen, dass wir
gern viel weßten, dordurch zu erkennen ein rechte
Wahrheit aller Ding. Aber uns blöds Gemüt kann zu soli-
cher Vollkummenheit aller Künsten, Wahrheit und Weisheit nit kummen." (Dürer, S. 116) Er sinniert über die
Schönheit und kommt zu dem Resultat: „Was aber die
Schönheit sei, das weiß ich nit. Idoch will ich hie die
Schönheit also für mich nehmen: was zu den menschlichen Zeiten van dem meisten Teil schön geacht würd,
des soll wir uns fleißen zu machen." (ebd. S. 110) Und:
„Item ist es nit möglich, dass du ein schön Bild von
einem Menschen allein kannst abmachen. Denn es lebt
als kein schön Mensch auf Erd, er möcht allbeg noch
schöner sein. Es lebt auch kein Mensch auf Erd, der
sagen noch anzeigen kann, wie die schönest Gestalt des

Menschen möcht sein. [...] Dann wir sehen in etlichen
Dingen ein Ding für schön an, in eim andern wär es nit
schön. Unterschiedliche Ding, die beede schön sind, sind
nit leichtlich zu erkennen, welcher schöner sei." (ebd., S.
112) Er erkennt die Relativität der Dinge. Aber er sucht
die Schönheit in den Gegenständen, in der menschlichen
Figur. Das unterscheidet ihn grundsätzlich von der mittelalterlichen Malerei. Dürer ist Neuerer, Zweifler, Melancholiker. Schon Aristoteles hatte behauptet, dass alle
„wahrhaft herausragenden Menschen" Melancholiker
seien. Und Philipp Melanchthon hatte ihn als „edelmüti-
gen, melancholischen Dürer" bezeichnet.

Das Mittelalter ist zu Ende. Das, was früher für ewige
Wahrheiten gehalten wurde, wird in Zweifel gezogen –
mit Zirkel und Waage. Die Wahrheit wird in den Gegenständen, in der Natur, im menschlichen Zusammenleben
gesucht. Der Künstler soll „richtig" abbilden – und nicht
mehr ein transzendentes Reich imaginieren. Die Institution katholische Kirche gerät ins Wanken, die Humanisten kritisieren deren moralischen Verfall und deren
weltliche Machtbegierden. Dürer charakterisiert sie als
babylonische Hure. Die weltlichen Mächte sind nicht
minder verworfen. Ritter plündern und morden. Es
herrscht das Recht des Stärkeren und Gewaltbereiten.

Gleichzeitig erwacht die Persönlichkeit, das Selbstbewusstsein, die Individualität in den Städten. Hier wird
eine neue Ordnung zum Teil schon gelebt. Ein neues
Menschenbild kann entworfen werden. Das kommt besonders in Dürers Selbstbildnissen zum Ausdruck. 1493
porträtiert er sich er sich mit der Pflanze Mannstreu in
der Hand, in modischer Kleidung, mit einem schönen
Gesicht, das den Betrachter selbstbewusst fragend anschaut. Dürer sieht sich als individuelle Schönheit. Es ist
Stolz, etwas Eitelkeit und eine leichte Schwermut ist auszumachen. Schwermut, Trauer und der fragende Blick
zeichnen auch den im gleichen Zeitraum gemalten
„Christus als Schmerzensmann" aus. Christus ist ganz
menschliches Individuum geworden. Er fordert den Betrachter zur Besinnung auf. Ist es auch ein Selbstbildnis
Dürers? Jedenfalls gleicht der als hässlich beschriebene

Daumen der linken Hand dem Daumen des Bildes von 1493. Christus ist einsam in der Grabeshöhle, ganz auf sich gestellt, leidend an dem Schicksal der Welt. Ein Selbstbildnis von 1498 zeigt, dass der Künstler deutlich weltmännischer, selbstbewusster geworden ist. Im Jahre 1500 zeigt sich Dürer in frontaler Ansicht, eine Darstellung, die früher dem Heiligen- oder Gottesbildern vorbehalten war. Der dunkle Hintergrund, die steife, würdevolle Haltung, der betont schlichte aber wertvolle Mantel, die lang gelockten Haare, der eindringliche, den Betrachter geradezu fixierende, durchdringende Blick machen klar: Hier steht ein Mann, der es ernst meint, der die Wahrheit ergründen will, der selbstbewusst Würde und Achtung einfordert. Der Mensch als Ebenbild Gottes ist Persönlichkeit geworden.

Diese neue Persönlichkeit hat ihre Licht- und Schattenseiten. Sie ist ganz auf sich gestellt. Sie steht in der Verantwortung. Sie muss persönlich Rechenschaft ablegen vor Gott und der Welt. Sie spürt die Einsamkeit der Individualität, das Alleinsein. Aber sie ist auch sittlich autonom, frei für eigene Entscheidungen, befreit von der Erbsünde und vom kategorischen Imperativ der Kirche und der Herrscher.

So wird das individualisierende, Stärken und Schwächen aufzeichnende Porträt zu einer großen Stärke Dürers. Schon 1496 charakterisiert er den Kurfürsten Friedrich der Weise von Sachsen als willensstark. Fürsten- und Herrscherbilder – wie das Porträt Kaiser Maximilians 1519 – bleiben aber die Ausnahme. 1499 portträtiert er Oswalt Krel, den Nürnberger Vertreter der Ravensburger Wirtschaftsgesellschaft, die Patrizier Hans, Felicitas und Elsbeth Tucher. Immer wieder gestaltet er Charakterbildnisse seines Freundes Willibald Pirckheimer, der Humanisten Erasmus von Rotterdam und Philipp Melanchthon. Alle diese Bilder künden von dem Standesbewusstsein der reichen und/oder gebildeten Bürger in den Städten. Aber er würdigt auch den Bauernstand vor allem in seinen Stichen, den arbeitenden, den kommunizierenden, den sich vergnügenden Bauer – und den mit Schwert oder Lanze bewaffneten Bauer. In seiner Pro-

portionslehre nimmt er Stellung zu den Bauernkriegen: „Welicher ein Victoria [also ein Denkmal] aufrichten wollt, darum dass er die aufrührerischen Bauern überwunden hätt, der möcht sich eins solichen Gezeugs darzu gebrauchen, wie ich hernach lehren will." (Dürer, S. 215) Er zeichnet ein Denkmal unten mit Nutztieren, es folgt eine Säule mit Wein und Milchkrügen, dann ein Ährenbündel mit Feldgeräten. Ganz oben sitzt ein Bauer mit einem Schwert im Rücken. Dürer kommentiert: „ein traureter Bauer..., der mit seinem Schwert durchstochen sei". (ebd., S. 218) In diesen Bildern zeigt sich kein Hochmut des reichen Städters sondern Mitgefühl. In seinen Darstellungen des „Verlorenen Sohnes" schildert er auch die Armut und die Not in den Dörfern. Der Bauer, der die notwendigen Lebensmittel erzeugt, wird erstochen, er darbt.

Gleichzeitig künden Dürers Landschafts-, Städte- und Naturbilder von einem neuen Naturgefühl. Er fühlt sich in die Natur der Gegenstände ein, erlebt sie als Bereicherung, lässt sich von unterschiedlichen Stimmungen beeinflussen. Papageien, Tauben, Gräser, der Flügel einer Nebelkrähe werden als neue Erlebniswelten begriffen. Ein Hase wird Bildthema, der Betrachter sieht sein weiches Fell schimmern. Dürer liefert die ersten topografisch genauen Ortsansichten von Nürnberg oder Innsbruck, die Einzelheiten sind genau erfasst und werden zu einer Gesamtheit geordnet. Der Künstler greift als Teilnehmer in das Geschehen ein. Es besteht ein Unterschied zu den „Ideal"-Landschaften zum Beispiel Leonardos. Dürer skizziert die Silhouette Amsterdams, einer konkreten Stadt.

In seinen Gemälden – größtenteils Auftragsarbeiten – bleibt Dürer stärker als in seinem grafischen Werk der Tradition verbunden. Im Paumgartner-Altar flankieren auf den Seitenflügeln die Stifter als Ritter Gottes verkleidet (die Heiligen St. Georg und Eustachius) den Mittelteil mit der Heiligen Familie im Stall zu Bethlehem. Dort ist die ganze Stifterfamilie mit ihren Wappen abgebildet. Friedrich der Weise gab dann den Auftrag für die „Anbetung der Könige" (1504): Es hat noch ganz repräsentativen, höfischen Charakter, obwohl es das große malerische Können unter Beweis stellt. Auch das „Rosenkranzfest" (1506), für deutsche Kaufleute in Venedig gemalt, ist noch höfischer Tradition verpflichtet: Maria, die von zwei Engeln gekrönt wird, setzt Kaiser Maximilian die Krone auf, das Jesuskind dem Papst. Die Bauern, die niedrigen Stände bleiben ausgeschlossen. Dürer, der sich selbst ins Bild gemalt hat, ist sichtlich zufrieden, denn er notiert: „Ein bessers Marienbild sei nit im Land." Er steigert seine Farbigkeit und Ausdruckskraft. Ein Durchbruch, der die Gemälde „Christus unter den Schriftgelehrten" und „Madonna mit Zeisig" (beide 1506) vorbereitet. 1507 folgt „Adam und Eva" und 1508 „Madonna mit der Iris". Dürers Madonnenbilder werden Familienbilder ohne Mann, die Fürsorge, Versunkenheit, Vertrautheit der Personen, die Friedfertigkeit, die Menschlichkeit in der Verbundenheit mit der Natur, Mutterglück werden voll herausgearbeitet. Adam und Eva erscheinen nackt und schön. Es geht nicht mehr um die Darstellung des Sündenfalls sondern um die Ästhetik der menschlichen Körperformen. Die Auftragsarbeiten „Marter der 10 000 Christen" (1508), der „Heller-Altar" (1509) und das „Allerheiligenbild" (1511) bedeuten einen Rückfall in höfische Bildgewohnheiten. „Maria mit dem Kinde" (1512), „Madonna mit der Nelke" (1516) die „Betende Maria" (1518) und vor allem „Anna Selbdritt" (1519) betonen wieder die Anmut und Innigkeit des individuellen menschlichen Antlitzes.

„Der Heilige Hieronymus" (1521) bereitet mit seiner Gedankenschwere und grüblerischem Ernst Dürers letztes großes Werk auf zwei Tafeln vor: „Die vier Apostel" (1526). Der Künstler mahnt, zu den Tugenden der Urchristen zurückzukehren. 1525 hatte sich Nürnberg zu den Lehren Martin Luthers bekannt, der in seinem Vorwort zur Bibelübersetzung die dargestellten Apostel Johannes, Petrus, Markus (der ist allerdings kein Apostel) und Paulus für die wichtigsten Verkünder der christlichen Lehre erklärt hatte. Es sind mächtige Gewandfiguren, die die Wahrheit, Weisheit, Tugend und Standhaftigkeit der vier Urchristen betonen. Johannes, in ein warmes Rot verhüllt, ist mit Petrus nachdenklich

konzentriert in das Studium der Heiligen Schrift vertieft, das Rot strahlt Liebe und Verständnis aus. Paulus ist in ein grau-weißes Gewand gekleidet. Reinheit, Ernst, Leidenschaftlichkeit vermittelt dieses Bild. Das Schwert in der Hand von Markus zeigt Entschlossenheit. Der Text auf dem Bild offenbart, worauf es Dürer ankam: „Sankt Marcus schreibt in seinem Evangelium im 12. Kapitel also: ›Und er lehret sie und sprach zu ihnen, hab acht auf die Schriftgelehrten, die da gehen gern in langen Kleidern, und lassen sie gern grüßen auf dem Markt, – und sitzen gern obenan in den Schulen, und über Tisch, – die fressen der Witwen Häuser, und wenden langs Gebet für, dieselben werden dester mehr Verdammnüs empfahen.‹ Markus-Evangelium 12, 38-40) Dürer warnt vor den „falschen Lehrern und Propheten" in Rom. Die Betrachter werden aufgefordert, selbst „die Geister zu prüfen, ob sie von Gott sind". Dabei war Dürer keinesfalls ein streng gläubiger Anhänger Luthers. Aus den Aufzeichnungen Philipp Melanchthon geht hervor, dass der Künstler das beim Abendmahl gereichte Brot und den Wein keinesfalls als Leib und Blut Christi ansah sondern lediglich als Gedächtnisstütze – eine Ansicht die der Luthers widerspricht.

Mit Dürer war eine Wende in der Kunst vollzogen worden: Die Analyse der Wirklichkeit wird als oberste Aufgabe angesehen. Das Richtigkeitsprinzip steht an erster Stelle. 1513 schreibt er: „Aber das Leben in der Natur gibt zu erkennen die Wahrheit dieser Ding, darum sich sie fleißig an, richt dich darnach und geh nit von der Natur in dein gut Gedünken, [...] Dann wahrhaftig steckt die Kunst in der Natur, wer sie heraus kann reißen, der hat sie." (Musper, S. 34) Der Kunst ordnet er neben der Untersuchung und Gestaltung der Welt, die sie mit anderen Wissenschaften voranzutreiben hat, auch moralische und sittliche Aufgaben zu: „Dann die Künst des Molens würd gebraucht im Dienst der Kirchen und durch das angezeigt das Leiden Cristy und viel andrer guter Ebenbilder, behält auch die Gestalt der Menschen nach ihrem Absterben. Die Messung des Erdrichs, Wasser und der Stern ist verständlich worden durch Anzeigung der Gemäl und würd noch mänchem viel kund durch Anzeigung der Gemäl." (Dürer, S. 125 f.) Und obgleich er sich als Melancholiker sieht und oft geschrieben hat, dass er nicht weiß, was Schönheit genau ist, ist er auch Optimist und sucht die Schönheit in der realen Welt. Dürer schreibt, er finde „doch in den sichtbaren Kreaturen eine solch übermäßige Schönheit unserm Verstand, also dass solche unser keiner kann vollkommen in sein Werk bringen." Das „Überirdische" und Transzendente ist zwar noch nicht ganz aus seinem Werk verschwunden, aber es hat ein menschliches, weltliches Antlitz bekommen. Dürer hat der Kunst das Tor weit geöffnet mit weltlichen Perspektiven und Aufgaben: Individualität, Menschlichkeit, Moral im Verbund mit neuen wissenschaftlichen Erkenntnissen stehen im Vordergrund. Dass dieses Tor auch zur sinnlichen Schönheit bald wieder weitgehend versperrt wurde, ist eine tragische Entwicklung der Geschichte.

Dürer steht nicht allein da. Mit ihm gehen diesen Weg seine Schüler und Maler in Nürnberg, Hans Baldung-Grien (1476-1554), Barthel Beham (1502-1540) und dessen Bruder Hans Sebald Beham (1500-1550). Aber auch Lucas Cranach der Ältere (um 1475 - 1553), Jörg Ratgeb (1480 - 1526), Albrecht Altdorfer (um 1480 - 1538), Matthias Grünewald (um 1475/1480 - 1528/1532?) und Hans Holbein der Jüngere (1497/1498 - 1543) stehen ganz auf der Höhe

ihrer Zeit – jeder auf seine Art und Weise. Die Höhepunkte ihrer Malerei, ihr Engagement und Optimismus gipfeln in den 1520er Jahren; in den 30er Jahren versiegen schon die Entfaltungsmöglichkeiten. Kunsthistoriker sprechen in diesem Zusammenhang gern von Manierismus oder Regotisierung, also einer Verkünstelung oder Verflachung des Stils. Aber vor allem die inhaltlichen Anforderungen an die Künstler hatten sich innerhalb eines kurzen Zeitraums gewandelt. In den ersten drei Jahrzehnten des Jahrhunderts hatten Künstler noch Hoffnungen, dass sich ein humanistisches Weltbild durchsetzt, das der individuellen Gestaltung freien Raum gibt. Nach der Niederschlagung der Bauernrevolten im Jahr 1525, der Festigung der Fürsten- und Kirchenmacht und der Entrechtung der Städte erweisen sich diese Hoffnungen als Illusionen. Dürer stirbt 1528, Grünewald wenig später, Ratgeb wird geviertteilt, Holbein sieht keine Perspektiven mehr und wandert nach England aus.

Lucas Cranach der Ältere wird gern als der Maler der Reformation dargestellt. Sicher war er ein Freund Martin Luthers und setzte sich auch mit Holzschnitten und Gemälden für die Sache der Reformation ein. Aber in erster Linie war er Unternehmer – ein Novum in der Kunstgeschichte, er beschäftigte zeitweise bis zu 15 Malergesellen – und gleichzeitig war er ab 1505 Hofma-

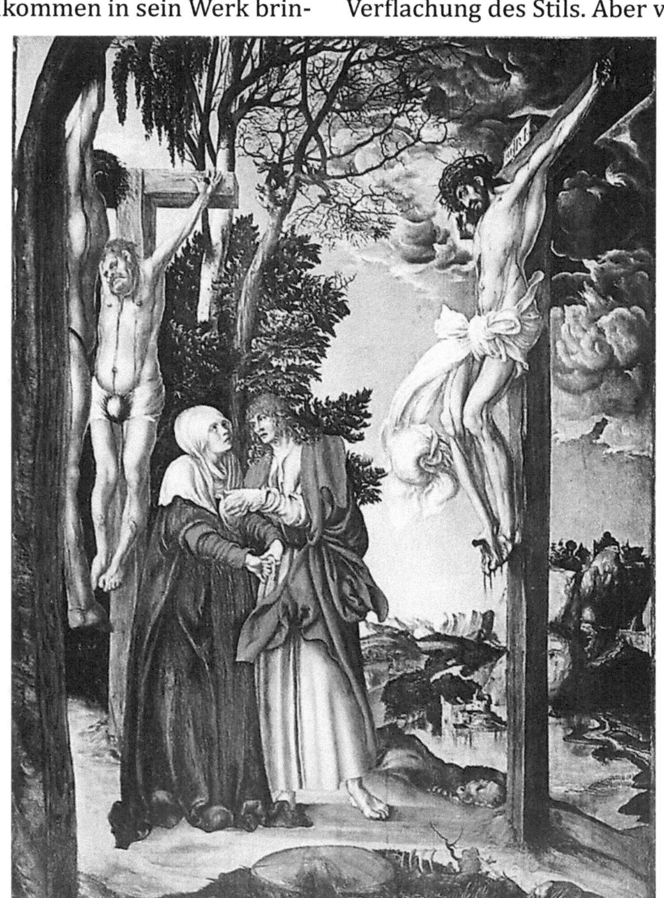

Abb. 67: Lucas Cranach der Ältere, Kreuzigung, 1503, Öl auf Holz, 138 x 99 cm, Alte Pinakothek, München, The Yorck Project, public domain

ler für die sächsischen Kurfürsten. Er soll der zweitreichste Mann in der Stadt Wittenberg gewesen sein, er war lange Zeit Bürgermeister, außerdem betrieb er eine Apotheke und einen Wirtsausschank, betätigte sich als Verleger, war an einer Druckerei beteiligt. Eine schillernde Persönlichkeit, die es den Kunsthistorikern schwer macht, „seine" Werke ihm direkt zuzuordnen, denn mit Sicherheit waren seine Gesellen an den meisten Cranach-Werken nicht unerheblich beteiligt. Das Unternehmertum steht bei Lucas Cranach im Vordergrund – mit hoher Qualität bediente er seine Auftraggeber ganz nach deren Wünschen und Geschmack, seien sie nun reformatorischen oder katholischen Glaubens. Als guter Unternehmer achtete er auf die Steigerung der Produktivität. Er fertigte „Kopiervorlagen" an, die dann für unterschiedliche Themen und Formate abgeändert wurden. So bestellte der Kurfürst von Sachsen 1533 gleich 60 Porträts: Serienproduktion. Nach dem Werkverzeichnis von Friedländer und Rosenberg malte Cranach 31 Mal Eva, 32 Mal Venus und 35 Mal Lucretia. Immer geringfügig abgewandelt, mal mit schwarzem Hintergrund, mal mit einer Waldlandschaft versehen. Insgesamt sollen rund 5000 Gemälde in der Werkstatt Cranachs entstanden sein, noch heute sind über 1000 erhalten. Mit seiner Bildprogrammatik konnte er die ganze Palette der Kundenwünsche abdecken: das Heiligenbild mit Goldgrund, das Altarbild mit der Schilderung der Passion in einer Bilderfolge, das Herrscherbild mit frontaler Darstellung des gekrönten Hauptes, das bedeutungsvolle Fürstenporträt, aber eben auch die expressive Kreuzigungsszene und das individuelle Charakterbild. Holzschnitte als Propagandabilder für die Reformation Luthers und gegen den Papst, religiöse Andachtsbilder auch als Interpretation der reformatorischen Lehre, erotische und amouröse Bilder, Schlachten und Jagdszenen runden das Programm ab. Auch in seinen Porträts der weltlichen Herrscher sind Stärken und Schwächen der Dargestellten individuell herausgearbeitet und keinesfalls idealisiert.

An seinem Werk lassen sich Entwicklungsstufen der deutschen Hochrenaissance gut nachvollziehen. Er beginnt seine Karriere um die Jahrhundertwende in Wien und erregt mit seinen Bildern „Christus am Kreuz", „Der büßende Hieronymus" (beide 1502) und „Kreuzigung" Aufsehen. Die Porträts „Dr. Johannes Cuspinian und seine Frau Anna Pusch" (1502-1503) beweisen, dass Cranach die Kunst der Porträtmalerei mit Herausarbeitung der individuellen Charakterzüge beherrschte und dass er Kontakt mit Wiener Humanistenkreisen hatte. Große Meisterschaft zeigen auch die Holzschnitte der Zeit, die er für den Buchdrucker und Verleger Johannes Winterburger anfertigte. Expressive Ausdruckskraft vereint mit plastischem Formwillen und individueller Charakterisierung der Personen zeigen die Leidenschaft, mit der Cranach bei der Sache ist.

Cranach dramatisiert auch das Landschaftsbild. Wolken drohen am Himmel, Berge geben eine zerkluftete Kulisse, seine Bäume ragen empor, ihr Laub schmückt in kunstvoller Vielfalt. Der Kunsthistoriker Max J. Friedländer, der zusammen mit Jakob Rosenberg eine große Übersichtsarbeit des Werks Cranachs erstellte, schrieb 1932: „Wäre Cranach 1505 gestorben, so würde er im Gedächtnis leben wie geladen mit Explosivstoff. Er ist aber erst 1553 gestorben, und wir beobachten statt der Explosion ein Ausrinnen. Aus Kenntnis des gesamten Werkes wird der Kunstfreund mit einiger Skepsis gegenüber dem genialischen Anbruch [Wiener Periode] erfüllt. Der wache Cranach hält nicht mehr, was der träumende versprochen hat. Seine Wittenberger Kunst gleicht einer glatten Kastanie, die aus stachelig grüner Schale gesprungen ist. Phlegmatisch verständige und saubere Darlegung tritt an die Stelle leidenschaftlich tönenden Naturlauts." (Friedländer, S. 17)

In der Tat spürt man in den Bildern der Wiener Zeit die innere Erregtheit, die seelische Anspannung, das Ringen um größtmögliche Ausdruckskraft. Mit dem Antritt der Stelle als Hofmaler der sächsischen Kurfürsten beginnt eine Wende in Cranachs Schaffensprozess. Er wird ruhiger, arbeitet an einem eigenen Bildprogramm und beginnt es zu ordnen. Das stellt auch Friedländer fest, aber insgeheim missfällt ihm die Entwicklung: „In den Holz-

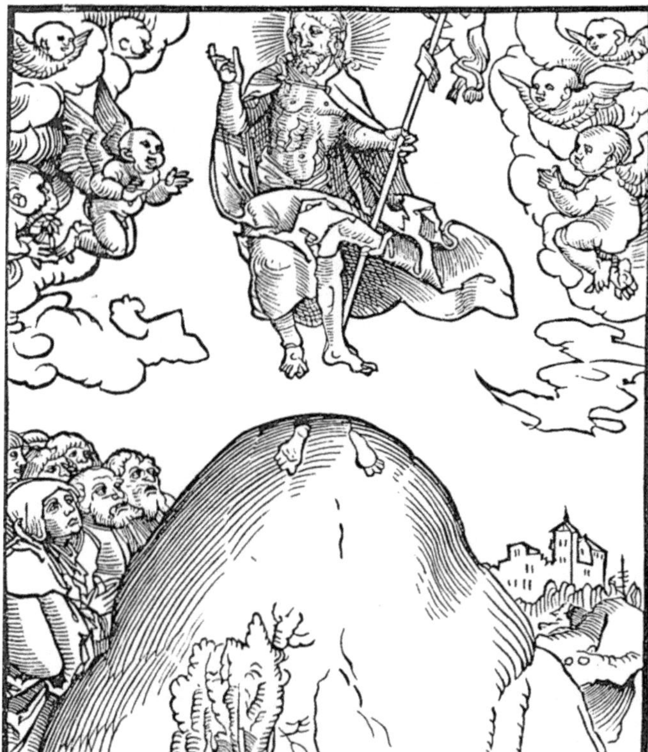

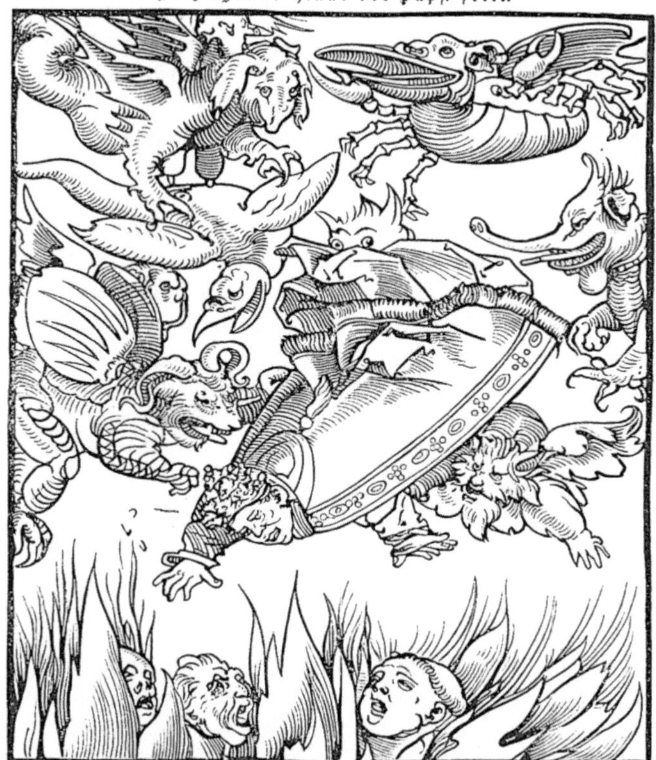

In ihren Ansehen ist er aufgehaben, und die Wolken haben ihn hinweggenommen vor ihren Augen. Dieser Jesus, der von euch in Himmel aufgenommen ist, wird also wiederkommen, wie ihr ihn gesehen habt zu[1] Himmel fahren. Act. 1. (V. 9. 10. 11.) Sein Reich hat kein Ende, Lucä 1. (V. 33.) Wer do mir dient, der wird mir nachfolgen, und wu ich bin, do wird mein Diener auch sein, Johann. 12. (V. 26.)

Es ist ergriffen die Bestia, und mit ihr der falsch Prophet, der durch sie Zeichen than hat, domit er vorführt hat die, so sein Zeichen von ihme genommen, und sein Bild angebetet, seind versenkt in die Teufe des Feuirs und Schwefels, und seind getödt mit dem Schwert deß, der do reit ufm weißen Pferd, das aus seinem Maul[1] gehet. Apokal. 16.

Danne wird offenbar werden der Schalkhaftige, den wird der Herr Jesus tödten mit dem Athem seins Munds, und wird ihn stürzen durch die Glorie seiner Zukunft. 2. ad Thessa. 2. (V. 8.)

1 Munde.

Abb. 68 und 69: Lucas Cranach der Ältere, Passional Christi und Antichrist, 1521, ca. 11,8 x 9,6 cm, 2 von 26 Holzschnitten, public domain

schnitten der kurzen Spanne von 1505 bis 1509 lässt sich Jahr für Jahr in Komposition, Formsprache und Gefühlsweise die Entspannung beobachten, die – positiv gesehen – vom Chaos zur Ordnung, von Rauheit zu Glätte, von schwerblütigem Triebleben zu heller Besonnenheit, von seelischer Teilnahme zu geistiger Be-

herrschtheit führt. Das Verhältnis des Meisters zu dem unendlichen Reichtum des Sichtbaren ändert sich; er lässt sich nicht mehr überwältigen, nimmt Abstand, gestaltet wählend, zielbewusst, mit Geschmacksvorurteilen. Er schlägt die Richtung ein vom naturhaft Individuellen zum kunsthaft Typischen." (ebd., S. 25) Friedländer bevorzugt den Überwältigten und Explosiven – und kann deshalb nicht die wirklich große Leistung des deutschen Renaissance-Künstlers würdigen. Von den Aufgeregtheiten der Wiener Periode kommt Cranach zum sicheren Blick. Er versteht das Bild mehr und mehr als Kommunikationsmittel, als Bildsprache – und nicht mehr als Meditationsmittel oder als die Schaffung bildnerischer Illusionen des Transzendenten.

Das ist der große Unterschied, den die deutsche Hochrenaissance von der italienischen scheidet. In Italien bleibt das Bild Andachtsbild, die Gemälde sollen durch verschwenderische Aufmachung, durch Prunk und Monumentalität verführen und die Illusion des Göttlichen verschaffen. In Italien verstehen sich die Künstler als Genies, als Erleuchtete, als von Höherem Berufene. Cranach sieht sich nüchtern als Handwerker und Unternehmer, als Kunstschaffender.

Es ist in der Kunstwissenschaft allgemein üblich, die deutschen Künstler der Hochrenaissance an der Fertigkeit der italienischen zu messen, vor allem, ob sie die Perspektive beherrschen oder ob sie die Proportionen „richtig" wählen (zum Beispiel den „goldenen Schnitt" beachten). So schätzt auch der US-amerikanische Kunstkritiker Donald Kuspit ein, dass Dürers Bewusstheit „international" gewesen sei, Cranach und Grünewald seien dagegen „wesentlich provinzielle Meister". Dann kommt er zu der merkwürdigen Einschätzung, dass „die Einfachheit ihres Stils" das Resultat von „Ignoranz" sei, denn seine malerische Meisterschaft sei auf der Höhe „der neuen künstlerischen Möglichkeiten". Ignoranz? Nein: Es ist ein neuer Ausdruckswille, ein neues Formen- und Farbenverständnis, das auf der neuen Gedankenwelt der Humanisten aufbaut.

Auch Rosenberg schreibt noch 1978 in einer englischen Neuausgabe des Katalogs von 1932, dass Cranach niemals „wirklich fähig" gewesen sei, das „Renaissance-Ziel der Monumentalität" zu verinnerlichen. Der Künstler sei immer ein „hausbackener Maler mit einem ziemlich provinziellen Charakter" (allerdings mit eigenem Charme) geblieben. Auch Rosenberg bleibt dem italienischen Renaissance-Ideal verpflichtet. Cranach wollte gar nicht mit Monumentalität oder mit Illusionismus beeindrucken oder gar überwältigen. Im Gegenteil, er arbeitet an einer Bildsprache, die von allen verstanden und nachvollzogen werden kann – und die natürlich auch ästhetischen Genuss bereitet. Das war die moderne Erkenntnis der damaligen Humanisten: Das Bild wird im Gehirn des Menschen gebildet, zusammengesetzt. Maler und Betrachter können es variieren und so den Bedeutungsgehalt verändern, den jeweiligen Bedürfnissen und Anforderungen anpassen. Das Bild ist nicht Abbild von Übersinnlichem, es ist auch nicht anbetungs- und verehrungswürdig, sondern es soll Inhalte vermitteln und einen sinnlichen Genuss bereiten. Sinnliche Genüsse und die Inhalte sollten nicht betören oder vernebeln.

Dieses neue Bildverständnis entsprach auch dem des Reformators Martin Luther, der sich gegen die Bildervernichtung wendete – wie bei den anderen Reformatoren Andreas Bodenstedt von Karlstadt, Ulrich Zwingli, Jean Calvin oder Thomas Müntzer teils in großem Stil geschehen. Luther lehnte aber auch die Bilderverehrung ab. Bilder seien physische Gegenstände mit einem Inhalt: Sie könnten dazu genutzt werden, an die moralischen Lehren der Bibel zu erinnern. Die Hauptbotschaft vermittelt die Schrift, Bilder können ergänzen, illustrieren, es sollen Merkbilder sein. Dürer und Cranach hatten das neue protestantische Bildverständnis vorbereitet. Es ist kein Zufall, dass die Cranach-Werkstatt bei der ersten Übersetzung des Neuen Testaments von Luther 1523 das Johannes-Evangelium illustrierte und dabei auf die „Apokalypse" des großen Nürnbergers zurückgriff. Auch hier erscheint die babylonische Hure mit der Tiara geschmückt, assistiert von einem Teufel in Dominikanerkutte. Aber es werden auch neue Akzente gesetzt: Die vier apokalyptischen Reiter töten vor allem das einfache Volk, Bauern. Bei der Eröffnung des sechsten Siegels fallen Sterne vom Himmel und vernichten gekrönte Häupter und den Adel. Die vier Engel, die die Winde aufhalten und die Auserwählten für das himmlische Paradies bestimmen, kennzeichnen nur einfache Menschen mit einem Kreuz und reichen ihnen den Kelch. Aus einem Brunnen springen dann Heuschrecken mit Kronen als

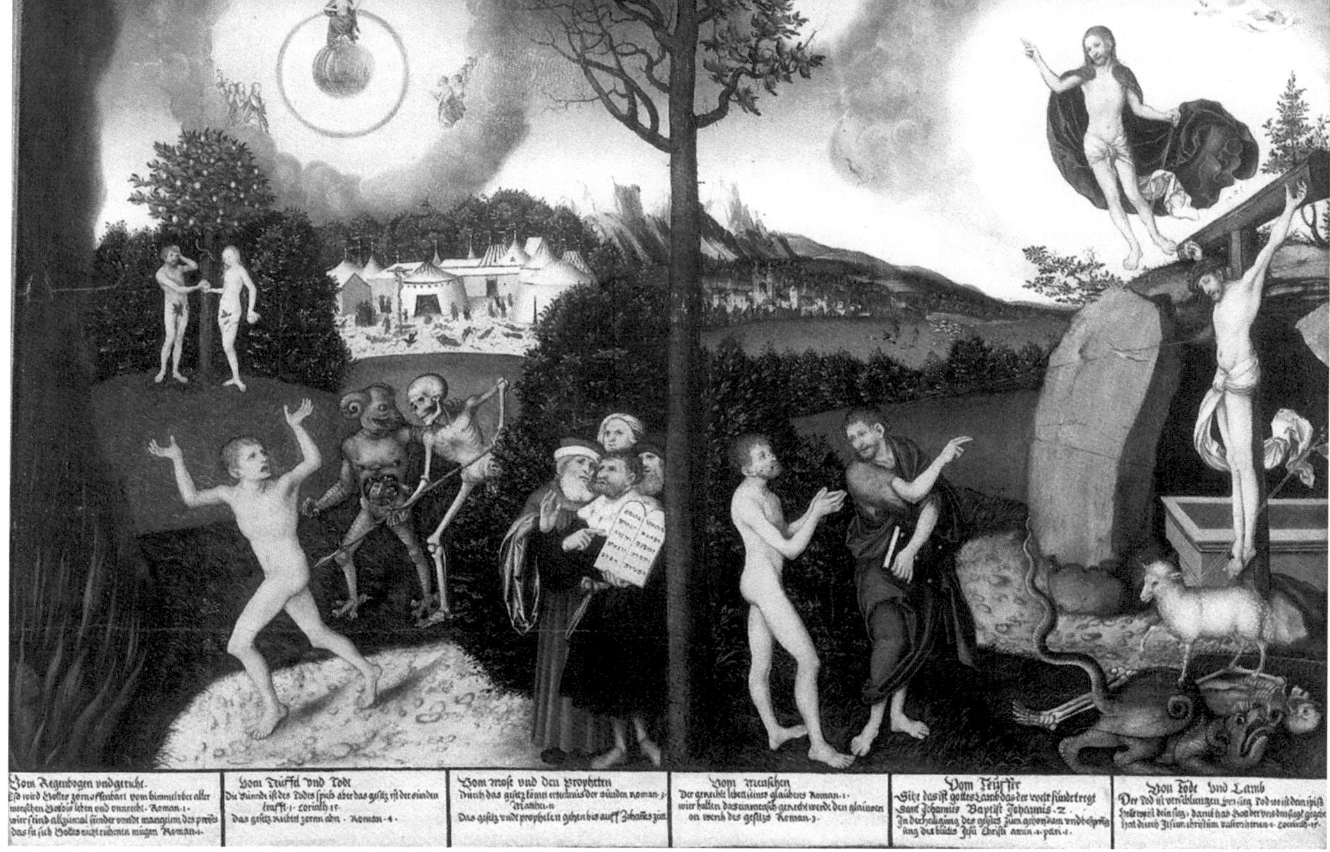

Abb. 70: Lucas Cranach der Ältere, Gesetz und Gnade Gottes, 1529, Tempera auf Holz, 82,2 x 118 cm, Schlossmuseum Friedenstein, public domain

Kennzeichen des niederen Adels und quälen am Boden liegende Bauern. Die vier Euphratengel, die ein Drittel der Menschen niederschlachten, werden dabei assistiert von auf Löwen reitenden Rittern, wobei der vorderste Reiter an seinem zweigeteilten Bart mit Herzog Georg von Sachsen identifiziert werden kann. Schließlich helfen zwei Engel den Bauern sogar bei der Getreide- und Weinernte. Diese Illustrationen stellen einen Kommentar zur Zeit dar und ergreifen in Zeiten der Aufstände auf der Seite der Bauern Partei. Auch die Vernichtung des siebenköpfigen Papstungeheuers fällt deutlich drastischer als bei Dürer aus: Es wird in einen feurigen See gestürzt. Der Schluss gleicht dem Dürers. Auch bei Cranach zeigt ein Engel Johannes die Erlösung, die Stadt Jerusalem, die einer deutschen Stadt gleicht. Die Städte bieten Schutz vor Raubrittertum, hier kann sich Kunst und Wissenschaft entfalten.

Zuvor hatte Cranach schon 1521 mit dem „Passional Christi und Antichristi" ein radikal antipäpstliches Pamphlet mit 13 Gegenüberstellungen herausgegeben. Die klaren Aussagen: Christus lehnt weltlichen Reichtum ab, der Papst rafft Geld mit Gewalt. Christus hat eine Dornenkrone, der Papst schmückt sich mit Gold, das er anderen raubt. Jesus wäscht seinen Jüngern die Füße, der Papst lässt sich von allen die Füße küssen. Christus ist demütig und hilft den Armen, der Papst prasst mit den Reichen. Jesus ist für die Armen da, der Papst ist wollüstig und bar jeder Moral. Christus wurde in Armut und Frieden geboren, der Papst zettelt Kriege an und stiftet

Unfrieden. Jesus hatte die Händler aus dem Tempel vertrieben, der Papst rafft durch den Ablasshandel gierig Geld. Zu guter letzt wird Christus in den Himmel aufgenommen und der Papst von Teufeln in die Hölle befördert, wo schon andere Mönche schmoren. Der Papst ist die „Bestia" und der „falsch Prophet": Die Fronten sind klar. Die Texte zu den Grafiken wurden von Philipp Melanchthon und dem Juristen Johann Schwerdtfeger erstellt. Luther kommentiert, das sei auch für Laien ein gutes Buch. Als Cranach im selben Jahr den Papstesel und das Mönchskalb als Holzschnitt herausgibt, findet das nur teilweise Luthers Billigung: Der Papst hätte deutlicher als Teufel gekennzeichnet werden sollen.

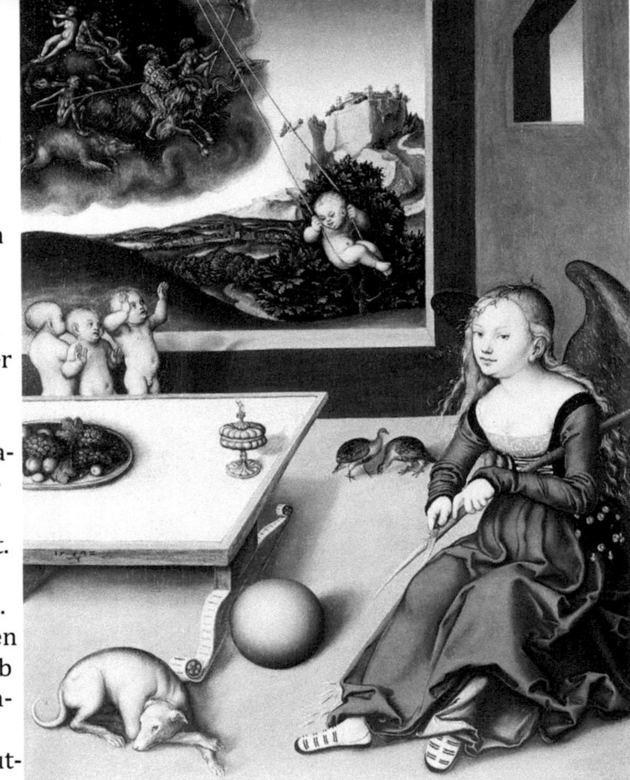

Abb. 71: Lucas Cranach der Ältere, Die Melancholie, 1532, Öl auf Holz, 76.5 × 56 cm, Unterlinden Museum, Frankreich, public domain

tel mit dem heiligen Paulus" an: Er fordert eine Rückbesinnung auf die Lehren der Urchristen – eine Forderung, die auch Dürer in seinen letzten Gemälden vorgetragen hat. 1512 erstellt er zwölf Holzschnitte mit „Die Apostelmartyrien". Wiederum tragen die Henkersknechte Rüstungen der Zeit. Dann erscheint „Ein ser andechtig Christlich Buchlein aus Hailige Schriften und Lerern von Adam von Fulda in Teutsch Reymen gesetzt. Gedruckt bei Symphorian Reinhart, Wittenberg 1512", acht Holzschnitte aus dem Leben Christi stammen von Cranach. Das Primat des Kirchenlateins der katholischen Kirche wird durchbrochen. Um 1515 gestaltet er „Christus als Schmerzensmann". In dieser Zeit entstehen auch

Cranach hatte schon die Reformation in seinen Gemälden und vor allem in seinen Holzstichen vorbereitet. Er hatte keine Skrupel, Dürers Holzschnitte als Vorlagen zu nehmen oder Schongauer und Hieronymus Bosch zu kopieren. Er sichtete das Bildwissen seiner Zeit, verdichtete es in seinen Gemälden und ordnete es neu. Jesus als Schmerzensmann, als leidender Mensch, losgelöst von der Institution katholische Kirche: „Gebet am Ölberg" (1501, Holzschnitt). 1509 gestaltet er „Die Passion" mit 14 Holzschnitten. Die Peiniger von Christus erscheinen in den Rüstungen der Zeit, er nimmt also Stellung gegen das Rittertum und korrupte weltliche Herrscher. Das Gemälde „Die Austreibung der Wechsler" (1509): Jesus jagt die Händler und Geldeintreiber aus dem Tempel, ist eine Stellungnahme gegen den Ablasshandel. 1510 bis 1515 fertigt er 14 Holzschnitte mit dem Titel „Christus und die zwölf Apos-

„Verspottung Christi", „Christus am Ölberg", „Beweinung Christi", „Der heilige Bernhard betet den Schmerzensmann an", „Johannes der Täufer, predigend". Christus wird als Mann des Volkes gekennzeichnet, der weltliche Prunksucht ablehnt und Hilfe den Armen und Unterdrückten bietet. Der wahrhaft Gläubige zeichnet sich durch Einfachheit, Nächstenliebe, Vertrautheit mit der Bibel aus. Das Monopol der katholischen Kirche bei der Auslegung der Glaubenslehre wird in Frage gestellt. Diese Sicht hatte er schon vorher in vielen Zeichnungen und Holzstichen herausgearbeitet: „Johannes der Täufer in einer Gebirgslandschaft". (um 1503/04), „Der heilige Martin mit dem Bettler" (1504), „Versuchung des heiligen Antonius" (1506), „Das Martyrium des heiligen Erasmus" (1506), „Der Opfertod des Marcus Curtius" (um 1507), „Die Buße des heiligen Chrysostomos", (1509),

„Die Enthauptung des Johannes des Täufers" (1508), „Der heilige Christopherus" (1509), „Die Buße des Heiligen Hieronymus" (1509). Eine Glorifizierung von Kirchenfürsten ist außer bei den Darstellungen des Kardinals von Brandenburg (der auch ein großer Mäzen war) nicht zu finden. Aber auch ihn malt er in der Rolle des heiligen Hieronymus.

Nach dem Anschlag der Thesen Luthers erfolgt dann eine wahre Flut von Schriften zur Propagierung der neuen Glaubenslehre. „Biblia Nova. Gedruckt bei Johann Grünenberg, Wittenberg 1520" oder „Ein heylsams Buchlein von doctor Martinus Luther" mit lustigen Motiven und volkstümliche Zeichnungen. Es folgen „Von den guten Werken D.M.L." (1520) „Das Newe Testament Deutsch" (1522), Das Alte Testament Deutsch" (1523), „Das Ander teyl des alten testaments 1524", „Das Dritte teyl des Allten Testament 1524". Immer sind die Bücher von Cranach reich illustriert, häufig ist er auch der Verleger. Eine ganze Reihe von Holzstichen und Gemälden von Martin Luther und seiner Frau Katharina von Bora runden das Bild ab. Cranach ist der Propagandist der Reformation. Er ist be-

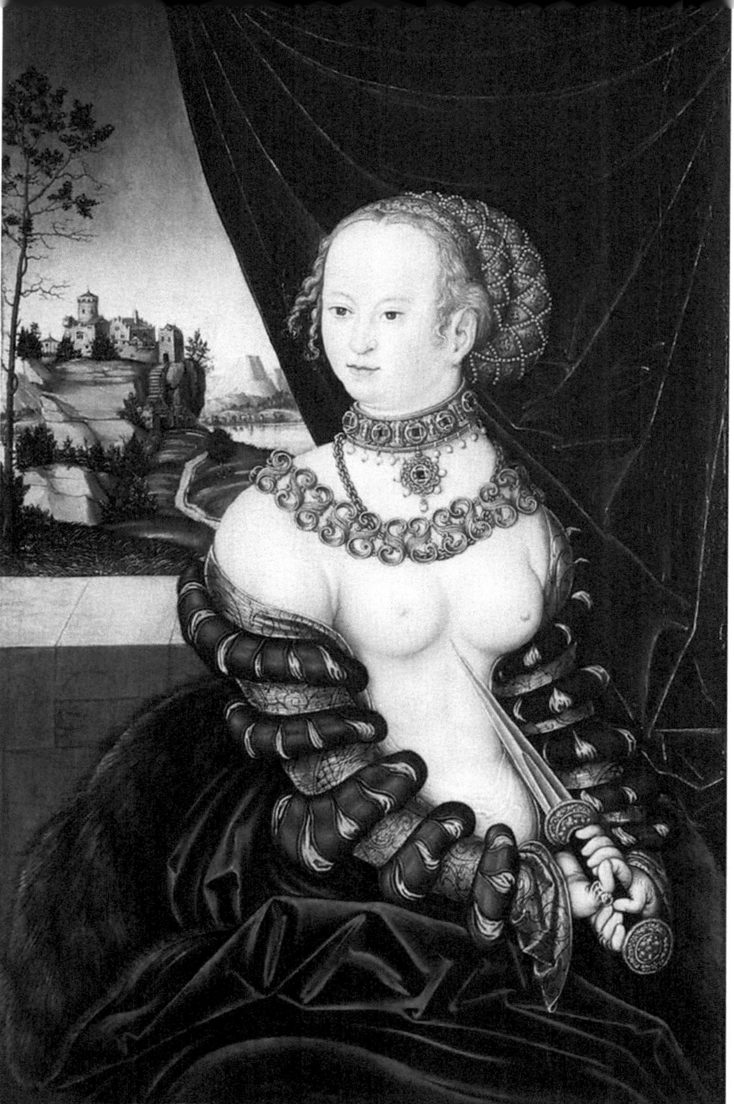

Abb. 72: Lucas Cranach der Ältere, Lukretia, nach 1537, Öl auf Holz, 62 × 41 cm, Historisches Museum Regensburg, public domain

müht, dass die neue Glaubenslehre ein stabiles Fundament erhält. Um 1532 entsteht „Johann Friedrich I. der Großmütige, Kurfürst von Sachsen mit den Reformatoren". Er vergewissert sich der Unterstützung des Kurfürsten.

Seine wenigen Gemälde, die er nach der Niederschlagung der Bauernaufstände zur Verbreitung des lutherischen Glaubens malt, wirken allerdings gewollt, lehrbuchhaft hölzern. 1529 setzt er in „Gesetz und Gnade" das lutherische Gnadenverständnis bildlich um. Vor Gott sind alle Menschen Sünder. Es hängt allein von Gottes Gnade ab, ob der sündige Mensch erhört und dereinst erlöst wird. Dieses Gnadenverständnis unterscheidet sich von der katholischen Lehre nur in dem einzigen nicht unwesentlichen

Punkt, dass der Mensch direkt vor Gott bestehen muss und nicht über den Umweg der kirchlichen Instanzen. Dieses Bild – das er mehrfach wiederholt – kündet von einem Schwarz-Weiß-Denken: links wird der Sündenfall verbildlicht, ein Nackter wird von Tod und Teufel in die Hölle getrieben. In der rechten Bildhälfte weist ihm ein

Evangelist den Weg zum rechten Glauben und zur Erlösung. Etwas naiv muten auch die Gemälde an, auf denen Jesus eine Schar Kinder und ihre Mütter um sich versammelt. Oben im Bild ist dann die Bildaussage in schriftlicher Form zusammengefasst: „Lasset die Kindlein zu mir kommen, und wehret ihnen nicht; denn solcher ist das Himmelreich." (Markus 10,14)

1532 distanziert sich Cranach von Dürers Auffassung der „Melancholia". Cranachs Melancholia sitzt an einem Stock schnitzend vor trollenden, lustig spielenden Kindern. Sie sind sicher geschützt in einem Raum. Ungeheuer erscheinen in einer Wolke vor dem Heim in weiter Ferne: Es sind Luftgespinste, Albträume. Während Dürer noch die Melancholie, das schwermütige Brüten als Antriebskraft für neue Erfindungen ansah, verordnet Cranach Frohsinn. Die Kindchen spielen mit der kreisrunden Kugel, dem Produkt der Architektur und Wissenschaft. Zirkel und sonstige Messgeräte sind verbannt, unnütz. Zweifel sind höchst unangebracht. Denn es gibt jetzt ja den wahrhaften lutherischen Glauben. Spiegelt sich in derartigen Bildern der Umstand wider, dass der reformatorische Eifer längst erloschen und die neue Lehre zum Dogma erstarrte? Denn seitdem sich Luther 1525 von den „räuberischen und mordenden" Bauern distanziert hatte, suchte er um Unterstützung der deutschen Fürsten: Der neue Glaube wurde den Untertanen per Obrigkeitsdekret aufgezwungen und war keineswegs mehr die freie Entscheidung des gläubigen Individuums. Zur Institution geworden, bediente sich die neue Glaubensrichtung der alten Mittel. Predigten gegen Juden und zur Verfolgung der Hexen gehören jetzt auch zum Repertoire Luthers.

Diesen Weg ging allerdings Cranach nicht mit. Er ist der großartige Gestalter der Geschlechterproblematik. Man hat ihm Voyeurismus vorgeworfen. Sicher fasst er auch Männerfantasien in eindeutige Bilder. Schon 1509 hat im Holzstich und im Gemälde „Venus und Amor" die unbekleidete Frau dargestellt und damit jenseits religiöser Verschleierung Neuland betreten. Anfangs fügt er den Bildern noch moralisierende Texte bei: „Vertreibe mit

aller Anstrengung die Ausschweifung Cupidos, damit nicht die blinde Venus von dem Herzen Besitz ergreift." Später verzichtet er darauf und gibt den Blick frei auch für sinnlichen und ästhetischen Genuss. Der Mensch ist frei geboren, zum Paradies gehören auch Sinnlichkeit und Sexualität. Die Sinnenfeindlichkeit der katholischen Lehre wird abgestreift. „Das Goldene Zeitalter" (1530) variiert er mehrfach: Wie schon Hieronymus Bosch sieht er Mann und Frau sinnlich vereint in der Natur mit friedlichen Tieren. In „Das Ende des Silbernen Zeitalters" (1530) oder im „Kampf nackter Männer und ihre klagenden Frauen" (1527) ist dieser Zustand beendet. Zwist, Unfrieden ist eingekehrt, vor allem die Frauen haben darunter zu leiden. Geschlechterantagonismus ist ein Resultat. Die sich erdolchende Lucretia wird eines seiner Lieblingsthemen. Der römischen Sage nach war Lucretia berühmt für ihre Schönheit und noch mehr für ihre Tugendhaftigkeit. Nach ihrer Vergewaltigung konnte sie diese Schandtat nicht überwinden und beging Selbstmord. Männliche Begierde thematisiert Cranach auch in dem Bild „David und Bathseba" (1526). Während Bathsebas Mann für den König David im Krieg kämpft, verführt der Herrscher die Frau und schwängert sie, ihren Mann lässt er ermorden und nimmt Bathseba zur Frau. Aber auch die Frau sieht er in arglistiger Rolle: „Salome mit dem Haupt des Johannes" wird oft variiert. Salome schaut den Betrachter keck an, vor ihr liegt das blutüberströmte Haupt des Mannes, in ihrer rechten Hand ragt das blutverschmierte Schwert phallusartig ins Bild. Oder Salome präsentiert den schmerzverzerrten Kopf auf einem Zinn-Tablett. Der Betrachter sieht auf dem einen Bild „Judith an der Tafel des Holofernes" speisen, auf dem anderen „Der Tod des Holofernes" (beide 1531) stopft sie den abgeschlagenen Kopf in einen Beutel, das Schwert in der rechten Hand. Spannungsgeladen sind die Gemälde „Der von einer Frau gerittene Aristoteles" (1530) oder „Herkules bei Omphale" (um 1537). Der etwas verdutzt dreinschauende greise Aristoteles wird von einer Schönheit, die auf seinem Rücken thront, sanft aber bestimmt am Zügel geführt. Aristoteles behält auf dem Bild seine Würde, aber die wegweisende Rolle hat die Frau übernommen. Herkules schaut auf den Variatio-

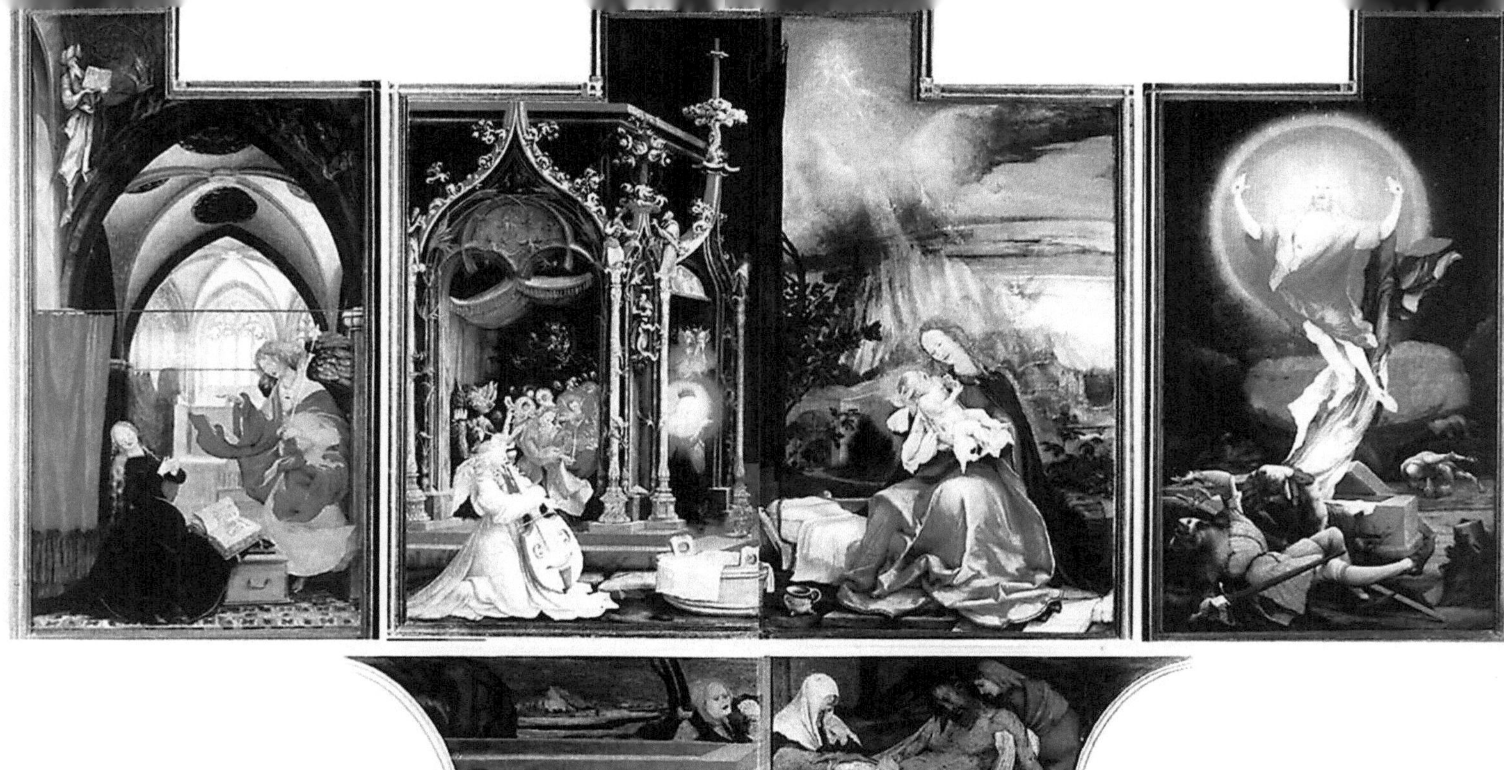

Abb. 73: Matthias Grünewald, Isenheimer Altar, 1513-1515, der rechte Flügel der zweiten Schauseite zeigt die Auferstehung Christi, 269 x 307 cm, Musée d'Unterlinden, Colmar, public domain

nen der Gemälde mal heiter verschmitzt, das andere Mal etwas grimmig drein, weil Omphale ihn zur Arbeit des Spinnens verpflichtet hat, bevor sie ihn empfängt. In „Simson und Delila" (1537) schert Delila dem Mann die Haare und beraubt ihn so seiner unbezwingbaren Kraft. Cranach thematisiert das Rollenverständnis der Geschlechter seiner Zeit, vertauscht die Rollen und hinterfragt es dadurch.

Insgesamt stimmt er ein Loblied auf sinnliche Liebe und ästhetischen Genuss an. Denn seine Schönheiten sind außer mit einem mehr ent- als verhüllenden Schleier stets mit den modischsten Schmuck-Accessoires seiner Zeit verziert. Insgesamt herrscht in Cranachs erotischen Gemälden die Sehnsucht nach Harmonie und Ausgleich vor. So steht auch in großen Lettern auf der „Quellnym-

phe" geschrieben „Ich bin die Nymphe des heiligen Frühlings. Störe nicht meinen Schlaf, ich ruhe mich aus." Allerdings ist auch dieses Bild hintergründig ironisch. Denn der Köcher und der Bogen am Baum weisen die Schlummernde als Diana, als Göttin der Jagd, aus. Die Bewohnerin des Olymp hatte nach dem griechischen Mythos den Jäger Aktäon in einen Hirsch verwandelt, weil dieser die Göttin als nackt Badende beobachtet hatte. Aber die griechischen Götter haben sich bei Cranach längst in sächsische Nymphen und leibhaftige verführerische Lebewesen verwandelt.

Das gilt allerdings nicht für den männlichen Akt, wenn er nicht neben Eva als Adam erscheint. Es sind meist miteinander kämpfende Männer im Adamskostüm. Simson bezwingt mit der Kraft seiner Hände und Arme den mächtigen Löwen. Herkules erdrückt den Jäger Aktäus. Zwischen Kampf und Liebe schwankt die Geschlechter-Auseinandersetzung. Grundsätzlich hat der Mensch die Wahl der freien Entscheidung, wenn sie auch durch sinnliches Begehren eingeschränkt wird. In „Das Urteil des Paris" spielt der Künstler diesen Gedanken in zahlreichen Holzstichen und Gemälden durch. Und wieder entfernt er sich von den mythologischen und religiösen Deutungsvorgaben. Dem im Walde eingeschlummerten Ritter erscheinen im Traum drei Grazien, unter denen er die schönste auswählen soll. Nach dem griechischen Mythos waren es drei Gottheiten: Hera verspricht ihm Herrschaft, Athene die Weisheit und Aphrodite die Liebe. In der römischen Mythologie sind es Minerva, Juno und Venus. Auch in der religiösen Auslegung muss sich der Mensch unter drei Wahlmöglichkeiten entscheiden, zwischen dem kontemplativen, dem aktiven und dem lustergebenen Leben. Bei Cranach sind die drei alle gleich verführerisch. Paris soll sich entscheiden und erliegt – gleich welche Wahl er trifft – immer der Macht des Eros, der Sinnlichkeit, dem ästhetischen Genuss. Es ist Cranachs Verdienst, dass er die Darstellung des Eros vom Sündhaftem und Verbotenem befreit und mit der Schilderung des möglichen Sieges der Liebe auch Optimismus verbreitet.

Lucas Cranach der Ältere hat ein Bild-Repertoire ausgearbeitet, eine Bildsprache entwickelt. Mit vielen Variationen versucht er, die Gefahr der Wiederholungen zu vermeiden. Nicht immer gelingt ihm das. Vor allem nach den stürmischen und auseinandersetzungsreichen Jahren der Reformation, der Konsolidierung der Fürstenmacht und auch der lutherischen Hierarchie beginnen in den 1540er Jahren seine schöpferischen Impulse zu erlahmen. Es ist eine Zeitenwende in der deutschen Kunst. Sie kann nicht mehr mitgestalten, sie wird in den Dienst der Mächtigen in den Palästen und der Kirchen (jetzt allerdings von zwei Kirchen-Hierarchien) gestellt. Sein Sohn Lucas Cranach der Jüngere setzt das Bild-Repertoire fort, ohne wirklich neue Bilderfindungen hinzuzufügen. Dessen Venusse mit Honigdieben wirken zunehmend vordergründig gewollt erotisch und sinnlich

wie Puppen auf der Eros-Bühne.

Bei Matthias Grünewald (um 1475/1480 - 1528/1532?) und Jörg Ratgeb (1480 - 1526) erlebt das große Altarwerk einen Renaissance-Höhepunkt und eine letzte große überzeugende Ausstrahlungskraft. Grünewald bringt die Farbe zum Glühen. Er ist Maler aus Leidenschaft, mal zu Tode betrübt, dann himmelhoch jauchzend. Die Werktagsseite seines Hauptwerks, dem Isenheimer Altar, zeigt Jesus Christus überlebensgroß als geschändete Kreatur, Blut rinnt an seinem Körper hinab, Dornen haben die Haut überall eingerissen, Eiter quillt hervor, die Finger seiner Hände winden sich vor Schmerz, sein vor Qualen verzerrtes Gesicht zeigt den Todeskampf – das alles vor düsterblau-schwarzem Hintergrund. Das Bild wurde für das Antoniter-Kloster in Isenburg gemalt, die Mönche pflegten dort Aussätzige: Christus ist einer von ihnen, er leidet mit ihnen und für sie. Wird dann die Sonntagsseite des Altars geöffnet, überwältigt die Flut des Lichts der Erlösung. In dem Mittelwerk inszeniert eine Farborgie die Geburt Christi. In der rechte Hälfte hält Maria milde und zärtlich-selig lächelnd das Christuskind in ihren Händen, in der rechten Bildhälfte zelebriert eine rot-grün-gelb überirdisch schillernde Engelsschar himmlische Sphärenmusik, eine märchenhafte Pracht. Auf dem rechten Seitenflügel schwebt dann Christus in einer Ganzkörpergloriole in gleißendem Gelb wie die Sonne erstrahlend in einem blutrotem Gewand in den mit Sternen bedeckten blau-schwarzen Himmel: die Erlösung. Die Wächter vor dem Grab sind geblendet und samt ihren Gesten erstarrt. Grünewald übertreibt hier meisterlich mit einer überbetonten perspektivischen Darstellung. Die Rüstungen der Wächter sind die der Landsknechte um 1500. Eine Stellungnahme zu den Auseinandersetzungen seiner Zeit: Die Gegner des Erlösers sind auch die Gegner der Bauern, die gegen die Grausamkeiten der Landsknechte und die Ausbeutung durch den Adel und der Kirche mit ihrem Ablasshandel protestieren. Grünewald inszeniert edelste Bild-Dramaturgie, er baut zuerst Furcht einflößende Spannung auf, um sie dann mit einem glückseligen Erlösungsversprechen aufzulösen. Für die Aussätzigen in

Isenburg muss das heilsame, erfreuende Augen-Arznei gewesen sein.

Jörg Ratgeb zeichnet auch im Auferstehungsbild des Herrenberger Altars (1519) die Jesus bewachenden Soldaten als Landknechte seiner Zeit, mit hässlich, grässlicher Physiognomie. Der Kunstkritiker Wilhelm Hausenstein schrieb schon 1928 über Ratgebs Figuren: „Sie sind mit einem Unmaß sozialer Opposition angefüllt; sie sind bis zur Verzerrung mit Revolte geladen; sie sind äußerst polemisch gegen jeden soziologisch feineren Begriff von biblischer Geschichte; sie sind aggressiv bis zum Unmöglichen gegen jede bürgerliche oder patrizische oder feudale Einkleidung der biblischen Traditionen. Sie sind: eine Revolution. Dies ist das Wort. Sie sind: der arme Konrad. Sie sind: der Bundschuh." (zit. n. Uhlitzsch, S. 66) Ratgeb war in seiner Region ein prominenter Anführer der aufrührerischen Bauern und wurde 1526 geviertelt.

Auch Albrecht Altdorfer aktualisierte das Altarbild mit Landsknechtsgestalten und vermenschlichte das Bild des leidenden Christus. Sein eigentliches Verdienst ist aber die Schaffung des eigenständigen Landschaftsbildes und des Historienbildes, beides idealtypisch verwirklicht in seiner „Alexanderschlacht" (1529). Auftraggeber ist der katholische Herzog von Bayern Wilhelm IV., der sich angesichts der Türkengefahr (sie lagerten 1529 vor Wien) als Retter des Abendlands positionieren wollte. Als größter Feldherr aller Zeiten wird Alexander der Große gepriesen, der 333 v. u. Z. die Perser besiegte und so ein Weltreich begründete. In der Mitte des Kampfgetümmels galoppiert Alexander auf güldenem Ross mit angelegter Lanze hinter Darius im Kampfwagen her, der schon flüchtet. Alexanders Truppen tragen bayrische Uniformen und Ausrüstungen, die des Darius orientalische. Auffallend ist, dass im persischen Heer festlich gekleidete Damen erscheinen. Wollten die persischen Generäle und Soldaten also gar nicht kämpfen sondern sich amüsieren? Es geht Altdorfer und seinem Auftraggeber also nicht um ein Geschichtsbild sondern darum, die Überlegenheit des katholisch-christlichen Abendlands zu betonen. Die prachtvolle Landschaft im Hintergrund spiegeln die damaligen geografischen Kenntnisse. Hinter einer prachtvollen deutschen Stadt mit vielen Kirchtürmen, die es zu verteidigen gilt, kann man das östliche Mittelmeer mit Zypern, dahinter das Nildelta und sogar den Golf von Persien ausmachen. Herrscher- und Rittertum wird hier gefeiert, die Ausbildung individueller Persönlichkeit muss dafür zurückstehen. Aber auch Amouröses und Liebesszenen lassen sich im Werk Altdorfers ausmachen, sie bleiben weit hinter den teils drastischen Schilderungen seiner Zeitgenossen zurück.

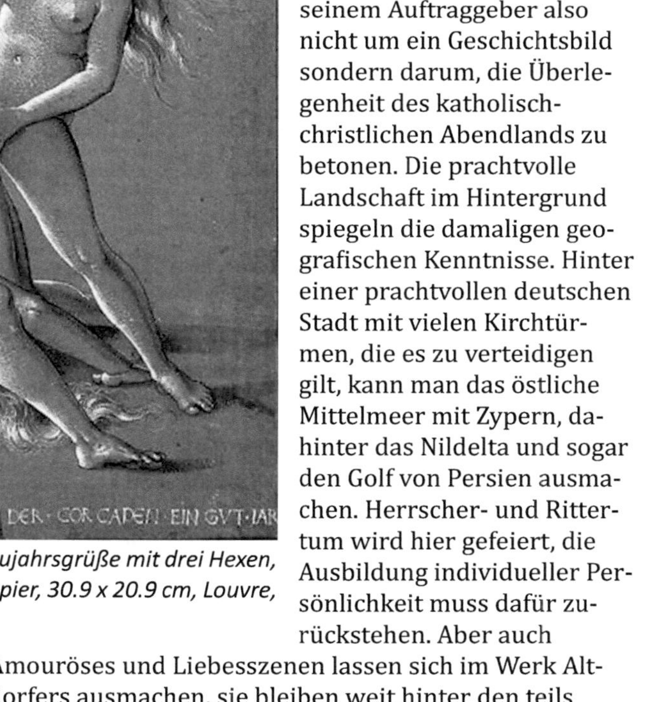

Abb. 74: Hans Baldung-Grien, Neujahrsgrüße mit drei Hexen, 1514, Zeichnung auf braunem Papier, 30.9 x 20.9 cm, Louvre, public domain

Geschlechterkampf und Anziehung, Ironie und Sarkasmus, Genuss am Sinnlichen fast schon an der Grenze zur Pornografie kennzeichnen auf den ersten Blick das Werk von Hans Baldung-Grien (1476 - 1545), dem Meisterschüler und Freund Albrecht Dürers. Baldung-Grien ist kraftvoller, direkter, er dramatisiert die Farbe, nutzt den Hell-Dunkel-Kontrast voll aus und bemüht sich, seinen Figuren eine natürliche Plastizität zu verleihen. Auch Baldung-Grien ist ein Maler der Zeitenwende in der deutschen Kunst. In seinen Altarbildern bleibt er bis 1520 dem traditionellen christlichen Dogma verhaftet. In „Krönung Mariä" (1512 - 1516) setzen Gottvater mit wallendem Bart und Jesus als Weltenherrscher (beide nur mit Königskronen ausgestattet) Maria die Kaiserkrone auf. Eine lustig quirlige Schar von Engeln jubiliert auf Musikinstrumenten, eine Taube schwebt aus einer Himmelsgloriole hernieder. Doch deutlich unterscheiden sich seine religiösen von den profanen Themen. Schon 1510 gestaltet er „Die drei Lebensalter des Weibes und der Tod". Sinnlich erotisch ist die junge Frau in den Vordergrund des Bildes gerückt, ihr zartes Fleisch lockt. Sie prüft ihre Schönheit in einem Krummspiegel, ihr fülliges Haar wogt im Wind. Doch über allem liegt der Schleier des irdisch Vergänglichen, Alter und Tod drohen.

Nach der Reformation und der Bildervernichtung auch in Straßburg, wo sich Baldung-Grien niedergelassen hatte, wird er der Gestalter der Hexenbilder. Er inszeniert mit vielen Zeichnungen den Hexensabbat und die Walpurgisnacht. Verführerische Grazien und hässliche verwelkte Alte reiten auf Hexengabeln oder Ziegenböcken, köcheln mit Totenschädeln und Salamandern, füllen Blut in Wursthüllen, beschwören die Winde und zaubern die Unwetter herbei. In „Zwei Hexen" fixiert der verführerisch-auffordernde Blick der stehenden „Hexe" den Betrachter, mit der rechten Hand ein Tuch hochhaltend, sodass das Profil ihrer Brust bewundert werden kann. Die andere sitzt auf einem Ziegenbock (sie reitet also nicht durch die Lüfte) und bietet dem Betrachter ihre Scham dar. Schwefelgelb ist der Himmel erleuchtet. Von rechts steigen Rauchwolken in den Himmel empor

und färben das Gelbe blutrot: ein ausbrechender Vulkan, das Fegefeuer oder der lodernde Schein der Hexenverbrennungen? In der linken Hand hält die sitzende „Hexe" ein schwarzes Gefäß mit einem drachenartigen Wesen und einer Quecksilberlösung hoch. Alchemisten und Ärzte verbreiteten die Ansicht, dass dieses Mittel eine gute Arznei gegen die Syphilis sei.

Weshalb beschäftigt sich Baldung-Grien so intensiv mit der Hexenproblematik? Im Jahr 1486 hatte der Dominikaner Jakob Sprenger seinen „Hexenhammer" veröffentlicht, mit der die katholische Kirche die verhängnisvolle Epoche der Hexenprozesse und der Inquisition einleitete. Im aufgeklärten Straßburg machten sich die Humanistenkreise und die Gelehrten, die eine gründliche Reform der Institution Kirche einforderten, über derartigen Aberglauben lustig, karikierten die vermeintlichen Gralswächter der Religion und falschen Moralprediger.

Baldung-Grien ging noch einen Schritt weiter: Er hinterfragt als Humanist das christliche Dogma und die christlichen Erlösungsversprechungen. Mit dem Thema „Adam und Eva" treibt er ein amouröses Spiel, er zeigt sie beim Vorspiel zur geschlechtlichen Vereinigung. Adam ist lüstern und gleichzeitig zärtlich, er streichelt Eva die Klitoris. Ursünde? Kann denn Liebe Sünde sein, fragt sich Baldung-Grien. Auch Eva wird selbstbewusst, zeigt sich initiativ, pflegt ihre Haut und ihre Geschlechtsorgane. Der Künstler ist offensichtlich um eine neue Bewertung der menschlichen Sexualität jenseits der patriarchalischen katholischen Moral bemüht. Er denkt über die Emanzipation der Frau nach – und das ist gleichzeitig auch eine Emanzipation der Liebesfähigkeit beider Geschlechter, der individuellen Liebe. Empathie ist erstrebenswertes Glück: die Bereitschaft und Fähigkeit, sich in die Gefühle und Einstellungen des Geschlechtspartners einzustellen. Bodo Brinkmann weist in seinem Beitrag zur großen Baldung-Grien-Ausstellung im Städel 2007 auf die Überlegungen des humanistischen Gelehrten Heinrich Cornelius Agrippa von Nettesheim (1486 - 1535) hin: „In seinem Traktat über die Ursünde (›De origine peccato‹, Antwerpen 1529, jedoch ein Jahrzehnt früher verfasst) hält Agrippa nämlich tatsächlich dafür, dass die Schlange mit dem männlichen Glied identisch sei. Noch erstaunlicher ist Agrippas Versuch, Eva von der Ursünde freizusprechen; sie ist seinen Ausführungen der Ursprung allen Heils, so dass die Antithese zwischen Eva und Maria verschwindet. [...] Agrippa zufolge ist die Frau dem Manne nicht nur gleichgestellt, sie ist ihm sogar weit überlegen. Die Ursachen dafür sind in der Schöpfung zu suchen. Der Name Adams verweist auf die Erde, derjenige Evas auf das Leben. Gott ist beim Schöpfungswerk vom Unvollkommenen zum Vollkommenen vorangeschritten, von der anorganischen Natur bis zum Menschen. Eva, die Gott als letztes schuf, verkörpert daher die absolute Perfektion, nicht im Mann sondern erst in ihr vollendet sich die Schöpfung, und ihre physische Schönheit ist die unmittelbare Widerspiegelung des Göttlichen." (Katalog 2007, S. 179 f.) Während Agrippa die patriarchalische Religion feministisch umzudeuten versucht, verlässt sich Baldung-Grien auf seine Augen. Er ist begeistert von weiblicher Schönheit und rät dem Betrachter, die Gunst der Stunde nutzen. Denn die Schön-

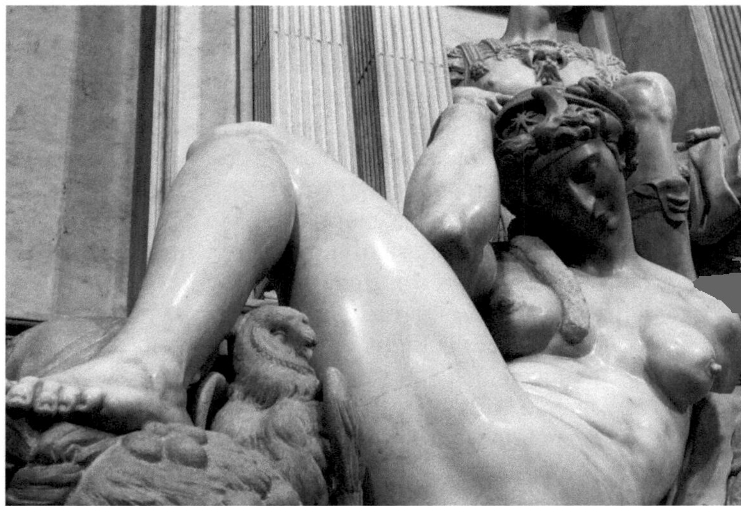

Abb. 75: Sebald Beham, Die Nacht, Kupferstich, 10,8 x 7,9 cm, Nürnberg, Museen der Stadt Nürnberg, Scan aus: Die Gottlosen Maler von Nürnberg, Sebald Beham, Nürnberg 2011, S. 153

Abb. 76: Michelangelo, Grabmal des Giuliano II. de´ Medici ,Ausschnitt: Figur der Nacht, 1519-1531, Marmor 7,9 Meter, San Lorenzo, Neue Sakristei, Florenz, Foto: Rabe!, CC BY-SA 4.0

heit ist vergänglich. Und der Tod ein ständiger Begleiter. „Die drei Lebensalter des Weibes und der Tod" (1510), „Der Tod und das Mädchen" (1517), „Eva, die Schlange und der Tod als Adam", und im Jahr 1544 „Die sieben Lebensalter des Weibes". Baldung-Grien – und das ist das revolutionär Neue – braucht im Gegensatz zu Agrippa keine theologische Rechtfertigung für seine Bildfindungen. Er befragt die Wirklichkeit und stellt sie dar.

Im Zeitalter der Renaissance über die Emanzipation der

Frau als gleichberechtigte Partnerin nachzudenken, ist das große Verdienst Baldung-Griens. Da in seinen Lobpreisungen der individuellen Liebe so häufig der Tod mit im Bild ist, mischt auch viel Trauer und Schwermut mit. Ist es auch die Befürchtung, dass dieses in der Renaissance-Zeit neu entdeckte Glück der Individualität durch die gesellschaftliche Entwicklung, durch Hexenverfolgungen und Inquisition wieder zunichte gemacht werden kann?

Die Kunstszene wandelt sich dramatisch. Die Obrigkeit greift rigide durch. Die reformatorischen Kirchen erstarren selbst in Dogmen und verbieten oft die Anfertigung von Bildern. Die Lutherkirche bedient sich der jeweiligen Fürsten, um ihre Ansichten durchzusetzen. Die Auftraggeber der Künstler schwinden. Das bekommen die drei „gottlosen Maler" von Nürnberg, die Brüder Sebald und Barthel Beham, Georg Pencz und auch in Basel Hans Holbein der Jüngere zu spüren. Holbein hatte mit Holzschnitten für die Reformation gestritten und 1525 in seinen Totentanzholzschnitten das große Sterben in diesen Jahren beklagt. Anfang 1529 wurden in Basel in reformatorischem Eifer die Bilder vernichtet. Holbein sah keine Perspektiven mehr, ging nach England, wurde der hervorragende Porträtist zuerst deutscher Handelsherren und schließlich im Dienste seiner Majestät Hofmaler. Die Reformation hatte ihre Kinder entlassen.

1524 ist Sebald Beham noch ganz Streiter für die Reformation. In seinem Holzschnitt „Die Höllenfahrt des Papstes" schildert er, wie der Papst hoch zu Ross, das zusammen mit dem Teufel einen Wagen mit seinem Gefolge zieht, geradeweg in eine Renaissance-Villa reitet, in der eine Dämonenschar im Erdgeschoss ein Fegefeuer für ihn bereitet. Im Obergeschoss sitzt noch einmal der Papst mit Würdenträgern, Mönchen und Teufeln, obwohl die Flammen schon lichterloh um ihn lodern. 1525 gestaltet er „Der Sturz des Papsttums": Er schildet, wie Fürsten und andere Obrigkeit den stürzenden religiösen Herrscher mit Seilen zu stützen versuchen. Luther steht dazu im Gegensatz mit seinem Gefolge aus einfachen Menschen und den Humanisten auf festem Boden. Im

gleichen Jahr machen die Nürnberger Ratsherren, die gerade zum Luthertum konvertiert waren, den drei „Gottlosen" den Prozess, verbannen sie aus der Stadt und berauben sie so ihrer Existenzgrundlage.

Die drei Nürnberger werden zu sogenannten „Kleinmeistern". Sie stechen kleinstformatige Kupferstiche und sichern sich so bei kunstliebenden städtischen Bürgern eine Käuferschicht, preiswert, hintersinnig raffiniert, ironisch entlarvend. Sie liefern lästernd-kritische Kommentare zur Zeit und zur mit viel Pathos überhöhten Monumentalität der italienischen Kunst. Sebald Behams kleiner Kupferstich „Die Nacht" (1548) überrascht durch pornografische Direktheit. Die auf dem Bett Ruhende zeigt dem Betrachter ihre Vulva, indem sie das linke Bein über das rechte gestellt hat. Auf dem Bettlaken steht „Die Nacht" geschrieben (Nacht: das muss etwas sehr Bedeutsames sein). Das Bett ist kein normales, es ist ein Renaissance-Bett aus Stein, in dem die Inschrift gemeißelt ist „NOX ET AMOR VINUMQUE NIHIL MODERABILE SUADENT" (Nacht und Liebe und Wein raten mir, alle Mäßigung zu vergessen). Dass es Nacht ist, verrät auch der durch das Fenster scheinende Mond mit vielen Sternlein. Dieser kleine Stich ist eine Parodie auf Michelangelos pathetisch-plastische Gestaltung der „Nacht" beim Grabmal des Giuliano II. de´Medici (1519-1531), dem Herrscher über Tag und Nacht. Bei Michelangelo wirken die Gestalten gestelzt, philosophisch-grüblerisch, überhöht. Beham lässt seine Schöne lasziv sich rekeln. Jürgen Müller und Kerstin Küster schreiben dazu: „Parodiert wird nicht nur dessen Aktdarstellung, sondern der pseudo-allegorisch empfundene Charakter des Vorbilds, der durch die Parodie offenbar wird. Die Inversion, die hier stattfindet ist von außergewöhnlicher Perfidie. Die Behamsche Allegorie der Nacht zeugt aber nicht nur von ausgesuchter Bösartigkeit, sondern auch von großer Bildintelligenz. Das Verbergen des Vorbilds führt nämlich dazu, dass wir das ordinäre Kunstwerk erst einmal ablehnen, um in ihm dann eine der vornehmsten Allegorien der Hochrenaissance zu entdecken." (Katalog 2011, S. 27)

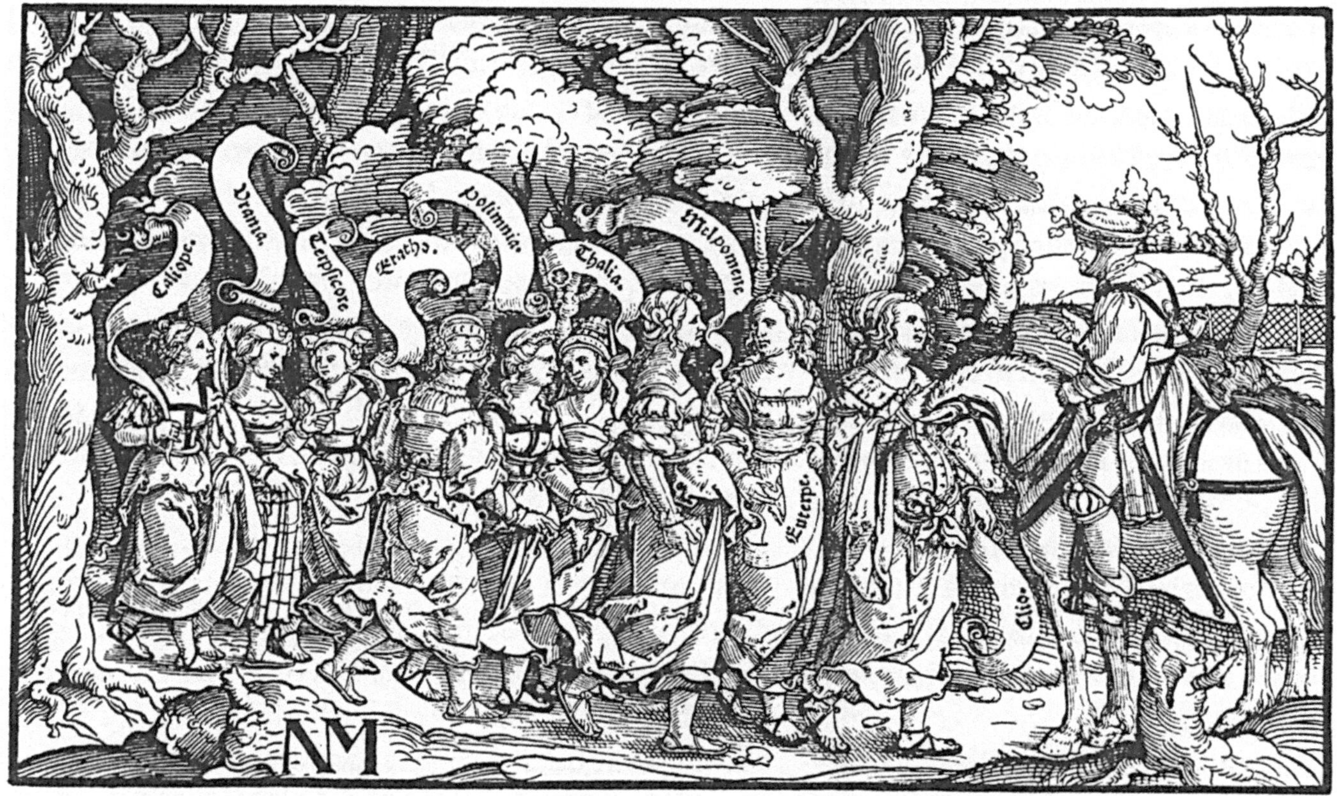

Abb. 77: Georg Pencz, Klagred der neun Muse oder kunst uber gantz Teutschland, 1535, Holzschnitt, Ausschnitt, 37,3 x 18,7 cm, Stiftung Schloss Friedenstein Gotha, public domain

Diese Kritik des Monumentalen und Pathetischen findet sich überall im Werk der Behams. Im „Jungbrunnen" (1531) werden die Göttinnen aus Raimondis Parisurteil einfache Badehausbesucher. Athene hängt Wäsche auf, Hera und Aphrodite trinken Wasser. Michelangelos muskulöse Kletterer werden zitiert, bei Selbald Beham zeigt der eine auf eine Barbusige, die einem Liebespaar beim Schmusen zuschaut. Figuren aus Raffaels Kreuzabnahme mit einer Leiter werden übernommen, hier aber dient die Leiter dazu, in einen höheren Teil des Badebeckens zu kommen. Albrecht Altdorfers monumentaler Brunnen aus dem Holzschnitt „Die Heilige Familie am Brunnen" erscheint, hier dient der Brunnen aber dazu, für lustvolles Geplätscher zu sorgen. Beham entmythologisiert,

entschlüsselt die als göttlich behaupteten Bildinhalte und führt sie auf natürliche Sehgewohnheiten zurück.

Insbesondere setzt sich Beham auch mit den gescheiterten Bauernaufständen und der Reformation auseinander. In „Die große Kirchweih" (1535/39) sitzt im Mittelpunkt des Bildes der Reformator vor einem Wirtshaus am Tisch mit einem Fürstenknecht und einem sich gelehrt Gebenden (der allerdings ein Schwert trägt). Vor sich hat er Brot und Wein. Behams Kommentar dazu ist ein direkt vor der Sitzgruppe auf der gegenüberliegenden Seite des Tisches liegender Bauer, der sich übergibt. Der Reformator ist deutlich abgegrenzt, er hat mit dem gemeinen Volk nichts mehr am Doktorhut. Auf dem Bild

101

wimmelt es dann vor Anspielungen: Landsknechte versuchen einfache Menschen zu betrügen. Bauern tanzen, spielen, vor allem aber gehen sie mit Schwertern und Lanzen aufeinander los. Die Bauern sind sich nicht einig, dann kann aus den großen Zielen auch nichts werden. Links wird eine katholische Kirche mit Brimborium und großem Zeremoniell eingeweiht, eine Nonne ist mit prall gefüllten Geldsäcken gekennzeichnet. Es hat sich nichts geändert.

In einer Folge von zehn Kupferstichen „Die Monate des Jahres" (1546- 1547) lässt Sebald Beham Bauern im Kreis herumtanzen. Eine Pointe ist dabei, dass die Bauern neben den Monats- auch Heiligennamen tragen, die andere die, dass ausgerechnet im Christmonat Dezember der Bauer sich übergibt. Neben den sechs Monatsblättern kommentieren vier weitere Stiche das Bauerndrama: Auf dem ersten stürmt der Bauer unter den Klängen des Dudelsackpfeifers und eines Flötisten kraftvoll nach vorn. Auf dem zweiten beraten sich die Bauern. Auf dem dritten prügeln sie sich: „Haust du mich, so stich ich dich". Das vierte Blatt hat zwei Szenen parat. Links privatisiert der Bauer und greift einer Frau unter den Rock. Rechts erscheint wieder Behams Kommentar, ein sich übergebender Bauer mit der Inschrift „Du machst es gar zu grob". All seine Figuren sind liebenswürdig dargestellt, aber Behams Stellungnahme ist eindeutig: „Es ist zum ..." Alles dreht sich im Kreis und nicht zum Besseren.

Sebald bleibt seiner Kleinkunst und seiner kritisch-liebevollen Auseinandersetzung mit dem Treiben der Bauern treu. Sein Bruder Barthel tritt in die Dienste des katholisch-bayerischen Herzogs und wird Hofmaler. Seine Porträts präsentieren die Würdeträger meisterhaft in höfischer Distanz. Der Dritte im Bunde der „Gottlosen" Georg Pencz wird von den Ratsherren Nürnbergs rehabilitiert, nachdem er Besserung gelobt hatte. Aber sein Kommentar zur Zeit ist nicht minder pessimistisch als der von Sebald Beham. In dem Holzschnitt „Klagred der neun Muse oder kunst uber gantz Teutschland" (1535), in der er ein Gedicht von Hans Sachs illustriert, erklären die neun Musen einem Jäger, dass sie Deutschland verlassen wollen. Das Umfeld stimme nicht mehr, alles hetze nur noch nach dem Geld. Künstler und Philosophen würden verspottet, als Fantasten abgetan und in der Öffentlichkeit nicht mehr anerkannt. Im Text heißt es: „Man tragt nit schwer an guter Kunst."

Ein Phänomen: Nachdem die deutsche Renaissance-Kunst innerhalb weniger Jahrzehnte eine bis dahin nicht gekannte Blüte erlebt hatte, versiegen die Quellen ebenso schnell. Über Jahrhunderte hinweg können deutsche Künstler nicht mehr an das damals erreichte Bildwissen anknüpfen. Die Reformatoren, die viele Hoffnungen geweckt hatten, zeigten ihre kulturfeindliche, reaktionäre Seite. Schon der damals mit Luther verbündete Karlstadt ließ 1521 in Wittenberg Bilder verbrennen. 1524 wurden auf Drängen Zwinglis in Zürich Kirchenbilder zerstört und entfernt. Fanatiker der Bildervernichtung waren Calvin und die Wiedertäufer. Calvin war darüber hinaus berüchtigt und gefürchtet für seine Hexenjagden und Verbrennungen. Aber auch unter Luther gab es Hexenverfolgungen und Hetze gegen die Juden, die „Gottesmörder". Die neue Kirchen-Hierarchie unterschied sich nicht mehr von der alten. Skylla oder Charybdis. Luther, Calvin und Zwingli retteten mit ihrem dogmatischen Regime mit den alten Methoden das katholische dogmatische Regime. Papst Paul III (1534 - 1549) installierte 1542 das Schreckensregime der Inquisition, ließ ab 1543 massenhaft Bücher verbieten und verbrennen – und natürlich auch Bilder, die nicht dem Dogma entsprachen. Eine dunkle Nacht des Terrors legte sich über die meisten Länder Europas.

Ein neuer Anlauf zum individuellen Menschenbild: Einzig in den Niederlanden überlebt die Kunst

Dürer hatte den Bauern zu einer Figur der Weltkunst gemacht (aber immer sehr deutlich getrennt vom Patrizier- oder Fürsten-Porträt). Sebald Beham hatte das Bauern-Spektakel dramatisiert. Pieter Bruegel der Ältere (1525/30 - 1569) macht den Bauern zu einem Hauptthema. Ihn deshalb aber als „Bauern-Bruegel" zu bezeichnen, wäre eine oberflächliche und vereinfachende Betrachtungsweise. Es fällt auf, dass er kaum Porträts gemalt hat – und wenn, dann bildet er nur „einfache" Menschen ab. Das bedeutet aber nicht, dass er die große Errungenschaft der Renaissance, die Herausarbeitung des individuellen Menschenbildes, nicht verinnerlicht hätte. Aber er sieht die Persönlichkeit eingebunden in die Gemeinschaft, abhängig von politisch-sozialen Verhältnissen und von der Natur. Rose-Marie und Rainer Hagen haben deswegen vorgeschlagen, eher von einem Öko-Bruegel zu sprechen. Aber auch das würde die Sichtweise verengen.

Im „Blindensturz" (1568) charakterisiert er sechs heruntergekommene Blinde. Ärzte können noch heute diagnostizieren, an welcher Krankheit jeder einzelne sein Augenlicht verloren hat. Sie sind darauf angewiesen, sich selbst zu helfen und führen einander mit Stöcken verbunden, um den rechten Weg zu finden. Doch der Anfüh-

Abb. 78: Pieter Bruegel der Ältere, Der Blindensturz, 1567, Öl auf Holz, 86 x 154 cm,, Kunsthistorisches Museum, Wien, public domain

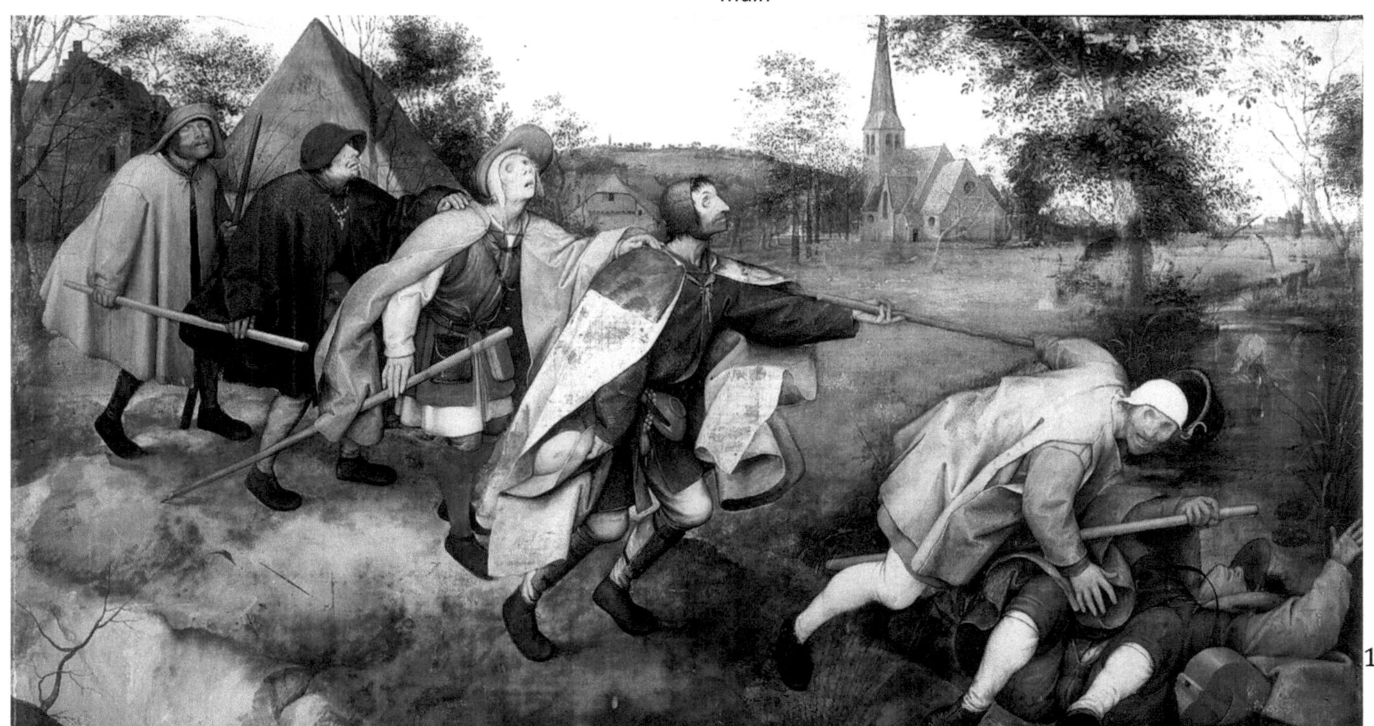

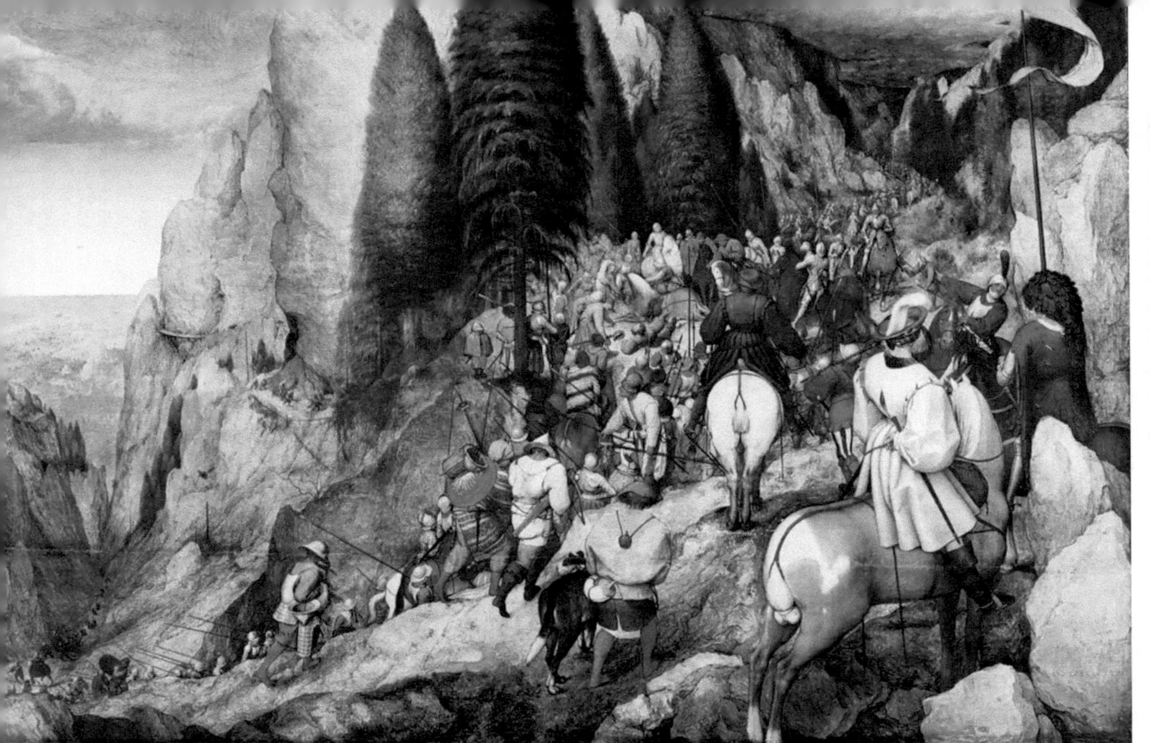

Abb. 79: Pieter Bruegel der Ältere, Die Bekehrung des Paulus, 1567, Öl auf Holz, 108 x 156 cm,, Kunsthistorisches Museum, Wien, Foto: The Yorck Project, public domain

gekennzeichnet. Dem Geistlichen ist die Mitra über die Augen gerutscht, sodass er nichts mehr sehen kann. Entsetzt schauen der Bürger mit Pelzmütze und ein Soldat auf etwas außerhalb des Bildes Liegendes, Aristokrat und Bauer haben sich abgewendet. Die Figuren hat er mit Fuchsschwänzen verziert. Ihre Hinterlist und Habsucht nützen ihnen nichts, haben auch in der Vergangenheit nichts als Missgeburten erzeugt. In der Region beginnt eine 80-jährige kriegerische Auseinandersetzung, die Hunderttausende Opfer fordert. Erst mit dem „Westfälischen Frieden" 1648 wird sie beendet und führt zur Aufteilung in den calvinistischen Norden und den katholischen Süden. 1559 hatte Bruegel das Motiv der Krüppel schon in „Der Kampf zwischen Karneval und Fasten" aufgegriffen. Sie sind die Leidtragenden und Resultat der Auseinandersetzung des auf einem Weinfass reitenden fetten Protestanten, den zwei Narren schieben und dem hageren dürren Katholiken mit einem Bienenkorb als Mitra auf dem Kopf, gezogen von Mönch und Nonne. Beide gehen mit merkwürdigen Lanzen aufeinander los, jeweils verziert mit Schweinskopf und zwei mageren Fischen. Dazwischen gibt es ein zusammenhangloses buntes Treiben. Ein Calvinist predigt treudoofen Ahnungslosen, Fische werden ausgenommen, ein Musiker klimpert. Doch in der Bildmitte hat ein Narr eine Fackel angezündet (ein sinnloses Unterfangen am Tag) und führt ein Paar. Narren übernehmen die Führung.

rer ist schon hinterrücks in einen Bach gefallen, der zweite ist dabei zu stürzen, die anderen vier werden auch im Bach landen, verrät die Dynamik des Bildes. Es sind Ausgestoßene. Es geht abwärts. Für sie gibt es keine Erlösung. In der Bildmitte ist in steinerner Architektur eine Kirche gemalt. Eine Kritik an der verbreiteten calvinistischen Lehre, dass Reichtum ein Geschenk Gottes und Armut, Krankheit eben Schicksal sei? Bruegels gnadenloser Realismus ist beißende Kritik. 1568 herrscht in Brüssel schon spanischer Terror. Der spanisch-habsburgische Regent Philipp hatte den Herzog Alba mit einem großen Heeresaufgebot in die belgisch-niederländische Region geschickt, um die Ketzerei dort zu beenden und den wahren katholischen Glauben zu installieren. Philipp befiehlt den Massenmord. Lieber würde er 100 000 töten, als Andersgläubige zu dulden, hatte er geäußert. Bruegels Kommentar sind „Die Krüppel". Fünf Missgestaltete, die sich nur mühsam auf ihren Krücken fortbewegen können, sind durch ihre Kopfbedeckungen

Eine Stellungnahme
gegen das drohende
Abschlachten sind „Der
Selbstmord Sauls"
(1562) und „Die Bekeh-
rung des Paulus"
(1567). In beiden Fäl-
len wird die biblische
Anekdote nur zum An-
lass genommen, um auf
die aktuell drohende
Gefahr hinzuweisen.
Der Selbstmord Sauls
und seines Knappen ist
eigentlich ein neben-
sächliches Geschehen
am linken Bildrand. Das
Gemälde charakteri-
siert, dass Eisen-gepan-
zerte Heeresmassen
aufeinander losgehen
und sich abstechen. Auf
einem Berg türmen

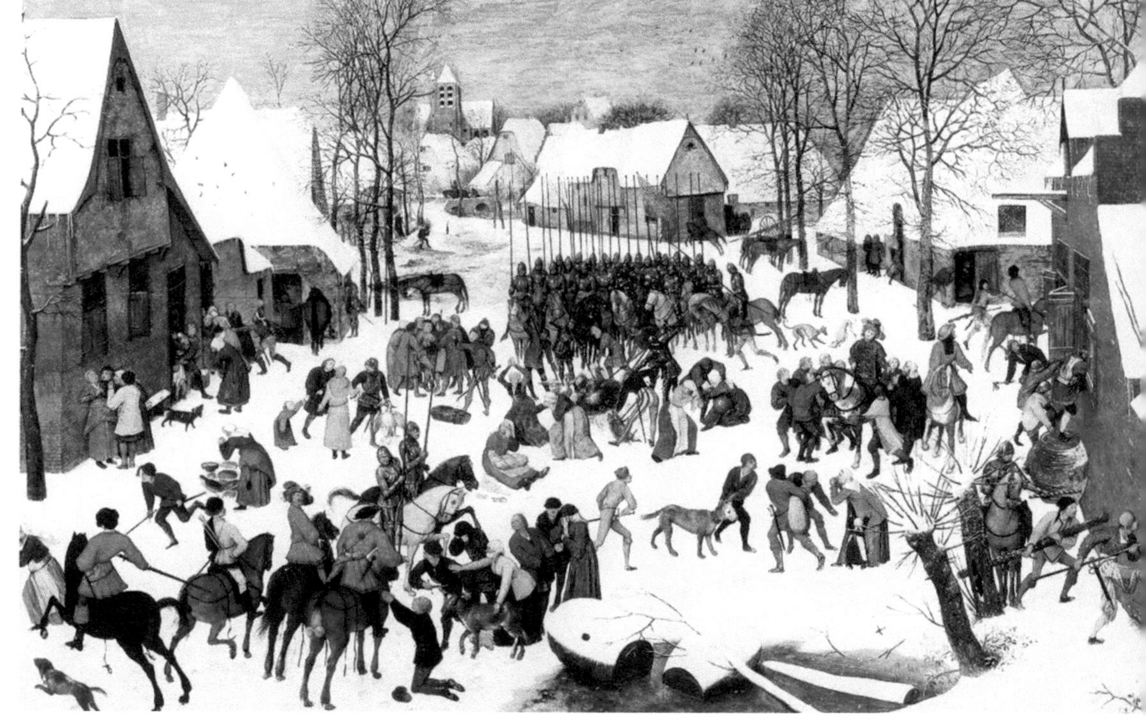

Abb. 80: Pieter Bruegel der Ältere, Der Bethlehemitische Kindermord, 1565 - 1567, Öl auf Holz, 109,2 x 154,9 cm, Hampton Court Palace, London, public domain

sich schon die Leichen. Hier wird anonym gestorben, das individuelle Drama Sauls fällt nicht ins Gewicht. Beim Paulus-Bild wird die biblischen Legende zitiert, nach der der römische Legionär Saulus auf seinem Ritt nach Damaskus, wo er Christen niedermetzeln soll, vom Pferd gefallen ist: In diesem Moment des Sturzes kam ihm die Erleuchtung des wahren Gottes und er wurde als Paulus zum Streiter der Christenheit. Im Jahr 1567 war der Herzog Alba mit seinem spanischen Heer an der Mittelmeer-Küste gelandet und überquerte die Alpen in Richtung Brüssel/Antwerpen. Bruegel zeigt den Herzog Alba in schwarzer Kluft (der Schwarze, der Katholik) auf seinem Streitross in Rückenansicht, wie er den Sturz des Saulus inmitten des Heerestrosses beobachtet. Des Malers Hoffnung ist, dass sich der Herzog eines Besseren belehren lässt und einen Gesinnungswandel vollzieht. Die Hoffnung sollte sich nicht erfüllen.

Was passierte, sah Bruegel schon in „Der Bethlehemitische Kindermord" (1565 - 1567) voraus. Eine gut gerüstete spanische Reiterstaffel mit aufgerichteten Lanzen bildet die Bildmitte. Vor ihnen und unter ihrem Schutz stechen Söldner Truthähne und Schweine ab. Andere plündern das Dorf. Eine Mutter versucht ein Päckchen auf ihrem Schoß zu schützen, andere wenden sich voller Entsetzen ab. Bauern versuchen einen offenbar habsburgisch-spanischen Befehlshaber davon zu überzeugen, von dem mörderischen Treiben abzulassen. Offenbar ohne Erfolg: „Befehl ist Befehl" scheint er ihnen zu antworten. Auf diesem Original lässt Bruegel nur Tiere abschlachten, auf einer späteren Kopie wird sein Sohn Pieter Bruegel der Jüngere deutlicher: Hier sind es Kinder, die von der Soldateska niedergestochen werden. Aber auch das Original spricht eine klare Bildsprache: Es passiert Entsetzliches, was mit der Kulisse des friedlichen Dorfes an einem klaren sonnigen Wintertag krass

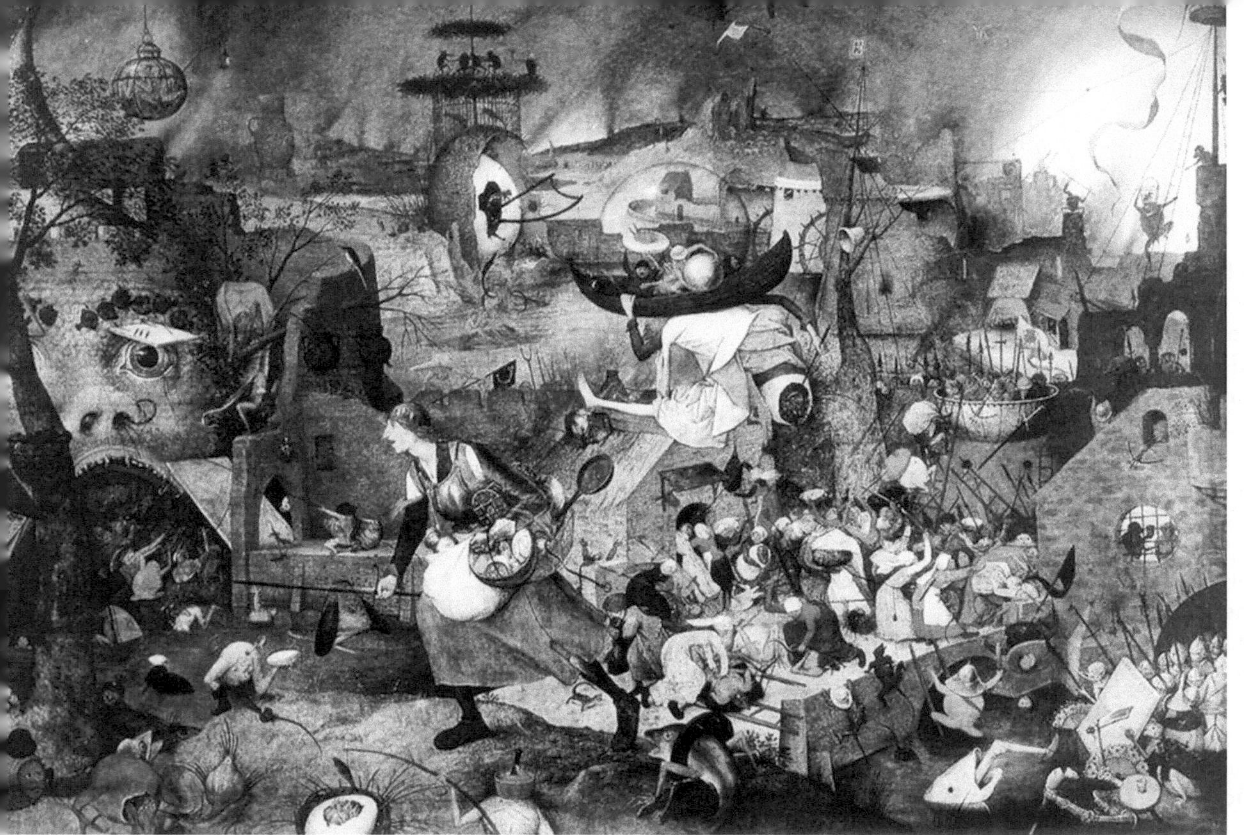

Abb. 81: Pieter Bruegel der Ältere, Die tolle Grete, 1562, Öl auf Holz, 117 x 162, Museum Mayer van den Bergh, Antwerpen, public domain

ren die Summen in Büchern: Steuereintreibung. Wer das Geld einheimst, ist an dem Schild mit dem habsburgischen Doppeladler zu erkennen. Die Steuerlasten drücken die Bevölkerung schon schwer, sie werden unerträglich unter der Herrschaft von Herzog Alba. Die an sich reiche belgisch-niederländische Region musste für die Hälfte der Steuern

kontrastiert.

des habsburgisch-spanischen Reiches aufkommen.

Wieder liefert ein friedliches Dorf im Winter das Panorama, wieder ist es vordergründig ein biblisches Thema: „Die Volkszählung zu Bethlehem" (1566). In der Bildmitte im Vordergrund reitet Maria als Bäuerin gekleidet auf einem Esel, der von Josef geführt wird. Er ist als Zimmermann mit einer Säge gekennzeichnet – es sind einfache Menschen aus dem Volk. Das Gemälde zeigt das harte aber auch Freuden bereitende Leben im winterlichen Dorf. Kinder spielen auf dem Eis, ein Bauer bindet sich Schlittschuhe um, andere transportieren schwere Säcke über einen zugefrorenen See, eine Sau wird geschlachtet. Aber Bruegel konzentriert den Blick auf das Geschehen links im Bild: Dort drängeln sich Menschen vor einem Wirtshaus. Höflinge kassieren Geld und notie-

Auch in „Die niederländischen Sprichwörter" (1559) wird ein Stimmungsbild der Zeit gezeichnet. Es wimmelt von Anspielungen, Kunsthistoriker haben 119 Sprichwörter ausgemacht, die karikiert werden. Im Mittelpunkt sitzt der Teufel mit einem Beichtenden (Sprichwort: Er geht zum Teufel zur Beichte). Er verrät sich dem Feind. Daneben zündet ein Mann eine Kerze als Spende für den Teufel an. Er versucht sich einzuschmeicheln und stürzt damit nur noch tiefer ins Verderben. Auf einem Balken ist eine Weltkugel befestigt, bei der das Kreuz nach unten hängt. Die Ordnung ist auf den Kopf gestellt. Ein Edelmann balanciert dieselbe Kugel mit Kreuz auf seinem Daumen: Alles tanzt nach der

Pfeife des Aristokraten. Ein Mönch bindet Jesus einen falschen Bart um, nutzt also dessen Image für seine eigennützigen Interessen. Unübersehbar wird an der weltlichen und kirchlichen Herrschaft Kritik geübt. Aber Bruegel lästert auch über Gier, Habsucht und Eigennutz. Wie ist Bruegels Haltung in dem kirchlichen Streit zu bestimmen? Klar positioniert er sich gegen die katholische Kirche und die spanische Herrschaft, die in den Regenten Pius V., Philipp und Herzog von Alba eine unselige Allianz eingegangen sind. Aber er kann auch dem calvinistischen Eiferern nichts abgewinnen. Allenfalls äußert er Sympathie für die herumziehenden protestantischen Prediger. In „Die Predigt Johannes des Täufers" (1566) redet der Heilige im Wald (weil es in der Stadt und in

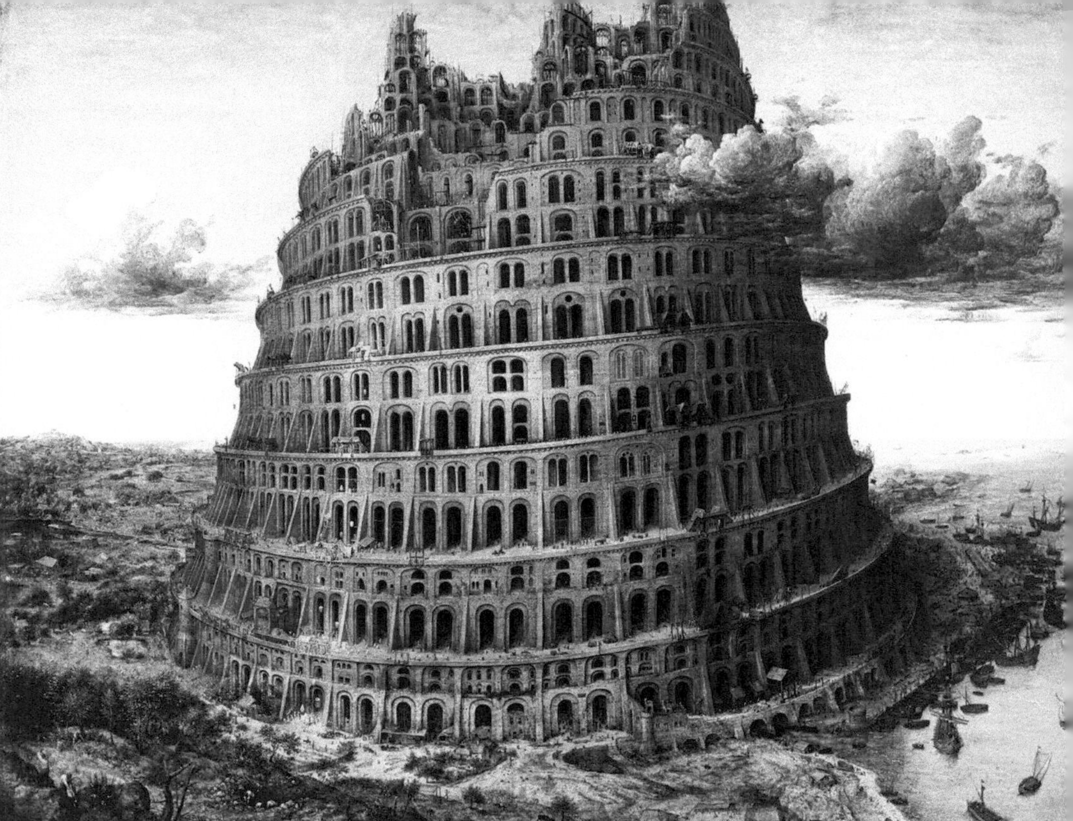

Abb. 82: Pieter Bruegel der Ältere, Der ›kleine‹ Turmbau zu Babel, um 1563, Öl auf Holz, 60 x 74,5 cm, Museum Boijmans van Beuningen, Rotterdam, public domain

den Kirchen verboten war) und verweist auf die Lehren des am Rande im Volk stehenden Jesus. Zurück zu den Ursprüngen, ist Bruegels Botschaft. In allen Bildern mit biblischen Zitaten werden die Heiligen als einfache Menschen aus dem Volk gekennzeichnet - und nicht wie von der katholischen Kirche gerade auf dem Trienter Konzil gefordert, als übernatürliche, von Gott ausgewählte Instanzen. Eine Ausnahme bilden zwei Werke, die sich deutlich von seinen übrigen Gemälden unterscheiden. In der „Tod Mariens" (1564) steigert er in Grisaille-Technik die Schwarz-Weiß-Malerei zur Lichtmagie: Er schildert den Traum des Jüngers Johannes, der am Kamin eingeschlafen ist, dem Maria umgeben von den Aposteln als Vision erscheint. Wollte Bruegel mit der Komposition und der Art der Darstellung das Traumhafte, das „Un-

wirkliche" des Geschehens darstellen? Nach der Devise: Es kann nicht so gewesen sein, es ist nur ein schöner Traum? In „Christus und die Ehebrecherin" (1565) schreibt Jesus vor den Pharisäern und der Frau kniend den Satz in den Sand: Wer ohne Sünde ist, der werfe den ersten Stein. Wieder wird in der Schwarz-Weiß-Malerei das Gleichnishafte betont. Rückt er das Recht der Frau auf eine freie Entscheidung ins Bild?

Deutlicher wird er in „Der Triumph des Todes" (um 1562). Eine Heerschar von Gerippen metzelt alles nieder – es trifft alle, ob Kirchenfürsten, Könige, Liebespaare oder Bauern. Die Knochenmänner haben Schilder mit dem christlichen Kreuz. In Leichentüchern gewandet überwacht eine Truppe „Oberaufseher" das Geschehen. Auch über ihnen prangt ein großes rotes Kreuz. Die noch

Lebenden werden von den Skeletten in eine Falle getrieben, die deutlich mit dem kirchlichen Kreuz gekennzeichnet ist. Ein Gott der Erlösung ist nicht in Sicht.

Weltuntergangsstimmung herrscht auch in „Die tolle Grete" (1562). Da stürmt die geharnischte, magere Frau mit dem Schwert in der rechten Hand nach vorn. In der linken hat sie ihre wenigen Habseligkeiten zusammengerafft. Sie muss sich in einer Welt voller Ungeheuer behaupten. Sie selbst ist nicht als Dämonin gekennzeichnet – aber die Männer, die rechts in der Rüstung aus einer Teufelsburg marschieren und Tod und Verderben bringen. Andere haben sich in einem überdimensionalen Topf verschanzt, ihre Lanzen ragen empor. Überall das Bild der Verwüstung, am Horizont lodert das Inferno. Frauen sind auf diesem Bild die einzigen, die eine positive Rolle zu spielen versuchen. Auf einer Brücke wehren sie mit Lanzen bewaffnete Unwesen ab, andere versuchen die teuflischen Wesen zu bändigen. Wiederum andere rangeln untereinander um Geld, das aus einem riesigen After eines bärtigen Mannes fällt. Dieser seltsame heilige Christopherus, der sich in ein bärtiges Ungeheuer verwandelt hat, scheidet aus seinem Hintern das Geld aus, er trägt auf dem Kopf (wo sonst Jesus thront) ein Teufels- oder Narrenschiff, in denen Dämonen der Fress- und Habsucht frönen, abgeschirmt durch eine Glaskugel, die diesen höllischen Wesen als Schutz und Heiligenschein-Aureole dient. Bruegel deutet um, stellt eine verkehrte Welt fest. Das Ei, eigentlich Fruchtbarkeitssymbol, gebiert hier Ungeheuer. Männer mutieren zu Symbolen der Gier und Fresssucht, zu mordenden Banden. Frauen sind die einzigen, die dem teuflischen Chaos Einhalt zu gebieten versuchen. Aber gerade die verfolgt die katholische Kirche als Hexen, die „weisen Frauen" werden als die eigentlichen Verursacher allen Übels hingestellt. Eben eine verkehrte Welt.

Fortschrittsgläubigkeit zeichnet das Werk Bruegels nicht aus. „Der ›kleine‹ Turmbau zu Babel" (um1563) zeigt das gewaltige Bauwerk in einer Hafenstadt, eine Vielzahl von Handelsschiffen liegt vor Anker. Offenbar ist hier die Stadt Antwerpen gemeint, die sich zur führenden Handels- und Wirtschaftsmetropole Europas emanzipiert hatte. Die Zahl der Einwohner verdoppelte sich innerhalb weniger Jahrzehnte, unter ihnen viele Handelsherren aus zahlreichen Ländern. Hoch über die Wolken ragt das gewaltige Gebäude schon, an dem Tausende von Bauleuten, Experten, Architekten bauen, immer höher, immer kühner und gewagter. Winzig klein nehmen sich demgegenüber die bisherigen Bauten aus. Jeder kennt den Ausgang der biblischen Geschichte: Gottvater straft die Hochmütigen und Gottes Willen Missachtenden mit der Zerstörung des Bauwerks. Die Menschen werden ihrer gemeinsamen Sprache beraubt, sie können sich nicht mehr verständigen, werden unfähig zur gemeinsamen Kommunikation. Das gemeinsame Bauwerk, das Leuchtturm und Orientierungspunkt sein sollte, bewirkt das Gegenteil. Bruegels Pointe ist: Genau im Mittelpunkt des Bildes wandelt eine katholische Prozession (winzig, kaum sichtbar, aber zu erkennen am roten Baldachin) den Turm empor. Die Stadt ist nicht mehr wie bei Dürer oder Cranach die Rettung. Sie brütet neue soziale Widersprüche aus. Es muss eine neue gemeinsame Sprache gefunden werden.

Gibt es Lichtblicke? Es ist überliefert, dass Bruegel gern Bauernfeste und Hochzeiten besuchte „Der Bauerntanz" (1568), „Der Hochzeitstanz im Freien" (1566). Er zeigt eine fröhlich ausgelassene Dorfgemeinschaft, betont Geschlechterbegehrlichkeiten, so werden die Sackbeutel der Männer und die Sonntagskleidung der Frauen hervorgehoben. Es ist ein hartes, arbeitsreiches Leben, stellt er in „Die Heuernte" (um 1565) oder in „Die Kornernte" (1565) heraus. Aber die gemeinsam Schuftenden oder sich Ausruhenden sind eingebettet in eine friedliche Natur. Bruegel entfaltet vor dem Betrachter ein harmonisches Landschaftsbild, das Ruhe, Geborgenheit und gleichzeitig Vielfalt ausstrahlt. Auch wenn Unwetter aufziehen „Der düstere Tag" (1565) oder wenn Kälte droht „Die Jäger im Schnee" (1565), in der Gemeinschaft lassen sich die Widrigkeiten der Natur, die trotzdem einen ästhetischen Genuss bereiten, meistern. Der Wandel der Jahreszeiten, den Reichtum, den die Natur dem Menschen bietet, ist hervorragend erfasst. Bruegel idealisiert den Bauern nicht, er zeigt die Gesichter von harter Arbeit gezeichnet. Der Bauer, die Bäuerin mögen grobschlächtig gekennzeichnet werden, aber sie verlieren nie ihre Würde. Auch wenn es manchmal Zank gibt. Die Dorfgemeinschaft, in der jeder jeden respektiert – und jeder

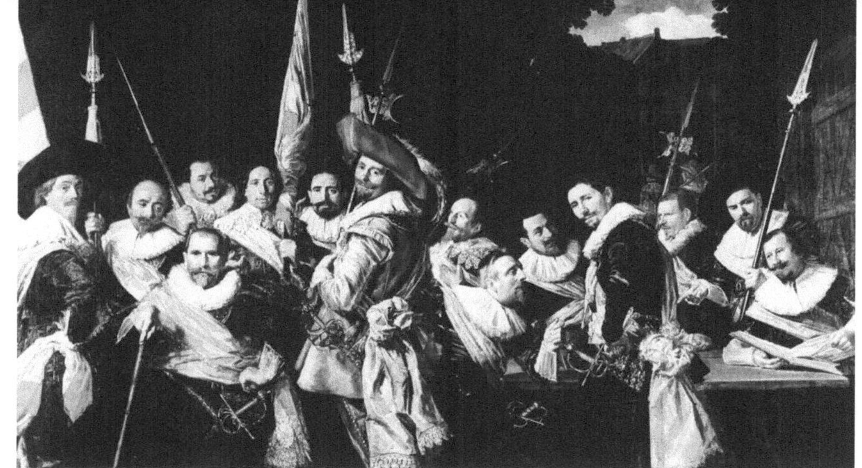

Abb. 83: Frans Hals, Festmahl der Offiziere der St.-Hadrian-Schützengilde von Haarlem., 1633, Öl auf Leinwand, 207 x 337 cm, Frans-Hals-Museum, Haarlem, Foto: The Yorck Project, public domain

bei Höhepunkten auch zu Festen eingeladen ist – gibt Sicherheit. Dabei sieht der Maler auch einen Idealzustand: „Das Schlaraffenland" (1567). Ein Aristokrat, ein Bürger und ein Bauer haben sich an allerlei Köstlichkeiten gelabt (man sieht es an ihren vollen Bäuchen) und sich zur Ruhe gelegt. Der Aristokrat ruht weich auf einem Kissen, der Bürger auf seinem Pelzmantel und der Bauer mit seinem Dreschflegel auf dem nackten Boden. Er, der all die Köstlichkeiten produziert hat, liegt am schlechtesten.

Bruegel begehrt auf, sieht die Ungerechtigkeiten in der Welt, benennt die Schuldigen, ohne sich dabei das Rückgrat zu zerbrechen. Er sieht die Widersprüche. Frans Hals (1581/1585 - 1666) ist im Widerspruch. Die Niederländer haben in ihrer nördlichen Provinz mehr und mehr die Oberhand gewonnen. 1607 muss die spanisch-habsburgische Monarchie in einen Waffenstillstand einbilligen, der 1609 auf zwölf Jahre begrenzt wird. Die niederländischen Offiziere jubilieren. In den Gemälden der Schützengilden präsentieren sie sich selbst- und siegesbewusst in prachtvollen Uniformen. In der „Versammlung der Offiziere der Adriaensdoelen" (1633) beratschlagen die Offiziere, sie haben wichtige Entscheidungen zu treffen. Die rechte Gruppe diskutiert noch ernsthaft, die linke hat schon einen Entschluss gefasst. Beide Gruppen halten ihre Lanzen hoch, die vor dunklem

Hintergrund golden glitzern. Kommen die Waffen in der offensichtlich bevorstehenden Schlacht zum Einsatz? Die Fahne signalisiert Einigkeit und Entschlossenheit. Doch die Schlachten sind schon geschlagen. Und die Dargestellten werden auch nicht mehr kämpfen. Es sind längst Söldnerheere engagiert, die für das reichste Land der Welt streiten. Das Bild ist Theaterkulisse, es soll Eindruck machen. Sieben Jahre vorher hatte Hals schon 1627 die Offiziere der Adriaensdoelen gemalt, diesmal aber beim Festschmaus, sichtlich zufrieden mit dem lukullischen Genuss und angeheitert vom reichlichen Genuss des Weins. Das war ein Erinnerungsbild: 1622 waren sie nach dem heutigen Belgien geritten, um mit der Waffe in der Hand den Feind zu besiegen. Sie brauchten aber nicht mehr einzugreifen, die Söldner hatten die Sache schon erledigt. Sie kehrten ohne Verluste in die Heimat zurück und konnten sich präsentieren – und feiern. Das letzte Bild seiner Schützenstücke malte Hals 1639: „Offiziere und Unteroffiziere der St.-Georgsdoelen". Hier ist keine Dynamik mehr zu spüren. Obwohl die 19 Dargestellten ihre Lanzen in die Höhe recken, wirken die Figuren wie aufgereiht. Sie sprühen nicht mehr vor Energie sondern repräsentieren nur noch. Die Zeit der Helden ist vorbei, die Zeit der Kaufleute angebrochen, die durch Sklavenhandel und die brutale Ausbeutung der Ostindischen Kolonie Reichtümer angehäuft haben. Schützenstücke werden nicht mehr gebraucht.

Hals bekommt dafür keine Aufträge mehr. Statt dessen muss er ab 1640 sogenannte Regentstücke malen, Gemälde von reichen Patriziern und Adligen, die sich als

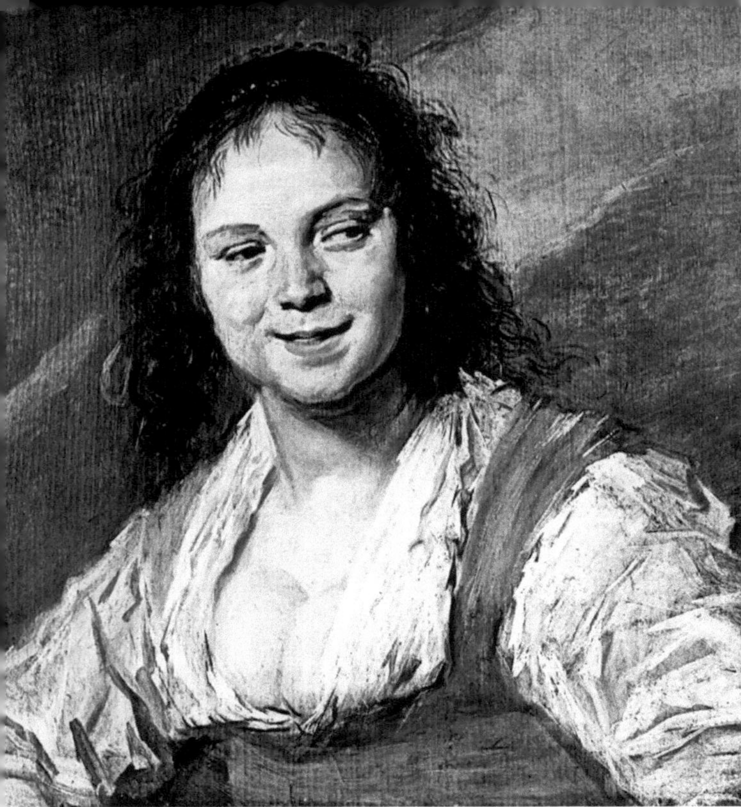

Abb. 84: Frans Hals, Zigeunerin, 1633, Öl auf Leinwand, 58 x 52 cm, Louvre, Paris, public domain

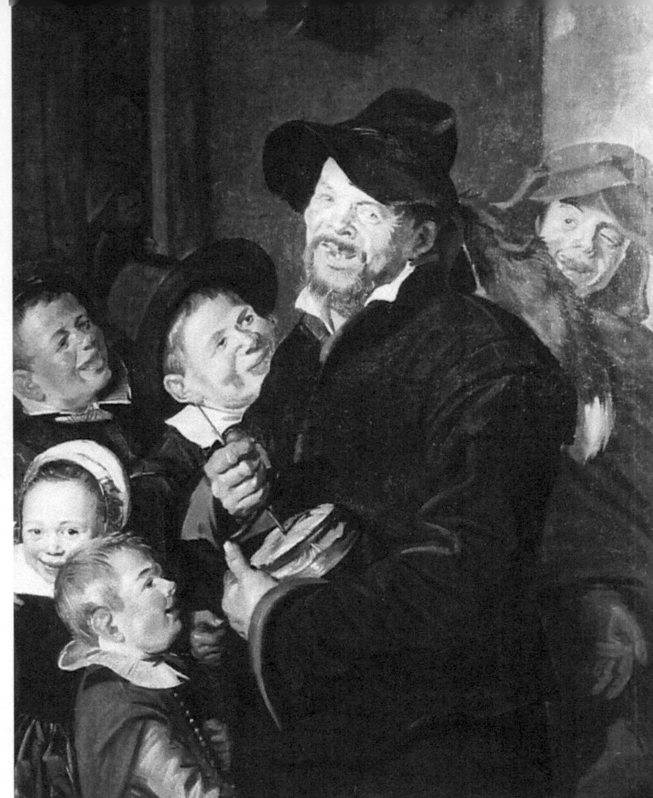

Abb. 85: Frans Hals, Rommelpot-Spieler, um 1625, 38 x 31 cm, Öl auf Holz, Art Institute, Chicago, public domain

Wohltäter feiern lassen. Hals hält in diesen Regentstücken Distanz zu den Porträtierten. Trotzdem beweist er mit den „Regenten des St.-Elisabeth-Spitals" (1641) seine Meisterschaft in der Porträtkunst. Aber jeder der fünf Geschäftsleute wirkt isoliert, jeder ist auf sein Ansehen und seinen Vorteil bedacht. Kälte und Lieblosigkeit kennzeichnet „Vorsteherinnen des Altmännerhauses in Haarlem" (1664). Vier alte Frauen starren den Betrachter teilnahmslos an oder schauen trostlos aus dem Bild heraus ins Leere. Zusammengekniffene Lippen, regungslose Minen, misstrauisch abwartende Haltung. Das sind keine Wohltäterinnen sondern Strafjustizbeamtinnen. Das ist klar ersichtlich nicht die Welt des lebenslustigen Frans Hals.

Die leuchtet in seinen sogenannten „Sittenbildern" auf. Hier haben die Kunsthistoriker einen vollkommen fal-

schen Begriff geprägt. Hals hält keine Moralpredigten. Er trinkt gern einen in den Wirtshäusern fern von der vornehmen Haarlemer Gesellschaft. Hier findet er seine Modelle wie die „Zigeunerin", die sich ihrer Reize sicher ist, die sie betont. Kunstkritiker bezeichnen sie als Dirne. Woher wollen sie es wissen? Sie ist lebenslustig, keck, sinnlich, lockend, aber sie ist selbstbewusst.

Nicht nur in „Junker Ramp und seine Liebste" (1623) erhebt der junge Mann über das ganze Gesicht lachend ein Weinglas. Seine Liebste schmiegt sich an ihn und schaut den Betrachter schon leicht beschwingt an. „Der fröhliche Trinker" winkt dem Betrachter mit der rechten Hand zu, in der linken Hand schwenkt er sein Weinglas. Mit flüchtig aber sicher gesetzten Pinselstrichen charakterisiert er treffend die jeweilige Stimmung seiner Personen,

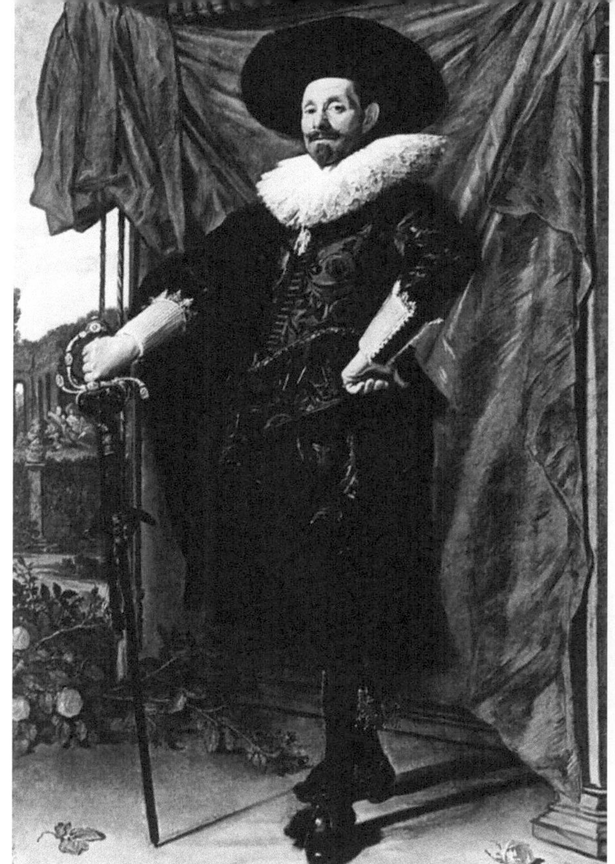

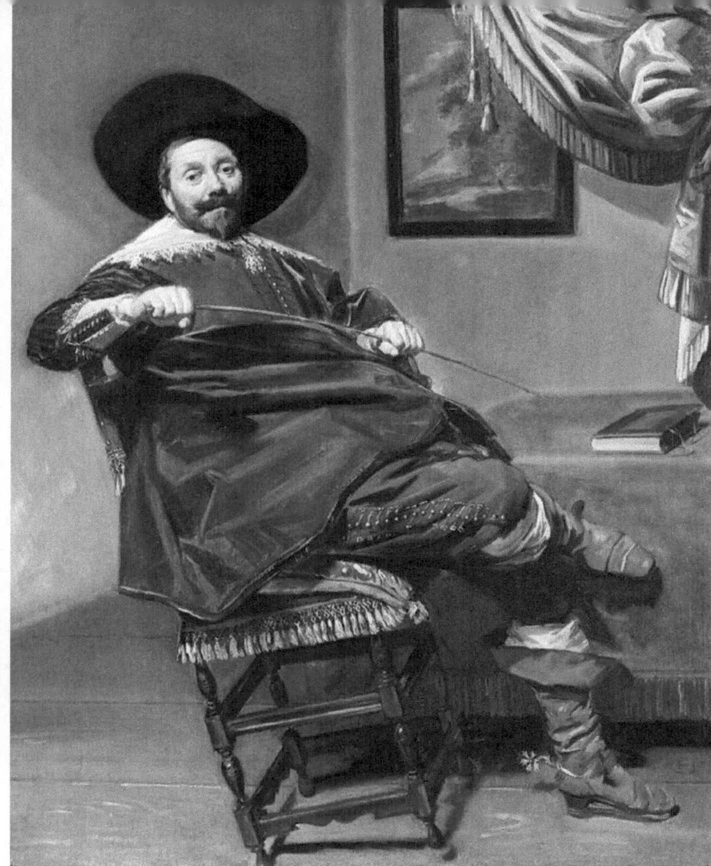

Abb. 86: Frans Hals, Willem van Heythuysen, um 1625, 205 x 135 cm, Öl auf Leinwand, Galerie Liechtenstein, Wien, Foto The Yorck Project, public domain

Abb. 87: Frans Hals, Willem van Heythuysen, um 1640, 47 x 37 cm, Öl auf Holz, Gemäldegalerie, Brüssel, public domain

gibt ihnen eine individuelle Freundlichkeit und Vertrautheit. 250 Jahre später sollen Impressionisten Hals als einen großen Wegbereiter ihrer Kunst bezeichnen.

Hals malt Kinder nicht als herausgeputzte Modelle sondern wie sie ihm auf der Straße begegnet sind. Grinsend spielen sie, ihre Kleidung ist schon leicht verschmutzt. Beim „Der Strandläufer von Haarlem" (um 1640) zeugen die Narben im Gesicht des schielenden Jungen von seinem harten arbeitsreichen Leben schon in jungen Jahren. In „Der Rommelpot-Spieler" lacht uns der Musikant, der um Almosen bittet, freundlich an, seine Wangen sind errötet, sein Hut ist zerrissen, sein geöffneter Mund zeigt eine große Zahnlücke. Aber er freut sich über seine Musik.

Um 1625 malt Hals seinen Haarlemer Freund und Auftraggeber Willem van Heythuysen, ein wohlhabender Garn-Händler der Stadt. Er posiert sichtlich stolz, würdevoll vor einem roten Samtvorhang. Sein Blick ruht von oben herab majestätisch auf dem Betrachter. Seine rechte Hand hält sein wertvolles Schwert fest im Griff, seine linke hat er energisch in die Hüfte gestemmt. Links im Bild wird der Blick freigegeben auf seinen kunstvoll gestalteten Garten, in dem ein Liebespärchen turtelt. Zehn oder fünfzehn Jahre später porträtiert er Willem van Heythuysens erneut. Er rekelt offenbar nach einem Reitausflug auf einem Stuhl, die Reitgerte hält er noch in der Hand. Die Würde ist dahin, die Pose verflogen. Er ist

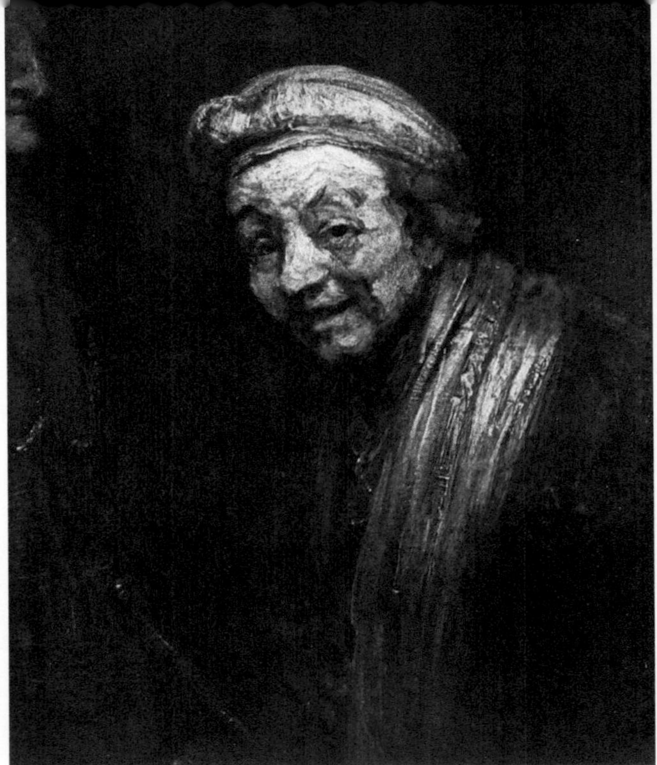

Abb. 88: Rembrandt Harmensz van Rijn, Selbstbildnis als Zeuxis, 1663, Öl auf Leinwand, 82,5 x 65 cm, Wallraf-Richartz-Museum, Köln, Foto: The Yorck Project, public domain

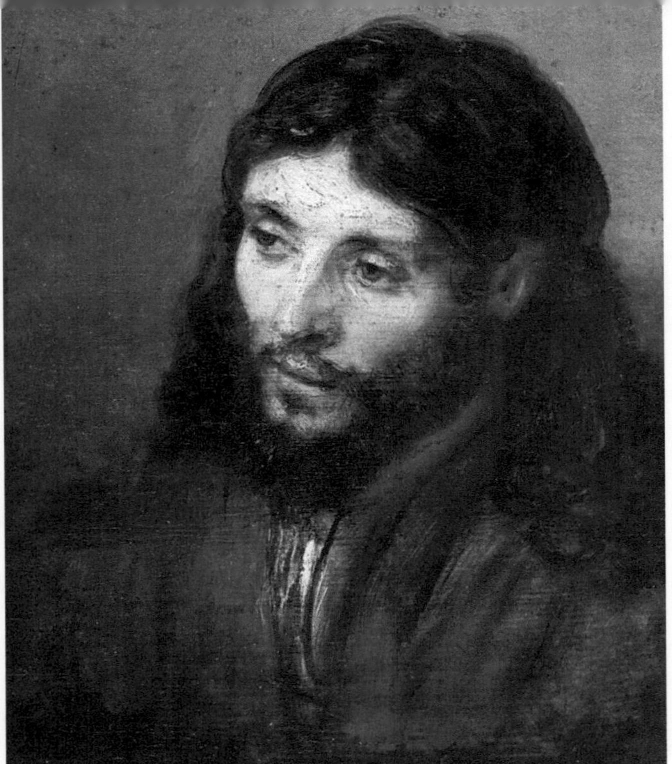

Abb. 89: Rembrandt Harmensz van Rijn, Ein Christus nach dem Leben, um 1648, Öl auf Leinwand, 25 x 20 cm, Staatliche Museen Preußischer Kulturbesitz, Berlin, public domain

ein ausgeglichener Mann, Reichtum deutet noch seine Kleidung und sein Hobby an, aber es gibt in dem Bild keine Spur mehr von standesmäßigem Dünkel. Der Mann ist im Leben angekommen, nüchtern geworden.

Frans Hals spürt und registriert den Wandel in der Gesellschaft. Auch die Aufträge für Regentenbilder versiegen. Die vornehmen Patrizier und Adligen repräsentieren nicht mehr, sie ziehen sich in ihre Privatgemächer zurück und wollen sich an schönen Landschaftsbildern, an Bildern mit prachtvollen Blumengebinden und auserlesenen Früchten ergötzen. Diejenigen, die in einer über hundertjährigen Auseinandersetzung dem mächtigsten feudalen Regime in Europa, dem habsburgisch-spanischen, die Stirn geboten und ihre politische Unabhängigkeit durchgesetzt hatten, glitten selbst in ein feudales Fahrwasser – und erstickten

damit die Kunst. Nicht mehr Auseinandersetzung, nicht Befreiung sondern Befriedung wurde von der Kunst gefordert. Frans Hals hält die soziale Spaltung in seinen Bildern fest. In frühen Zeiten geschätzt, geachtet und entsprechend finanziell dotiert, gerät er nach 1640 mehr und mehr in Vergessenheit und auch in finanzielle Nöte – seine Kunst entsprach nicht mehr dem Zeitgeschmack. Er blieb über 200 Jahre lang unbeachtet. Erst die Impressionisten entdeckten seine Bilder wieder.

Ein ähnliches Schicksal wie Frans Hals erlitt einer der größten Künstler: Rembrandt Harmensz van Rijn (1606 - 1669). Sein Aufstieg ab 1625 war kometenhaft. Er wurde einer der am meisten geschätzten Maler Amsterdams und genoss schon früh Weltruhm. Ab 1643 geriet er dann mehr und mehr in Vergessenheit, ohne allerdings ganz (wie Frans Hals) aus den Annalen der Kunstgeschichte über Jahrhunderte gestrichen zu werden. Schon in der „Teutschen Akademie" (einer der ersten kunsthistorischen Veröffentlichungen in deutscher Sprache im Jahr 1675) urteilte Joachim von Sandrart, dass Rembrandt „die Regeln der Kunst – Anatomie, Proportion, Perspektive, die Norm der Antike und die Zeichenkunst Raffaels – nicht beachtet und die vernünftige Ausbildung in den Akademien bekämpft" habe. Sandrart kannte Rembrandt persönlich und blickte als Adliger auf Rembrandt standesbewusst herab. Sein harsches Urteil: Der Maler sei ungebildet. Der Kunstschriftsteller Arnold Houbraken schloss sich dem an: Rembrandt würde ein schlechter Charakter, Missachtung sozialer Normen, eben ein niedriger sozialer Stand, kennzeichnen.

Die große Leistung Rembrandts konnte schon nicht mehr gesehen werden. Er vollendet das individuelle Menschenbild der Hochrenaissance-Kunst. Er gab ihm Kraft, Dramatik, Individualität bis in die Nuancen. Seine Personen repräsentieren nicht, zeigen nicht nur ihre äußere Hülle – wie im italienischen Barock –, sie leuchten im wahrsten Sinne von innen heraus. Die italienische Kunst rechnet mit dem Betrachter, demonstriert, will dem Betrachter etwas beweisen oder lehren. Rembrandts Figuren loten ihre innere Menschlichkeit oder Unmenschlichkeit aus und treten deshalb mit dem Betrachter in einen Dialog. Auch in seinen Historien- oder biblischen Gemälden treten uns die Handelnden als Individuen mit kennzeichnendem Charakter gegenüber. Sie veranlassen zu der Feststellung: „So könnte das historische Ereignis verlaufen sein, weil es handelnde Menschen waren." Er zeigt die Personen eingebunden in eine Gemeinschaft mit Konflikten und Auseinandersetzungen und entwickelt mit der Darstellung der Zwänge seine außergewöhnliche Dramatik.

Kein Künstler vor ihm hat sich so intensiv mit dem Selbstporträt auseinandergesetzt wie Rembrandt. Ein Narziss mit dem Pinsel, Zeichen- oder Radierstift in der Hand? Nein. Rembrandt ist kein schöner Mann mit seinem breiten etwas bullig wirkendem Gesicht. Er will das innere Ich ergründen. Er porträtiert sich lachend mit

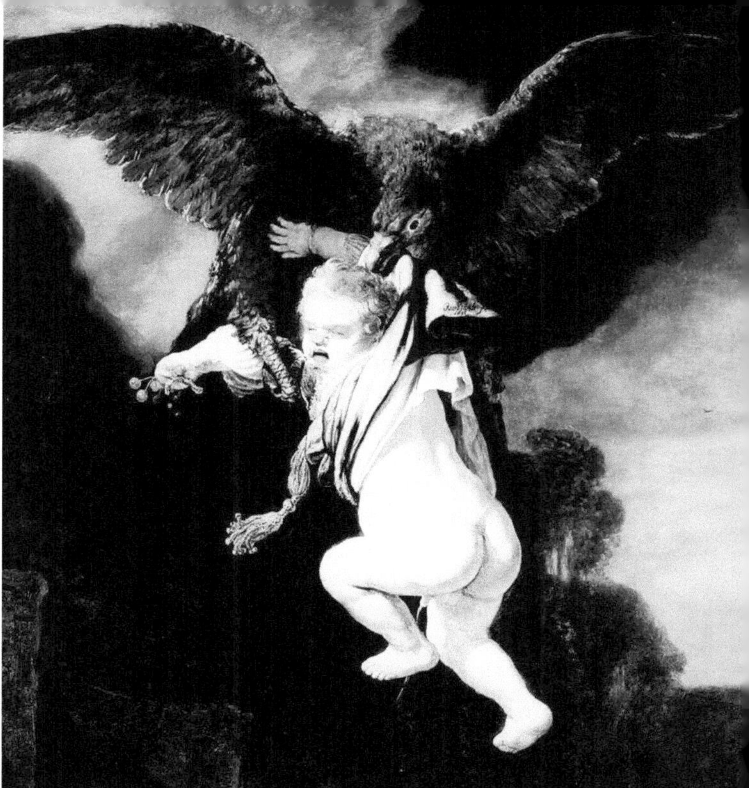

Abb. 90 Rembrandt Harmensz van Rijn, Ganymed und der Adler, um 1635, Öl auf Leinwand, 171 x 1300 cm, Gemäldegalerie, Dresden, public domain

zerzaustem Haar, dann wieder fixiert er sich im Spiegel mit forschendem, strengem Blick. Er schlüpft in viele Rollen und bewertet sich dabei. Er krakeelt als Bettler, er gibt sich würdig als Adliger. Er sinniert als Paulus. Er postiert als Soldat. Er gibt sich als Wirtshaus- oder Bordellbesucher mit seiner Frau Saskia auf dem Schoß aus und prostet dem Betrachter freudig zu. Er will dem Betrachter nicht etwas demonstrieren: Er erforscht seine Stimmung und sein Gefühl in der jeweiligen Rolle. Eines seiner schönsten Selbstporträts ist das als schmunzelnder Greis mit beobachtendem, zweifelnd-bewertendem Blick, jetzt gemeinhin als „Selbstbildnis als Zeuxis" (1663) bezeichnet. Von dem griechischen Maler Zeuxis (um 400 - 320 v. u. Z.) ist überliefert, dass er mit dem Bildnis „Helena" das Ideal weiblicher Schönheit geschaffen habe. Als Greis habe er sich aber in wörtlichem Sinne

zu Tode gelacht, als er eine hässliche alte Frau gemalt
habe. Eine derartige Interpretation als Zeuxis geht an
den Intentionen Rembrandts vollkommen vorbei. Der
Maler hatte seine Mutter noch kurz vor ihrem Tod als
vom Leben gezeichnete aber würdevolle Frau gemalt.
Eine große Achtung vor dem Alter spricht aus diesem
Bild. Andere Interpreten sehen Rembrandt in dem Bild
als den Philosophen Demokrit, den lachenden Optimis-
ten, im Gegensatz zu dem Pessimisten Heraklit. Warum
kann man den Maler nicht als Rembrandt sehen, dessen
Ruhm schon merklich verblasst ist und der die Entwicklung aufmerksam, heiter aber deutlich kritisch verfolgt?
In seinem Selbstporträts erforscht er das Ich, gewinnt
dadurch Bewusstsein – Selbstbewusstsein.

Auch über seine Christus-Porträts ist viel gerätselt worden. Eine der überzeugendsten Deutung ist, dass er
einen jungen, jüdischen Mann aus seiner Umgebung
malte. Jesus als Mensch mit der Authentizität des jüdischen Glaubens. „Ein Christus nach dem Leben" (1648)
wird dieses Bild zu Recht bezeichnet: Einfach gekleidet
blickt er nachdenklich, verständnisvoll, einfühlsam.
Christus ist kein Held, kein anbetungswürdiger Gott, er
hört zu, versucht, sein Gegenüber zu begreifen, empfin-
det mit und wird gleich Fragen stellen, um auf dem mit
ihm Kommunizierenden besser eingehen zu können.
Glaube als Verständnis, als humanistische Moral. Dürer
hatte sich schon im Jahr 1500 in der Pose des Christus
porträtiert, Rembrandt malt rund 150 Jahre später
Christus als jüdischen Jüngling, als Menschen. Eine ge-
wagte Sichtweise, die nach den Beschlüssen des Trienter
Konzils aus katholischer Sicht als Gotteslästerung gelten
muss.

In diesem Zusammenhang ist oft die Frage nach Rembrandts Konfession gestellt worden. Er pflegte Beziehungen zu Anhängern vieler Religionen, er porträtierte
Humanisten, Mennonitenprediger, Remonstranten und
Arminianer, Lutheraner, vor allem orthodoxe jüdische
Theologen – nur katholische Würdenträger ließ er
außen vor. Jesus predigt im sogenannten „Hundertgul-
denblatt" (1642/45) im Freien. „Die Predigt des Johan-

nes des Täufers" (1634/35) ist im Wald. Predigten im
Freien waren zu der Zeit Rembrandts gängige Praxis
derjenigen, die gegen die katholische Kirche – und damit
gegen die habsburgisch-spanische Monarchie – stritten.
Offensichtlich war der Maler konfessionslos. Aber er war
doch ein gläubiger Mensch mit einer Vielzahl von Gemälden mit biblischen Themen und eindrucksvoller Gestaltung der religiösen Wunder? 1661 zeigt uns das
„Selbstporträt als Apostel Paulus" einen Rembrandt, der
eine Bibel mit dem alten Testament vor sich in der Hand
hält und den Betrachter skeptisch fragend anschaut: Was
soll es bedeuten? Welchen Sinn haben die Geschichten?

Rembrandt übersetzt die biblischen Mythen in seine
Zeit. Ihren Sinn erhalten sie aus der Wirklichkeit in den
nördlichen Provinzen Hollands, die sich mit den mächtigsten Herrschern der damaligen Zeit, der habsburgisch-spanischen Monarchie, angelegt hatten. Eines
seiner frühesten Historienbilder ist „David mit dem
Haupt Goliaths vor Saul" (1627): Der schmächtige Heb-
räer besiegt den hünenhaften Philister. Hintergrund ist,
dass die Philister (Spanier), die das Volk Israels unter-
drücken, besiegt werden können, denn Klugheit, List und
der rechtmäßige Glaube ist auf der Seite der Holländer.
Das mächtige Schwert des habsburgisch-spanischen Goliaths ist schon erobert und ragt vor David ins Bild. Hier
ist Rembrandts Bild-Dramaturgie schon entwickelt. Alle
Personen geben jeder auf seine Weise ihren Kommentar
zu dem zentralen Ereignis, der Präsentation des Goliath-
Kopfes, ab. Selbst ein Hund ist aufmerksam geworden
und kläfft, Pferde wenden ihre Hälse dem Ereignis zu.

Auch in den vielen Bildern von Samson und Dalila (nur
scheinbar ein zwischenmenschlicher Beziehungskon-
flikt) wird die holländisch-spanische Problematik verar-
beitet. Der wundersam starke Israelit Samson vermag
dank Gott alle Feinde zu besiegen unter der Bedingung,
dass er seine Haare nicht schneidet, also nicht die innere
Überzeugung verliert und vom Glauben abfällt. Die
schöne Philisterin Dalila, in die Samson verliebt ist,
kommt dem Geheimnis von Samsons Stärke auf die Spur
und schert ihm seine Mähne. So seiner Macht beraubt,

überwältigen ihn die Häscher, stechen ihm die Augen aus und knechten ihn als Sklaven. Doch Samsons Haare wachsen nach. Als die Philister in einem Tempel versammelt sind, sprengt der wieder mächtige Samson mit der Kraft seiner Arme die Säulen und begräbt die Ungläubigen unter den gewaltigen Steinmassen. Mehrere Botschaften hält Rembrandt parat: Auch die habsburgisch-spanische Übermacht kann besiegt werden, wenn die Provinzen sich einig sind. Niederlagen sind auf Uneinigkeit und Täuschungen zurückzuführen. Adlige der Südprovinzen hatten sich mit den Spaniern gegen die Nordprovinzen verbündet. Misserfolge sind vorübergehender Natur, wenn die innere Stärke und Geschlossenheit wiedergewonnen wird. All das wird in „Die Blendung Samsons" (1636) figurenreich wirkungsvoll in Szene gesetzt. Der dramaturgische Höhepunkt ist, wie ein geharnischter Krieger Samson mit einem Dolch das Auge aussticht, das Blut spritzt. Mehrere Söldner sind bemüht, den Helden zu bändigen und in Ketten zu legen. Derweil flieht die schöne Dalila mit dem Haar in der einen, die Schere in der anderen Hand, Samsons ausgestochenes Auge erregt fixierend. Rembrandts Hell-Dunkel fokussiert den Blick des Betrachters auf das Ausstechen des Auges und fordert zum Mitempfinden auf. Gleichzeitig gibt der Künstler zu bedenken, weshalb es zu dieser grausigen Tat kam und wie die Geschichte insgesamt ihren Ausgang genommen hat.

Um den Fall eines mächtigen Herrschers und die Befreiung Israels geht es auch in dem Gemälde „Das Fest des Belsazar" (um 1636). Im Mittelpunkt steht der Babylonier Belsazar mit dem Turban und einer Königskrone auf dem Kopf, sein entsetztes Gesicht ist hell erleuchtet von der Schrift, die an der Wand erscheint: „Mene mene tekel u-parsin". Nur der israelische Gefangene Daniel

kann den Sinn der Zeichen „gezählt, gewogen, geteilt" entziffern: Belsazar ist von Gott für zu leicht befunden, sein Reich wird geteilt. In der Nacht nach der Deutung wird der Herrscher Babylons ermordet, die Befreiung des auserwählten Volkes kann beginnen. Wieder konzentriert das Hell-Dunkel auf die wesentliche Bildaussage Schrift und Gesicht, der Bildraum wird unter diesem Aspekt aufgebaut, das Bildinventar auf das Notwendige beschränkt. Das ist das Typische der Erzählkunst Rembrandts: Er schildert den dramatischen Höhepunkt und nimmt dann den Betrachter mit auf die Reise, um über die Vergangenheit des Ereignisses, über die Zukunft und über die Bedeutung für die Gegenwart nachzudenken.

Das gilt auch für eines der letzten Historienbilder „Die Verschwörung des Claudius Civilis" (um 1661/62). Dort scheint der Tisch magisch zu erglühen, er schweißt die um ihn versammelten Krieger mit Claudius Civilis in herausgehobener Position zusammen. Sie haben ihre

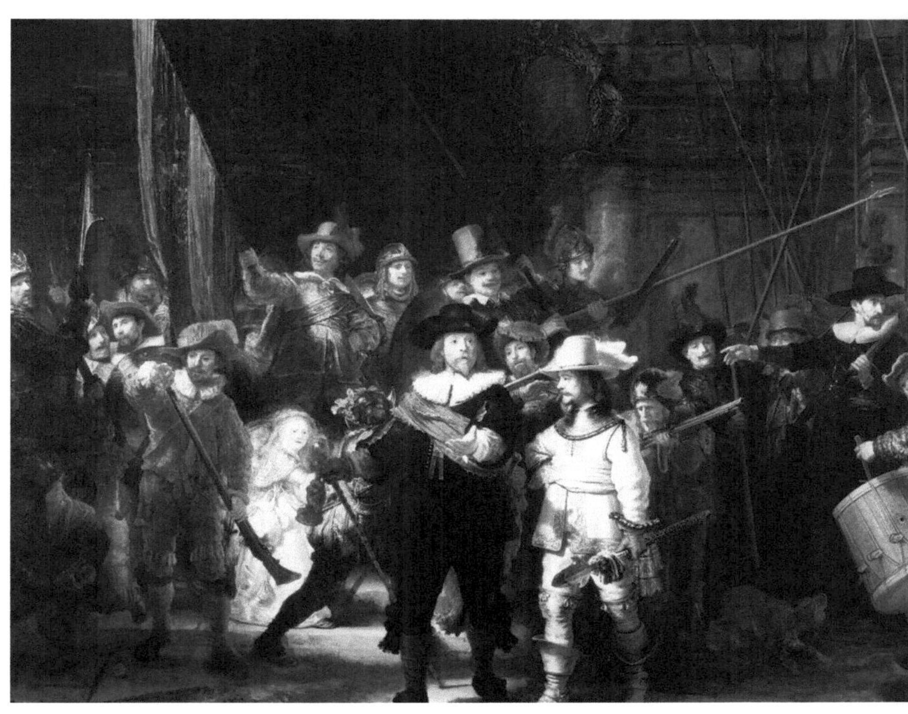

115

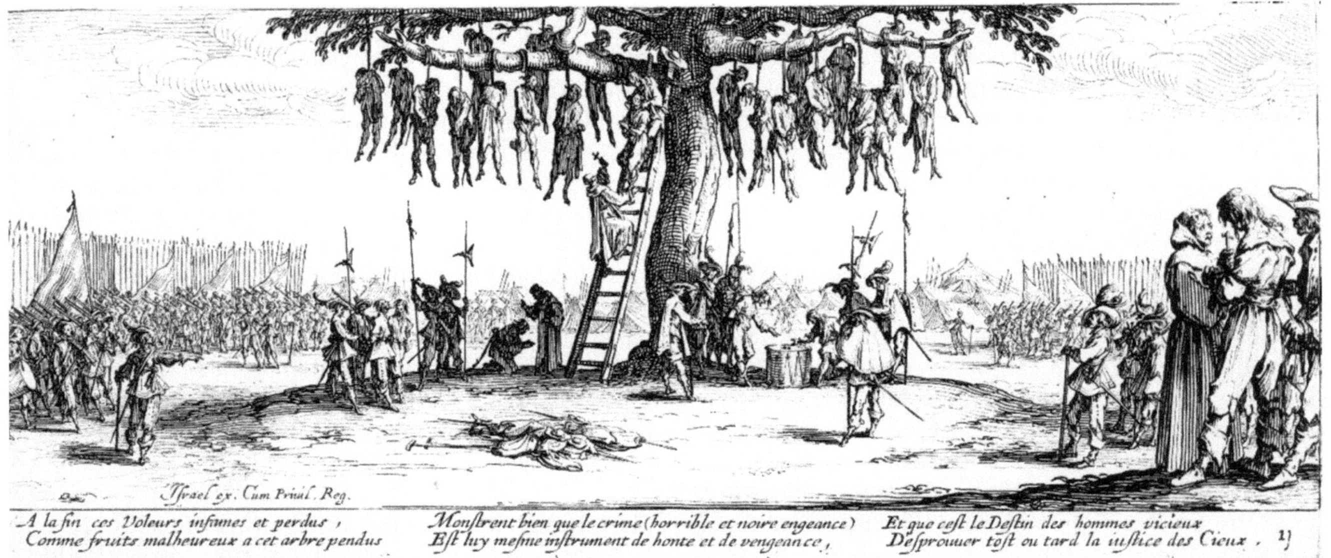

Abb. 92: Jacques Callot (1592–1635), Die Schrecken des Krieges; 11. Der Galgen, 1632 (veröffentlicht in 1633), Kupferstich, 8.1 × 18.6 cm, Art Gallery of New South Wales, public domain

Schwerter zum heiligen Schwur übereinandergelegt, das Glühen des Tisches, die im Halbdunkel erleuchteten Gesichter und die Braun-Schwärze des Hintergrundes geben dem Ganzen eine schon fast gespenstische Atmosphäre: Verschwörung. Im Jahre 69 n. u. Z. hatte Civilis die innenpolitischen Auseinandersetzungen in Rom nach dem Tod Kaiser Neros für eine Befreiung der Germanenstämme am Rhein genutzt. Der Norden gegen den Süden. Ziel war ein von Rom unabhängiges freies Reich im Norden. „Was wäre, wenn ...", fragt Rembrandt.

Mit seinen Historienbildern will der Künstler nicht die Geschichte nachbilden. Er behauptet nicht, dass sich die Mythen so ereignet haben. Sie könnten sich so abgespielt haben. Rembrandt fragt: Welche Lehren haben die damals Handelnden daraus gezogen, welche Bedeutung haben sie für das Heute? Er inszeniert das Geschehen nicht als Mythos oder Wunder, er betreibt nicht das Geschäft der illusionistischen Täuschung, er ist dem Sinn der Geschichte auf der Spur und trennt dabei die mythologischen Verklärungen von dem (möglichen) realen Geschehen. Dass er dabei auch sarkastisch-ironisch vorgehen kann, beweist sein „Ganymed und der Adler"

(1636): Der Greifvogel mit mächtigen Schwingen steigt in den Himmel empor. In seinem Schnabel hat er den Arm eines verzweifelt schreienden Kleinstkindes. Das dem Betrachter zugedrehte Gesicht des Kindes ist vor Angst verzerrt. Bildmittelpunkt ist aber die Rückenpartie des Kindes mit einem nicht unbedingt schönen Hintern und dem klitzekleinen Penis, aus dem es tröpfelt. Der Adler wird das Kleinstkind in den Olymp transportieren. Denn der Adler ist der verkleidete Zeus und das Kleinstkind der schönste aller Jünglinge auf der ganzen Welt, nämlich Ganymed. Dem griechischen Mythos nach erwählte der Göttergott das Jünglingsidol als Mundschenk und für homoerotische Abenteuer. Ganymed verdrängte in dieser Funktion die Göttergöttin Hera und dessen Tochter Hebe. Ein beliebter Mythos im alten Griechenland und später auch in Rom, um die beliebten Spielchen der alternden Würdenträger mit ihren lieblichen Jünglingsgefährten mythologisch-religiös zu begründen.

Ganz die Gegenwart bilden die Gemälde „Die Anatomie des Dr. Tulp" (1632) und die „Staalmeesters (1662) ab, Szenen aus den für Amsterdam wichtigsten Bereichen

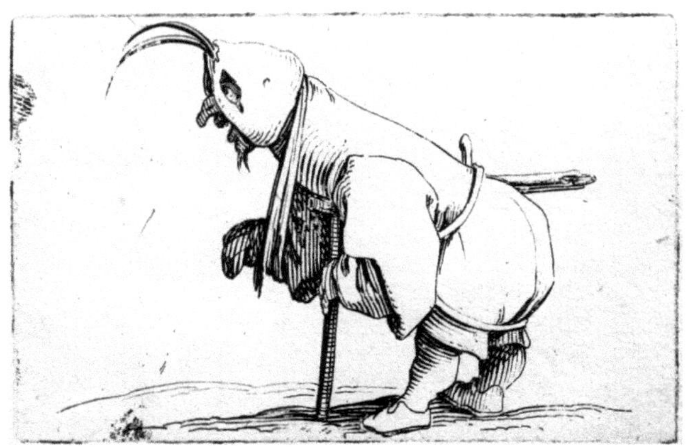

Abb. 93: Jacques Callot (1592–1635), Variete Figur Gobbi; Folge von 21 Radierungen, hier: Zwergkrüppel mit Kapuze, 1616, Städel, Frankfurt, public domain

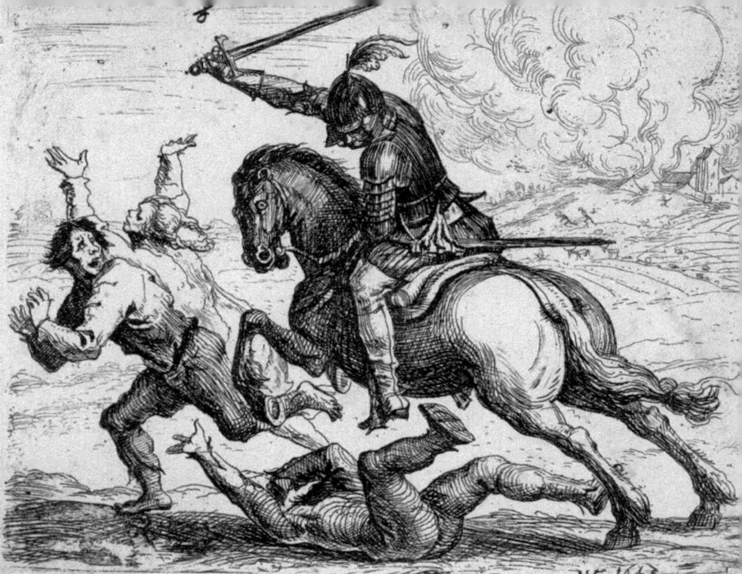

Abb. 94: Hans Ulrich Franck, Der geharnischte Reiter, 1643, public domain

Wissenschaft/Kultur und Produktion/Handel. Die katholische Kirche hatte noch die Anatomie als Eingriff in die Wunderwelt Gottes verboten. Das Bild des Dr. Tulp zeigt den Wissenschaftler, der die Sehnen und Muskeln der Hand und des Unterarms eines gehenkten Verbrechers freigelegt hat und den anwesenden sieben Mitgliedern der Chirurgen-Zunft erklärt. Diese sind dynamisch neben und hinter die Leiche gruppiert, gebannt fasziniert starren sie auf das Demonstrierte. Das ist der Beginn moderner Ärzte-Fortbildung. Eine neue Zeit ist angebrochen, das Innere des Körpers, seine Funktionen werden erforscht. Bei den Staalmeesters sind die mächtigsten Patrizier Amsterdams abgebildet, die Vorsteher der Tuchmachergilde. Sie koordinieren den wichtigsten Wirtschaftszweig, sie dirigieren die Produktion in den Manufakturen und organisieren den weltweiten Handel. Geldsäckel und Registrierbuch sind ihre wichtigsten Attribute, breitkrempelige Hüte und würdevolle lange schwarze Mäntel mit großem weißem Krage ihre Ausstattung. Sie wahren schon deutlich Abstand zum Betrachter, obwohl sie ihm noch zulächeln.

Ohne den ironischen Unterton ist das berühmteste Bild Rembrandts „Die Nachtwache" (1642) nicht zu verstehen. Um eine Nachtwache handelt es sich offensichtlich

nicht. Dafür würde nicht der Hauptmann mit seinem Leutnant aufmarschieren und derartig viel Tam-tam veranstaltet. Deshalb wurde der Titel „Kapitän Frans Banningh Cocq gibt seinem Leutnant den Befehl zum Aufmarsch der Bürgerkompanie" vorgeschlagen. So lautete auch der Auftrag, den die Kloveniers-Schützengilde Rembrandt gegeben hatte. Aber auch von einem Aufbruch in den Kampf ist hier wenig zu spüren. Zwar trommelt ein Mitglied, ein anderer schwenkt die Fahne. Aber das Treiben dieser Männer wirkt zusammenhanglos, nicht auf ein bestimmtes Ziel hin ausgerichtet. Jeder geht einer anderen Tätigkeit nach, um sich individuell zu positionieren. Es sind die reichsten Bürger der Stadt Amsterdams, die zwar Mitglieder der Gilde sind, hier aber Theater spielen, um sich in Szene zu setzen. Der Hauptmann Frans Banningh Cocq mit der roten Schärpe, dem weißen Krausekragen, der schwarzen Tracht und dem breitkrempeligen Hut (eine Festkleidung, die wohl kaum einen bervorstehenden Einsatz ankündigt) weist mit seiner linken Hand gebieterisch den Weg. Cocq ist längst Bürgermeister und bestimmt mit einer Oligarchie von Reichen, was in der Stadt passiert. Die Zeiten zum Anfang der kriegerischen Auseinandersetzungen, in denen sich die Gildenmitglieder in den Schützenstücken als demokratisch Gleichgestellte präsentieren durften, sind

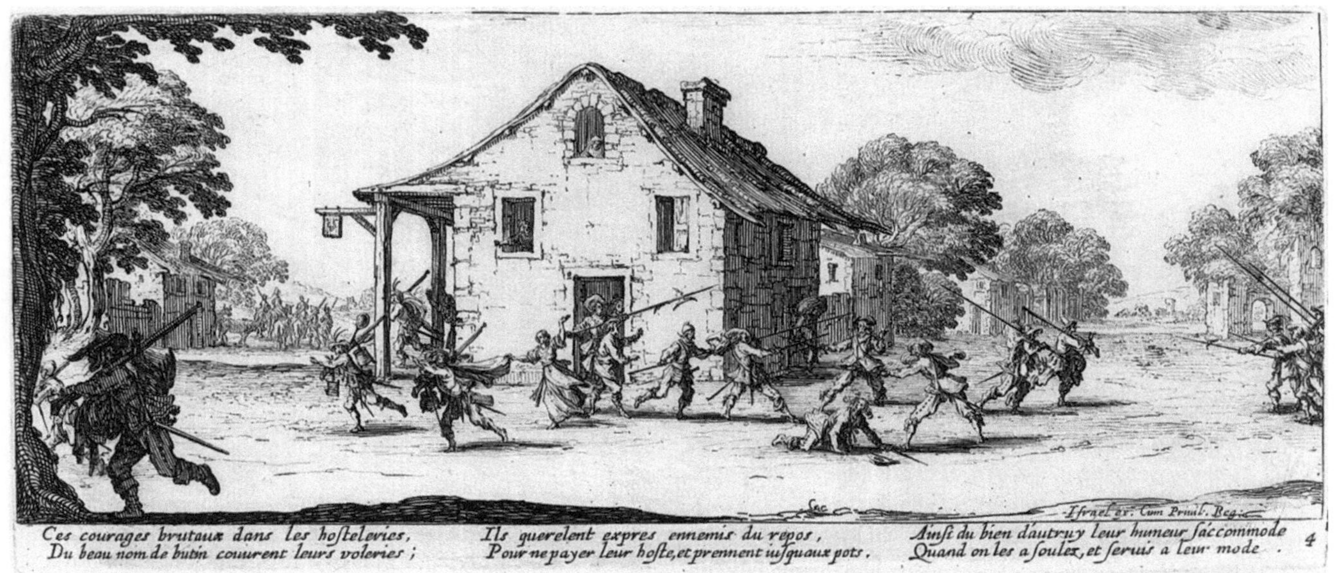

Abb. 95: Jacques Callot (1592–1635), Die Schrecken des Krieges; 11. Plünderung 1632 (veröffentlicht in 1633), Kupferstich, 8.1 × 18.6 cm, Art Gallery of New South Wales, Foto: public domain

längst vorbei. Rembrandt macht das Theater mit, wirbelt die Gestalten durcheinander und ironisiert so das Geschehen. Der Leutnant rechts neben Cocq, der angeblich den Befehl zum Aufmarsch erhält, ist ausstaffiert, als ob er zum Festmahl beim französischen Königshof aufbricht, wo diese Mode en vogue war. Doch als Zeugnis seiner kriegerischen Entschlossenheit hält er eine Lanze in der Hand. Rechts neben ihm putzt ein wie zu Ritterszeiten behelmter Krieger sein Gewehr, links neben dem Hauptmann feuert ein etwas klein geratener Held mit Laub als Tarnung am Helm sinnlos in die Luft (das Mündungsfeuer ist links am gelben Hut des Leutnants zu sehen). Ein anderer vornehm rot Gekleideter stopft seine Büchse, um ballern zu können. Dramatik täuschen auch die Herren vor, die im Hintergrund wild mit ihren Lanzen herumfuchteln. Allein die Vielzahl der unterschiedlich gestalteten Kopfbedeckungen macht deutlich, dass es sich hier nicht um eine kämpferische Truppe handelt sondern um Staffage. Und dann leuchtet da noch ein kleines Engelchen als Maskottchen der wild entschlossenen Truppe hervor. Das kleine Mädchen trägt die „Wappen"

der Gilde: ein Huhn (Klovenier-Gilde: Das Wort Klovenier heißt Kolben und kommt von Klaue/Kralle), ein Trinkhorn und eine Pastete. Der Aufmarsch ist wohl inszeniert, um in die neu einzuweihende Halle der Gilde zum köstlichen Festtagsschmaus aufzubrechen.

Rembrandt verdeutlicht seine humanistischen Inhalte in Gleichnissen, die heute oft in ihrer Tiefe und Zweideutigkeit nicht mehr verstanden werden. Wenn er zum Beispiel in seinen Stichen Prediger unter freiem Himmel auftreten lässt, ist dies eine klare Stellungnahme gegen die katholische Kirche, die ihre Dogmen von der Kanzel verkündete, die „Freidenkenden" verfolgte, denen einzig die Möglichkeit verblieb, ihre Gedanken vor kleinen Gruppen außerhalb der Städte und Institutionen im Freien zu verbreiten.

Deutlicher als Rembrandt nahm der lothringische Kupferstecher, Zeichner und Radierer Jacques Callot (um 1592 - 1635) gegen das Morden im Dreißigjährigen Krieg Stellung. Den Anlass für seine Serie von 18 Radierungen mit dem Titel Les misères de la guerre (Die Gräuel des Krieges) war der Einmarsch der von Kardinal Richelieu befehligten Truppen in seine lothringische Heimat. In eindrucksvollen Radierungen schildert er das routinemäßige Abschlachten der Menschen. Er berichtet von Vergewaltigung und Massakern, von Plünderungen, Brandstiftungen der Dörfer, ja ganzer Landstriche mitsamt ihren Kirchen. Machtgier, Blutrausch, Marter und Hinrichtungen. Callot schilderte nicht nur die

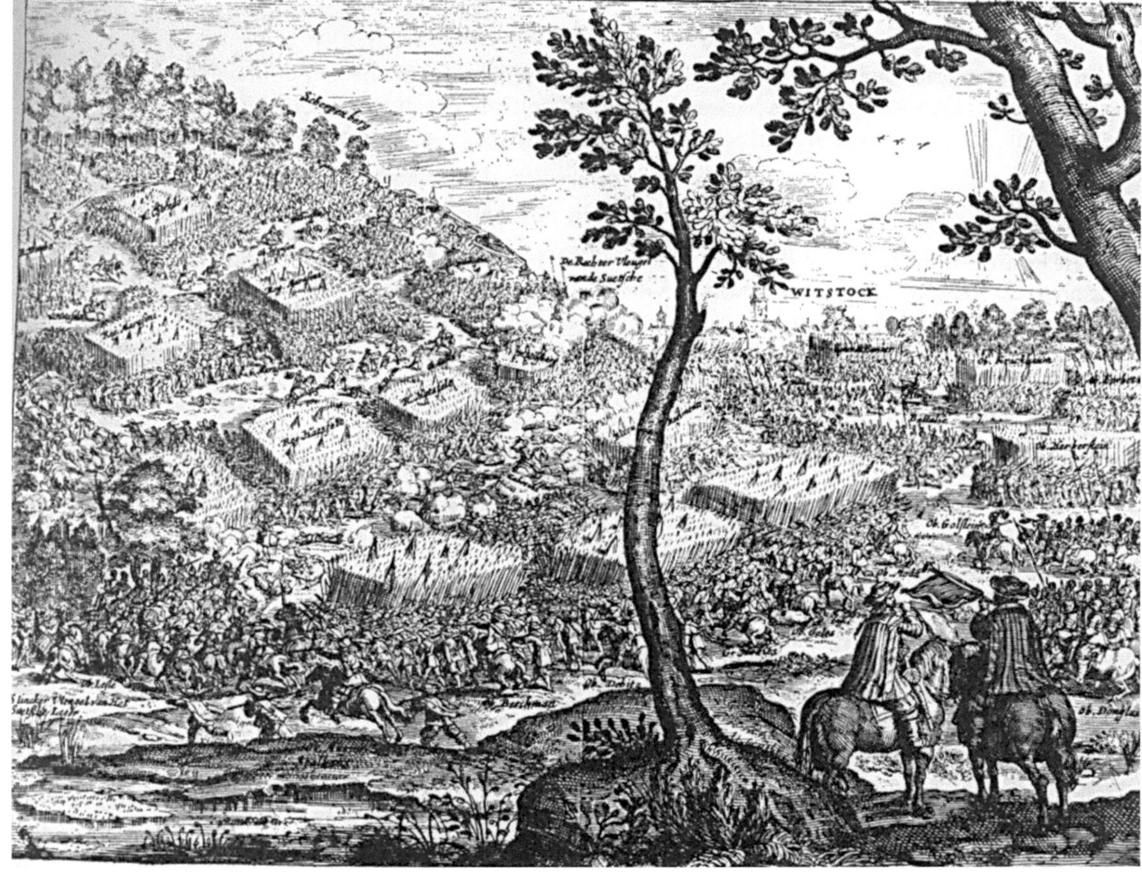

Abb. 96: Schlacht bei Wittstock, 17. Jahrhundert, Quelle: Berg; Jonas; Lagercrantz; Bo (1962) Scots in Sweden; Stockholm: Nordiska Museet/Swedish Institute, public domain

Not leidenden Bauern, das gemeine Volk als Opfer der Grausamkeit sondern auch das Leid der Soldaten, denen verstümmelt und verkrüppelt nichts anderes übrig blieb, als zu betteln oder zu stehlen, um zu überleben. Die dann oft von den geschädigten Bauern von Dreschflegeln erschlagen wurden. Vergeblich sucht Callot nach einem Sinn für das schreckliche Geschehen. Ist es die Rache eines zürnenden Gottes? Das realistisch gezeichnete Bild eines brennenden Dorfes mit den entsetzten Menschen kontrastiert mit dem Tod von verantwortlichen Marodeuren auf dem Scheiterhaufen. Dem Überfall auf eine Postkutsche wird das Rädern der Räuber gegenübergestellt. Am Galgen werden die Plünderer erhängt, die

zuvor ein Gasthaus ausgeraubt hatten, was auf meinem Blatt zuvor drastisch ausgemalt wurde. Eine Hoffnung hatte Callot: Am Ende siegt das „Gute". Der letzte Stich zeigt den „guten Fürst", der seinen siegreichen Offizieren Orden überreicht. Callot schilderte nicht nur die Gräuel des Krieges, er war auch ein origineller und treffsicherer Karikaturist. Seine eigenwilligen, liebevollen und scherzhaften Skizzen kennzeichnen Bettler, Bauern, Gaukler, das „gemeine Volk". Sie nehmen damit auch Stellung zu den sozialen Umständen und Notlagen seiner Zeit.

Auch der deutsche Maler, Zeichner und Radierer Hans Ulrich Franck (um 1590 - 1675) kennzeichnete in seiner

25 Radierungen umfassenden Serie die „Schrecken des Dreißigjährigen Krieges", ein „Grimmelshausen der bildenden Kunst". Auch sein Werk schildert die Leiden als auch die Freuden der unteren Schichten. Rembrandt schätzte (und sammelte) vor allem Callots Radierungen.

Mit Rembrandts Tod wird das Kapitel der Hochrenaissance im Norden geschlossen. Mit ihr wird ein neues revolutionäres Bildverständnis beendet, das das individuelle Menschenbild voll herausgeformt und Mythen nicht mehr als Wunder verklärt, sondern den Realitätssinn hinter den Mirakeln zu ergründen versucht hat. Das Christusbild wird radikal vermenschlicht, ebenso die Apostel, die sich in schreibende Historiker oder Philosophen verwandeln. Die Heiligenbilder verschwinden. Das Bild wird als Abbild begriffen – und sei es als Vorstellung eines gleichnishaften Geschehens. Es behauptet nicht mehr, die Realität darzustellen, sondern gibt als Bildsprache Auskunft über das Abgebildete. Die Filterfunktion des Künstlers wird erkennbar. Damit tritt der Künstler über das Medium Bild in einen Dialog mit dem Betrachter. Der Künstler wird nicht als Genie verstanden, der von einer höheren Instanz Intuitionen oder visionäre Geistes-Erscheinungen empfängt sondern als Handwerker und Wissenschaftler der Bildsprache. Kunst wird Kommunikationsmittel zwischen Menschen.

Mit Rembrandt geht eine Epoche der Emanzipation zu Ende. In Holland flüchten sich die Künstler in die idealisierte Weite der Landschaftsbilder und der Stillleben, mit Blumen, mit Totenschädeln, mit Hummer, Langusten und anderen Leckereien. Bei Johannes Vermeer van Delft, Gerhard ter Hoch oder Pieter de Hooch werden die Menschen wieder in die engen vier Wände der Zimmer eingeschlossen, sie vereinsamen in ihrer privaten Welt. In wunderschön ausgewogenen Farben lässt Vermeer van Delft die „Küchenmagd" (1660/61) still in sich versunken und ergeben Milch in eine Schale schütten, während die Herrin „Frau mit Waage" (um 1644) ebenso in sich gekehrt und abgeschieden von allen Problemen der Welt ihre Perlen und ihren goldenen Zierrat abwägt. Dort die einfache Arbeitskluft, die durch die Ausgewo-

genheit der Farben besticht, hier das mit Nerz umsäumte Ziermäntelchen. Zwei Welten. Doch, es gibt auch Bilder die lärmen. Willem Buytewech zeigt in „Fröhliche Gesellschaft" (1620/22) die standesgemäß gekleideten Adligen und reichen Patrizier. Adriaen van Ostade und Adraen Brouwer dagegen präsentieren den saufenden, qualmenden und grölenden Bauern. Zwei Welten. Die nördlichen Provinzen, die sich gegen die habsburgisch-spanische Feudalherrschaft aufgebäumt haben, gleiten selbst in feudale Herrschaftsverhältnisse mit entsprechenden Bilderwelten.

Barock und Rokoko: Kunst unter der Knute der Herrscher und des Papstes

Ist es berechtigt, die Kunstentwicklung vom Barock über Rokoko, Klassik, Biedermeier, die Historien- und Symbolisten-Malerei des 19. Jahrhunderts als eine Epoche der europäischen Kunst zu kennzeichnen? Unter stilistischer und formaler Betrachtungsweise können Einwände erhoben werden. Unter inhaltlichen Gesichtspunkten ist die Sichtweise zwingend: Denn es ist die Epoche der Festigung, der langsamen Erosion und des schließlichen Niedergangs der feudal-absolutistischen Herrschaft in den sich herausbildenden Nationalstaaten und der ihr entsprechenden römisch-katholischen oder der dogmatisch gewordenen reformatorischen Ideologien mit ihren Bilderwelten. Wirkmächtig wurden sie ausgearbeitet und verbreitet, sie prägen bis heute.

Der Stratege Papst Julius II. hatte mit sicherem Gespür für die Kraft der ideologischen Wirkung der Bilder das Programm ausarbeiten lassen. Teils unter Zwang wurden große Künstler wie Michelangelo und Raffael die Geburtshelfer.

Erstens: Das byzantinische Erbe sollte ausgelöscht, die große Konkurrenz für Rom ein für alle Mal beseitigt werden. Alt-St. Peter, deutlich von der Architektur Konstantinopels geprägt, wurde zerstört und statt dessen als größter kirchlicher Monumentalbau der Grundstein für den Petersdom gelegt. Der Kunsthistoriker Vasari untermauerte die Sicht von Julius II., indem er Giotto und Cimabue als die eigentlichen Begründer der modernen Malerei Italiens und als Vorbild für die Welt hinstellte. Sie hätten die Grundlagen für die „Erfindung" der Perspektive und damit für ein vollkommen neues Sehen geschaffen. Das ist eine formale Argumentation, die dem aufkommenden humanistisch, naturwissenschaftlichen

Denken entgegenkommen sollte. Aus römisch-katholischer Sicht brauchte diese Darstellung unbedingt eine Ergänzung.

Zweitens: Das übersinnlich Geistige, die Transzendenz, die höhere Wirklichkeit, ererbt aus der byzantinischen Malerei, sollte auf eine neue Stufe gehoben werden. Mit äußerlichem Realismus wird imaginiert und idealisiert. Christus, Maria, ja der heilige Geist, kommen bei el Greco und anderen wieder persönlich zu den Herrschern oder Päpsten, um ihnen die Krone oder die Tiara aufzusetzen. Die Formen und Farben täuschen Übersinnlichkeit vor: schlängelnd und züngelnd bei el Greco, in äußerster Dramatik bei Rubens, so dass nüchterne Betrachter schon fast eine Parodie vermuten könnten. Die Bilder wollen zu äußerstem Irrealismus verführen. Zu Recht schreibt Belting: „Das ältere Bild enthält eine himmlische Erscheinung. Die ›Sixtinische Madonna‹ ist eine solche. Damit wendet sich das Bild an die innere Vorstellung, statt uns die Illusion eines Fensterblicks vorzugaukeln, den man für bare Münze nehmen könnte. [...] So wird der Vorhang vor einem Bild weggezogen, das in Wahrheit die Idee von einem Bilde ist: Es wird transparent zu einer anderen Wirklichkeit. Die Sichtbarkeit ist Symbol einer unsichtbaren Schönheit." (Belting, S. 535) Der Realismus der Renaissance wird zum Irrealismus pervertiert. Die Realitätserkundung, die Erforschung der Zusammenhänge in der Gesellschaft, die Darstellung der Befindlichkeiten des individuellen Menschen sind nicht mehr gefragt. Es geht um Macht, Herrschaft, um die feudal-absolutistische Ordnung. Und die sei, wird in den Bildern behauptet, von einer höheren Macht für ewige Zeiten eingesetzt worden. Das ist ganz eng verknüpft mit der Deutungshoheit der Kirchen und der monarchistischen

Herrscher. Die herrschende Ideologie wird die Ideologie der Herrscher.

Drittens: Die Vormachtstellung Roms und der katholischen Kirche wird mit der „Wiederentdeckung" der Kultur der Antike begründet. Ein Kult des Quellenstudiums der antiken Schriften wird entfacht. Architekten, Plastiker und Künstler versuchen, ihre Erkenntnisse mit den antiken Vorbildern zu begründen. Julius II. führt seinen Namen auf Caesar zurück, sein Ziel ist der Caesaropapismus. Sein Vorgänger hieß Alexander (der Große). Er ließ sich auch mit „Gott" anreden. Die Erkenntnisse der byzantinischen Kultur werden diffamiert (aber integriert). Dieser Rückgriff auf die römische und griechische Antike ist nicht widerspruchsfrei. Denn es sind ja heidnische Vorbilder. Das wird in Kauf genommen, um die Dominanz Roms zu begründen und um die engen Verbindungen mit der byzantinischen Kultur – vor allem im naturwissenschaftlichen Bereich – als unbedeutend abzuwerten.

Viertens: Der Künstler wird in den Rang eines Erleuchteten, eines Genies erhoben. Er malt die Wunder-, Heiligen-, Herrscher- und Papst-Bilder nicht als erfahrener Handwerker, als gebildeter Bürger mit dem Wissensstand seiner Zeit. Nein, er verkündet höhere Wahrheiten. Die „Authentizität" des alten byzantinischen Kultbildes verändert sich nur graduell. Dort wurde behauptet, Gott habe auf wundersame Art und Weise ein „Urbild" oder Archetyp geschaffen. Jetzt wird die Instanz des inspirierten, von Gott begnadeten Künstlers dazwischengeschoben. In der Realität wird der Künstler Hofmaler – bezahlt im Auftrag der Kirche und der jeweiligen Majestäten. Nur sehr wenige haben die Möglichkeit, sich dem zu entziehen. Inquisition und die allgegenwärtige Macht der katholischen und der ebenso dogmatisch gewordenen reformatorischen Kirchen sorgen dafür. Der Künstler ist Genie, der Künstler ist frei – den Rest besorgt die Sittenpolizei. Dürer und Leonardo sahen die Kunst noch als Wissenschaft und gleichzeitig als erlernbares Handwerk. Jetzt inszeniert der Geniekult die Künstler zu Empfangsstationen eines höheren, alles bestimmenden Geistes,

wieder eng verknüpft mit den gesellschaftlich regulierenden Institutionen. Es ist kein Zufall, dass vor allem im 17. Jahrhundert Kunstakademien entstehen. Der Geniekult ist inszeniert, er ist ganz eng mit den regulierenden gesellschaftlichen Instanzen verbunden und mit deren Deutungshoheit. Die spannende Frage ist, was passiert, wenn deren Deutungshoheit bröckelt beziehungsweise angezweifelt werden kann oder wird. Das passiert aber erst andeutungsweise im 19. und stärker im 20. Jahrhundert. Überwunden ist diese Vorstellung vom Künstlergenius als dem Auserwählten, Erleuchteten, Träger des vom Übernatürlichen Inspirierten bis heute nicht.

Die Gegenreformation, die verniedlichend als Auseinandersetzung um den wahren Glauben dargestellt wird, ist in der Realität die Etablierung feudalistisch-absolutistischen Herrschaftsverhältnisse mit einem hierarchisch gegliedertem Untertanensystem in allen Regionen Europas, der Grundstein für die monarchistischen Nationalstaaten. Die Verlierer dieses Prozesses sind die großen Handelsstädte, die wieder der Regional- oder Nationalmacht untergeordnet werden. Verlierer ist damit auch die Kunst, die in den vergangenen 200 Jahren gerade in den reichen Handelsstädten Venedig, Florenz, Nürnburg oder Amsterdam ihren Nährboden mit freierer humanistischer und individueller Persönlichkeitsentfaltung gefunden hatte.

Diese feudalistisch-absolutistischen Herrschaftsverhältnisse mit einem hierarchisch gegliedertem Untertanensystem prägen Europa (mindestens) für die kommenden vier Jahrhunderte. Der Druck auf die Bürger, aber vor allem auch auf die Künstler, nahm zu. Auf dem Konzil von Trient zwischen 1545 und 1563 wurde beschlossen: „So geschieht es, dass wir durch Bilder, die wir küssen, vor denen wir das Haupt entblößen oder das Knie beugen, Christus selbst anbeten (adoremus) und jene Heiligen verehren (veneremus), deren Bild (similitudinem) sie mit sich führen. [...] So wird aus allen heiligen Bildern eine reiche Frucht erwachsen. [...] So darf es keine Bilder mehr geben, die ein falsches Dogma darstellen oder für die einfachen Leute die Gelegenheit zu einem gefährlichen Irrtum bieten." (zit n. Belting, S. 616 f). Zur gleichen Zeit ließ der Vatikan auch ein Verzeichnis der verbotenen Bücher veröffentlichen, die Autoren verfolgen, Wissenschaftler verbrennen.

Der Erzbischof von Bologna Gabriele Paleotti präzisierte 1582: „›Bilder werden hier deswegen sakral (sacre) genannt, weil sie mit diesem Begriff vom gewöhnlichen Bereich der Laien (popolo) getrennt und dem religiösen Kult (culto di religione) zugewiesen werden.‹ Sodann nennt Paleotti acht Gründe, warum ein Bild heilig ist. Es hat diesen Status, wenn es von Gott befohlen oder mit dem Körper Christi und der Heiligen in Berührung gekommen, wenn es von einem Heiligen wie Lukas gemalt oder wie die Achiropiiten wunderbar entstanden ist. Weitere Gründe liegen darin, dass es Wunder gewirkt hat, dass es in kirchlicher Weise konsekriert wurde, und endlich, dass es schon durch sein Thema und den kirchlichen Ort geheiligt ist." (ebd. S. 618) Diese Anweisungen zum Kult der Bilder sind ähnlich dogmatisch knöchern wie die Verlautbarungen des Vatikans vor 650 Jahren in dem byzantinischen Bilderstreit. Die Vorschriften gleichen auch denen, die im byzantinischen Reich bis zu dessen Untergang gegolten haben.

Das Trienter Konzil bildet eine Zäsur für die Kultur in Europa. Dort wurde in Paragraphen der Gesetzestexte gegossen, was die Künstler in den folgenden Jahrhunderten zu beachten hatten. Die Wirkung setzte schnell ein. Der italienische Kunsthistoriker Giuseppe Delogu schreibt: „Während des ganzen 17. Jahrhunderts ist das geistige, d. h. intellektuelle und sittliche Leben Italiens durch die spanische Herrschaft und die Reaktion der Gegenreformation bedingt. Von höchst seltenen Ausnahmen abgesehen, beschränkt sich das kulturelle Leben auf unfruchtbare Wortgefechte, akademische Turniere und abgeschmackte Spielereien; es ist der ›seicentismo‹ (schwülstiger Stil, J. U.) im schlechtesten Sinne des Wortes, das Barock, eine Pest für das ästhetische und sittliche Leben." (zit. n. Uhlitsch, S. 83)

Das Barock idealisiert Heilige und Herrscher

Was ist das Barock? Das Fremdwörterbuch notiert lapidar: „Kunststil von etwa 1600 bis 1750 in Europa, charakterisiert durch Formenreichtum und üppige Verzierungen". Und das Adjektiv barock sei mit schief, unregelmäßig, verschnörkelt, überladen, seltsam-grotesk, eigenartig zu übersetzen. Delogu hatte das Barock als schwülstig bezeichnet. Wird in eigenartig schiefen Formen mit überladenen üppigen Farben im Barock etwas schwülstig Verlogenes präsentiert? Auf jeden Fall weisen die Kennzeichnungen auf Widersprüchliches, schwer Fassbares hin. Auch die Bezeichnung „Kunststil von etwa 1600 bis 1750 in Europa" bleibt diffus. Die unterschiedlichsten Künstler werden subsumiert, von El Greco, Caravaggio, Rembrandt, Rubens, Poussin, Velazquez, Tiepolo bis zu Goya reicht die Palette kontrastierender Talente und differierender Herangehensweisen. Verschiedene Kunsthistoriker haben deshalb vorgeschlagen, besser von französischem Barock, bayrischem, spanischem, englischem, italienischem und so weiter zu sprechen. Es bedarf schon viel Fantasie, hier eine einheitliche Stilrichtung auszumachen.

Ordnung in die Verwirrung bringt die Bestimmung des Barock nicht als Stilrichtung und Stilepoche sondern unter inhaltlicher Betrachtungsweise. Kurt Fassmann schreibt in Kindlers Malerei Lexikon: „Die Barockkunst wird heute vornehmlich als die Selbstdarstellung des Absolutismus verstanden, als Ausdruck der noch durchweg solidarischen und nicht angezweifelten weltlichen und kirchlichen Autorität. Tatsächlich trägt die barocke Repräsentationskunst unverkennbar propagandistische Züge; sie dient weiterhin der Bestätigung und Verherrlichung des Machtanspruchs und des Selbstbewusstseins ihrer Auftraggeber." (Kindler 1, S. 102) Wenn das Barock als „Selbstdarstellung des Absolutismus" begriffen wird, scheiden Künstler wie Caravaggio, Rembrandt oder der reife Goya als Barockkünstler aus. Denn sie haben sich explizit gegen die absolutistischen und römisch-katholischen oder reformatorisch-religiösen Malanweisungen gewandt. Es muss also im Einzelnen untersucht werden, inwiefern einzelne Künstler oder Malergruppen die Vorgaben feierten und euphorisch ausführten oder sich dem Diktat nur beugten oder sich ihm gar widersetzten.

Andererseits führt die Definition zu einer Weiterung. Denn der Absolutismus bröckelte als politisches Herrschaftssystem erst zu Beginn des 20. Jahrhunderts. Und auch im 21. Jahrhundert halten sich hartnäckig einige Domänen nicht nur in Großbritannien, Spanien, den Niederlanden und Norwegen. In London zeugen Museen und die Ausstellungsräume in den königlichen Palästen von der Wirkgewalt der barocken Selbstdarstellung der Monarchen noch heute. Die Sammlung Thyssen-Bornemisza in Madrid überrascht den Besucher gleich am Eingang mit der „barocken" Selbstdarstellung ihrer Stifter. Im Grunde zeugen die Abbildungen in der Yellow-Press noch heute von der Kraft und Überzeugungsgewalt dieser Bilderwelten.

Auch in Dörflers Malereilexikon wird bei der Definition des Barock auf das Gekünstelte, die Schaffung von Scheinwelten durch barocke Künstler aufmerksam gemacht: „Die Spanne der Darstellungsmittel reicht von absoluter Künstlichkeit über die Täuschung der Wahrnehmung (Trompe-l´œil) bis zur Übertreibung und schließlich zum übersteigerten Naturalismus. Dabei gehören die Verherrlichung, die Apotheose und die Schau als Stilelement zum Wesen barocker Darstellungsweise, die seit Ludwig XIV. um die zum theatralischen Zeremoniell, zum ›theatrum ceremoniale‹ gesteigerte Selbstdarstellung des absolutistischen Königtums erweitert wird." (Dörfler 2 S.7) Darüber hinaus wird auf den illusionistisch gesteigerten Pathos und auf die religiös bestimmte transzendentale Verinnerlichung aufmerksam gemacht, die der Barockkunst zu eigen sei. Die Vergöttlichung des Herrschers mit illusionistischen und pathetischen Mitteln und die religöse Versenkung, die bis ins schwärmerisch Verzückte und Entrückte gesteigert wird, sind zwei Seiten einer Medaille.

Michelangelo mit seinen Skulpturen und vor allem den Malereien in der Sixtinischen Kapelle und Raffaels Historienbilder in den Stanzen im Auftrag des Papstes Julius des II. bildeten die Grundlage. Es gibt keinen Bruch zwischen dieser „Hochrenaissance"-Malerei und den nachfolgenden „Manieristen" oder Barock-Künstlern. Das psychologische Programm, das Michelangelo und Raffael entwerfen, ist Zuckerbrot und Peitsche. Herrschsüchtig, gewalttätig bestimmt Gottvater-Zeus den Raum, schafft Himmel und Hölle, droht mit Weltuntergang und Jüngstem Gericht. In der Kapelle kauern ganz unten die Sklaven, oben waltet der Himmels- und Weltenherrscher. Auf der anderen Seite werden die Himmelfahren von Christus, Maria und den Heiligen inszeniert, in Rom und Venedig werden ganze Raumgewölbe mit dem Allerheiligenhimmel gefüllt. Verdammnis – Erlösung: Die Erlösung gibt es aber nur für die „Rechtgläubigen" mit dem Segen der Kirche und der letzten Salbung. Wie im Himmel, so auf Erden. Das Herrscherporträt, ja die Vergöttlichung der Päpste und Könige, gehört zum Programm der Kunst der folgenden Jahrhunderte.

Diese Schwarz-Weiß-Ideologie wird sehr farbig ausgemalt. Tizian und Tintoretto kosteten dabei die Dramatik der Lichtwirkungen aus, Correggi und Barocci schmeichelten dem Betrachter mit dem Wechsel der Helldunkelstimmungen. Sie lobpreisen und verdammen. Der Psychologe Mario Erdheim beschreibt die beabsichtigte Wirkung: „In den apokalyptischen Untergangsphantasien erkennen wir nun eine kulturelle Prägung, in der die aggressiven Strebungen zwar bewusstseinsfähig werden dürfen, aber lediglich in einer so entstellenden Form, dass sie gegen die herrschenden Verhältnisse nichts ausrichten können. Die aufgestaute Kulturfeindschaft kommt in der Vorstellung, dass die Welt untergeht, auf ihre phantastische Rechnung [...], aber die dabei auftauchenden Ängste sowie die verzweifelte Anlehnung an eine transzendente Macht wirken sich derartig lähmend aus, dass davon nur die Herrschaft profitiert." (Erdheim, S. 330)

Die Päpste, die kirchlichen Institutionen, vor allem der

Jesuiten-Orden und die Inquisition, die weltlichen
Herrscher mit ihren Akademien, die im 17. Jahrhundert
entstehen, und den staatlich
organisierten Ausstellungen
(der seit 1648 organisierte
Pariser Salon diktierte bis
weit in das 20. Jahrhundert
den Kunststil des französischen Kaiserreichs) geben
den Rahmen vor, in dem sich
die Künstler bewegen müs-
sen. Dieser zentralstaatliche
Rahmen hat weitreichende
Folgen für den Künstler. Erdheim: „ [...] aber im Rahmen
jener Institutionen fallen
diese sogenannten Ich-Funktionen weg, und es kommt zu
einem Denken in Bildern, zur
Kritiklosigkeit sowie zur Forderung nach Illusionen, die
nun das Handeln des ›institutionalisierten‹ Individuums
bestimmen." (ebd., S. 334)
Gemäldegalerien an den Kö-
nigs- und Fürstenhöfen, in
allen Hauptstädten Europas
zeigen, was „richtig" und was
„falsch" gemalt worden ist –

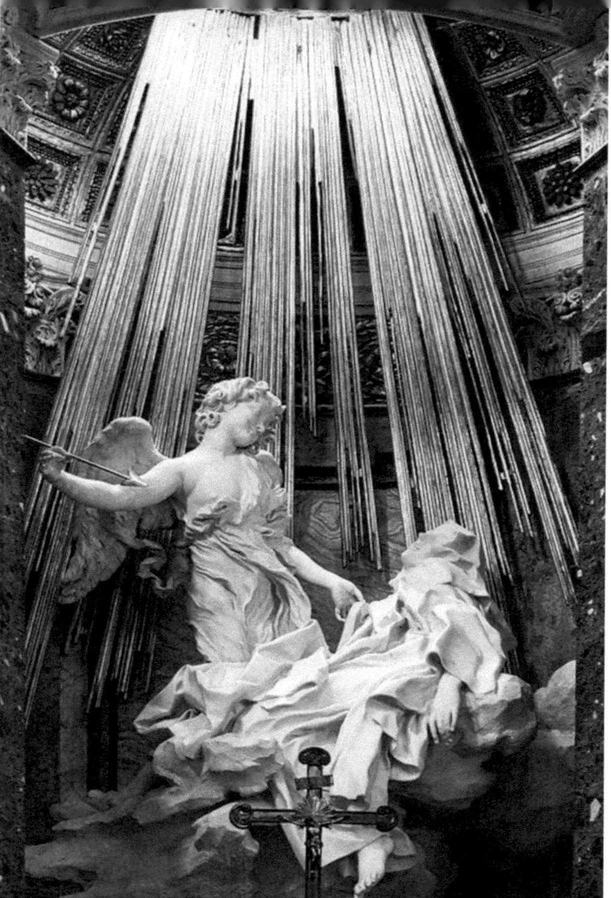

Abb. 97: Giovanni Lorenzo Bernini (1648 - 1652), Verzückung der hl. Theresa, St. Maria della Vittoria, Rom, Foto: Livioan-dronico2013, CC BY-SA 4.0

und Maler Giovanni Lorenzo
Bernini (1598 - 1680) hervor,
der mit seinen Büsten die
Prototypen des absolutistischen Herrscherporträts und
der Papstbüsten schuf. Er ist
für die pathetischen Statuen
auf den Kolonaden des Pe-
tersplatzes in Rom verantwortlich. Ludwig der XIV. rief
ihn auch nach Paris, um den
Louvre mit zu gestalten. Und
er verwirklichte mit seiner
„Verzückung der hl. Theresa"
in St. Maria della Vittoria in
Rom mit eigenen Worten
seine „vollendeteste Arbeit".
Von oben sendet der Himmel
seine goldenen Strahlen. Sie
ist mystisch-verzückt, eksta-
tisch-orgiastisch erwartet sie
den Pfeil des Engels. Sie beschreibt ihre Gefühle dabei:
„Unmittelbar neben mir sah
ich einen Engel in vollkom-
mener körperlicher Gestalt.
Der Engel war eher klein als
groß, sehr schön, und sein
Antlitz leuchtete in solchem
Glanz, dass er zu jenen Engeln gehören musste, die

sie geben indirekte Handlungsanweisungen. Eine sub-
lime Bilderwelt von illusionistischen Vorstellungen und
bewussten Täuschungen entsteht, um Untertanen zu
schaffen und Bewusstheit auszuschalten. Im Herrscherbild präsentiert sich der „wahre Führer" – ein irdischer
Wiederschein des „guten Vaters" mit Rauschebart. Der
Künstler darf den einen wie den anderen nur noch idea-
listisch überhöht darstellen. Das ist ein Weg von der Illusion in die Irrationalität.

In Rom tut sich dabei vor allem der Architekt, Bildhauer

ganz vom Feuer göttlicher Liebe durchleuchtet sind; es
müssen jene sein, die man Seraphe nennt. In der Hand
des Engels sah ich einen langen goldenen Pfeil mit Feuer
an der Spitze. Es schien mir, als stieße er ihn mehrmals
in mein Herz, ich fühlte, wie das Eisen mein Innerstes
durchdrang, und als er ihn herauszog, war mir, als
nähme er mein Herz mit, und ich blieb erfüllt von flammender Liebe zu Gott. Der Schmerz war so stark, daß ich
klagend aufschrie. Doch zugleich empfand ich eine so
unendliche Süße, daß ich dem Schmerz ewige Dauer
wünschte. Es war nicht körperlicher, sondern seelischer

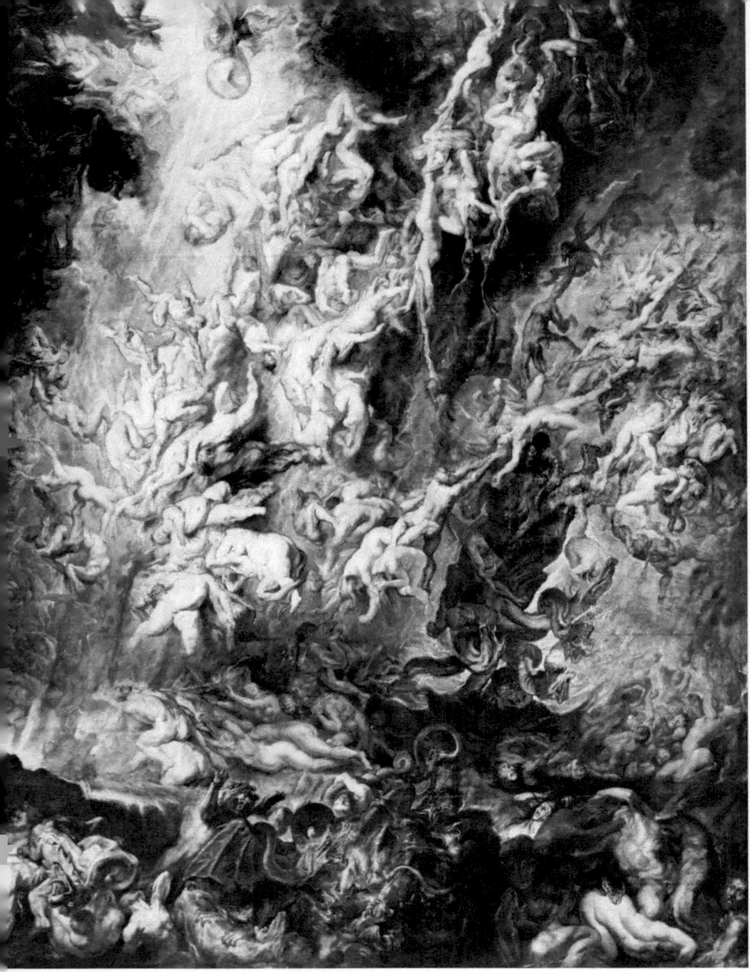

Abb. 98: Peter Paul Rubens, Höllensturz der Verdammten, um 1620, Öl auf Leinwand, 288 x 255 cm, Alte Pinakothek, München, The Yorck Project, Public domain

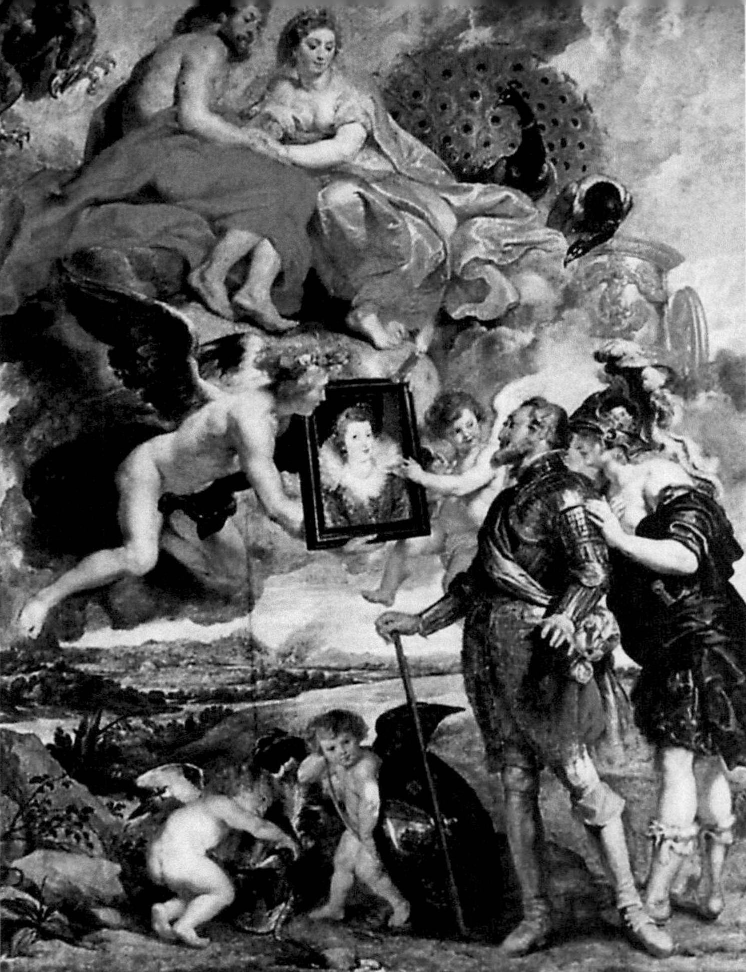

Abb. 99: Peter Paul Rubens, Heinrich IV. empfängt das Bildnis der Maria de´Medici, 1622/1625, Öl auf Leinwand, 394 x 295 cm, Musée National de Louvre, Paris, public domain

Schmerz, trotzdem er bis zu einem gewissen Grade auch auf den Körper gewirkt hat; süßeste Liebkosung, die der Seele von Gott werden kann." (Thomas Gransow, Rom und der Vatikan, zit. n. Wikipedia)

Der Flame Peter Paul Rubens (1577-1640) und der Franzose Nicolas Poussin (1594-1665) arbeiteten das kirchlich-absolutistische Malprogramm im 17. Jahrhundert weiter aus. Beide betrieben ihre Grundlagenstudien in Rom. Poussin wurde Dauergast dort – mit einigen Abste-

chern zum königlichen Hof in Frankreich.

Rubens ging an den europäischen Königs- und Kaiserhöfen ein und aus, er diente den spanischen, französischen Regenten als Künstler und Diplomat, der englische König Karl I. erhob ihn in den Adelsstand. Mit über 1500 Werken war er der eifrigste Maler der Gegenreformation. Von den Jesuiten erhielt er den Auftrag zur Ausschmückung ihrer Kirche in Antwerpen, er blieb bis zu seinem Lebensende der beliebteste und berühmteste Kirchenmaler der katholischen Welt. Sein Bildprogramm ist exemplarisch.

Erstens: Er propagiert die Vernichtung der Ungläubigen: Während schon der 30-jährige Krieg tobt, gestaltet er 1620 den „Höllensturz der Verdammten". In Michelangelos Apokalypse geht es noch vergleichsweise geordnet zu, in Rubens Version purzeln die nackten Gestalten reihenweise in die Hölle. Es ist hier nicht Jesus Christus, der die Verdammten in den Abgrund befördert, sondern der Erzengel Michael. Gnade ist nicht zu erwarten. Ein ganzes Heer von Teufelswesen zerrt an den Gestalten, die sich zu orgiastischen Fleischknäueln ballen. Unten am Höllengrund ist dann nur noch die

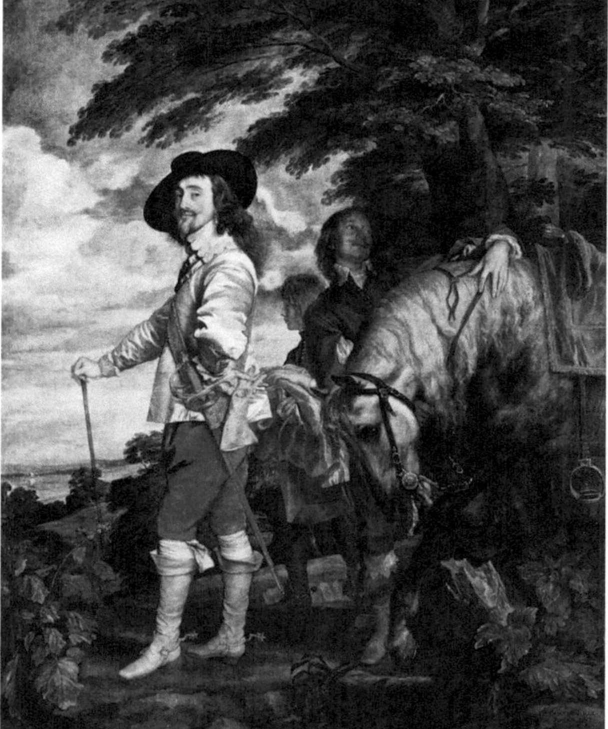

Abb. 100: Anthonis van Dyck, Karl I. auf der Jagd, circa 1635 Öl auf Leinwand, 272 × 212 cm, Louvre Museum, Paris, The Yorck Project, public domain

völlige Vernichtung zu erwarten. Zuvor hatte der Künstler schon sein mit 6,08 mal 4,63 Meter größtes Gemälde das „Das Große Jüngste Gericht" (1617) und 1619 „Das Kleine Jüngste Gericht" geschaffen – die Weltgerichte waren beliebte Bilder im Auftrag der Gegenreformation. Das gesamte christliche Personal wird beim „Großen Jüngsten Gericht" aufgerufen: Christus als theatralisch sich gebärdender Richter, Moses als Gesetzgeber, Maria als Erleuchtete, Petrus als Kirchengründer, Johannes der Täufer. Links wurden die für den Himmel Ausgesuchten positioniert, rechts die Verdammten, zwei nackte Weiber krallt sich der Teufel schon persönlich.

Zweitens die Lobpreisung der Heiligen: Allen voran huldigt er dem Gründer des Jesuitenordens Ignatius von Loyola, der erste Ordensgeneral der Kämpfer in den Reihen der Gegenreformation. Ignatius treibt bei Rubens

persönlich die Teufel aus und heilt die Aussätzigen. Er ist der Begründer der Exerzitien, die die rituelle Einübung von Glaubensvorschriften zur Aufgabe haben – gleich den Zeremonien am weltlichen Hof. Im Grunde sind die Exerzitien auch eine Vorgabe für die Kunst. Es soll nicht mehr nachgedacht sondern es sollen Stereotypen nachexerziert werden. Auch andere Heilige werden im Werben für den wahren Glauben zu Hilfe geholt. „Die Verlobung der heiligen Katharina" zeigt, wie die Märtyrerin sich mit dem Christuskind verlobt. Sie hatte im dritten Jahrhundert in Alexandrien für den christlichen Glauben viele Heiden überzeugt und wurde schließlich von den römischen Machthabern ermordet. Mehrfach tötet der Heilige Georg den Drachen und rettet die Königstochter. Weiter treten auf: der Heilige Augustinus im Bischofsgewand, der Heilige Sebastian mit Köcher und Pfeilen, der Heilige Dominik, der Heilige Lorenz und viele andere. Besonders bei seinen Christusbildern fällt auf, dass Rubens das Geschehen zusätzlich zu dramatisieren versucht, indem er Handlungsmomente abbildet: Kreuzabnahme oder Kreuzaufrichtung, um die Wirklichkeit des Geschehens zu unterstreichen. Er übertreibt wie auch El Greco, weil offenbar die innere Überzeugung nicht mehr ausreicht.

Drittens die Glorifizierung der Herrschenden: Besonders dreist lügt Rubens in den 21 Bildern zur Verherrlichung von Maria de´Medici. Ein Gemälde zeigt, wie der französische König Heinrich IV. das Bildnis seiner künftigen Gemahlin empfängt. Es wird von den Göttern der Liebe und der Ehe direkt aus dem Olymp transportiert – wie eine Ikone präsentiert es sich im Bildmittelpunkt – unter den huldvollen Blicken von den höchsten aller Götter Jupiter und Juno, die auf einer Wolke thronen. Über die Schulter Heinrichs schaut billigend die barbusige Francia. Ein anderes Gemälde dieser Reihe zeigt die prächtige Maria de´Medici bei ihrer Ankunft im Hafen von Marseille. Im Mittelpunkt prangt die reichlich ausstaffierte Königin, begleitet von ihrem Hofstaat und ehrfürctig empfangen von den höchsten Würdenträgern der Stadt. Neptun, Sirenen und Tritonen jubilieren. Es ist nur vordergründig ein heiliges Geschehen, es ist Spektakel. Chronisten zeichnen ein anderes Bild der Maria de´Medici, sie sei dumm, streitsüchtig, überheblich, machtgierig und unfähig gewesen, Regierungsgeschäfte zu betreiben. Heinrich IV. habe sie nur wegen der reichlichen Mitgift von 600 000 Goldtalern geheiratet und sie ansonsten mit einer Vielzahl von Frauen betrogen. Der französische Hof habe eher einem Bordell geglichen. Rose-Marie und Rainer Hagen fassen Rubens Leistung zusammen: „Er erhebt also dieses Leben voller Misserfolge, Intrigen, Kleinlichkeit empor zu exemplarischer Größe, siedelt die handelnden Personen an in der Nähe der Götter, veredelt die miese Realität mit Hilfe von Allegorie und Mythologie.“ (Hagen 2003/2, S. 231)

Viertens: Gemäß den Vorgaben Roms widmen sich eine Reihe seiner Bilder den Helden aus dem klassischen Altertum, allen voran des Helden Decius Mus, der für Rom den Opfertod starb. Heldenhaft zeigt ihn Rubens auf seinem sich wild aufbäumenden Schimmel, wie er sich vom Feind mit der Lanze durchbohren lässt. Zuvor war er von Roms Oberpriester gesegnet worden und hatte sein Totengebet gesprochen: „Janus, Jupiter, Vater Mars, ihr Hausgötter, ihr neu aufgenommenen Götter, ihr Götter Roms, ihr Himmlischen, in deren Macht wir und die Feinde stehen, und ihr Götter der Verstorbenen, ich bitte euch und flehe euch an: Verleiht dem Volk der römischen Bürger Überlegenheit und Sieg, über seine Feinde aber lasst Schrecken, Unheil und Tod kommen. Wie ich es hier ausdrücklich versprochen habe, so weihe ich für den Staat der römischen Bürger, für das Heer und seine Le-

gionen nunmehr die Legionen des Feindes und mich selbst den Todesgöttern und der Erde zum Opfer.“ (Liechtenstein, The Princely Collections, Internetseite) Auch die Szene mit dem Totengebet inszeniert Rubens in äußerster Ergriffenheit. Mindestens zehn Bilder hat Rubens vom vorbildlichen und aufopferungsbereiten Kämpfer Decius Mus geschaffen. In seinen Bildern betet Rubens, dass die Feinde Roms besiegt werden. Nationalismus und Kriegsverherrlichung kommen in antiker Verkleidung und religiöser Schwärmerei daher. Diese Bilder entstehen während der „Glaubens“-Kriege des 30-jährigen Krieges. Sie sind Parteinahme und Rechtfertigung der Kämpfe. In seinen Allegorien des Krieges und des Friedens sind es dann auch Mars, Venus und Minerva, die über das Schicksal in Krieg und Frieden entscheiden. Weitere Bilder mit antikisierenden Themen sind zahlreiche Bacchanalien, Venusfeste, die gefesselte Andromeda, das Urteil des Paris, die Amazonenschlacht. Rauschende Feste mit vielen Frauen als Fleischzugabe beim Wein kennzeichnen Rubens Bildinventar. Die an den Felsen mit schweren Eisenketten gefesselte Andromeda wird vom Königssohn befreit, schmachtend himmelt sie ihren Retter an. Rubens malt sich inmitten des Dreißigjährigen Krieges eine Welt voller üppiger Prachtfrauen schön, mit großen und schweren Busen, betonten Rundungen und kunstvoll gelocktem Haar. Ein Garten Eden für den männlichen Voyeur. Wer in diesem „Liebesgarten“ (1632) Eintritt hat, sieht man an der kostbaren französischen Kleidung und an den Degen, die die Männer tragen. Es sind die Adligen und das reiche Bürgertum, die in den kunstvoll gestalteten Gärten mit Grotten und künstlichen Seen lustwandeln.

Der Schüler von Rubens Anthonis van Dyck übersiedelte 1632 nach London. Er arbeitete als Hofmaler und Porträtist für Karl I. 1632 Jahr erhob ihn der König auch in den Adelsstand. Er übernimmt das Reiterstand-Vorbild Raffaels, darüber hinaus arbeitet er Ahnengalerien aus. Die Figuren sind alle stolz erhaben, elegant, würdevoll, vertrauensvoll-distanziert – von hohem Stand eben allesamt. Die meisten Gemälde bedrücken eher durch das Van-Dyck-Braun und die Schwärze der Bilder, auf man-

chen geraten die
ausdekorierten Fi-
guren zu Mode-
püppchen – das
Porträt wird zur De-
koration.

Nicolas Poussin
malt um 1638 „Hir-
ten in Arkadien" mit
dem Untertitel „Et
in Arcadia ego",
„Auch ich (war/bin)
in Arkadien". Drei
Hirten in Gewän-
dern in den Natio-
nalfarben

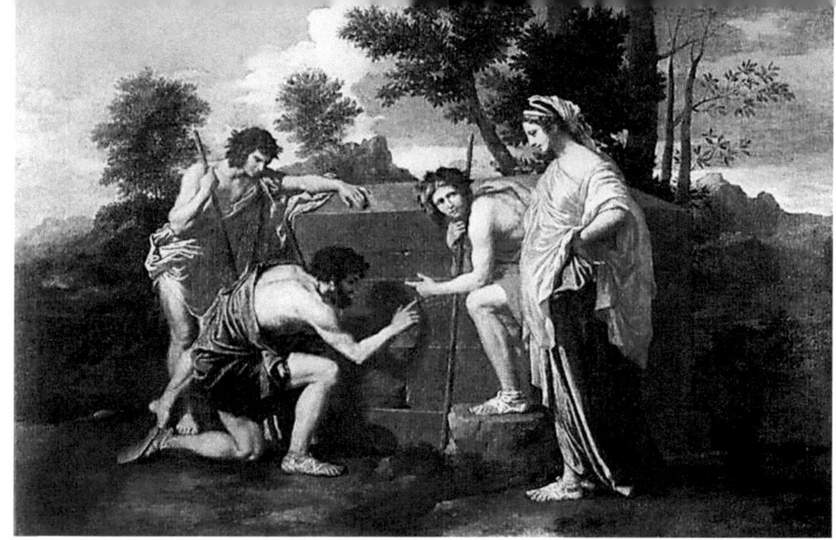

Abb. 101: Nicolas Poussin, Et in Arcadia ego, zwischen 1638 und 1640, 131 x 181 cm, Öl auf Leinwand, Louvre, Paris, public domain

schen Krieges Aiax
stürzt sich in sein
Schwert, nachdem
Athena ihn mit
Wahnsinn bestraft
hat. Er verwandelt
sich in eine Nelke,
die links neben sei-
nem Schwert
wächst. Im Hinter-
grund himmelt die
unglückliche Klytia
ihren Sonnengott
Apollon alias Sol
oben im Streitwa-
gen an, der sie nicht
mehr liebt und sie

Frankreichs kommunizieren über die Inschrift auf einem
Sarkophag mit einer pracht-, würdevoll gekleideten
Frauenfigur, die die Göttin der Malerei darstellen könnte.
Sie lächelt vielversprechend und wissend, stützt sich mit
ihrer rechten Hand auf dem Rücken des einen Jünglings
ab. Offensichtlich ist sie mit dem Eifer der drei zufrieden,
die sich dem Studium der Antike widmen. Das ist ganz
Poussins Auffassung: Nur durch das Studium der alten
Mythen und Dichtungen, der antiken Quellen könne die
Kunst gedeihen. Poussin sehnt sich nach dem Goldenen
Zeitalter, in dem Menschen in Eintracht mit der Natur in
der zeitlich entgrenzen Malerei Schönheit, Liebe, Wahrheit finden. Seine Malerei beschwört die Ewigkeit. Er
hält in seinen Bildern die Zeit an, eine Schwermut und
ein großer Ernst fluten in seinen Bildern an und werden
in ausgewogenen Farb- und Formenkompositionen zum
Stillstand austariert. Friedrich Schiller soll später „Auch
ich war in Arkadien geboren" dichten und damit dem
Ideal der klassischen Antike nacheifern.

Im „Reich der Flora" darf sich der Gebildete, der besonders Ovids „Metamorphosen" kennen muss, auf Entde-
ckungsreise begeben. Auf Poussins Bild-Theaterbühne
erscheinen einige von Ovids Mythengestalten, die sich in
Blumen verwandeln (von links): Der Held des Trojani-

verschmäht hat. Neben ihr sieht man Sonnenblumen. Im
Vordergrund erscheinen dann Narziss (der sein Spiegel-
bild bewundert) und Echo mit weißen Narzissen, in die
sie sich verwandeln. Rechts im Vordergrund weilen die
Nymphe Smilax und der Jüngling Krokus, sie wurden von
der Liebesgöttin Venus in Blumen verzaubert. Hinter
ihnen fasst sich Hyakinthos in harmonischer Geste an
den Kopf. Er war der Liebling Apolls. Er betrachtet die
ihn bezeichnende Blume in seiner Hand sehr, sehr nachdenklich. Neben ihm Adonis, der Geliebte der Venus, der
aus Eifersucht ermordet wurde. Venus ließ ihn als Blume
von blutiger Farbe auferstehen. Und Flora tanzt im Mittelpunkt ihres verzauberten mythologischen Blumengar-
tens. Es ist aber kein feucht-fröhlicher oder orgiastischer
Tanz, die ganze Szene wirkt wie eine Momentaufnahme
aus einem angehaltenen Film. Der Held Aiax wird sich
eine Ewigkeit in sein Schwert stürzen, Flora ebenso unendlich einen Schritt vorwärts setzen. Die Szenen sind
nebeneinandergesetzt, zusammenhanglos, eklektizis-
tisch. Sie ergeben eine Mischung von plakativen Zitaten
aus antiken Mythen und einer sehnsuchtsvollen Wehmut
über die Schönheit vergangener Zeiten.

Poussin ruft auch das Historienbild auf und will es für
die Ewigkeit konservieren. Beim „Tod des Germanicus"

(um 1627) haben sich würdevoll ausstaffierte muskulöse Krieger mit ihren Lanzen eingefunden, um dem Helden Gaius Julius Caesar Germanicus ein letztes Lebewohl zu sagen. Eine Frau hüllt sich rechts im Bild pflichtgemäß in ihr Trauertuch. Der feierliche Ernst, die pathetischen Gesten wirken aufgeladen und überladen. Poussin will seinen Traum, seine Vorstellung von der Antike, in Bilder zwingen. Es sind gemalte Gedanken, Illustrationen der Vergangenheit, die nicht mehr gelebt und erlebt werden können. Auch bei seinem „Raub der Sabinerinnen" (um 1638) wirkt Roms Stadtgründer Romulus, der mit Krone und Purpurmantel auf einem Podest stehend das Zeichen zum Raub gibt, wie ein mittelmäßiger Provinzschauspieler, der eine Pose einübt. Eine Fülle von Einzelszenen

füllt das Gemälde, in denen sich die Jungfrauen mit Angst erfüllten Gesichtern wehren, während die starken überlegenen Römer sich ihrer bemächtigen. Es sind ausstaffierte Wachsfiguren, die da kämpfen. Poussin hat in der Tat Wachsfiguren, denen er Kleider anzog, als Modelle genommen. Dieses Kulissenhafte erweckt den Eindruck einer großen Distanz zum Betrachter, einer Entfernung zum Geschehen, er erzeugt so einen Klassizismus des Dargestellten.

Auch bei seinen biblischen Themen, wie zum Beispiel der wiederholten Darstellung der sieben Sakramente Taufe, Firmung, Eucharistie, Bußsakrament, Krankensalbung, Sakrament der Weihe und Ehe versucht er seine Gestalten römischantik einzukleiden und übt sich in symbolischer Gedankenmalerei. Bei seinem Abendmahl könnte

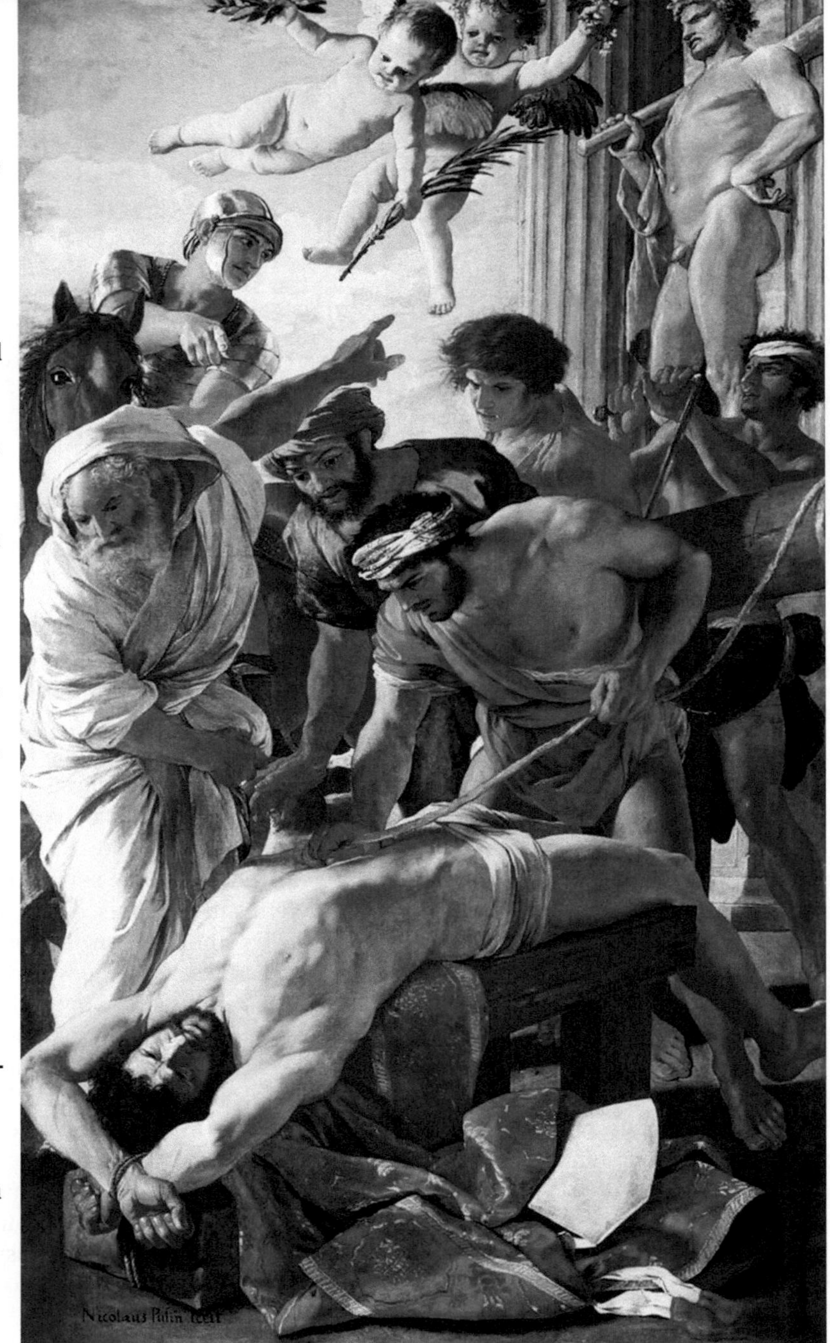

Abb. 102: Nicolas Pousssin: Das Martyrium des Hl. Erasmus, Öl auf Leinwand, 302 cm x 186 cm, Pinacoteca Vaticana, The Yorck Project, public domain

es sich genauso gut um eine Zusammenkunft römischer Würdenträger handeln. Die Pathetik der Gesten, die feierliche Monumentalität und Strenge, die Überbewertung der Formen führen zum Stil der französischen Académie Royale des Peintres et Sculpture, die seit ihrer Gründung 1648 stilbestimmend werden sollte. Er versucht das religiöse Geschehen als Feiertagsereignis herauszuputzen und leugnet das Alltagsgeschehen.

Poussin wurde schon 1641 als Direktor zur Ausstattung der königlichen Bauten berufen, insbesondere erhielt er den Auftrag für die Dekorationen im Grande Salle im Pariser Louvre. Der Sonnenkönig Ludwig der XIV. bestätigte ihn 1665 als Erster Maler Frankreichs.

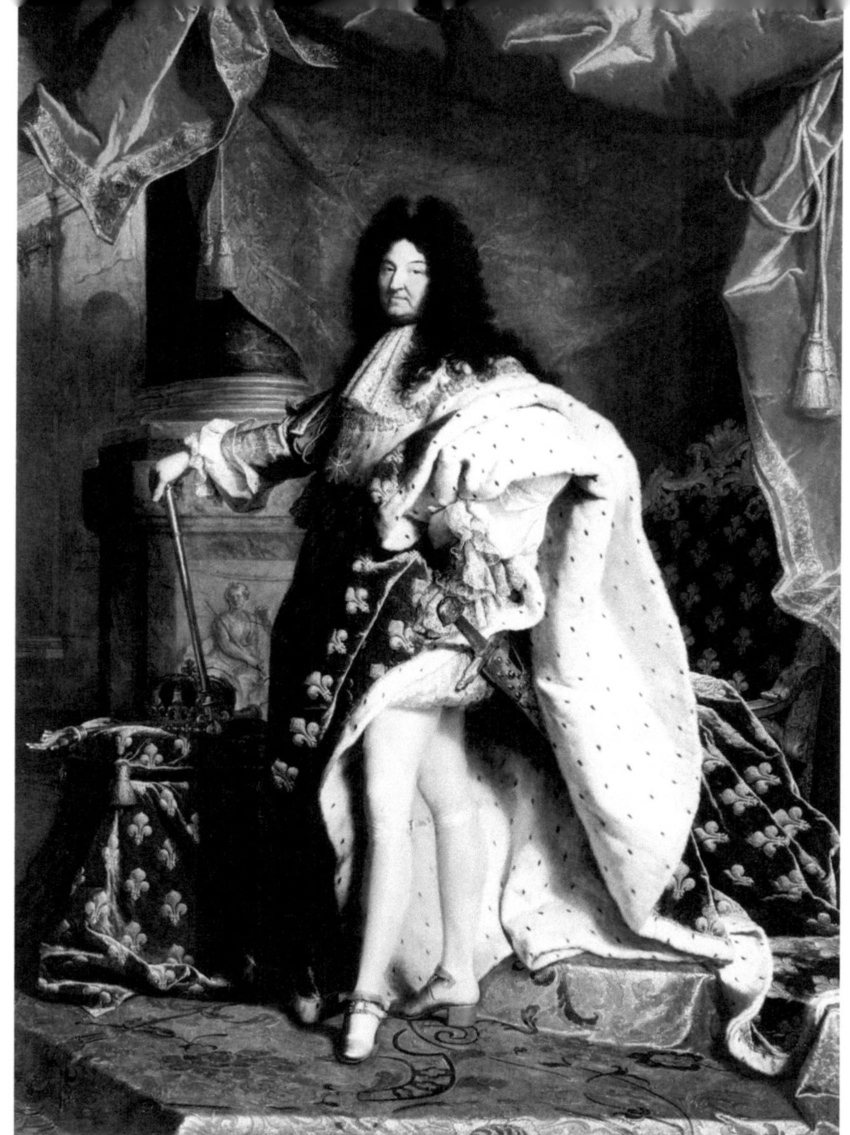

Abb. 103: Hyacinthe Rigaud, Paradebildnis des Königs von Frankreich, Ludwig XIV., 1701, 277x 194 cm, Öl auf Leinwand, Musée National du Louvre, Paris, public domain

Deutsch-Römers Anselm Feuerbachs. Schon zu Lebzeiten Poussins entbrannte an der französischen Akademie ein Streit, ob der Linie oder der Farbe der Vorrang eingeräumt werden sollte. Poussin versus Rubens: Es war ein formalistischer, akademischer Streit. Es ging nicht um Inhalte. Sie beseitigten endgültig die Scheu, grausame Herrscher als friedliche Götter und eingebildete, rachsüchtige Regentinnen als bezaubernde, zierliche Schönheiten zu gestalten.

Der Sonnenkönig Ludwig XIV. machte seit seiner persönlichen Regentschaft im

Rubens und Poussin legen Grundsteine für künftige Malergenerationen. In Rubens ist die Schönfärberei des Rokoko und der überschwängliche Stil späterer Historienmaler schon angelegt, in Poussin der strenge Stil des Klassizismus und die schwärmerisch-elegische Wehmut zum Beispiel des

Jahr 1661 Versailles zum absoluten kulturellen und politischen Zentrum Frankreichs, ja Europas. Er deklassierte damit den Adel und andere Fürsten- und Königtümer: Versailles wurde absolutistisches Zentrum als Gesamtkunstwerk. Eine pompöse Architektur gab des Rahmen

131

ab, kunstvolle Gartenarchitektur mit Kunstseen sollten beeindrucken. Gebaut als Jagdschloss für König Ludwig XIII. wurde es unter Ludwig XIV. vom mehrere Tausend Personen umfassenden Hofstaat bewohnt. Als Mittelpunkt wurde die Spiegelgalerie gebaut, in der die Hofzeremonien abgehalten wurden und in der die anwesenden Adligen und Höflinge um die Gunst des Monarchen betteln durften. Ansprechen durften sie die Majestät nicht, nur er durfte seine Gunst verschenken. In der fast 75 Meter langen und mehr als 10 Meter breiten Spiegelgalerie künden die Wandmalereien und die Deckendekorationen von den wirtschaftlichen und politischen Erfolgen Ludwig XIV., seinen Siegen und Heldentaten. Die römische und die griechische Mythologie wurde umfangreich bemüht, Ludwig XIV. wird der Sonnengott Apollon. Ludwig XIV. in der Aura eines mystischen, allerhöchsten Wesens. Er thront auf dem Olymp und zerschmettert jeden, der ihm in die Quere kommt.

Ein Künstler gewann einen besonderen Einfluss am Hofe: Charles le Brun (1619 - 1690). Seine Karriere ist beispielhaft. Entdeckt wurde er vom mächtigen Kanzler Séguier, der ihn auch nach Rom schickte, um bei Poussin sein Handwerk (und seine künstlerische Ausrichtung) zu perfektionieren. Bereits 1638 bekam er den Titel „königlicher Maler" und war 1648 Mitbegründer der französischen Akademie. 1660 bekam er den Auftrag zur Gestaltung des Alexanderzyklus, eine Glorifizierung Alexander des Großen. 1662 wurde er in den Adelsstand erhoben und bekam den Titel „Premier Peintre du Roi". Ein Jahr darauf wurde er „Garde général" der königlichen Gemäldesammlungen. Schließlich dirigierte er auch die „Königlichen Gobelin-Manufakturen" mit 50 Malern und 700 Handwerkern. Er entwarf und ließ ausführen: Gemälde, Deckendekorationen, Wandteppiche und Zierornamente, Möbel, Vasen und Türschlösser. 1668 schließlich wurde er Rektor der Akademie. Le Brun war der Kunstdespot Frankreichs, er bestimmte am Hofe mit Hilfe seiner zahlreichen Ämter, was en vogue war.

Der bedeutendste Porträtmaler des Ancien Régime wurde aber Hyacinthe Rigaud (1659 – 1743). Er malte,

was Rang und Namen in der damaligen Zeit hatte: Ludwig XIV., Ludwig XV., König August II. von Polen, Kurfürst August (der Starke) von Sachsen, König Friedrich IV. von Dänemark und Norwegen, Liselotte von der Pfalz (Gemahlin von Philipp I., dem Herzog von Orléans), viele weitere Könige Europas, sowie andere Würdenträger. Besonders prachtvoll putzte er „Ludwig XIV." (1701) mit einem großen Aufwand an rauschenden Textilien heraus. Diese Bilder als „übertrieben" oder „prunksüchtig" abzutun, wird ihrer Bedeutung nicht gerecht. Sie sind Bestandteil der Hofzeremonien, Teil der Macht- und Herrschaftsstrategien. Zeremonien sind den religiösen Riten vergleichbar. Mit ständiger Wiederholung zementieren sie Ideologien, die rational nicht hinterfragt werden dürfen. Hier steht ein gottgleicher Herrscher, der „Tabu" ist. Er darf nicht berührt, seine Autorität darf nicht angezweifelt werden, weil es gefährlich ist. Bei Zuwiderhandlungen droht als Strafe die gesellschaftliche Vernichtung.

Erdheim schreibt: „Die Tabus, die das Leben der Häuptlinge und Priester umgeben, vergleicht Freud, wahrscheinlich auch an das spanische Hofzeremoniell der österreichischen Kaiser denkend, mit einer Mauer, ›hinter welcher sie für die anderen unzugänglich waren. Es mag uns die Erkenntnis dämmern, dass diese ursprünglich aus Tabuvorschriften gefügte Mauer heute noch als höfisches Zeremoniell existiert.‹ (1913: 55) [...] Indem Ludwig XIV. den Hof nach Versailles zog und alle anderen Hofhaltungen des Landes entwertete, schuf er eine Situation der Unausweichlichkeit." (Erdheim, S. 402 und 404)

Das Rokoko pudert die Bilder (noch) schöner und sieht weg

Das Rokoko als einheitliche Stilepoche für ganz Europa zu sehen, ist unmöglich. Zu unterschiedlich sind die Entwicklungen in den einzelnen Ländern. Die protzende Kunst am französischen Hof schmückte sich mit sentimental-rührseligen Schwärmereien. Hatte schon der Sonnenkönig Ludwig der XIV. sich selbstbewusst in den Mittelpunkt gestellt, sah sich sein Nachfolger Ludwig XV. mit seiner Geliebten Pompadour als Zentrum Europas. Beide Herrscher diktierten den Künstlern Inhalte und Malweise und bestimmten so, was gemeinhin unter Rokokokunst verstanden wird. Persönliche königliche Malanweisungen, Vorschriften für die Akademie und ausgesuchte Bilder für die Salons generierten eine Kunst, die sich von der Realität abwandte und eine Traumwelt der Gelanterie und der amourösen Delikatessen schuf. Der prunkende Absolutismus verführte die Adligen und Herrscher am Hofe dazu, sich in einer von allen weltlichen Problemen abgeschiedenen Welt wohl zu fühlen, ein fantastisches Universum, das nur von niedlichen Frauenpüppchen, von flirtenden Göttern, Heiligen und Helden bevölkert war. Deutschland war von den Strapazen des 30-jährigen Krieges noch derart erschöpft, dass an eine eigenständige Entwicklung nicht zu denken war, das Land war auf Importware aus Frankreich und Italien angewiesen. In Italien versuchten Künstler an die große Zeit eines Tizian, Raffael oder Tintoretto anzuknüpfen, ohne dass dies gelingen konnte. Was hier herauskommt, ist eine wehmütige Rückschau auf vergangene Größe. Nur in England entwickelte sich etwas Neues, das aber in großem Kontrast zu dem schwülstigen französischen Rokoko-Stil stand. Vornehmzurückhaltend wird die Porträtkunst der Adligen und der Neureichen weiterentwickelt. Nicht äußere Prunksucht wird betont, distanziert präsentieren sich Persönlichkeiten, die sich mit der Verwaltung ihrer Güter, der Industrialisierung und auch mit Erfindungen beschäftigen. Und vereinzelt wird ganz unverhohlen Kritik an gesellschaftlichen Zwängen und althergebrachten, veralteten Zeremonien geübt. Während sich im französischen Rokoko Schwarmgeist und Weltflucht ausbreitet, waltet in den englischen Bildern ein tiefer Ernst. Dort herrscht die Stille des Zauberparadieses, hier die Stille am Schreibtisch des Verwalters und Erfinders.

Zum Ende des 18. Jahrhunderts krachte die Französische Revolution wie eine Bombe in die Märchen- und Feenlandschaften des Rokoko, die Bilderwelten zerplatzten wie Seifenblasen. Die im Himmel ihrer Fantasien schwebenden Herrscher und die ihre Fantasmen gestaltenden Künstler werden mit der Wucht von gewaltigen Implosionen auf den Boden der Tatsachen geschleudert – ein jähes Ende des Rokoko. Und in Spanien rechnete der große Francisco de Goya mit den vorgeschriebenen Mal- und Denkanweisungen der Institutionen der staatlichen Gewalt und der Inquisition ab. Goya in eine wie auch immer geartete Kunstlandschaft des Rokoko oder des Barocks einordnen zu wollen, grenzt an Banausentum. Goya ekelt sich vor den Gräueltaten der Mächtigen, er spuckt seine Bilder voller Abscheu in die Augen der Verantwortlichen.

Jean-Marc Nattier (1685 – 1766) war ein typischer Vertreter seiner Zeit, der mit galanten Ganzkörperporträts am französischen Hof Karriere machen konnte. Mit fünfzehn Jahren gewann er schon einen Preis an der Académie Royale im Zeichnen. 1703 wurde er Schüler der Akademie, 1715 vorläufiges Mitglied, 1718 Vollmitglied. Er brillierte mit Mythologie: „Perseus versteinert Phi-

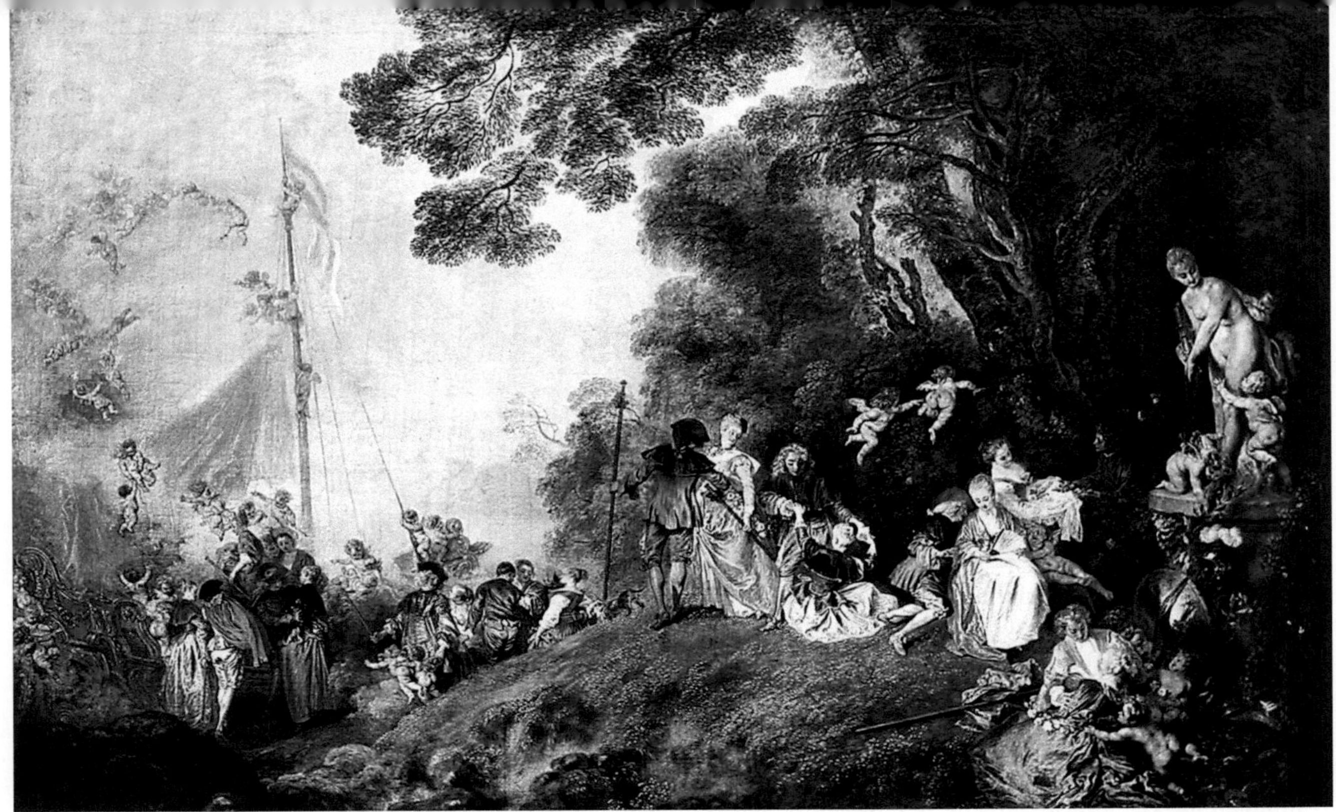

Abb. 104: Jean-Antoine Watteau, Einschiffung nach Kythera, 1717, Öl auf Leinwand, 194 x 129 cm, Schloss Charlottenburg, Berlin, Foto: Rainer Zenz, public domain

neus und seine Begleiter mit dem Haupt der Medusa". 1716 schlug seine große Stunde: Er porträtierte einige Persönlichkeiten des russischen Hofes, unter anderem Katharina I., anschließend auch den Zaren. Internationaler Ruhm war ihm zuteil geworden. Er wurde von der Familie d'Orléans engagiert und 1748 Porträtmaler am Hofe Ludwigs XV.. Die Mätressen des Königs wurden als Göttinnen des Olymps dargestellt, Madame Bouret als Diana (mit Bogen und Pfeilen in der Ausstattung) oder Madame Henrietta als Flora (sie windet einen Kranz aus wunderschönen Blumen). Sein Repertoire bestand fast ausschließlich aus graziösen Frauengestalten (Madame des France, 1759) oder Madame Infante (1761). Höhepunkte waren allerdings die Porträts der königlichen Mätresse und der Leitfigur am Hof: Madame de Pompadour als Diana oder als Hebe, als Göttin der Jugend und Tochter des Zeus.

Begründer der neuen Bildgattung der „Fêtes galantes" war Jean-Antoine Watteau (1684 – 1721). Er nahm dabei den „Liebesgarten" von Rubens als Vorbild. Watteau debütierte mit „Einschiffung nach Kythera" (1710). 1717 nahm er das Bildthema noch einmal auf und reichte es als Aufnahmebild für die Akademie ein; er wurde dann auch sofort Mitglied. Adlige, Reiche in geschmückten Gewändern stehen wartend in einer harmonischen Konversation vertieft in einer wundervoll romantischen Landschaft mit traumhaft ausgewogener Farbenwelt. Amoretten gleiten durch die Lüfte. Die heiteren Figuren brechen zur Fahrt nach der Insel Kythera auf, der Trauminsel der Liebenden. Dem Mythos nach war Venus auf der Insel aus dem Schaum des Meeres an Land gestiegen. Die Insel ist ein Reich der Liebe ohne Probleme und Sorgen. Das Leben der Adligen wird als Theater der Gelanterie unter Regie der Venus (rechts als Statue im Bild) gezeichnet. Watteau malte die Bilder unter dem Eindruck der Theaterstücke des Dichter Florence Dancourt, der in einem seiner Stücke reimte:

„Kommt zu der Insel Kythere,
Der Pilgerfahrt schließt euch an.
Ein Mädchen kommt zurück schwere,
Sei`s ohne Freund oder ohne Mann;
Man macht dort die größte Affäre
Aus zärtlichstem Amusement." (Wundram, Die berühmtesten Gemälde der Welt/ zit. n. Wikipedia)

Watteau malt Theaterkulissen, die Bilder heißen „Die Liebe im französischen Theater" (Bacchus und Amor haben ihre

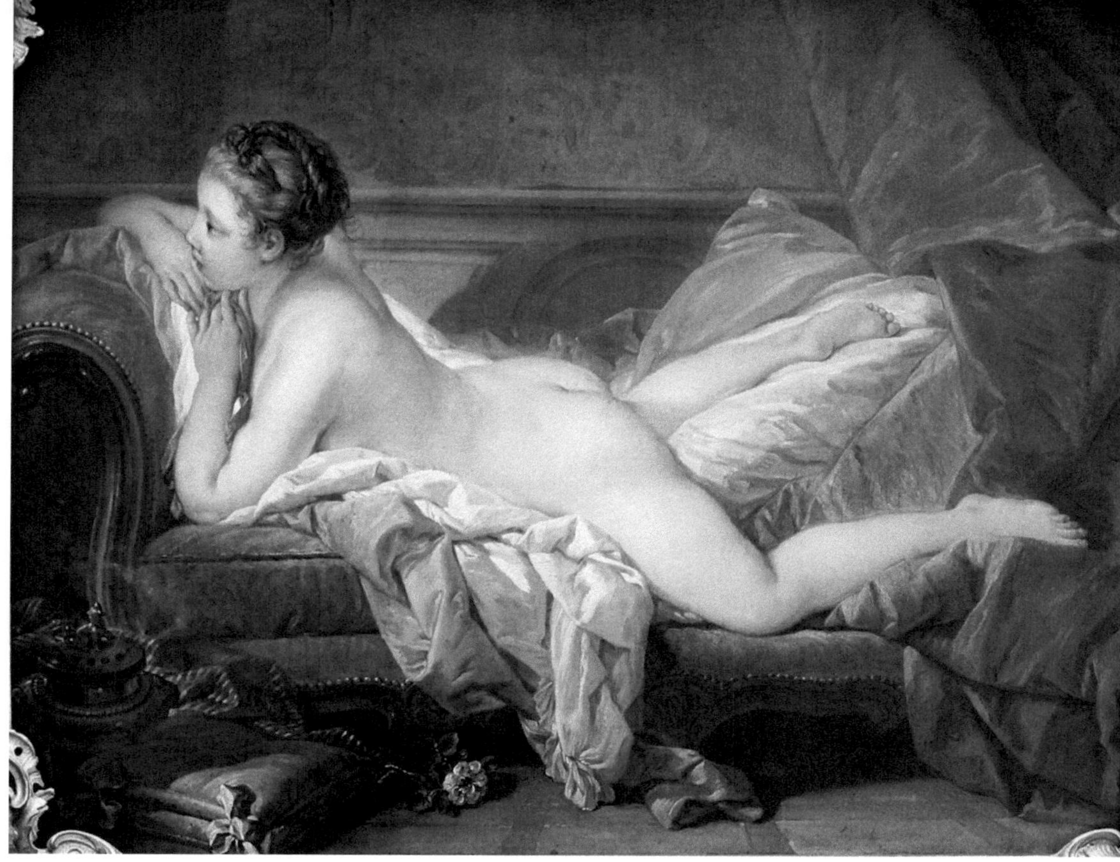

Abb. 105: François Boucher, Ruhendes Mädchen (vermutlich Porträt von Louise O´Murphy, Mätresse von König Louis XV. von Frankreich,), 1752, Öl auf Leinwand, 59 x 73 cm, Alte Pinakothek, München, Foto: Cybershot800i, public domain

Auftritte), „Die Liebe im italienischen Theater" oder „Venezianisches Fest" (1718/19, ein Pärchen tanzt Menuett, „Das Ballvergnügen" (1717). Die italienischen Komödianten: Bei Watteau wird alles Maske, alles Spiel, Koketterie, bedeutungsvolle Geste. Er spielt „Die Tonleiter der Liebe" (1717-19) rauf und runter, ohne jedoch den Liebenden ihre individuellen Gesichter zu geben. Sie gleiten vor einer gemalten, unwirklichen Kulisse dahin. Auch das ist amouröses Spiel, Theater vor einem unstofflichen, ungreifbaren Hintergrund. Für Watteau gab es nur „Die Annehmlichkeiten des Lebens" (um 1718), Müßiggang, Theater, schöne Bilder. Er schaute weg und malte für die Adligen, die sich doch amüsieren wollten,

bewusst beschönigend. Damit prägte er auch die Mode der Zeit, die Coiffures à la Watteau, Kostüme à la Watteau, die Watteauhäubchen, die Negligees à la Watteau.

Lieblingsmaler am französischen Hof und vor allem der Marquise de Pompadour wurde François Boucher (1703 – 1770). Er war richtungsweisend für die gesamte dekorative Kunst zur Zeit Ludwig XV. Er gewann 1723 den Grand Prix de Rome der Akademie mit vierjährigem Aufenthalt in der Metropole des Vatikans. 1731 reüssierte er mit dem Gemälde „Rinaldo und Armida" vor der Akadémie und wurde Mitglied. Bekanntlich verzauberte Armida mit magischen Kräften den Kreuzritter Rinaldo; ein Liebesabenteuer auf einer einsamen Insel wird er-

135

träumt. Um eine mythologische, erotische, allegorische Überhöhung der Machtfantasien ihrer Auftraggeber handelt es sich auch bei dem Gemälde „Der Raub der Europa" (1747). Im Mittelpunkt des Bildes thront mit entblößter Brust und hervorgehobenen Brustwarzen versonnen-sinnlich lächelnd Madame de Pompadour.

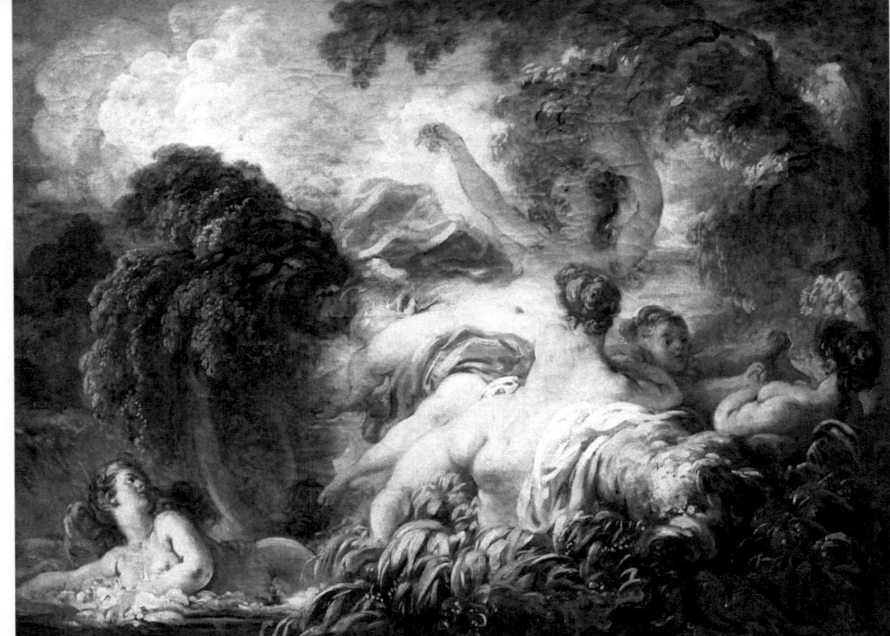

Abb. 106: Jean-Honoré Fragonard, Die Badenden, um 1765, Öl auf Leinwand, 64 x 80 cm, Louvre, Paris, public domain

Sie thront auf einem Stier, der mit seiner Zunge lüstern sabbert und träumerisch sehnsuchtsvoll zu ihr hochblickt: Es ist Zeus alias Ludwig XV., der sich gleich erheben und die Pompadour als „Europa" nach Kreta entführen wird, wo er sie dann ehelichen und den kommenden König „Minos" zeugen wird. Zum Inventar gehören Amoretten-Engelchen mit Hochzeitsfackeln, blumenstreuende Dienerinnen, Meereszwitterwesen, eine wildbewegte Wolken- und Meereslandschaft. Die Pompadour stieg zur Chef-Mätresse und Boucher zum Hofmaler und 1765 zum Ersten Hofmaler des Königs auf. Er hatte dessen Sammlung schöner Frauen als Modelle zur Verfügung. So porträtierte er die Irin Louise O'Murphy, die bäuchlings auf einem Chaiselongue liegt und ihren Hintern und ihren Rücken anmutig präsentiert. Eine niedliche Kindfrau, eine Kokotte, ein nettes Spielzeug für Ludwig XV. Sie wurden dafür auch belohnt, kann man den rauschenden Kleidern oder der Ausstattung ihrer Zimmer entnehmen: „Bei der Toilette" (1742).

Schon zu Lebzeiten wurde Boucher von dem Philoso-phen Denis Diderot hart kritisiert. Dieser registrierte die Ausdruckslosigkeit der Gesichter, Boucher würde nicht hin- sondern er würde wegsehen. Ihn interessiere nicht die Tiefe des Ausdrucks sondern nur der schöne Schein. Seine schärfste Kritik: Boucher habe nie die Natur beobachtet, sondern sie allenfalls zur girlandenhaften Dekoration benutzt. Zum Schluss sieht Diderot den von den adligen Zeitgenossen hoch gelobten Maler als „Verderber aller angehenden jungen Maler". Denn kaum könnten sie Pinsel und Palette halten, würden sie sich damit quälen, Girlanden von Kindern aneinander zu fügen und pausbackige rote Hintern zu malen. Seine Malerei will nicht Wirklichkeit verdeutlichen, Erkenntnisprozesse fördern sondern bewusst vernebeln, reale willkürliche Machtverhältnisse mythologisch überhöhen und beschönigen. Das ist Farbpigment-Sand in die Augen der Betrachter.

Nur ein Künstler schafft es noch, die Schönfärberei Bouchers zu steigern, sein Schüler Jean-Honoré Fragonard (1732 – 1806). Locker-flocker geht er an seine Nackedeis ran, dadurch wirken sie nicht so porzellanhaft steif wie die aufgeblasenen Modepuppen seines Meisters. Da schaukelt die adlige Dame in einem Märchen-Feenwald unter den Augen von Amor, während Amoretten-Skulpturen die Kulisse bilden. Die Schaukelnde verliert galant einen Schuh in Richtung der sie Anbetenden, während

ihr Liebhaber rücklings gestolpert ist, sodass er ihr in
die rauschende Unterwäsche schauen kann. Schlüssel-
loch-Romantik.

Fragonard beginnt mit mythologischen Themen in dramatischer Aufführung: „Psyche zeigt ihren Schwestern
die Geschenke Amors" (um 1753), „Rinaldo in den Gärten Armidas" (1763) „Der Großpriester Coresos opfert
sich, um Kallirrhoe zu retten" (1765). Für die Mätresse
Madame Dubarry, die die „Liebe" ihres Königs wieder er-
obern will, malt er dann Armor-Abenteuer „Die Verfolgung", „Die Zuspitzung", „Die Liebesbriefe", „Der gekrönte
Liebhaber" (1771). In den achtziger Jahren, jetzt ist Fragonard Vater zweier Kinder, wird er dann bodenständig
häuslich: „Die glücklichen Familien", „Kindliche Spiele",
„Die Lehrerin", „Erziehung ist alles". Aber da war doch
noch etwas Wichtigeres? „Das Liebesgelübde", „Das Ro-
senopfer" oder „Der Liebesschwur". Fragonard kennt eigentlich nur ein Thema: Die Liebe ist eine
Himmelsmacht, dargestellt von Mätressen und Konkubinen. Es ist keine ehrliche Kunst, sie spielt mit verschro-
benen Sexualfantasien, kultiviert sie zum fast religiösen
Ritus und bereitet so die Fin-de-siecle-Bilder mit dem
idealisierten Fleisch-Figuren eines Alexandre Cabanel
(allerdings erst 100 Jahre später) vor.

Die strenge Sexual-Moral der katholischen Kirche kippt
in romantisierende Gelüste um, in Traumwelten von der
Erfüllung auf der einsamen Insel. Das Gegenständliche
löst sich auf in schwärmerische Sehnsucht. Aber der Fra-
gonard-Liebhaber René Guillly rettet den Künstler: „Die
unbestreitbare Tatsache, dass die früher übertrieben ge-
lobte französische Malerei des 18. Jahrhunderts heute in
Misskredit geraten ist, hat insbesondere Fragonard be-
troffen. Unsere Zeit, die sich darin gefällt, das Sujet zu
verachten, fühlt sich diesem Künstler entfremdet, weil er
sie mit seinen pittoresken, galanten, erotischen und sentimentalen Motiven irritiert; heutzutage bevorzugt man
das von Tragik und Angst umwitterte Sujet. Den wahren
Kunstliebhabern aber, für die der Gegenstand zwar nicht
gleichgültig, jedoch nur zweitrangig ist, gilt Fragonard
als einer der größten Meister der Malerei." (Kindler 2, S.

169) Was sagt der Künstler aus? Was thematisiert er?
Der Gegenstand ist angeblich zweitrangig, das Erglühen
der roten Wangen der Liebesfiguren dagegen alles? Weil
es so bezaubernd-ergriffen, „impressionistisch" hinge-
worfen ist? Kitsch, eingeschnürt im Korsett. Und das
Schaf drückt zustimmend die Augen zu (siehe „Die Schä-
ferin").

Die Leugnung der Realität, Flucht in die romantischen
Gärten der Adligen auf der einen Seite und Zurschaustellung der absoluten Macht auf der anderen bilden die
zwei Seiten einer Medaille. Ludwig der XV. ist Zeus, Gebieter über alle. Die ständigen Kriege bluten Frankreich
aus. Das Land steuert mit vollen Segeln auf die Französische Revolution zu. Erdheim schreibt: „Je größer und intensiver die Gewaltausübung von Herrschaft ist, und das
heißt, je größer die Aggressionen sind, die die Be-
herrschten verspüren, aber nicht äußern dürfen, desto
›primitivere‹, ontogenetisch frühere Abwehrformen
müssen eingesetzt werden und desto tiefer kann die
Herrschaft in deren Unbewusstes eindringen." (Erdheim,
S. 418) Eine gewaltige Eruption ist vorbereitet.

Zwei französische Künstler beginnen auch schon andere
Wege zu gehen, als das hohe Lied auf den absolutistischen Herrscher zu singen. Jean-Baptiste Greuze (1725 –
1805) versucht die Stimmung des bürgerlichen Milieus
einzufangen. Er wird ein Prediger der bürgerlich-senti-
mentalen Moral, wie schon seine bevorzugten Bildthemen verdeutlichen: „Die vielgeliebte Mutter", „Der
bestrafte Sohn" „Familienvater, seinen Kindern die Bibel
auslegend", „Der undankbare Sohn", „Bibellesen". Seinen
warnenden Zeigefinger erhebt er besonders gern gegenüber jungen Frauen in etwas zerknautscher Kleidung,
deren Mieder verrutscht und deren Wangen vom offenbar vorangegangenen Liebesabenteuer errötet sind. Sie
sind von ihren Liebhabern verführt und verlassen, eine
Schande für die ganze Familie („Der zerbrochene Krug",
1785, „Die Klagen der Uhr" um 1775). Er artikuliert eine
Doppelmoral, die die jungen Frauen mit ihrer aufreizen-
den Kleidung für die „Fehltritte" verantwortlich macht,
der Künstler ergötzt sich aber an den entblößten Busen.

In den Wirren der Französischen Revolution versucht Greuze, den wechselnden Machthabern zu dienen, um dann 1804/05 mit dem Bild „Der erste Konsul Napoleon" den neuen Herrscher zu glorifizieren. Greuze bereitet den „Klassizismus" Jean-Jacques Davids vor. Wie dieser verirrt sich Greuze in den politischen Wirren.

will, welche Reichtümer sie angehäuft haben. Bei Chardin sind die Gegenstände einfach da, bescheiden leuchtend. Marcel Proust hebt das Neue an Chardin hervor: „Von Chardin haben wir gelernt, dass eine Birne so lebendig ist wie eine Frau, dass ein gewöhnlicher Tonkrug so schön ist wie ein Edelstein. Der Maler hat die göttliche Gleichheit aller Dinge proklamiert – vor dem Geist, der sie betrachtet, vor dem Licht, das sie verschönt." Und dann würdigt Chardin auch den einfachen Menschen: „Wäscherin", „Schenkkellner" (beide um 1736), „Die Rübenputzerin", „Das Kind mit dem Kreisel" (beide 1738). In weichen und gebrochenen Tönen umschmeichelt das Licht die Gegenstände und die Personen.

Jean Siméon Chardin (1699 – 1779) ignorierte die großen heroischen Vorbilder und übte sich im Hinsehen. Er gewann die Anerkennung der königlichen Akademie, als er 1728 „Der Rochen" ausstellte und wurde dann auch als „Tier- und Früchtemaler" in die Akademie aufgenommen. Er durfte dem König seine bürgerlich-moralisierenden Gemälde „Die fleißige Mutter"

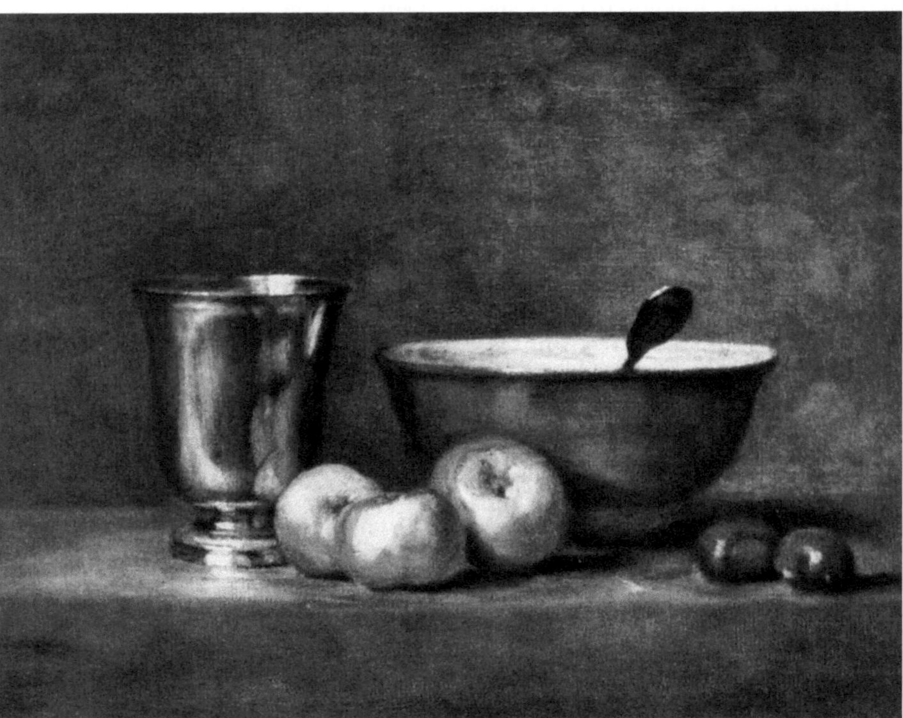

Abb. 107: Jean Siméon Chardin, Der Silberbecher, 1760, Öl auf Leinwand, 34 x 41 cm, Musée du Louvre, Paris, The Yorck Project, public domain

und „Das Tischgebet" (beide 1740) vorstellen. Doch die Sittenpredigt ist eigentlich nicht sein Gebiet. Er ist ein Maler des Alltäglichen. Er braucht keine mythologische oder heroisierende Überhöhung, um seinen Bildern Inhalt und Glanz zu geben. Er nimmt die Gegenstände, Pfeifen, Trinkgefäße, eine angeschnittene Melone, Pfirsiche, Nelken und entlockt ihnen ihre eigene tonige Farbmelodie. Bei Chardin entfällt das Aufgebauschte, Prahlende der holländischen Genremalerei, die zeigen

In Venedig versuchen Giovanni Battista Tiepolo (1669 – 1770) und sein Sohn Giovanni Domenico Tiepolo (1727 – 1804) mit Historien-, Heroen- und Götterbildern an die Glanzzeiten der italienischen Hochrenaissance anzuknüpfen. Sie versuchen noch einmal die ganze antike Götterwelt wiederzubeleben. Neptun bietet Venedig die Reichtümer des Meeres an. Gott Apoll spielt mit Hyacinthe Tennis und verletzt ihn dabei tödlich. Apoll erscheint im Würzburger Schloss im Deckenfresko auch

persönlich, um Kaiser
Friedrich Barbarossa
seine zukünftige Frau
Beatrix von Burgund
zuzuführen. Hoch im
Firmament gleiten sie
im Himmelswagen
dahin, von vier schnau-
benden Rössern auf den
Wolken gezogen. Ob-
wohl die blau-weiß-
gold leuchtenden
Farben eine heitere
Schwerelosigkeit vor-
täuschen wollen, doch
wirkt der sehr reiche
Zitatenschatz zu pathe-
tisch, das gewollt Pom-
pöse ist spürbar. Eine
Epoche geht zu Ende.
Mit aufpolierten Gesten
bäumen sich die Ak-
teure noch einmal auf.
Nach dem Tod des Va-
ters wird Domenico
Tiepolo realistischer. Er
besticht vor allem
durch Szenen aus dem
Karneval von Venedig.
Die Stadt träumt vom
Glanz vergangener Zei-
ten als Handelszentrum
der Welt. Jetzt ist sie
nur noch Touristenat-
traktion. Eine Stadt
putzt sich heraus und
tarnt sich mit Masken
und spielt Theater. 14
gab es davon in Vene-
dig. Doch die vielen
morbiden Gesichter,
nur notdürftig durch

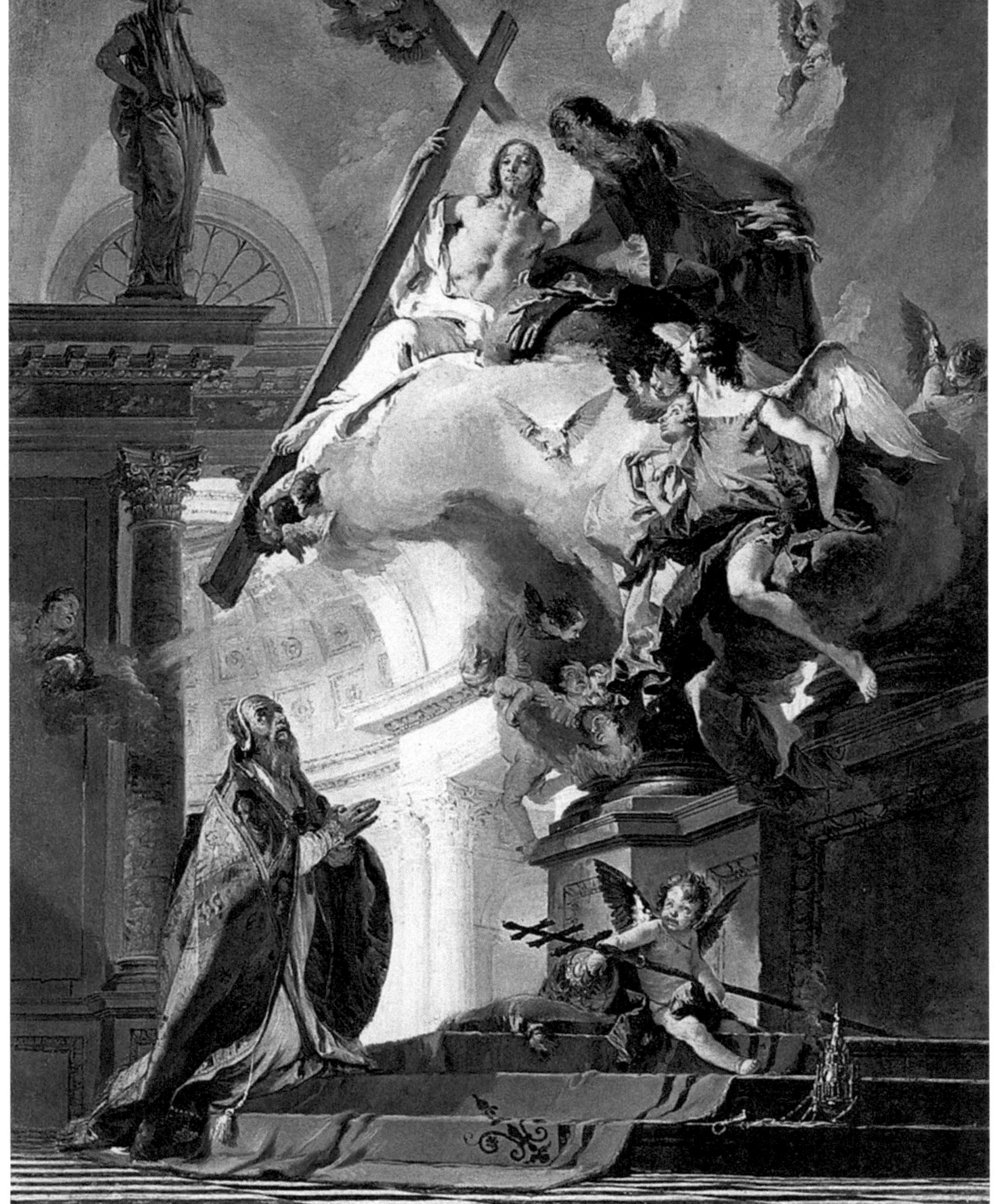

Abb. 108: Giovanni Batista Tiepolo (1669 - 1770): Vision des heiligen Clemens, 1730, 69.2 cm x 55.2 cm, Öl auf Leinwand, Alte Pinakothek; München, The Yorck Project, public domain

die Larven verdeckt, die vielen verhärmten Händler zeigen, dass in Venedig harte Zeiten angebrochen sind.

In Festtagsstimmung präsentiert Canaletto (eigentlich Giovanni Antonio Canal, 1697 – 1768) die Lagunenstadt. Die „Rückkehr des Bucintoro zur Mole am Himmelsfahrt" (um 1729) zeigt das Prachtschiff „Bucintoro" des Dogen, wie es nach einer Zeremonie auf hoher See in das festlich geschmückte Venedig zurückkehrt. Die Stadt glänzt im Schmuck vergangener Zeiten. An einem Himmelfahrtstag soll Venedig die Dalmatiner in einer Seeschlacht besiegt haben, an einem Himmelfahrtstag soll im Jahr 1178 Papst Alexander III. dem Dogen Sebastiano Ziano einen Ring als Dank für die vermittelnde Rolle der Stadt überreicht

haben. Seitdem wird in der Stadt gefeiert, jetzt allerdings vor allem für Touristen. Auch Canaletto malt vor allem für englische Aristokraten – Urlaubs- und Erinnerungsgemälde, die die beeindruckenden Kulissen in der Totale, im Großformat wiedergeben. Topografisch korrekt, mit betonter Genauigkeit der Perspektive in hellen, lichten Farben wird der Eindruck menschlich-heiteren Treibens erweckt. Im Urlaub muss die Sonne scheinen, ein Blick hinter die Kulissen wird nicht zugelassen. Canalettos Nachfolger Francesco Guardi (1712 – 1793) beschwört den Zauber rauschender Opernfeste Venedigs und versucht, die Panoramaansichten durch Licht- und Schatteneffekte zu dramatisieren. Er will die Position Venedigs erhöhen, indem er einen Zyklus von zwölf Festen für den Dogen Alvise IV. malt oder den Besuch von Papst Pius VI. in Venedig dokumentiert. Es nützt nichts, die Machtstellung der einstigen Welthandelsmetropole ist dahin; eine Epoche geht zu Ende.

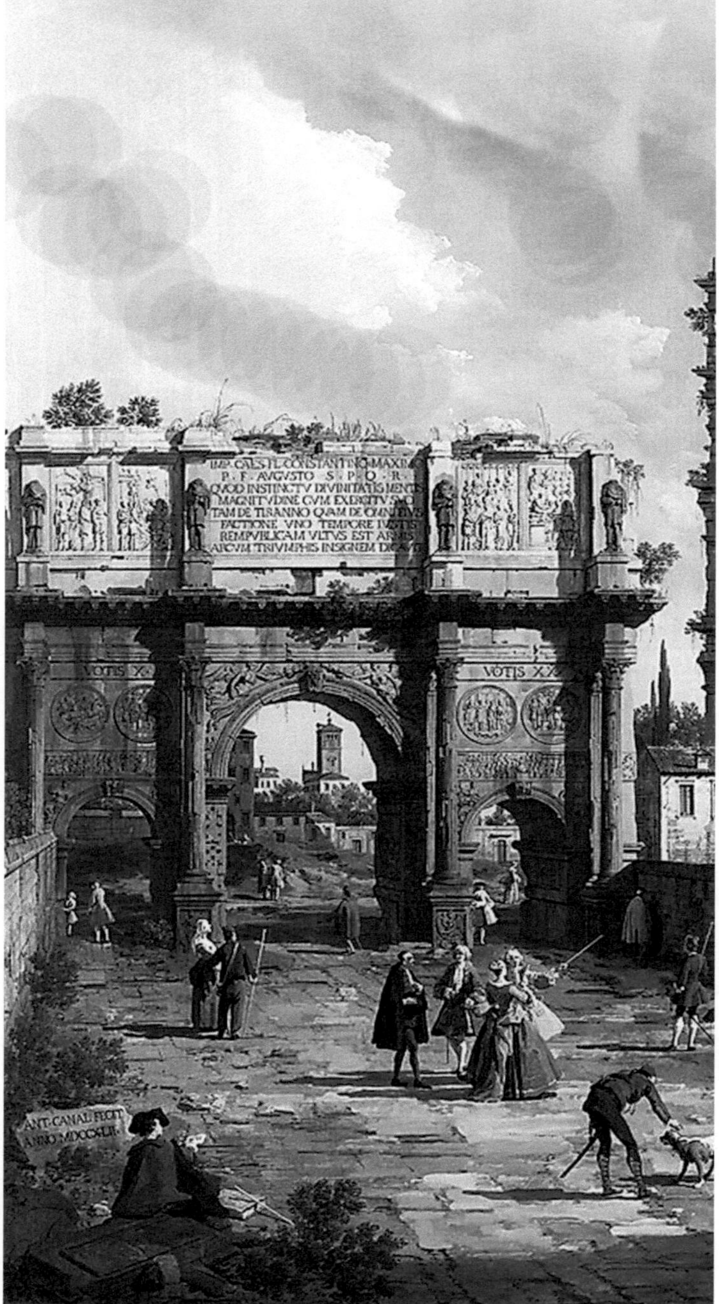

Abb. 109: Canaletto(1669 - 1770): Triumphbogen des Konstantin, 185,3 x 106 cm, Öl auf Leinwand, Royal Collection (UK), public domain

Malerei in England: vornehm, zurückgezogen, edel, erhaben

In England zeigt sich das „Rokoko" von einer vollkommen anderen Seite. Hier dominierte nicht der absolutistische Monarch sein zentralisiertes Reich, hier kann sich die upper class, zu der auch zu Reichtum gekommene Nicht-Adelige gehören, in vornehmer Eleganz zurückhaltend präsentieren. In Sonn- und Festtagskleidern dominieren meist Einzelpersonen in Ganzkörperporträts vor prachtvoller Landschaftskulisse die Bilder. Es sind meist Gemälde für die Ahnengalerien der Schlösser und Landsitze. Sie ermüden heute, wenn man sie dort betrachtet (denn der Stil dieser Bilder hat sich bis zum heutigen Tage nicht wesentlich geändert) – eine endlose Reihe von Einzelpersonen, von denen jede oder jeder behauptet, der oder die Schönste, Klügste und Machtvollste zu sein.

Der einflussreichste und bekannteste Künstler in England war Sir Joshua Reynolds (1723 – 1792). Er begründete den „Grand Style", der die Porträt- und Historienmalerei an den Vorgaben der italienischen Hochrenaissance-Malerei – vor allem Michelangelo und Raffael – orientierte. Von 1750 bis 1752 war er in Italien, um sich die Grundlagen für seine Kunst zu erarbeiten. Im Grunde entwickelte er einen malerischen Eklektizismus, indem er die Techniken und Inhalte von Michelangelo, Raffael, Tizian und Correggio nur übernahm und nichts Neues hinzufügte – später kam noch seine Bewunderung für Rubens hinzu.

1768 ernannte ihn der König von England Georg III. zum ersten Präsidenten der neu gegründeten Royal Academy of Arts. Er wurde auch in den Adelsstand erhoben. 1784 wurde er schließlich Hofmaler. Bei den jährlichen Preisverleihungen der Akademie hielt er „Discourses on Art",

in denen er seine Sicht als verbindlich für Sammler und die Kunstproduktion durchsetzte. Das Porträt sollte mit der Historie versöhnt werden, die Porträtierten sollten idealisiert dargestellt werden. Das führt zu einem eintönigem Stil, indem die Dargestellten sich frontal, stolz und selbstbewusst präsentieren, aber gerade dadurch eine

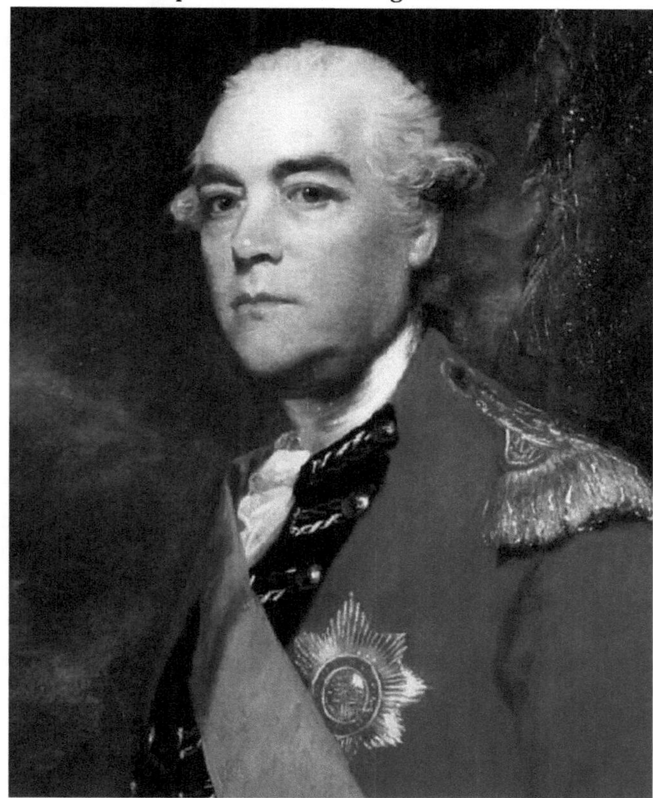

Abb. 110: Joshua Reynolds, Sir William Fawcett (englischer Offizier), 1784, Öl auf Leinwand, Nationale Porträt-Galerie, public domain

Abb. 111: Joshua Reynolds; Liebesgott, der Schönheit den Gürtel lösend, 1788, Öl auf Leinwand, 127.5 x 101 cm, Hermitage, St. Petersburg, public domain

Distanz zum Betrachter aufbauen, die einen Blick hinter die Kulissen verwehrt – und schon gar nicht Einblick in das Gefühlsleben gewährt. Nur selten wagt sich Reynolds an Frivoles, Erotisches heran wie in „Liebesgott, der Schönheit den Gürtel lösend" (1788). Der Liebesgott (ein Knäblein mit Engelsflügeln) hat der Schönheit schon die Brüste entblößt. Ach wie freudig erregt schämt sich die Schönheit. Jetzt werkelt der Liebesgott an dem Gürtel herum. Auch ihn zu lösen, wird er schaffen und die ganze Pracht genießen können. Reynolds bahnt hier schon den Präraffaeliten den Weg.

Konkurrent von Reynolds war Thomas Gainsborough (1727 - 1788). Auch er war Gründungsmitglied der Royal Academy. 1780

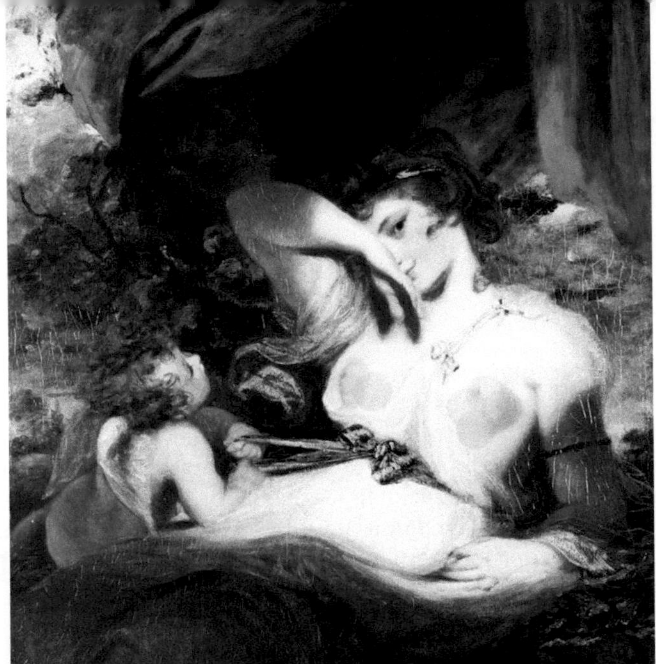

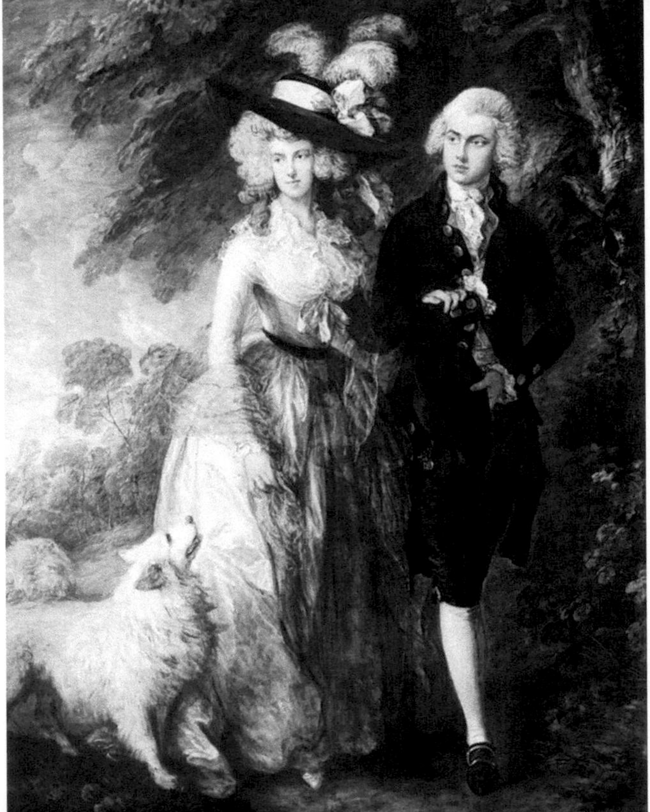

Abb. 112 : Thomas Gainsborough, Ehepaar William Hallett – Der Morgenspaziergang, 1785, Öl auf Leinwand, 236 x 179 cm, National Gallery, London, public domain

wurde er sogar offizieller Hofmaler der königlichen Familie. Wie alle zeitgenössischen Künstler ist auch er darauf angewiesen, den Adligen stolze Porträts in lässiger englischer und distanzierter Eleganz zu liefern. Er bediente seine Kundschaft zur Zufriedenheit. Anders als Reynolds sieht er sich jedoch einem akademischen Kanon nicht verpflichtet, der historisierte und mythologische Verbindungen herzustellen versucht. Gainsborough malt die Adligen in ihrer Umgebung, vor ihren Ländereien, ihren Wohnsitzen oder vor einer Landschaftskulisse. Er nimmt Anleihen bei holländischen Landschaftsmalern, bei Murillo, Rubens und vor allem bei van Dyck. Er verpasst seinen Porträtierten sogar häufig die Kleidung, wie sie zur Zeit van Dycks in Mode war. Insgesamt wirken seine Porträts kühl, verlieren nie eine gewisse Steifheit. Offensichtlich wollten die Adligen so gesehen werden – es lag also nicht nur daran, dass der Künstler in Ermangelung von Modellen nach Puppen malte. Er selbst empfand diese Konformität seiner Porträts beengend. „Ich bin krank vor lauter Porträts", soll er gesagt haben. Er wollte die Plackerei am Ende seines Lebens beenden und lieber zu „süßen" Dörfern wandern und in ausgewogener Ruhe und Einfachheit seine Bilder malen. So wurde er zum Begründer der englischen Landschaftsmalerei. Flüssig wird die Gestaltung, die Landschaft mit ihren Lichteffekten wird in ihrer Natürlichkeit erfasst, sie ist nicht mehr nur Kulisse lustwandelnder Damen und Herren. Und er wendet sich auch dem „einfachen Volk zu: „Der Erntewagen" (1767), „Schweinehirtin" (1782). Da schwindet jede Überheblichkeit des Rokoko.

Ganz und gar den akademischen Regeln verpflichtet bleiben Historienmaler wie der amerikanisch-englische John Singleton Copley (1738 – 1815). Seine hervorragendsten Werke sind: der „Tod des Earl of Chatham", „Reverend William Welsteed", der „Tod des Majors Peirson", „König Karl I. im Parlament", große See- und Schlachtenbilder, „Der Herzog von Wellington zu Pferd", „Die drei jüngsten Töchter König Georgs III.", „Die Schlacht von Trafalgar", „The battle of the Pyrenees".

Oder wie George Romney (1734 - 1802): Er schulte sich auch in Italien, seine Vorbilder sind Michelangelo und Raffael. „Der Tod des Generals Wolfe" fand die Anerkennung und Auszeichnung der Royal Academy of Arts. Am bekanntesten sind aber seine schwärmerischen Gemälde der Lady Hamilton, einer Mätresse des britischen Admirals Horatio Nelson. Aus ärmlichen Verhältnissen gelang der schönen Emma der gesellschaftliche Aufstieg in die adligen Kreise. Durch ihre vielen Skandal-Liebesbeziehungen, durch ihre nicht nur von Romney gepriesene Schönheit und ihre Kenntnis der Poesie und Kunst war sie ein bewundertes Vorbild für die vornehme Welt Europas.

Oder wie Sir Thomas Lawrence (1769 – 1830): 1790 porträtierte er Königin Charlotte, Prinzessin Amalia und elf andere höfische Würdenträger. 1791 malte er Homer, der seine Gedichte vorliest. 1792 wurde er nach Joshua Reynolds Tod Hofmaler. 1815 erhob ihn Prinzregent Georg IV. in den Adelsstand. 1818 porträtierte Lawrence

in Aachen die Kongressmitglieder der englischen Delegation und in Wien und Italien die regierenden Häupter. Meyers Konversations-Lexikon von 1889 fand schon deutlich kritische Worte für den Künstler: „Lawrence malte elegant, aber weichlich; seine Zeichnung hat etwas Schwächliches, sein Kolorit ist unwahr und seine Charakteristik oberflächlich; auch fehlt seinen Darstellungen die Mannigfaltigkeit. Seine wenigen Historienbilder sind unbedeutend. Gleichwohl war er der gefeierteste Modemaler seiner Zeit, welcher dem sentimentalen Geschmack der Londoner Gesellschaft entgegenkam."

Auch in der englischen Künstlerszene der Zeit fallen zwei Persönlichkeiten aus dem Rahmen: Joseph Wright of Derby (1734 – 1797) und William Hogarth. Wright of Derby malte Bilder mit naturphilosophischen und naturwissenschaftlichen Themen, in denen er mit speziellen Lichteffekten im Kerzenscheinlicht experimentierte. Entscheidende Impulse bei seiner Arbeit mit künstlichem und natürlichem Licht empfing Wright von den Caravaggisten, besonders den niederländischen Vertretern dieser Stilrichtung. Mit „Ein Philosoph hält einen Vortrag über das Planetarium" und „Das Experiment mit einem Vogel in der Luftpumpe" schuf Wright als erster englischer Maler Darstellungen der zeitgenössischen Naturwissenschaften. Eine neue Epoche der Industrialisierung und der Wissenschaft beginnt.

William Hogarth (1697 – 1764) war ein Meister beißenden Spotts, humorvoller Ironie und scharfsinniger Satire. Schonungslos kritisierte er Sitten und Gebräuche seiner Zeit. Vor allem seine modernen moralischen Bilderfolgen greifen zeitgenössische Skandale und Fehlentwicklungen auf. Im „Lebenslauf eines Wüstlings" (um 1733) schildert er in acht Bildern den Aufstieg und Fall eines Lebemannes. 1. Er erbt und putzt sich heraus. 2. Er lässt sich feiern. 3. Er feiert Orgien. 4. Er wird verhaftet. 5. Er rettet sich durch eine Heirat. 6. Er landet in der Spielhölle und 7. anschließend im Gefängnis. 8. Im Irrenhaus tobt er mit anderen Verrückten herum. In „Marriage a la Mode" macht er sich über das Schicksal eines verarmten Adeligen lustig, der eine reiche Bürgertochter heiratet.

Zuerst wird von hochnäsigen Beratern ein Ehevertrag aufgesetzt. Dann langweilen sich die Angetrauten schon kurz nach der Hochzeit. Sie hat die Hochzeitsnacht beim Spielen verbracht, er hat sich betrunken. Die Eheleute versuchen anschließend, sich die Zeit zu vertreiben. Sie umgeben sich mit Quacksalbern und Dummköpfen. Die Gräfin verschwendet ihre Zeit im Ankleidezimmer. Doch dann stirbt der Graf beim „ehrenwerten" Duell. Die Gräfin begeht anschließend Selbstmord. Ein Drama in sechs Akten, dem Leben abgelauscht.

Vor allem das vornehme Getue der „upper class" nahm Hogarth aufs Korn, den reichen, lüsternen Alten neben seiner jungen Mätresse, die blasierten Richter, die affektierten, alten, vornehmen Frauen, die sich die Zeit mit Kunst (von der sie nichts verstehen) und Kurzweil vertreiben. Er mokiert sich über die Affektiertheit bei Opernaufführungen und die theatralischen Übertreibungen. In „Die Wahlen" (1754-55) nimmt er kritisch zum politischen Geschehen in vier Folgen Stellung. 1. Zu einem „Wahlgelage" hat ein Großgrundbesitzer eingeladen, der in das Unterhaus gewählt werden will. Die Versammelten werden mit viel Bier und Musik überzeugt. 2. Im „Stimmenfang" werden dann zusätzlich Wahlberech-

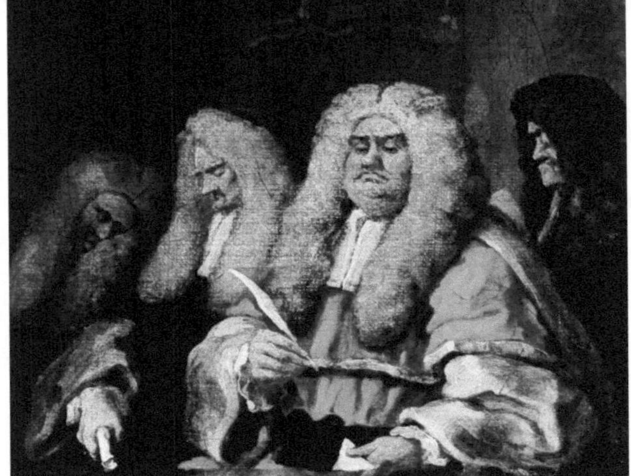

Abb113: *William Hogarth, Der Gerichtshof, um 1758, 14,5 x 18 cm, Öl auf Leinwand, Fitzwilliam Museum, Cambridge, The Yorck Project, public domain*

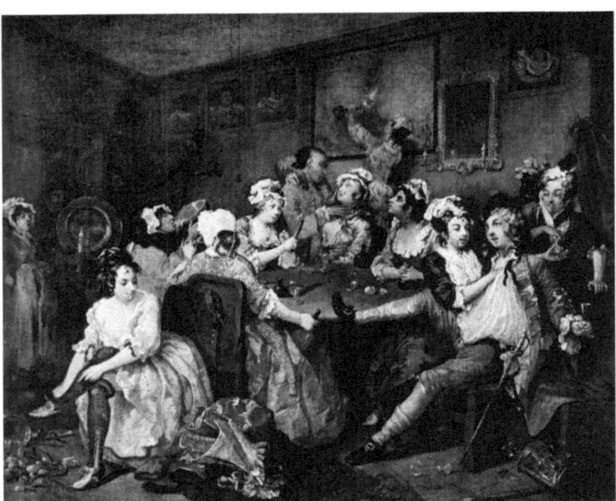

Abb.114: *William Hogarth, aus der Gemäldefolge „Der Lebensweg eines Wüstlings" (Szene in einer Schenke), zwischen 1732 und 1735, Öl auf Leinwand, 62,5 x 75 cm, Sir John Soane´s Museum, London, The Yorck Project, public domain*

tigte bestochen. 3. Auch bei der „Stimmabgabe" geht die lautstarke „Überzeugungsarbeit" weiter. 4. Beim „Triumphzug" nach der Wahl prügeln sich Anhänger und Gegner auf offener Straße.

Das alles hält Hogarth mit kühnem Pinselstrich fest. Es sind Momentaufnahmen zeitgenössischen Geschehens. Er vergisst auch nicht, seine Dienerschaft im Bild zu würdigen und hält „Das Krabbenmädchen" in einem an Frans Hals geschulten Stil fest. Allerdings hat der Künstler sich auch in der Historienmalerei versucht. Diese pathetischen Versuche geraten gründlich daneben. Mit seinen moralischen Bilderfolgen ist er aber seiner Zeit weit voraus und fordert demokratische Gleichbehandlung ein. Ein Widerspruch bleibt: Obwohl er von König Georg III. zum Hofmaler ernannt wird, spricht aus seinem Werk eine durch und durch demokratische, antifeudale Gesinnung. Er bereitet dem Franzosen Honoré Daumier mit seinen bissigen Attacken gegen das aristokratische Parlamentsgehabe und die feudale Unterdrückungsmaschinerie den Weg.

Ein Sonderweg im spanischen Königreich

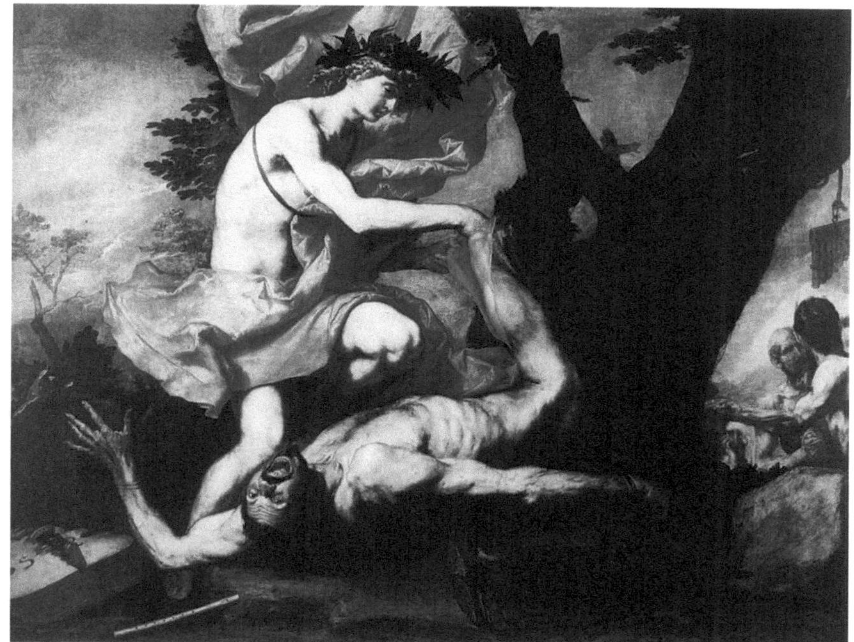

Abb. 115: Jusepe de Ribera, Apollon und Marsyas, 1637, Öl auf Leinwand, 182 x 232 cm, Musée de Capodimonte, Neapel, public domain

El Greco brachte die ekstatisch-heilige transzendente Bilderwelt, ganz in byzantinisch-italienischer Tradition stehend, nach Madrid an den königlichen Hof. Er begründete aber nicht einen spanischen Sonderweg. Das war Jusepe de Ribera (1591 - 1652), obwohl er die meiste Zeit seines Lebens in Neapel lebte und arbeitete. Spanien war zu der Zeit die führende Weltmacht, und Neapel wie auch die südlichen Niederlande und das heutige Belgien standen unter spanischer Regentschaft. Spanien übte bestimmenden Einfluss auf den Vatikan aus, verstand sich als Retter des katholischen Glaubens und Vorhut im Kampf gegen die reformatorischen Länder. Mit allen Mitteln: Europa war in kriegerische Auseinandersetzungen verwickelt wie nie zuvor. Spanien kämpfte gegen England und die nördlichen Niederlande, in Deutschland tobte der Dreißigjährige Krieg. Ribera war der Maler der Gegenreformation. Er war Hofmaler des Vizekönigs von Neapel (der damals zweitgrößten Stadt Europas), Mitglied der römischen Accademia di San Luca, und der Papst zeichnete ihn mit dem Christusorden aus.

In Neapel schulte sich Ribera vor allem an der naturalistischen Kunst Caravaggios. Er steigerte dessen Hell-Dunkel-Kontrast, er nutzte dessen koloristischen Reiz einzelner Farbfelder, die an ein sattes Schwarz angrenzen, noch energischer aus. Formal ergeben sich große Übereinstimmungen. Mit malerischer Kraft wollen sie beide überwältigen. Und beide sind Maler der Gewalt. Doch während Caravaggio erschreckt ist über die Gewalt, die er vorfindet, die ihm angetan wird und die er anderen zufügt, zeigt Ribera Gewalt als Schicksal, das einst die Heiligen für ihren rechten Glauben erleiden mussten. Und er zeigt den vom rechten katholischen Glauben Abgefallenen, welche Qualen sie als himmlische Strafe zu erwarten haben. Er präsentiert die Folterinstrumente der Inquisition. Während Caravaggio das Leiden des einfachen Volkes schildert und von der Obrigkeit verfolgt wird, droht Ribera im Namen des Vatikans und der spanischen Staatsmacht mit Rache und Vergeltung. Caravaggio holt die Gegenwart, die Realität ins Bild – Ribera malt in naturalistischem Stil die Höllenqualen als Drohgebärde.

Das wurde auch schon zu seiner Zeit gesehen. Sandrart

schreibt in seiner „Teutschen Academie" 1675, Ribera male „schrekbare crudele Historien/ alte abgelebte Cörper/ mit zerrümpfter Haut/ bejahrte wilde Angesichter/ die er alle warhaft lebendig mit grossen Kräften und Wirkungen ausgebildet.

Mahlet gern abscheu- und erschrekliche Sachen. Den in der Höll gequälten Titius und Ixion. [...] Er übertraff hierinn leicht alle andere [...] Er mahlte auch einen Cato Uticensis, der in seinem selbsteignen Blut/ nach verrichtetem Selbst-Mord/ liget/ und die Därm mit beyden Händen in Stucken zerreist; mit anderndergleichen zwar widerwärtigen jedoch kunstreich- und natürlichen Dingen..." (Sandrart, Buch 2, S. 191) Ribera wirkte glaubwürdig, weil er sich eines naturalistischen Stils eines Caravaggios bediente. Er ist der Maler eines naturalistischen Irrealismus.

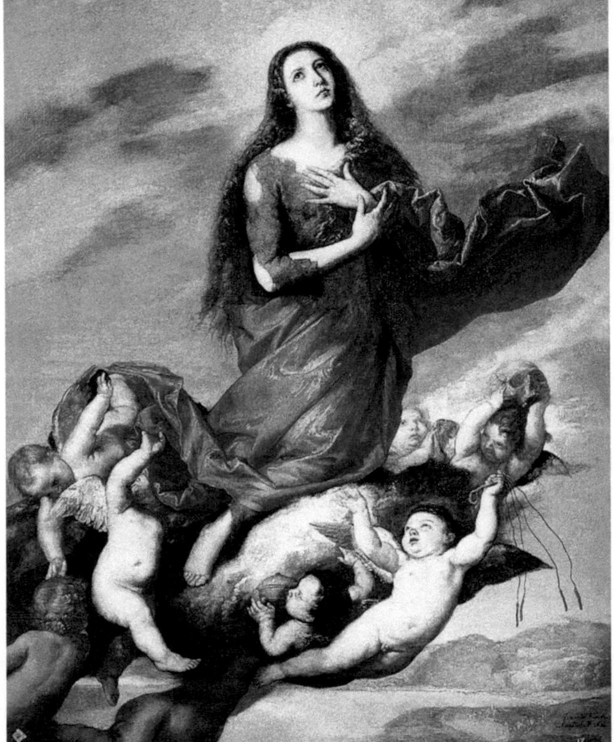

Abb. 116: Jusepe de Ribera, Verklärung der Hl. Maria Magdalena, 1636, Öl auf Leinwand, 231x 173 cm, Real Academia de Bellas Artes de San Fernando, public domain

wie das heilige Geschehen „richtig" dargestellt werden müsse. Eine besondere Autorität war dabei Francisco Pacheo, der Gutachter der Inquisition in Spanien. In seinem Regelwerk legte er fest, dass die Jungfrau Maria in weißer Tunika mit blauem Mantel auf einer nach oben geöffneten Mondsichel dargestellt werden solle. Philipp III. (1598 -1621) berief 1616 die Expertengruppe „Real Junta de la Inmaculada Conceptión" ein, die das Dogma der „Unbefleckten Empfängnis" der Muttergottes in der katholischen Kirche durchsetzen sollte. Erst unter Papst Pius IX. wurde 1854 in seiner Bulle „Der unbegreifliche Gott" das Dogma der „Inmaculada Conceptión" verkündet. El Greco hatte schon 1610 die „Unbefleckte Empfängnis" in einem großen Bild emphatisch ausgemalt. Ribera inszenierte die „Inmaculada Conceptión" 1635 in einer atmosphärischen Bildsprache, die auf die Dramatik des Hell-Dunkel-Kontrasts verzichtet. Ein Stilwechsel, der dem Gegenstand geschuldet ist. Bei der Darstellung der Maria braucht er keine drohenden Gesten, hier soll eine himmlische Erscheinung in verklärender Farbenpracht zum Ausdruck gebracht werden. Der spanische Maler Bartolomé Esteban Murillo soll 43 Jahre später Maria in gleicher Gestik darstellen – nur mit einem noch größeren Aufgebot von sie umschwirrenden Putten.

Zu Riberas Bildprogramm der Gegenreformation gehört nicht nur die Androhung „abscheu- und erschrecklicher Sachen" sondern auch die Verehrung der Heiligen, allen voran „Moses" (1638) mit erhobener Gesetzestafel als dem Befehl Gottes. Es folgen der „Heilige Bartholomäus", der „Heilige Rochus", der „Heilige Jakobus d. Ä.," der „Heilige Petrus", der „Heilige Paulus", der „Heilige Januarius in der Glorie", der „Heilige Philipp", der „Heilige Laurentius", der „Heilige Sebastian", der „Heilige Hieronymus" in mehreren Varianten, unter anderem mit dem Engel des Jüngsten Gerichts, der „Heilige St. Franciscus von Assisi" und der „Heilige Matthäus mit dem Engel". Die Liste ist unvollständig. Außerdem wurde darüber nachgedacht,

Vor allem in Riberas Spätwerk mehren sich Gemälde mit weltlichen Themen im naturalistischen Stil wie „Mädchen mit einem Tamborin" (1637), „Duell der Frauen" oder „Der freundliche Junge mit einem Klumpfuß"

(1652). Auch diese Bilder sind Steilvorlagen für Francisco de Zurbarán (1598 - 1664) und Murillo – einen spanischen Sonderweg, der sich dann zu einem großen Naturalismus mit tiefem Ernst entwickelt.

Zurbarán war mehr als Ribera, Murillo und Velázquez von der streng enthaltsamen, bußfertigen Seite der spanischen Religiosität geprägt. Seine vorrangigen Themen sind Andachtsbilder, die Ausschmückung der Heiligen-Legenden und Bilder von Vertretern des katholischen Einsiedlerordens der Kartäuser. Seine handelnden Personen behaupten eine tiefe Religiosität: Es sind düstere, einsame Gestalten, die jeder für sich einen Zugang zu ihrem Gott erflehen, dabei doch in einer Einsamkeit verharren. Er begann mit der Ausgestaltung des Doms zu Sevilla mit großen Bildern aus dem Leben des Heiligen Petrus und einer „Unbefleckten Empfängnis". Dann entstand der „Triumph des Heiligen Thomas von Aquin". Für das Kloster in Santa María de Guadalupe schuf er acht große Bilder aus dem Leben des Heiligen Hieronymus. Philipp IV. ernannte ihn zum Hofmaler. Den Altar für die Kartause von Jerez malte er 1633 schon in dieser Funktion. 1650 kam er nach Madrid. Hier entstanden die Taten des Herkules. Herkules bekämpft die Lernäische Hydra, er vernichtet den Löwen, ringt den kretischen Stier nieder und besiegt den Höllenhund der griechischen Mythologie Cerberus. Zurbarán beschwört noch einmal die Macht und Stärke der griechischen Götter, in deren Tradition er auch den spanischen Staat sieht. Aber die Macht der spanischen Krone bröckelt schon mächtig, Armut und Hungersnöte herrschen im Innern des Landes.

Das bringt Bartolomé Esteban Murillo (1618 – 1682) in seinen Bildern mit weltlichen Themen deutlich zum Ausdruck, sie zeigen Straßenjungen und Bettelkinder, Vagabundierende, alte und junge Frauen. Es sind Schnappschüsse des Lebens in den Vorstädten Sevillas. Anmutig schauen „Die zwei Galizierinnen" (auch Mädchen am Fenster genannt, um 1660) aus dem Fenster, sie lächeln den Betrachter freundlich an. In dem Gemälde „Der Betteljunge" nahm er im wörtlichen Sinne das harte

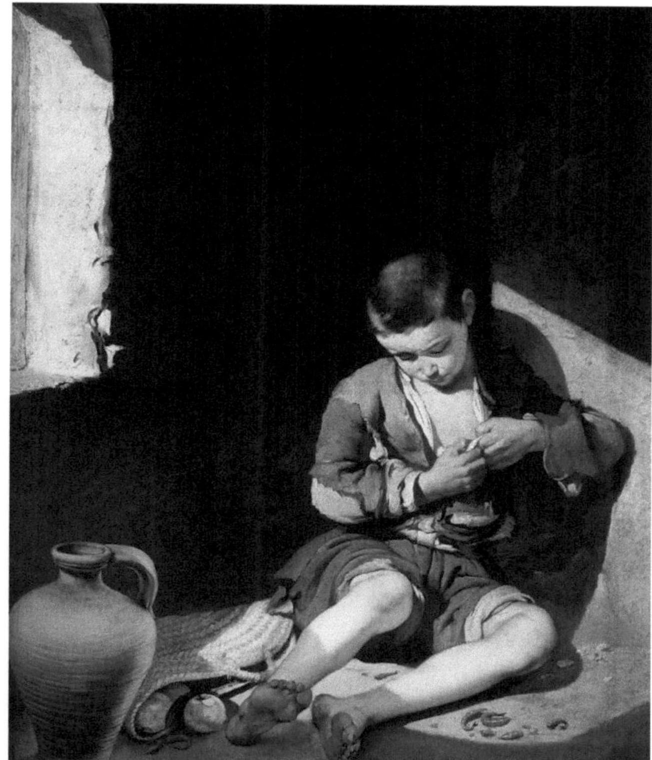

Abb. 117: Bartolomé Esteban Murillo, Der Betteljunge, um 1650, Öl auf Leinwand, 134 x 110 cm, Musée National du Louvre, Paris, public domain

Kellerlicht Caravaggios mit ins Bild. Ihn verbindet aber auch viel mit dem naturalistischen Stil von Jusepe de Ribera und Francisco de Zurbarán. Bei Murillo scheint ein Licht der Ausgewogenheit in seinen weltlichen Bildern. Bei aller Armut haben die Dargestellten Hoffnung und Würde.

Deutlich unterscheiden sich seine Genrebilder von seinen Gemälden mit religiösen Themen. Was hier natürlich, dem Leben abgeschaut wirkt, zeigt sich dort gekünstelt, pathetisch, unwirklich, entrückt. Murillo selbst sah seine Hauptaufgabe in der Madonnen- und Heiligenmalerei. Auch er ist ein „Propagandamaler" der Gegenreformation. Auf seinen vielen Gemälden mit der „Unbefleckten Empfängnis" (Inmaculata conceptio) schwebt die Jungfrau mit verklärtem Gesicht zum Himmel empor, begleitet von einer Schar von Engelsputten. Murillo will jubilieren, aber er überdreht mit der Fülle seines Bildvokabulars. „Die Jungfrau mit Kind", „Die Jungfrau": Sie lächeln versonnen und schauen verklärt in die transzendente Leere. Diese Jungfrauen sind nicht von dieser Welt. Seine „Mater Dolorosa" gibt sich wehmütig ergeben, leidend entrückt. Aber da ist ein Zuviel an Sorgen, ihre blutrot unterlaufenen Augen wirken wie angeschminkt. 1645/46 malte er elf Gemälde mit franziskanischen Heiligen für das Kloster des Heiligen Franziskus. Auch diese einsamen Heiligen, ab-

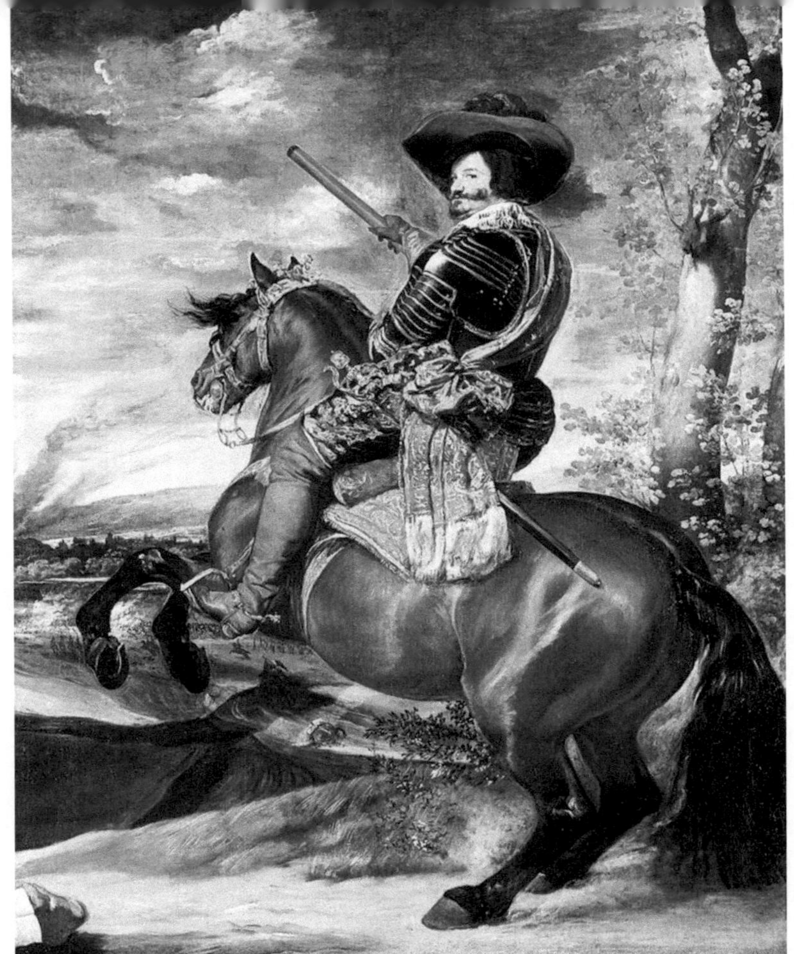

Abb. 118: Diego Velázquez, Conde Duque de Olivares zu Pferde, 1634, Öl auf Leinwand, 314 x 240 cm, Museo del Prado, Madrid, public domain

Mit Diego Rodríguez de Silva y Velázquez (1599 - 1660) erreicht der spanische Sonderweg einen vorläufigen Höhepunkt. Er hat schon früh Erfolg. Im Alter von 24 Jahren wird er spanischer Hofmaler. Er beginnt mit „bodegones", Bildern aus dem Alltagsleben des spanischen Volkes: „Alte Frau beim Eierbraten" (1618), „Drei Männer am Tisch" (um 1618) oder „Wasserverkäufer" (1620), einfache Menschen, die in ausgewogener Hell-Dunkel-Malerei sich im Einklang mit ihrer Umgebung präsentieren. Da ist alles Mystische verbannt, außer vielleicht bei „Christus im Hause von Maria und Martha" (1618). Aber

geschieden von der Welt, wirken aufgesetzt. Der Realismus gerät in Widerspruch mit der behaupteten transzendenten Welt.

Sein ganzes Lebens arbeitete Murillo in Sevilla, damals noch die führende Wirtschaftsmetropole Spaniens: Vor allem der Handel mit den Kolonien wurde in Sevilla abgewickelt. 1660 wurde Murillo der Präsident der von ihm gegründeten Akademie der schönen Künste in Sevilla.

Christus erscheint dort nur als Bild an der Wand, während das eigentliche Bildthema ein junges Bauernmädchen bei der Zubereitung einer Mahlzeit ist, die von einer Älteren belehrt wird. Um die Auseinandersetzung mit Mythen geht es in „Bacchus" (1628/29): Ein Jüngling als Bacchus verkleidet mit einer Weinblätterkrone auf dem Haupt zeigt einen Bauern. Zwei andere haben die Krönungs-Würdigung schon erhalten und schwenken ihre Weingläser. Andere Bauern amüsieren sich über das Dorf-Theater, eine Feierabendstimmung lacht aus diesem Bild. Ein anderes Mal erscheint der Gott Apoll in der „Schmiede des Vulkan" (1630). Es ist schon merkwürdig, dass Velázquez den heidnischen Gott mit einem Heiligenschein ausstattet. Er verkündet den Schmiedegesellen etwas sehr Bedeutungsvolles. Der Künstler kennzeichnet sie als echte Handwerker. Bekanntlich teilt Apoll den Schmiedearbeitern mit, dass der Kriegsgott Mars sich mit der Göttin Venus, der Frau des Vulkan, zur gleichen Zeit sexuell vergnügt. In der Bildsprache von Velázquez gerät das mythologische Geschehen eher zur Parodie.

Würdevoll ernst, hoheitsvoll gebieterisch präsentiert der Künstler die Herrschaften vom Hofe. Der Hofmaler weiß um die Etikette und läuft zu großer Form auf. „Philipp IV. zu Pferde", „Steigendes Pferd", „Philipp III. zu Pferde", „Königin Margarete zu Pferde" „Conde Duque de Olivares zu Pferde" (alle 1634/35). Das ist Pferdeproduktion am Fließband. Zirkuspferde im Barock-Theater. Es wirkt schon etwas lächerlich, wenn der fünfjährige „Prinz Baltasar Carlos zu Pferde" mit dem Kommandeursstab in fürstlicher Ausstattung einsam vor herrlicher Landschaftskulisse dahertrabt.

Fürstliche Gewänder, mit Goldfäden durchwirkt, König Philipp IV. im Harnisch oder in Braun und Silber, die Damen fest eingeschnürt und mit Rüschen verziert, so präsentieren sich die Herrscher. Auch dies ist notwendi-

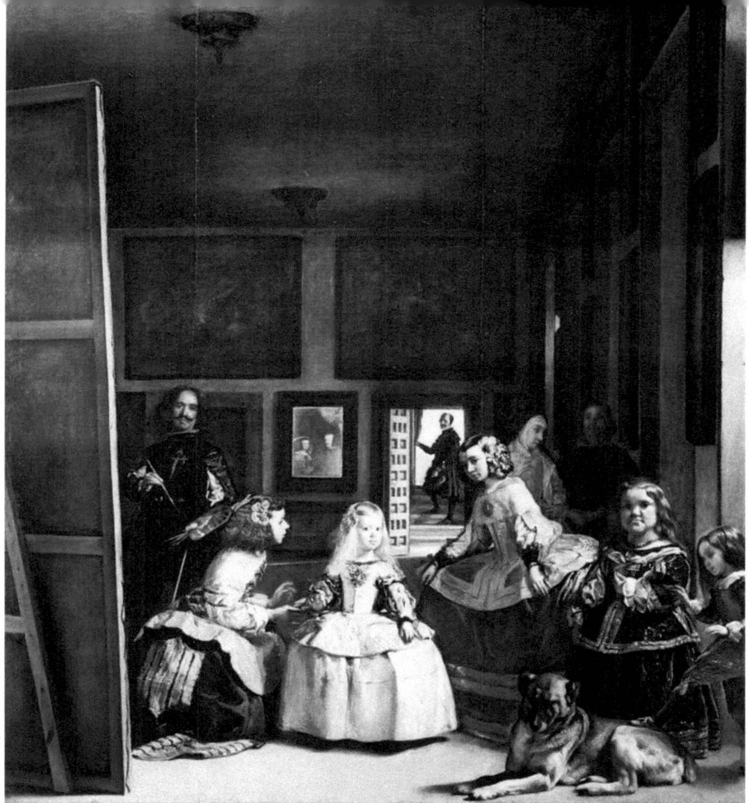

Abb. 119: Diego Velázquez, Las Meninas, 1656/57, Öl auf Leinwand, 318 x 276 cm, Museo del Prado, Madrid, public domain

ges Barock-Theater. Interessanter wird es, wenn Velázquez sich Freiheiten nehmen darf, wie in „Prinz Baltasar Carlos und sein Zwerg" (1631). Der kleine dreijährige Prinz wird wie gewohnt mit Kommandostab und Degen in würdevoller Haltung dargestellt. Vor ihm steht sein Zwerg in gleicher Größe mit einer Klapper und einem Apfel in der Hand, ironische Anspielungen auf Reichsapfel und Zepter, den Insignien der Macht. Mit den Strukturen am Hof setzt sich der Künstler auch in „Las Meninas", auch „Die Familie Philipps IV." oder „Die Hoffräulein" (1656/57) genannt, auseinander. Mittelpunkt des Bildes von „Las Meninas" ist auf den ersten Blick die Thronfolgerin, die Infantin Margarita. Neben ihr kniet eine Hofdame, rechts neben ihr steht eine. Daneben eine Zwergin, ein Spielzeug für die königliche Hoheit. Im Türrahmen ist der Kammerherr der Königin, links der Maler vor einer riesigen Leinwand zu sehen. Fast alle sehen aus dem Bild heraus auf den Betrachter. Doch dort, wo sich der Betrachter wähnt, stehen in diesem Saal Königin und König, auf die sich alle Blicke ausrichten. Ihre Gesichter erscheinen im Spiegel über dem Kopf der Infantin. Sie sind das Epizentrum des Hofes. Alle schauen abwartend, etwas ratlos auf das Königspaar, das im Spiegel verschwommen erscheint. Rose-Marie und Rainer Hagen zeichnen ein desolates Bild von den Zuständen

am Hof: „Die Degeneration zeigt sich bei Philipp IV. am
deutlichsten in seiner fast krankhaften Willensschwäche.
Politisch ist er seinen Ersten Ministern ausgeliefert, pri-
vat seinen sinnlichen Bedürfnissen. 32 uneheliche Kinder schreibt man ihm zu und mehr Mätressen als Ludwig
XIV. Da er fromm ist, erlebt er außerehelichen Beischlaf
als Sünde. In weitschweifigen, emphatischen Briefen
beichtet er seine Sünden einer Nonne, gelobt Besserung,
bricht sein Gelöbnis, gelobt wieder, handelt dem zuwider
[...] Philipp IV. hat das Reich geerbt, ›in dem die Sonne
nicht untergeht‹. Während seiner Regierungszeit verliert
er Flandern, Portugal und Katalonien sagen sich los von
Madrid; französische Heere ziehen durchs Land; die Verbindung zu den Silber produzierenden Kolonien wird
durch die aufsteigende Seemacht Englands bedroht.“
(Hagen 2003/2, S. 263)

Velázquez hatte schon vorher den Auftrag, die Situation
schön zu malen. Er erfüllt ihn, indem er „Übergabe von
Breda“ (1634/35) malt. Es zeigt die Szene, in der der besiegte Kommandeur von Breda Justinus von Nassau dem
von Spanien geschickten Feldherrn, dem Genueser Am-
brosio Spinola, die Schlüssel zum Stadttor übergibt. Mit
ritterlicher Geste legt Spinola dem Unterlegenen, der
eine leicht devote Geste zeigt, die Hand auf die Schulter.
Die holländischen Truppen, denen freier Abzug mit voller Bewaffnung zugesagt worden war, scheinen leicht
aufgelöst und etwas ratlos, die spanischen zeigen straffe
militärische Ordnung mit stolz erhobenen Lanzen. Der
Blick in die Landschaft gewährt den Blick auf Befestigungsanlagen, überall qualmt es als Folge vorausgegan-
gener Zerstörungen. Insgesamt zeichnet der Künstler ein
friedliches Bild und die Erleichterung, dass die Monate
während Belagerung zum Schluss ohne großes Blutver-
gießen ausgegangen ist. Kunstkritiker würdigen die
„Übergabe von Breda“ als erstes reines Geschichtsbild
der neuen europäischen Malerei, weil es auf mytholgi-
sches Beiwerk verzichte. Etwas Schönfärberei ist aber
bei Velázquez im Spiel, denn Papst Urban VIII. gratu-
lierte Spinola mit den Worten, dass der Feldherr seine
Hände im Blut der Ungläubigen gewaschen habe. Und
Historiker streiten, ob die Auseinandersetzung von

Breda nicht ein Pyrrhus-Sieg für die spanische Krone gewesen sei, die große Heereseinheiten für lange Zeit gebunden habe.

Mit dem Porträt des Papstes „Innozenz X.“ (1650) gelingt
dem Künstler ein Meisterwerk. Es zeigt den kirchlichen
Würdenträger in dem liturgischen weißen Untergewand
mit roter Robe auf einem roten Armlehnstuhl. Die Farben harmonieren. Aber die Mimik verrät einen gnaden-
losen Machtwillen, kennzeichnet ihn als jähzornig und
aufbrausend. Der Papst kritisierte es dann auch als „zu
echt“. Gegen die kirchlichen Gebote verstieß der Künstler, als er um 1646 mit „Die Venus mit dem Spiegel“
einen erotisch bezaubernden Rückenakt gestaltete. Die
Inquisition hatte Aktdarstellungen verboten, aber offensichtlich gab Philipp IV. den Auftrag, eine seiner Mätressen zu malen. Ein pikanter Aspekt ist, dass Velázquez
offenbar bei seiner Venus das gleiche Modell hatte, das
ihm für die „Krönung der Maria“ (um 1645) zur Verfügung stand. Heilige und Huren: Philipp IV. schwängerte
Frauen reihenweise und steckte sie anschließend ins
Kloster, weil sie nach dem Gebrauch von ihm von keinem
anderen mehr benutzt werden durften.

Francisco Goya: Die moderne Kunst wird geboren

Mit Francisco José de Goya y Lucientes (1746 – 1828)
findet der spanische Sonderweg seinen Höhepunkt und
gleichzeitig seinen Abschluss. Auch er steigt zum spanischen Hofmaler per excellence durch handwerkliches
Können auf. Im Gegensatz zu Velázquez vermag er sich
aber aus der höfischen Sicht vollkommen zu befreien
und wird zum schärfsten, hellsichtigen Kritiker der weltlichen und kirchlichen Mächte: Das ist die Revolution in
der Kunst. Ein Aufsatz mit dem schlichten Titel „Goya“
beginnt mit den Worten: „Die moderne Malerei wurde
mit Goya geboren, der zu gleicher Zeit der letzten Repräsentant der manierierten Grazie des endenden 18. und
der erste realistische Maler des 19. Jahrhundert ist.“ (Pil-

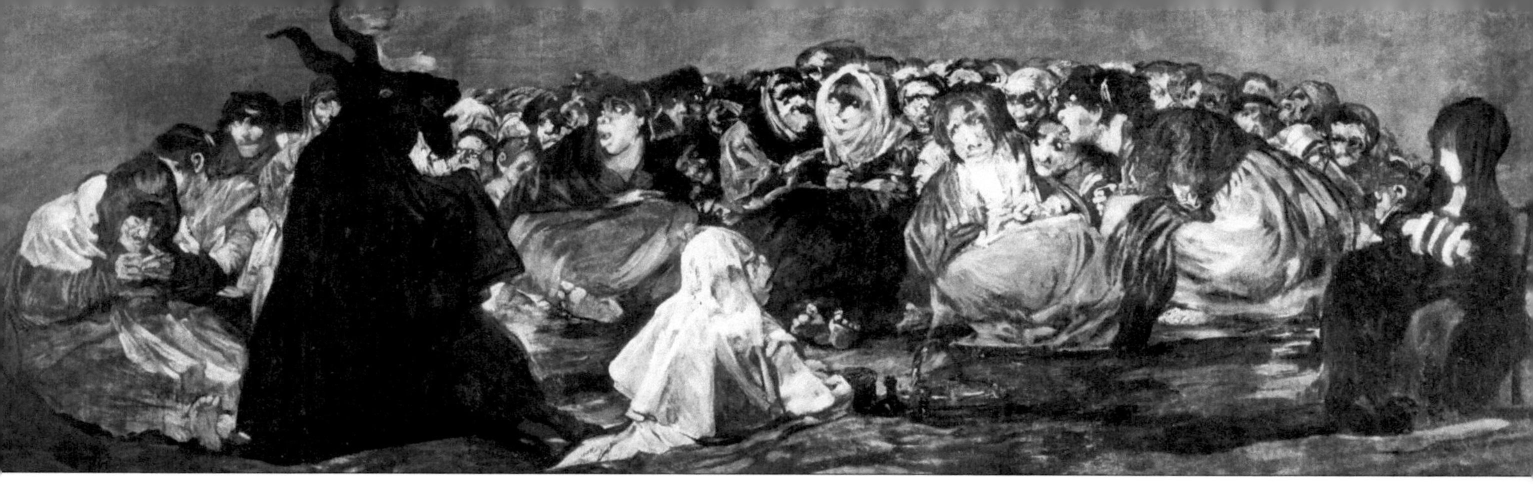

Abb. 120: Francisco Goya, Der Hexen-Sabbat, zwischen 1821 und 1823, Öl auf Leinwand, 140,5 x 435,7 cm, Prado, Madrid, public domain

lement, S. 4) Er endet mit dem Satz: „Der ›erste Maler des Königs‹ war der erste ›revolutionäre Maler‹." (ebd., S. 7) Das ist nur auf den ersten Blick ein Widerspruch. Goya wurde 1786 Hofmaler Karls III. und 1788 Karls IV..

Goya begann als Maler für die königliche Teppichmanufaktur. Beliebt waren volkstümliche Darstellungen, Jagdszenen und Bilder vom amourösen, galanten Zeitvertreib des Adels: „Das Drachensteigen" (1777/78), „Schlägerei bei der Schenke" (1777), „Der Geschirrhändler" (1778/79), „Das Stelzenlaufen" (1788), „Der Hampelmann" (1791), „Blindekuh" (1791). Das sind unverfängliche Szenen in ausgewogen heiterer Farbgebung, die aber den süßlichen, schwärmerischen Ton der französischen Rokoko-Bilder vermeiden. Der Adel amüsiert sich nicht in der Abgeschiedenheit fürstlicher Parks sondern mischt sich unters Volk. Diese Bilder zeigen noch eine geordnete Welt. Sie bemühen sich um Realismus. Das gilt auch für seine frühen Porträts, in denen er die Adligen individuell charakterisiert. Aber eine große Distanz zwischen Betrachter und den Abgebildeten ist spürbar, die gezwungene Zurschaustellung von Würde und Macht. Auch in seinen frühen Bildern mit religiösen Themen werden aus transzendenten Engeln Geschöpfe aus Fleisch und Blut. Aber diese Bilder sprengen noch nicht den Rahmen herkömmlicher Malerei.

In den 90er Jahren beginnt ein radikaler Wandel. Goya schaut genauer hin und sieht eine Welt voller Widersprüche. Schönheit und Wahrheit sind nicht deckungsgleich, entdeckt er. „In der Malerei gibt es keine Regeln", formuliert er selbstbewusst und wendet sich damit gegen die Malanweisungen der Kirche und des Hofes gleichermaßen. Er malt eine von Banditen überfallene Postkutsche. In „Der Schiffbruch", „Feuer in der Nacht", „Hof der Irren", „Das Innere eines Gefängnisses" (alle um 1793/94) sieht er sich bedroht. In dem Inneren des Gefängnisses kauern düstere Gestalten, mit schweren Eisenketten menschenunwürdig gefesselt in einem Loch. Irre prügeln mit nackten Fäusten aufeinander ein, während ein Wärter mit einer Peitsche zusätzlich auf sie einschlägt. Wer sind die Irren? Wegen welcher Untaten sind die Menschen eingesperrt? Es herrscht Willkür. Gnadenlos waltet das Gesetz der Mächtigen, die sich auf Kosten der Unterworfenen hemmungslos bereichern. Wer nicht spurt, bekommt das harte Gericht der Inquisition oder die brutale Strafe der weltlichen Herrscher zu spüren. Goya wird der erste moderne Satiriker, der schonungslose Kritiker und Karikaturist der herrschenden Ordnung – in seinen „Caprichos" (Launen, eine Aquatinta-Radierfolge mit 80 Blättern) nimmt er Klerus und König gleichermaßen aufs Korn. Natürlich kann er nicht offen Kritik üben, also nimmt er gleichnishafte Bilder zu Hilfe, die aber an Deutlichkeit nichts zu wünschen

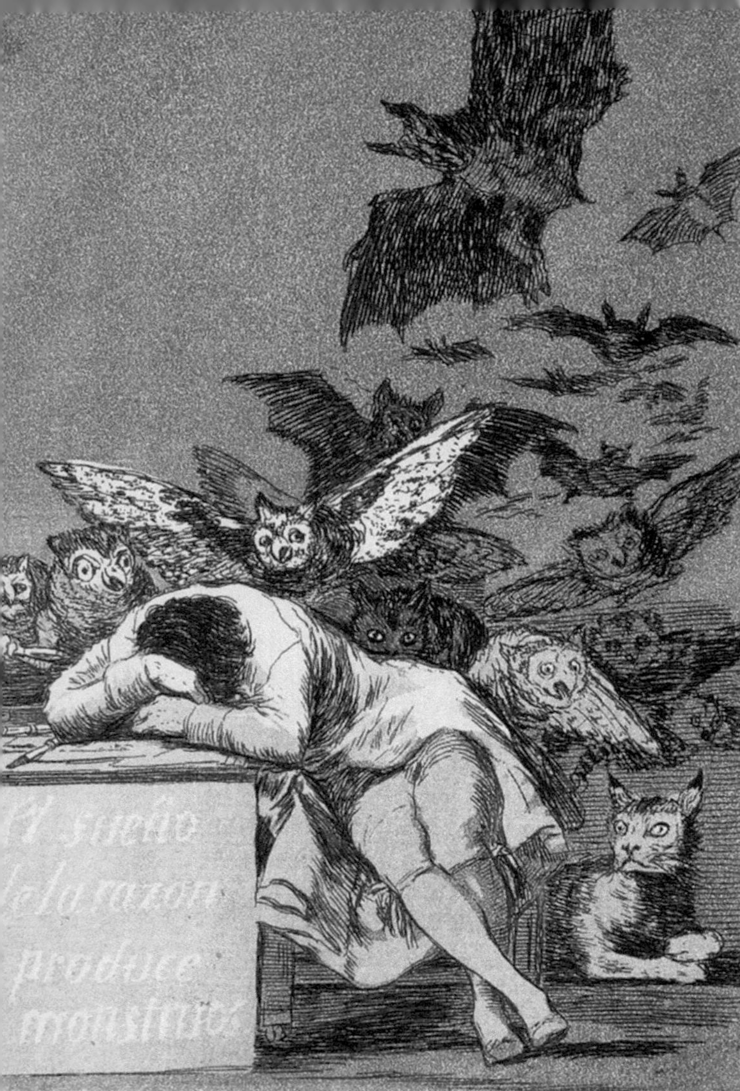

Abb. 121: Francisco Goya, Im Traum erscheinen Monster, Los Caprichos Blatt 43, Radierung Aquatinta 21,3 x 15,1 cm, um 1797, Prado, public domain

übrig lassen. In „Auf und Ab" (Caprichos 56) karikiert Goya den damals mächtigsten Mann Spaniens Godoy, der anstelle des Königs die Geschäfte führte und Liebhaber der Königin war. Seine Füße werden von den Händen eines Kentauren gehalten, sein Gesicht ist hämisch grinsend verzerrt, seine Haare lodern, in seinen Händen zaubert er heiße Luft, während andere Mächtige von ihm zu

Fall gebracht werden. Goya merkt an: „Friedensfürst. Die Zügellosigkeit stemmt ihn an den Füßen in die Höhe; Dampf und Rauch um den Kopf, sendet er Blitze gegen seine Rivalen." Godoy hatte 1795 den Frieden von Basel, einen scheinheiligen Vertag mit Frankreich, geschlossen, deshalb ließ sich Godoy mit dem Titel Friedensfürst feiern. In einem anderen Capricho lautet der Titel: „Warum sie verstecken?" Vorn ist ein Geistlicher/alter boshafter Geiziger mit Geldsäcken in der Hand abgebildet. Im Hintergrund lacht sich die bessere Gesellschaft halb tot mit Geldsäckeln in der Hand, die sie anderen abgenommen haben. Besitzgier, Scheinheiligkeit und Standesdünkel kennzeichnen die Elite. Andere degenerieren zu Marionetten mit Scheuklappen. Sie werden gefüttert von Eseln und zu willenlosen Vollstreckern der Macht. Die Bilder sind eindeutig: Mönche beten einen Papagei an. Gespenster mit Teufelshörnern in Ordenskutten weisen den (falschen) Weg. Esel unterrichten andere, Esel musizieren. Ein Esel wird von einem Affen-Künstler porträtiert (eine Selbstkritik?). Esel werden vom einfachen Volk ge- und ertragen („Du, der du nichts dafür kannst", Capricho 42).

Goya kritisiert die sozialen Missstände: Armut, Prostitution, Aberglaube, die verlogene Moral. Er appelliert an die Vernunft: „Der Traum/Schlaf der Vernunft bringt Ungeheuer hervor" (Capricho 43) zeigt einen an seinem Pult eingeschlafenen Intellektuellen. Hinter ihm flattern Nachtgespenster, Fledermäuse, Greifvögel. Auf dem Boden hockt eine Katze/ein Löwe als Symbol königlicher Macht. Wenn er Hexen, Ungeheuer, Missgestalten aufruft, will er soziale Realität abbilden, Wirklichkeit bewusst machen, damit sie verändert werden kann. Natürlich glaubt er nicht an Hexen. Zu seinem letzten Blatt der Caprichos „Es ist Zeit" merkt er an: „Sobald der Tag anbricht, fliehen sie, jeder nach seiner Seite, Hexen, Kobolde, Visionen und Phantome. Es ist eine gute Sache, dass diese Leute sich nur nachts und bei Dunkelheit sehen lassen!" (zit. n. Hofmann, S. 115) Und an anderer Stelle schreibt er: „...ich fürchte weder Hexen, Geister, Gespenster, großmäulige Riesen, Taugenichtse, Bösewichter noch irgendeine Sorte Körper außer den Menschen..."

(ebd. S. 95) Menschen, die sich verführen und aufhetzen lassen, die ihre Gesichter hinter Masken verbergen und andere knechten. Es wird immer wieder behauptet, die Caprichos würden eine Welt des „Traums, des Abgründigen, Dämonischen" schildern. Nein, sie bilden soziale Realität ab, Goya muss sich verschlüsselter Aussagen bedienen. Der Künstler bietet die Caprichos in einer Anzeige zum Verkauf an, stellt den Vertrieb aber sofort wieder ein, weil er vor die Inquisition zitiert wird.

Goya zieht die Institution Kirche und den Aberglauben in seinen sechs Hexenbildern (1797/98) ins Lächerliche, indem er deren Bilderwelten wörtlich nimmt. Die Oberste Inquisitionsbehörde hatte 1610 den Hexensabbat charakterisiert: So „bezeichnen sie ihre Versammlungen und Zusammenkünfte, im Baskischen spricht man auch von der Bockswiese, denn der Teufel, den sie für ihren Gott und Herrn ansehen, erscheint ihnen [...] gewöhnlich unter der Gestalt des Bockes [...] Sein Bart gleicht dem einer Ziege. Körper und Wuchs liegen gleichsam zwischen dem eines Menschen und demjenigen eines Bockes [...]" (ebd. S.94) Und so malt Goya einen gigantischen Bock mit gewaltigen, mit Laub geschmückten Hörnern, umringt von alten Weibern, die dem Bock erhängte oder gemeuchelte Säuglinge zum Fraß anbieten. In einem anderen Bild schwirren Hexen mit einem toten Menschen in den Armen durch den Nachthimmel, während unten am Boden eine Gestalt erschreckt flüchtet, eine andere wirft sich zu Boden und hält sich die Ohren zu. In wieder einem anderen Bild gießt ein von Gespenstern verfolgter Pfaffe, der vor lauter Angst den Mund mit seiner Hand bedeckt, Öl in ein Feuer, das ihm ein Teufelchen in einer Schale entzündet darbietet, während im Hintergrund Esel einen Teufelstanz vorführen. Auch die Darstellung der „Teufelsbeschwörung" und der „Hexenküche" sollen verdeutlichen, wie die Inquisition und die Ordensbrüder Angst und Schrecken verbreiten, um die Menschen in ihrem Sinn gefügig zu machen.

Der Hofmaler und Revolutionär hat kein Rückgrat zum Zerbrechen. Natürlich malt er die Adligen und den Königshof auch weiter in herrschaftlicher Pose. Aber er

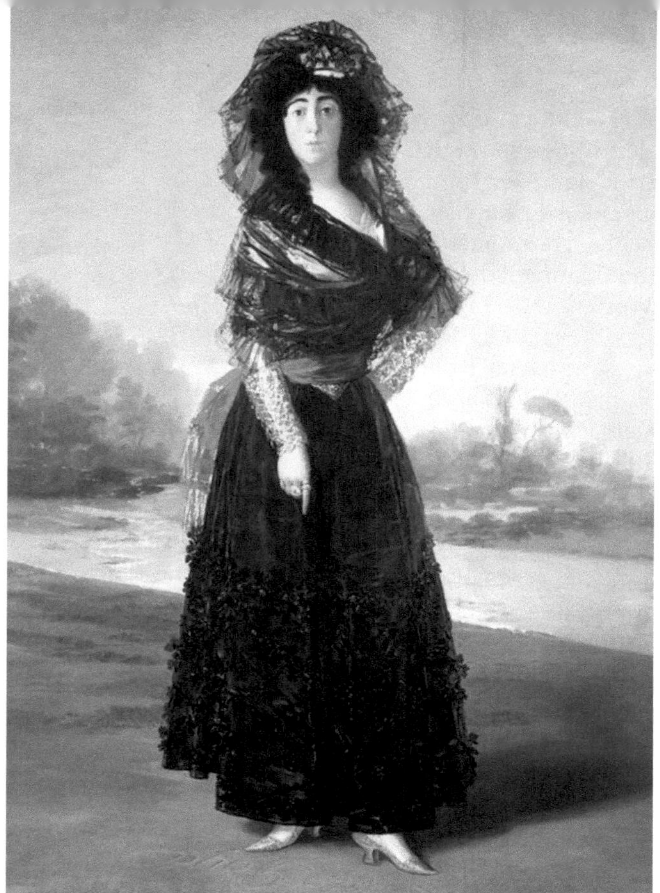

Abb. 122: Francisco Goya, Porträt der Fürstin von Alba, Öl auf Leinwand, um 1797, Öl auf Leinwand, 210 cm x 149 cm, Hispanic Society of America, public domain

charakterisiert und kritisiert. „Die Familie Karls IV." (1800/01) zeigt die Schar ausstaffierter Würdenträger. Goya hat sehr viel Sorgfalt auf die Darstellung der kostbaren Gewänder, der vielen Orden an der Brust des Königs, sein glänzendes Schwert, die wertvollen Schmuckstücke der Damen verwendet. Liebespfeile als Haarverzierung scheinen damals in Mode gewesen zu sein. Oder wollte Goya damit charakterisieren? Denn die Königin Maria-Luisa steht im Mittelpunkt des Bildes – und mit ihr in Verbindung ihr Geliebter und königlicher erster Berater Manuel Godoy, mit dem sie auch mehrere Kinder gezeugt haben soll. Der Blick des Königs geht ins Leere, er ist teilnahmslos zur Pose erstarrt. Artig hat er einen Fuß vor den anderen gesetzt. Das ist kein Mann der Tat. Dem Kaiser Napoleon schildert er seinen Tagesablauf mit den Worten: „Alle Tage, egal was für ein Wetter, ging ich nach dem Frühstück und nachdem ich die Messe gehört hatte, auf die Jagd, und sofort nach dem Essen fing ich wieder an, bis zur Dunkelheit. Abends sagte mir Manuel, ob die Geschäfte gut oder schlecht gingen; ich legte mich schlafen." (zit. n. Hagen 2003/2, S. 323) Eine nett ausstaffierte Familie, für deren Wohl am spanischen Hof rund 20 000 Diener sorgten. Goya, der sich links im Hintergrund ins Bild malte, gehört dazu. Der Künstler hebt lediglich den ebenfalls links stehenden Kronprinzen Ferdinand hervor, aber auch er ist ein Langweiler. Da ist kein Schwung, nichts emotional Verbindendes zwischen den Dargestellten, eher fragend und ratlos schauen einige Personen den Betrachter an. Was die Physiognomie der Würdenträger betrifft: keine besonderen Merkmale. Napoleon, der acht Jahre später diesen König zu sich nach Frankreich beordert, Spanien vereinnahmt und das Land mit Krieg überzieht, hat mit diesen farblosen Gestalten leichtes Spiel.

Goya porträtiert auch Manuel Godoy, den ersten Mann in Spanien, 1801 als Friedensfürst und nachdenklichen Kommandeur, wie er mitten im Feldlager in Sonntags-Ausgehuniform auf einem Sessel Platz genommen hat und nachdenklich über einen Brief sinniert. Diese Auftragsarbeit steht in krassem Kontrast zu der Charakterisierung in den Caprichos, wo Godoy als heiße Luft produzierender Hasardeur in den Händen eines Wüstlings gekennzeich-

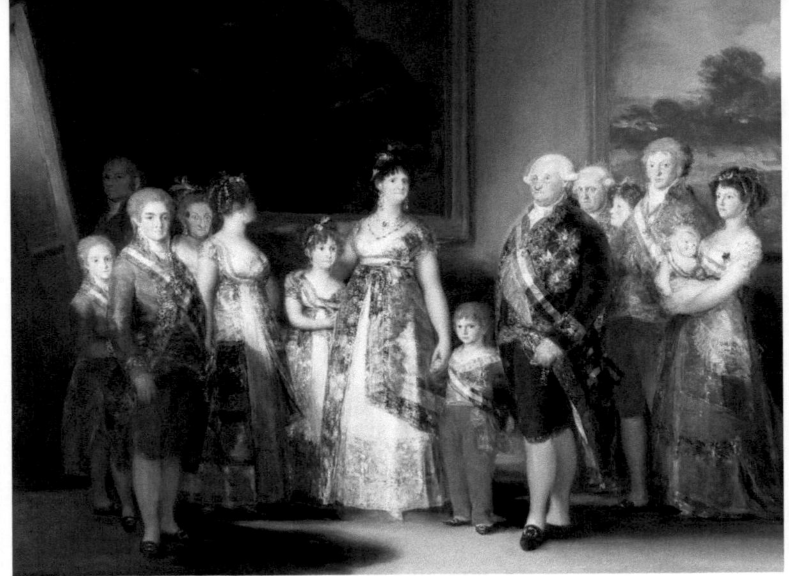

Abb. 123: Francisco Goya, Die Familie Karls IV., 1800/01, Öl auf Leinwand, 280 x 336 cm, Madrid, Prado, public domain

net wird. Ein weiteres Porträt zeigt den ab 1814 regierenden König Ferdinand VII. als stolzen Kommandeur in einem Feldlager. Eine Lüge: Ferdinand war nie in den Krieg gezogen. In dem Bild „Vorstandssitzung der Philippinischen Kompanie" zaubert Goya mit kalter Atmosphäre. Am Vorstandstisch thront Ferdinand fernab, distanziert, um ihn herum sitzen auf langen Bänken die Vorstandsmitglieder, unbeteiligt, jeder für sich seinen Vorteil berechnend. Das Bild wird dominiert von den leeren Wänden, die die Versammlung zu erdrücken scheinen. Geistige Leere, die kalte Macht der Kolonialherren.

Ambivalente Gefühle verraten die Bilder von der Herzogin von Alba, der nach der Königin wichtigsten Frau im Königreich, mit der Goya wohl mehr verband als nur Freundschaft. Die Gemälde zeigen sie als Herzogin, herrschaftlich und stolz – einmal in weißem, das andere Mal im schwarzen Kleid. Nur ihr gebieterischer Zeigefinger deutet auf den Sandboden, in den geschrieben steht: „Solo Goya" (nur Goya). Zeichnungen vom Sommer 1796, wo Goya längere Zeit zusammen mit der Herzogin abgeschieden vom Hof auf Schloss San Rocio zusammenlebte, zeigen intimere Ansichten. Da hebt die Herzogin schon mal ihren Rock und zeigt ihre schönen Beine (und etwas mehr), wäscht sich oder ruht sich auf dem Bett aus. Aber das war eher eine Episode, wie Blatt 61 der Caprichos beweist „Weggeflogen". Da entfleucht die Schöne mit Schmetterlingsflügeln im Haar und wehendem Umhang von drei Hexen getragen. Gerüchte wollten wissen, dass die Königin Maria-Luisa ihre Konkurrentin Alba 1802 ermorden ließ.

Ein neues Kapitel in der Malerei schlägt Goya auch mit der nackten und der bekleideten Maja auf – und das nicht nur, weil bei der nackten Maja erstmals in der spanischen Kunst Schamhaare zu sehen sind. Der Künstler nimmt den Faden von Giorgione, Tizian und Velázquez auf, die Akte in distanzierter Kühle darstellen und mit dem männlichen Blick des Voyeurs rechnen. Goyas Maja lebt, ihr Blick nimmt Kontakt mit dem Betrachter auf und versucht ein Vertrauensverhältnis aufzubauen. Ihr Blick enthält ein Versprechen und verrät ein stilles Begehren. Goya entfacht einen erotischen Zauber, der Intimität und Würde wahrt, ein Vorspiel der Lust.

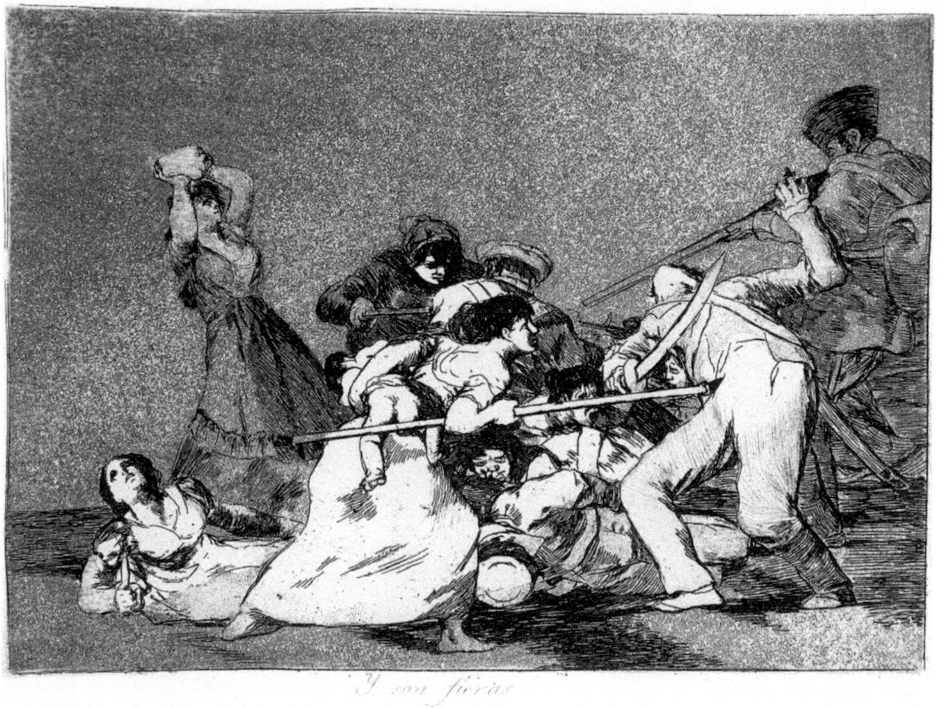

Abb. 124: Francisco Goya, Die Frauen machen Mut, oder: Und sie sind wie Raubtiere, Los Desastres de la guerra. Bl. 5, Radierung Aquatinta 15,6 x 21 cm, um 1795, public domain

Dagegen krachen die „Desastres de la Guerra" (Schrecken des Krieges), die Goya ab 1810 gestaltet. Mit einem völlig neuen Weltbild läuft der Künstler zur Hochform auf. Ursprünglich sollte die Folge „Verhängnisvolle Folgen des blutigen Krieges in Spanien gegen Bonaparte" heißen. Goya nimmt die konkreten Namen heraus: Krieg, gleich von welchem Herrscher angezettelt, ist ein Verbrechen gegen das Volk. Die neue Sichtweise zeigt die Gräuel des Krieges, wie Menschen zu Bestien degenerieren. Es werden keine Feldherren und Helden idealisiert (der einzige „Held" ist bei Goya eine Frau). Das erste Blatt heißt „Traurige Vorahnungen kommender Ereignisse". Da kniet ein total verzweifelter Mann in zerschlissener Kleidung. Er könnte die sieben letzten Worte von Christus klagen: „Mein Gott, warum hast Du mich verlassen?" Dann folgt das Stakkato der Gewalt. Leichenberge, Massengräber, einstürzende Häuser, Granatenexplosionen. Soldaten vergewaltigen Frauen, die sich voller Angst wehren und ihre Kinder verteidigen. Soldaten schänden Leichen, zerstückeln deren Anatomie noch nachträglich. Ein französischer Husar freut sich wolllustig beim Anblick eines Erhängten. Auch der Widerstand gegen die blutrünstige Soldateska wird breit dargestellt: In Blatt 76 mit dem Titel „Der fleischfressende Geier" vertreibt das Volk mit der Mistgabel einen zerrupften Adler, Symbol für das napoleonische Frankreich. Blatt 7 „Welcher Mut!" zeigt das Mädchen Augustina, die über die Leichen gefallener Soldaten gestiegen ist und mit gezielten Kanonenschüssen die Feinde in die Flucht treibt. Er kritisiert auch spanische Kämpfer, die einen getöteten französi-

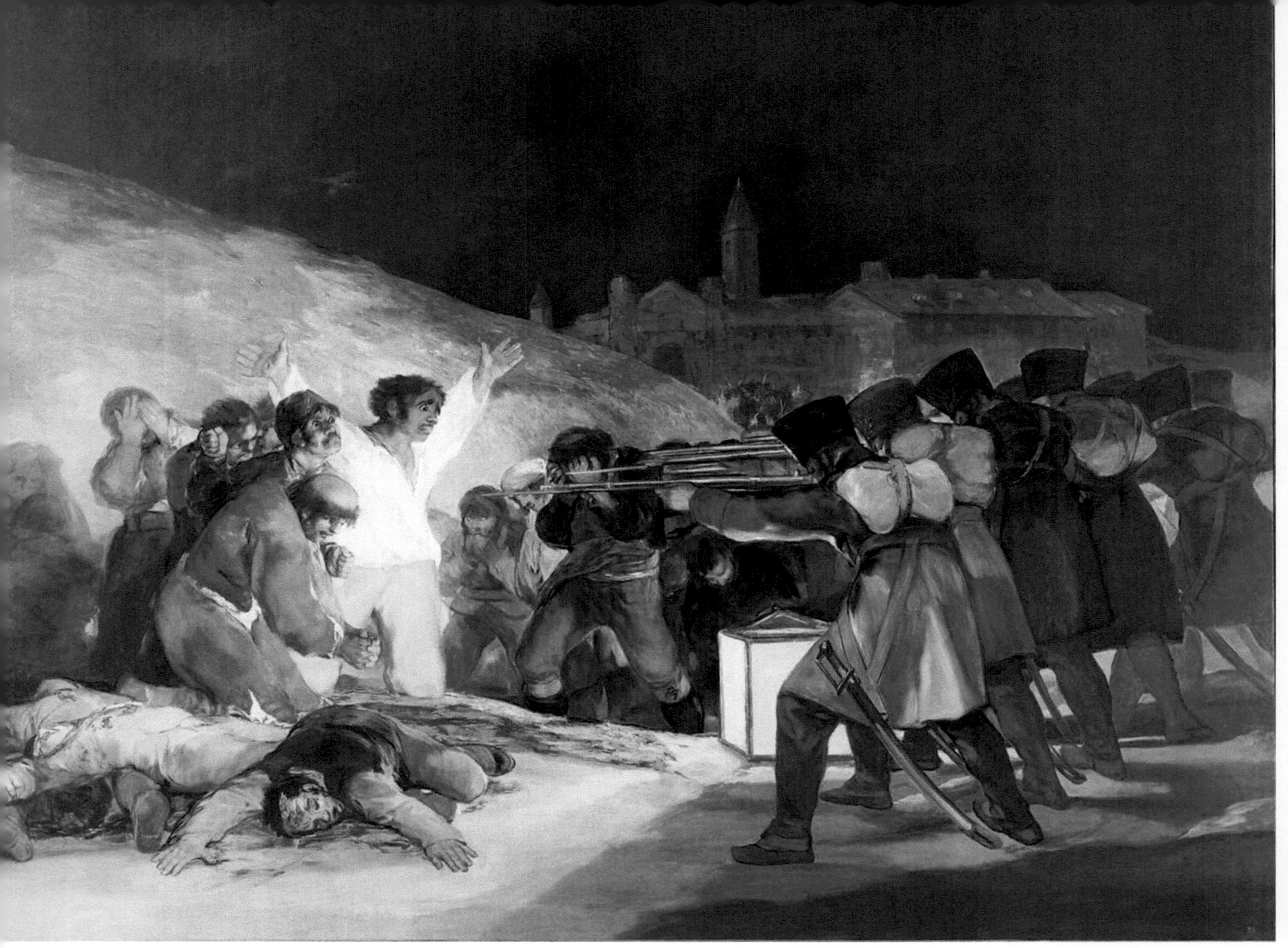

Abb. 125: Francisco Goya, Der dritte Mai 1808: Die Erschießungen an der Montagna del Principe Pio, 1814, Öl auf Leinwand, 266 x 345 cm, Prado, Madrid, public domain

schen Soldaten durch die Gassen schleifen: „Pöbel".

Lecaldano schreibt: „In diesen Szenen Goyas treten keine Helden und Heerführer noch Heere auf, sind keine Schlachten, Kavallerieangriffe oder spektakulären Belagerungen dargestellt. Goyas Akteure sind die kleinen Leute – Soldaten wie Zivilisten, Männer wie Frauen, Greise wie Kinder, Laien wie Geistliche: eben der sprichwörtliche kleine Mann von der Straße und die Seinen, deren wohlgeregelter Alltag zwischen Arbeit und Vergnügen, zwischen Lust und Leid verläuft. Und diese Unauffälligen, friedlichen Geschöpfe verwandeln sich miteins in Bestien oder gehetztes Wild, hineingerissen in eine Umwertung aller Werte, durch die alle bürgerlichen Gesetze und alle sozialen Bindungen aufgehoben sind und nur noch Mensch gegen Mensch wütet." (Lecaldano, S. 225) Aber Goya benennt auch die Schuldigen. Blatt 73 zeigt eine überdimensionierte Katze (Symbol königlicher Macht), beraten von einem eulenartigen Nachtgespenst und angebetet von einem Mönch, während die Masse passiv oder eingeschüchtert nicht eingreifen kann. In Blatt 74 schreibt ein blutrünstiger Wolfsbär in einem Dekret die Worte „Elende Menschheit, du bist selber schuld!". Ein Mönch hält ihm das Tintenfass, die Masse des Volkes steht gefesselt und ohnmächtig vor dem Ungetier. Oder in „Wenn das Seil nun risse" (Blatt 77) tanzt der Papst auf dem Seil über einer erbosten Menge. Wenn das Seil, das schon an etlichen Stellen notdürftig geflickt ist, reißen wurde, würde das das sichere Ende des Papstes bedeuten.

Gibt es Hoffnung? Goya ist sich nicht sicher, das belegen die letzten fünf Blätter. Er zeigt ein wild mit den Hufen um sich schlagendes Pferd, das von einer Meute Wölfen und Jagdhunden umgeben ist (Blatt 78). Das darauf folgende Blatt trägt den Titel „Die Wahrheit ist tot". Eine Frau liegt erschlagen am Boden, von ihr geht eine Lichtaureole aus. Im Dunkel umringt sie eine Menschenmenge, vorne zelebriert ein Kardinal die Todesmesse, Mönche schaufeln schon ein Grab für die Wahrheit. Blatt 80 artikuliert wieder Hoffnung: „Ob sie wohl auferstehen wird?" Wieder erstrahlt in der Bildmitte eine entblößte Frau, umgeben von bösen Geistern. Ein „Wüstes Ungetier" erbricht in Blatt 81 die Ermordeten des Krieges. Den Abschluss bildet dann „Dies ist das Wahre" (Blatt 82): Vorn erstrahlt die Wahrheit mit entblößter Brust. Die Wahrheit ist auferstanden. Vor ihr steht ein bärtiger alter Mann (Goya selbst?) mit einer Hacke in der Hand. Hinter der Wahrheit steht ein Korb mit geernteten Früchten, dahinter ein Schaf. Friedliche Arbeit und Liebe: Das ist Goyas Sehnsucht.

Die Abrechnung mit den Gräueln des Krieges gipfelt dann in den beiden großartigen Gemälden „Der zweite Mai 1808 in Madrid: Der Kampf gegen die Mameluken" und „Der dritte Mai 1808: Die Erschießungen an der Montagna del Principe Pio". Das erste Bild hat den Aufstand des Volkes gegen die französischen Besatzer, das zweite die Exekution Aufständischer zum Inhalt. Auf dem ersten ist die aufgestaute Wut und Empörung gegen eine hochgerüstete und brutal vorgehende Armee geschildert, auf dem zweiten die perfekt funktionierende Tötungsmaschinerie. Goya nimmt eindeutig Stellung: Die Bilder sind ein Aufschrei des Volkes gegen Macht, Unterdrückung und Krieg, in dieser Form erstmals von einem Künstler ins Bild gebracht. Erstmals wird das „anonyme" Volk Akteur. Goya übersetzt traditionelle Darstellungsweisen in die Neuzeit. Die rechte Hand des wild beide Arme emporreißenden Aufständischen zeigt das Wundmal Christi. Hofmann hebt die Bedeutung des Bildes hervor: „Kann man den ›2. Mai 1808‹ mit Jörg Traeger als ›Rebellion gegen die strukturellen Grundlagen der napoleanischen Staatsmalerei‹ – also die David-Schule – auffassen, so stellt der ›3. Mai 1808‹ den völligen Bruch mit dem ›historischen Ereignisbild‹ dar, wie Werner Hager es definiert hat. Denn hier geht es nicht um Sieger und Besiegte, sondern um eine Exekution. Goya deckt auf, wie der Krieg die Zivilbevölkerung erfasst, so dass das Soldatenhandwerk zur Strafexpedition degeneriert. [...] Diesem Märtyrertod hat Goya eine Ikone erfunden: Seine Todesangst verbrüdert den Mann im weißen Hemd mit ›Christus am Ölberg‹ und mit dem Knieenden der ersten Radierung der ›Desastres‹." (Hofmann, S. 184)

In den Jahren 1812 bis 1819 protestiert Goya erneut in zahlreichen Gemälden gegen den Terror der Inquisition und der katholischen Kirche. Das Heilige Offizium kontrolliert und zensierte das gesamte Geistesleben von der Schule bis zu den Universitäten, drangsalierte die Intellektuellen und die Künstler. Schaurig-gespenstisch ist die Stimmung in dem „Inquisitionstribunal" oder „Gerichtssitzung der Inquisition". Im Bildmittelpunkt kauert in sich zusammengesunken ein Angeklagter im Büßerhemd und der spitzen Büßermütze, im Fackelschein verliest ein Mönch auf einer Empore das Urteil. Ein Beisitzer der weltlichen Macht sitzt teilnahmslos zuhörend im Vordergrund. Drei weitere Angeklagte harren total eingeschüchtert ihren Urteilen. Um sie herum sitzt die wohlgenährte, hämisch feist dreinschauende Schar der Klosterbrüder. In der Flagellantenprozession werden von der Inquisition Angeklagte mit entblößten Oberkörper durch die Straßen getrieben. In der Prozession heizen schwarz gekleidete Trompeter die Menge auf, die heilige Maria und andere Heilige werden als Stoffreliquien und als Zeugen für die Rechtmäßigkeit der zur ewigen Verdammnis Verurteilten mit herumgetragen. Ritenhaft zelebriert die katholische Kirche ihre Verbrechen.

Goya zog sich 1819 in ein Landhaus vor den Toren Madrids zurück, deren Wände er mit den Pinturas negras, den sogenannten schwarzen Bildern bemalte. In ihnen thematisiert er die gewaltige Bedrohung, die ihn bedrückt. Der „Spaziergang des heiligen Offiziums" ist eine Prozession düsterer Gestalten, die sich auf einer Strafexpedition befinden. In „Der große Ziegenbock" belehrt der Teufel in Bocksgestalt mit Ziegenbart seine scheu, furchtsam-verängstigte, ergeben-hörige Gemeinde. Kein Zweifel: Der da in nächtlicher Runde seine Predigt hält, ist im realen Leben ein katholischer Geistlicher. In „Die Vision der Pilger von San Isidro" versammelt der Künstler eine Schar dummer, abergläubischer Nachtgestalten. Auch Hofmann schreibt: „Diese dreimalige Schaustellung ist Goyas schärfste Abrechnung mit der institutionalisierten Religion und ihrem Machtinstrument der Inquisition. Er macht das Heilige Offizium, Wallfahrer und Teufelsanbeter zu Komplizen, indem er sie auf ein und dieselbe Stufe der Hörigkeit und Entmündigung versetzt." (Hofmann, S. 236 f.) Dann erscheinen in den Pinturas negras Judith als maskenhafte Schlächterin und ein gemeinhin als Saturn bezeichneter Menschen fressender Alter: Kontrastbilder zu „La Leocadia" (Goyas damalige Lebensgefährtin), die mit schwarzem Schleier verhüllt trauert, aber trotzdem die Zukunft Spaniens verkörpert und ein Greis (Goyas Selbstdarstellung?), dem auf einen Hirtenstab gestützt eine Missgestalt etwas in das Ohr flüstert. Diese Bilder strömen keine Zuversicht aus. In Spanien hatte mit König Ferdinand VII. die Reaktion wieder die Oberhand gewonnen, weit über 10 000 liberal Denkende wurden vor Gericht gestellt, die Inquisition wütete wieder. Der Freund Goyas, der liberale Intellektuelle Gaspar Melchor de Jovellanos urteilt, dass die Inquisition alles Neue, alles was für die geistige Freiheit spreche, ächte und verfolge. Auch er muss vor der Inquisition flüchten. Goya selbst bringt sich in den 20er Jahren in Frankreich in Sicherheit.

Der Naturalismus, der bei Ribera anfänglich benutzt wurde, um den Gegnern der katholischen Liga Angst und Schrecken einzujagen und die irreale, transzendente Welt als „natürlich" auszumalen, führte bei Zubaran zu frommer, einsamer Askese. Bei Murillo zeigt sich schon deutlich eine Trennung seiner „weltlichen" und „kirchlichen" Kunst. Hier Realist, dort Schwärmer. Velázquez entmythologisiert seine Kunst noch stärker; bei ihm ist deutlich zwischen höfischer Auftragskunst und freier Wahl seiner Themen zu unterscheiden. Bei Goya führt der Naturalismus als Realismus zu einem Aufschrei der Empörung. Goya fordert Humanitas ein, Freiheit. Politische Freiheit und Freiheit für die Gefühle, Emanzipation aus den staatlichen Irrenhäusern und den Fängen der Inquisition. Goya mischt die Karten der Malerei neu. Er lehnt die alten Wertvorstellungen und das feudal-absolutistische Ordnungssystem ab, rechnet mit der verlogenen Moral ab und wendet die von der amerikanischen Revolution postulierten „human rights" an. Er fordert erstmals Menschenrechte für alle. Die neue Rolle der Kunst Goyas ist nicht mehr die Ausschmückung einer verklärenden, transzendenten Ideologie, sondern das Bewusstmachen der Bilder, das Aufdecken von Missständen und die selbstbewusste Einforderung geistiger Freiheit.

Goyas Kunst fand keine direkten Nachfolger, sieht man von dem spanischen Maler Lucas y Padilla (1824 - 1870) ab. Aber Padilla bewunderte und kopierte Goya, ohne die Kraft und Tiefe seines Vorbildes zu erreichen. Der Einschätzung in Kindlers Lexikon der Kunst ist beizupflichten: „Eine direkte Nachfolge war auch nicht zu erwarten gewesen, da Goyas Werk nicht nur das barocke Bild vom ›göttlichen Menschen‹ zerstört, sondern einer ganzen Epoche der Malerei eine gänzlich andere Kunstauffassung entgegengesetzt hatte." Kindlers, Bd. 5, S. 187) Diese gänzlich andere Kunstauffassung sollte dann 50 Jahre später von den französischen Impressionisten rekultiviert werden.

Die Kunst der Dekadenz im 19. Jahrhundert

Auf dem ersten Blick bietet die Kunst des 19. Jahrhunderts eine verwirrende Vielzahl von Stilrichtungen: Historienmaler, Klassizisten, Romantiker, Nazarener, Naturalisten, Biedermeier-Künstler, Symbolisten, Mythen-Beschwörer und religiöse Schwärmer. Lässt sich für diese Schar einander widersprechender Künstler-Persönlichkeiten ein gemeinsamer Nenner finden? In den USA hatte die amerikanische Revolution zum ersten Mal das feudal-absolutistische Regime besiegt (aber noch keine neue Ideologie und keine neue Malerei ausgeprägt). Die Französische Revolution scheiterte kläglich und führte zur Restauration der absolutistischen Machtstrukturen in reaktionären Formen. Es sollte fast das ganze Jahrhundert dauern, bis mit den französischen Impressionisten eine entscheidende Befreiung gelang. Der gemeinsame Nenner für das 19. Jahrhundert ist: Die feudal-absolutistisch Herrschaft erweist sich als dekadent. Die Machtstrukturen, die hierarchische auf den absoluten Herrscher hin ausgerichtete Gesellschaftsordnung behindern zunehmend die Entwicklung, engen die Gestaltungsmöglichkeiten aller Bürger, nicht nur der Intellektuellen und der Künstler, ein. Der Streit für demokratische Rechte und die Pressefreiheit auf der einen, die Verstärkung der Polizei- und Militärgewalt und Verschärfung der Zensur auf der anderen Seite sind dafür Anzeichen.

Die industrielle Revolution wirbelt die Gesellschaft durcheinander. Die bisher wirksame Ständeordnung mit dem absoluten Herrscher, dem Papst und Klerus an der Spitze, dann folgt der Adel und dann die freien Bürger und Bauern, wird brüchig. Als neuer „Stand" entsteht die Arbeiterschaft, der „Stand" der Bürger wird breiter, einflussreicher, differenziert sich stärker in reiche und arme Bürger, erhält aber nur wenige politische Einflussmöglichkeiten. Er beginnt sich als „Stand" aufzulösen und bereitet eine Gleichheit in der Gesellschaft vor. In keinem Land Europas entwickelt das Bürgertum ein selbstbewusstes, eigenständiges Auftreten. Überall sucht eine Elite des Bürgertums das Arrangement mit den feudal-absolutistischen Strukturen. Obwohl das Zeitalter der Monarchen auf ihr Ende zugeht, können sie sich als Wahrer der staatlichen Ordnung, als Hüter der Sitten und der Moral und als Repräsentant der herrschenden Ideologie weiter glorifizieren lassen.

Die Rolle der geistigen Eliten verändert sich. Die Deutungshoheit des Hofes schwindet. Die Universitäten in den Städten gewinnen an Bedeutung. Ein breiter Bücher- und Zeitungsmarkt beginnt sich zu entwickeln. Der ideologische Herrschaftsschwund der Höfe erzeugt ein Vakuum, das das liberale Bürgertum nicht zu füllen vermag. Die geistigen Eliten spüren ihre politische Ohnmacht. Sie sehen sich am Ende eines Zeitalters, ohne die Vision für eine neue Zukunft entwickeln zu können. Das führt zu einem auseinanderbrechenden Selbst- und Weltbild. Einerseits sehnen sie sich danach, in die Adelsschicht aufzusteigen. Sie kultivieren das Erhabene und Ewige. Sie idealisieren die ruhmreiche Vergangenheit und die Höhepunkte der nationalen Geschichte. Auf der anderen Seite schürt das Empfinden einer Zeitenwende Ängste. Die Hoffnungen konzentrieren sich auf Unfassbares, Fernes, Übersinnliches, auf nicht erreichbare Ideale. Apokalyptische Untergangsphantasien, düstere Zukunftsvisionen werden entwickelt.

Angesichts des Verlusts verlässlicher Wertstrukturen wird ein Wertewandel notwendig. Das wird von den allermeisten Künstlern zwar unterschwellig registriert; sie versuchen aber das feudal-absolutistische Regime zu konservieren und aufzupolieren. Eine fin-de-siecle-Stimmung herrscht fast das ganze Jahrhundert vor. Die Künstler suchen nach Lösungen und nach Auswegen. Sie registrieren Missstände, flüchten dann in ein transzendentes Reich und suchen Heil in religiöser Schwärmerei. Sie idealisieren mit Historienmalerei, den Heldentaten der Ahnen oder mit Beschwörung alter Mythen. In der Regel verirren sie sich in ihren eigenen Labyrinthen und halten an den Genie-Kulten vergangener Zeiten fest. Der Hofmaler als Genie und Verkünder der göttlichen Weisheit der Herrscher hatte (eigentlich) ausgedient. Aber die Ideologie wirkt mächtig bis heute nach.

David, der Revolutionär, war in der Seele ein Reaktionär

Ein Paradebeispiel für die verzweifelte Verstrickung der Künstler ist „der" Maler der Französischen Revolution Jacques-Louis David (1748 - 1825), ein Zeitgenosse Goyas. Zuerst stand er unter dem Einfluss Bouchers. Dann ließ er sich vom Geist der Antike verzaubern, wie auch die Titel seiner ersten Werke „Erasistratos entdeckt die Ursache der Krankheit des Antiochos" (1774), „Andromache an Hektors Leiche" (1783), „Tod des Sokrates" (1787) oder „Liebschaften von Paris und Helena" beweisen. Er ging nach Rom und schulte sich an seinen Vorbildern Michelangelo, Raffael, Rubens und an antiken Statuen und Reliefs des Vatikans. Zeit seines Lebens idealisiert er Würde und Macht der römischen Antike und versucht, diese Ideale auf die französische Wirklichkeit zu übertragen. 1784 begründete das von König Ludwig XVI. in Auftrag gegebene Bild „Der Schwur der Horatier" seinen Weltruhm. Das Bild strahlt die Kälte und Distanz von Poussin aus, steigert dessen theatralisches Pathos aber ganz erheblich. Der französische Dichter Corneille hatte ein Schauspiel über die Horatier geschrieben, in dem der Bruder seine Schwester ersticht, weil sie einen Curatier liebte, den der Bruder

zuvor auch schon ermordet hatte. In Davids Bild übergibt der Vater mit dramatischer Geste seinen drei behelmten Söhnen drei glänzende Schwerter mit der Aufforderung „zu siegen oder zu sterben". Rechts im Bild sieht man zusammengesunkene, trauernde Frauen, ganz ihren Gefühlen erlegen. Sie befürchten kommendes Unheil. David beschwört die Betrachter, sich ganz für ihr Vaterland einzusetzen und das Wohl der Nation über das Wohl der Familie und persönliche Befindlichkeiten zu setzen. „Weibliche" Gefühle wie Liebe und individuelle Empfindsamkeit müssten missachtet werden. Der deutsche Maler Johann Tischbein berichtet über ein Treffen mit David in seinen Lebenserinnerungen: „Ich ging mit ihm, und als ich es sah, ergriff mich ein eiskalter Schauer über den Ernst der schwörenden Söhne, indem der Vater ihnen die in die Höhe gehobenen Schwerter übergibt, zu siegen oder zu sterben!" (zit. n. Uhlitzsch, S. 127) Und: „Wenn je ein Bild Aufsehen gemacht hat, so war es dieses. Es war viele Tage hindurch wie eine Prozession! Fürsten und Fürstinnen fuhren hin, um es zu sehen, Kardinäle und Prälaten, Monsignori und Pfaffen, Bürger und Arbeitsleute, alle eilten hin." (ebd.) Offenbar traf das Bild einen Nerv der Zeit. Nationaler Siegeswillen und vaterländische Expansion sahen die Bürger durch ein dekadentes Königtum und einen verschwenderischen Adel gefährdet. Unmenschliche Mittel schienen gerechtfertigt, um nationale Einigkeit und Sicherheit für das Vaterland zu erreichen.

Fünf Jahre später erneuerte David seine politische Aussage noch dramatischer: „Brutus" (1889). Diesen Mörder Caesars feierte er als Kämpfer für die Freiheit Roms und stellte heraus, dass Brutus auch seine drei Söhne hatte hinrichten lassen, weil sie an einer antirepublikanischen Verschwörung teilgenommen hatten. Voltaire hatte schon vorher Brutus als Tyrannenmörder idealisiert, der die Bürger- und Staatspflicht höher als die privaten und persönlichen Interessen stellte. David bringt die Intention seiner Bilder in folgenden Worten zum Ausdruck: „Oh mein Vaterland, mein geliebtes Vaterland! [...] Französische Nation! Es ist dein Ruhm, den ich verbreiten will. Völker des Universums, heutige und zukünftige, ich will euch eine große Lektion erteilen!" (zit.n. art 8/06)

Nach dem Beginn der Französischen Revolution malte David im Auftrag des Konvents den „Schwur im Ballhaussaal" (1790, unvollendet). Dieser Eid beinhaltete die Verpflichtung, „niemals auseinanderzugehen und sich überall zu versammeln, wo

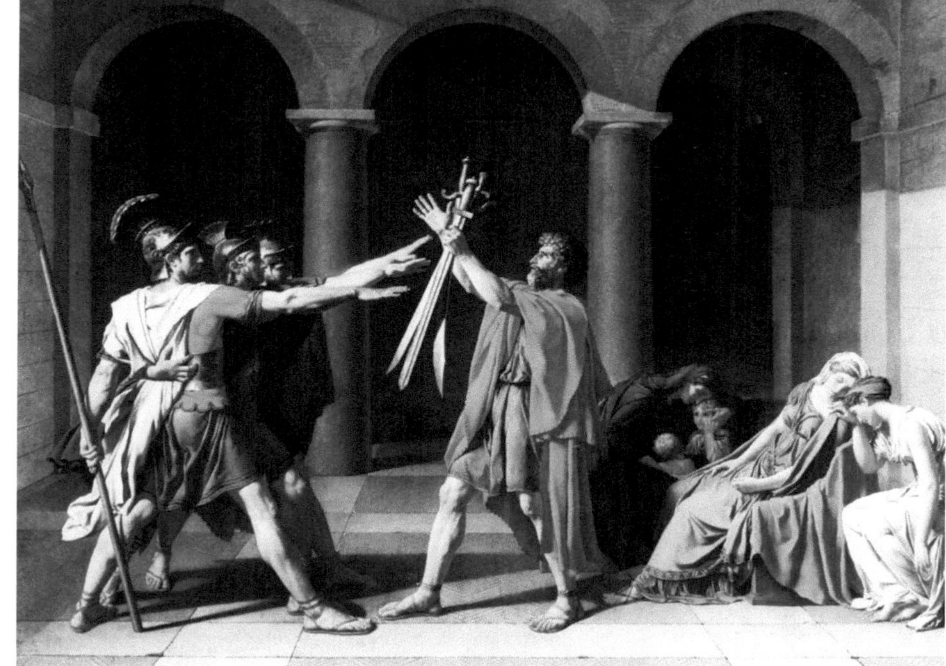

Abb. 126: Jacques-Louis David, Der Schwur der Horatier, 1784, Öl auf Leinwand, 330 x 427 cm, Musée National du Louvre, Paris, public domain

Märtyrer der Revolution ein Denkmal zu setzen. Marat, der so viele unter die Guillotine gebracht hatte, wird ein moderner Christus. Der Brieftext, den Marat auf seinem Pult zu liegen hat, erzählt eine rührselige Geschichte: „Geben sie diesen Schein jener Mutter von fünf Kindern, deren

die Umstände gebieten sollten, so lange, bis die Verfassung des Königreiches ausgearbeitet ist und auf festen Grundlagen ruht." GEO Epoche schreibt dazu: „Der Schweizer Kunstwissenschaftler Ulrich Christoffel meint, ›als David den Schwur der Stände im Ballhaus in einem großen Bilde festhielt, änderte er nur das Kostüm, nicht den Stil seiner Bilder‹. In Davids Skizzenbüchern gibt es tatsächlich Zeichnungen römischer Krieger, in denen wir leicht Gestalten aus dem Schwur im Ballhaus wiedererkennen." (GEO-Epoche, Französische Revolution, S. 138) David engagierte sich auch politisch in der Französischen Revolution, er wurde Abgeordneter im Nationalkonvent und Präsident des Klubs der Jakobiner. Er stimmte auch für den Tod des Königs. David tauschte nicht einmal sein bildnerisches Repertoire aus: Herkules im Triumphwagen und die antiken Götter streiten jetzt für die Revolution.

Mit „Der ermordete Marat" (1793) versuchte er dem

Mann für die Verteidigung des Vaterlands gestorben ist." (zit. n. Hagen 2003/1, S. 347) Die Mörderin Charlotte de Corday war auch für die Revolution. Nachdem aber ihr Bräutigam und dessen Bruder hingerichtet wurden, verurteilte sie Marat und seine Sinnesgenossen als „falsche Demagogen", die „ihre Tyrannei durchsetzen, um sich die Republik anzueignen". Sie sah es ihrerseits als ihre vaterländische Pflicht an, gegen dieses Terrorregime anzukämpfen.

In „Die Sabinerinnen" (1799) fehlt schon jede revolutionäre Attitude. Die Frauen stiften Frieden zwischen den gegeneinander kämpfenden Männern, werfen sich mit viel Pathos und großem Heroismus mit ihren Kindern in das kämpfende Getümmel. Jetzt musste Eingkeit in Frankreich hergestellt werden. Das Historienbild mit der Attraktivität schöner Frauenbusen will für das Ende der Streitereien im Innern werben. Napoleon sorgte für Ruhe und Ordnung in Frankreich, indem er die Aggressi-

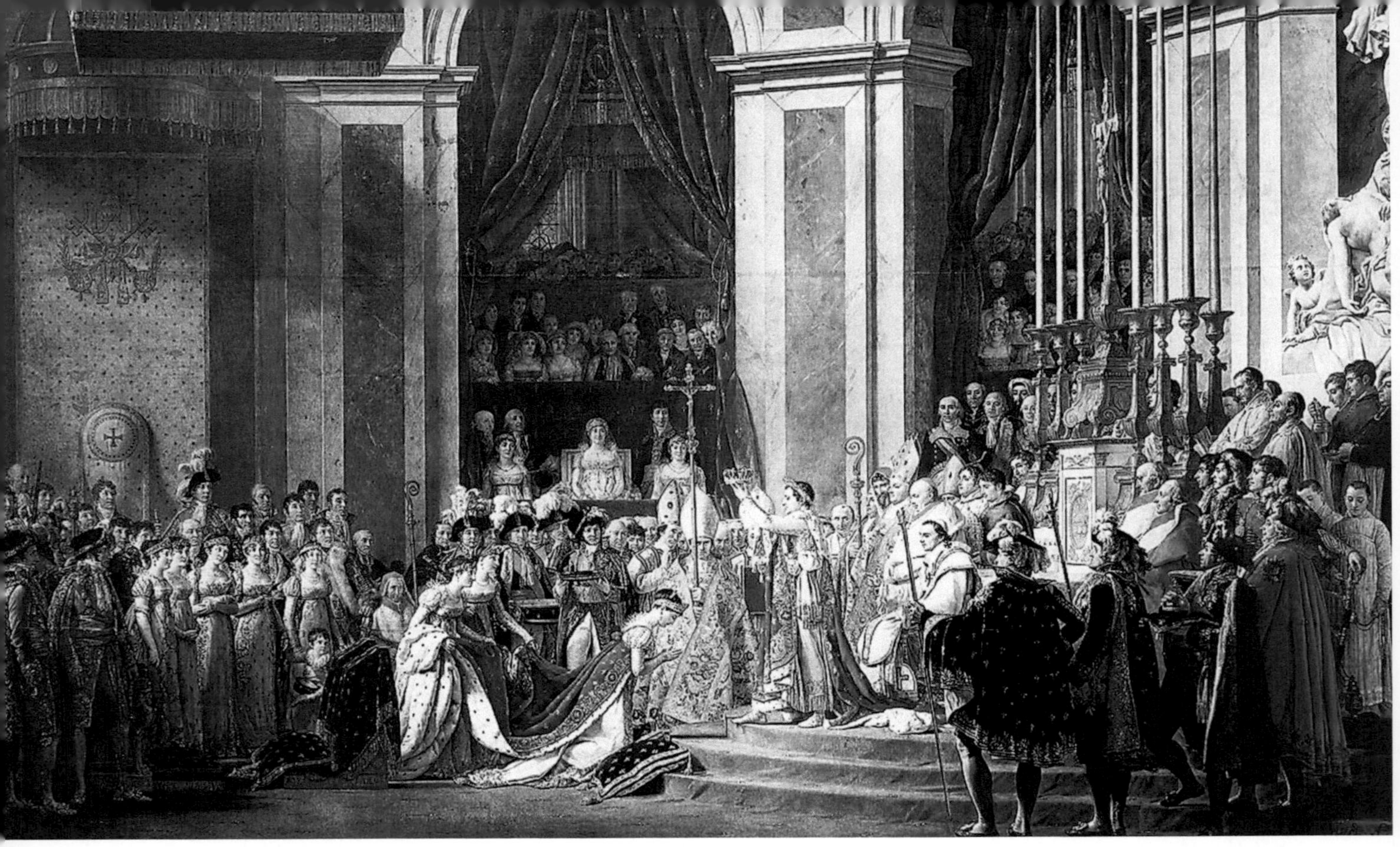

Abb. 127: Jacques-Louis David; Die Krönungsfeierlichkeiten Napoleons, 610 × 930 cm , 1807, Öl auf Leinwand, Louvre Museum, Paris, Foto: wartburg.edu, public domain

vität auf die äußeren Feinde lenkte und ganz Europa mit Krieg überzog. David idealisiert schon 1800 den schnell aufsteigenden Emporkömmling: „Bonaparte überquert den großen St. Bernhard-Pass" auf einem feurigem Ross. In Wahrheit hatte Napoleon ein Maultier benutzt. Auf dem Felsen eingeritzt zeigen die Namen der Helden, in deren Tradition der Künstler Napoleon sah: Hannibal und Karl der Große. Es ist ein gemaltes Denkmal, rechts unten flattert die Trikolore.

1804 bekommt er den Titel „Premier Peintre de L´Empereur". Im selben Jahr krönte sich Napoleon zum französischen Kaiser. David ist mit seinen Skizzenbüchern bei den Krönungsfeierlichkeiten dabei. Er idealisiert und dramatisiert Napoleon als antiken Helden. In den Skizzen nimmt Napoleon die Krone in Empfang, setzt sie sich selbst aufs Haupt, presst sein Schwert an das Herz, ehrfürchtig knien die Untertanen vor ihm, auch die Gesandten des Papstes. Heraus kommt schließlich das 6,10 mal 9,30 Meter große „Die Krönungsfeierlichkeiten Napoleons" (1807). Die Zeit hatte den Inhalt des Bildes schon fast überholt. Denn es zeigt den Herrscher, wie er seiner Frau Joséphine feierlich die Krone aufsetzt. Napoleon hatte im Jahr 1807 schon andere Pläne. Er plante, sich von Joséphine scheiden zu lassen, um die österreichische Kaisertochter Marie Louise heiraten zu können. Hinter

Napoleon zeigt die Schar hervorgehobener kirchlicher
Würdenträger mit dem Papst an der Spitze die Bedeu-
tung, die die katholische Kirche wieder gewonnen hat.
Der französische Herrscher hatte Frieden mit dem Papst
geschlossen hat, um ihn in seiner europäischen Hegemo-
nialpolitik geschickt benutzen zu können. Der rechts von
Marschall Alexandre Berthier auf einem Samtkissen bereit gehaltene Reichsapfel beweist, worum es geht: um
ein Reich in der Tradition Karls des Großen in ganz
Europa. Die Parade der schönen Frauen links zeigt den
Familienclan Napoleons. Sie werden in den Rang von
Fürstinnen erhoben, die eine wird Königin von Neapel,
die andere Königin von Holland.

David träumt von der Wiederbelebung der römischen
Antike: ein Weltreich unter der Knute Napoleons. Der
Künstler war überzeugt, dass Napoleon ein Mensch sei,
dem man in der Antike Altäre errichtet hätte. Bonaparte
war der von David angehimmelte Held. 1808 malt er
„Die Verteilung der Adler". Es ist ein militärisches Zeremoniell. Die Obersten erhielten die Standarten für ihre
Regimenter, leisteten den Treueeid auf ihren Kaiser, um
dann in fast allen Ländern Europas für ihren Kaiser in
den Krieg zu ziehen. Napoleon gründet seine Macht auf
die Armee, das Volk hat nichts mehr zu sagen. Es
herrscht permanenter Kriegszustand. Das Volk hungert
und darbt. Der Künstler registriert es nicht.

Davids Kunst wird im wahrsten Sinne politische Propagandakunst. Dabei ist er nur der erste Künstler des Kaisers, Vorbild für eine Schar von Nachahmern. Der
Künstler schafft die Prototypen, die von Napoleons
Marktstrategen geschickt zur Idealisierung des Herrschers eingesetzt wurden. Uhlitzsch schreibt: „Die von
1804 bis 1815 erschienenen, Napoleon und seine Geschichte behandelnden Bildwerke zu inventarisieren,
wäre eine kaum durchzuführende Aufgabe. Nicht allein
sind die Bilder, die Statuen, die Kupferstiche, die Medail-
len unzählig, es gesellen sich ihnen auch noch ganze
Massen industrieller Produkte hinzu, die eine Art von
Fetisch der Volksanbetung darstellen. Es sind dickbäu-
chige Krüge, Flaschen, Tintenfässer, Etiketten von Wein-

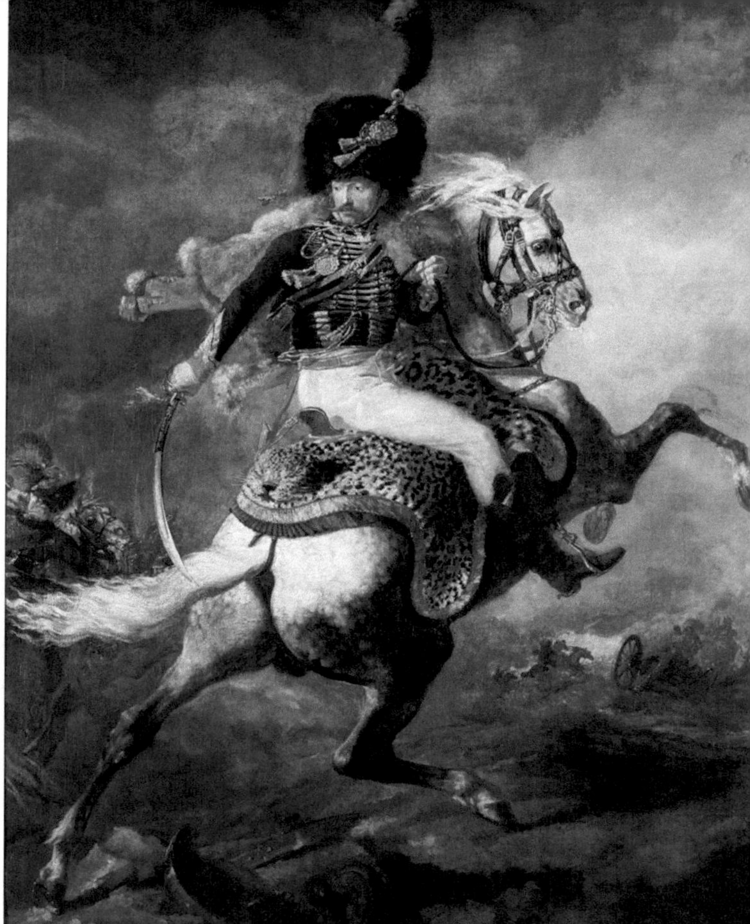

*Abb. 128: Théodore Géricault: Der angreifende Jäger oder ein
Offizier der kaiserlichen Garde im Angriff, 1812, Öl auf Leinwand, 349 cm x 266 cm, Louvre, public domain*

und Tabakhändlern, Leuchter, Flakons, Pfeifenköpfe,
Stutzuhren, auf denen der Kaiser bald sitzend, bald stehend oder zu Pferde dargestellt ist. Es sind Waffelfor-
men, Beutel für Billardkugeln, Halter für Vorhänge [...]"
(Uhlitzsch, S. 82) Das ist der Beginn einer Propaganda,
die von den Nachfolgern des Diktators, heißen sie nun
Stalin, Hitler oder Mao, als Vorbild für ihre ideologischen
Feldzüge eingesetzt werden sollen, einer Bilderproduk-
tion, die also bis weit in die heutige Zeit hineinreicht.

Frankreich steigert sich mit einer Napoleon-Euphorie in

163

einen nationalistischen Rausch hinein. Eine Nation – die dadurch trotz Hunger und vieler Toter auf den Schlachtfeldern zu einer Einheit wächst – hat ihren Gott-Ersatz gefunden. Napoleon überzieht ganz Europa mit Krieg – von Portugal bis weit in das russische Reich. Überall verbreitet er Terror und Hungersnöte. Das hat große Auswirkungen, nicht nur in Traumatisierungen endemischen Ausmaßes. Sie bereiten auch den Boden für nationalistische Tendenzen in allen Ländern Europas.

Théodore Géricault (1791 -1824) stellte im Salon 1812 hochdramatische Militärbilder wie „Offizier der Gardejäger beim Angriff" und 1814 das Bild „Verwundeter Kürassier" aus. Ohne Zweifel identifiziert sich der Künstler in diesen Bildern mit den Helden der napoleonischen Armee und der Expansionspolitik Napoleons. 1818 schuf er „Das Floß der Medusa": 1816 war das Schiff „Medusa" vor der afrikanischen Küste gekentert, die auf ein Floß Geretteten trieben 27 Tage auf hoher See. Die Überlebenden zeigten sich zum Teil selbstlos, aufopfernd, zum Teil brutal-blutrünstig. Es kam zu Kannibalismus. Gericault interessierte in diesem Historienbild das Leiden der Menschen,

die Gefühle der Betroffenen – ein Abkehr von den bisherigen Historienbildern, die das Geschehen heroisierten und überhöhten. Am Ende seines kurzen Lebens malte der Künstler geistig Verwirrte und psychisch Kranke: der „Kleptomane", „Irrsinnige Kidnapper" oder „Irrsinnige Neiderin", „Irrsinniger mit militärischem Größenwahn". Wollte Géricault mit diesen Bildern den Wahnsinn des Krieges aufarbeiten? Auch er hatte fast ein Jahr als Soldat in Napoleons Diensten gestanden.

Intimer Freund von Géricault war Eugène Delacroix (1798 - 1863). Zwei Seelen wohnen in seiner Brust: einerseits Melancholie und Pessimismus, gemischt mit Barbarischem und Heidnischem, andererseits die Sehn-

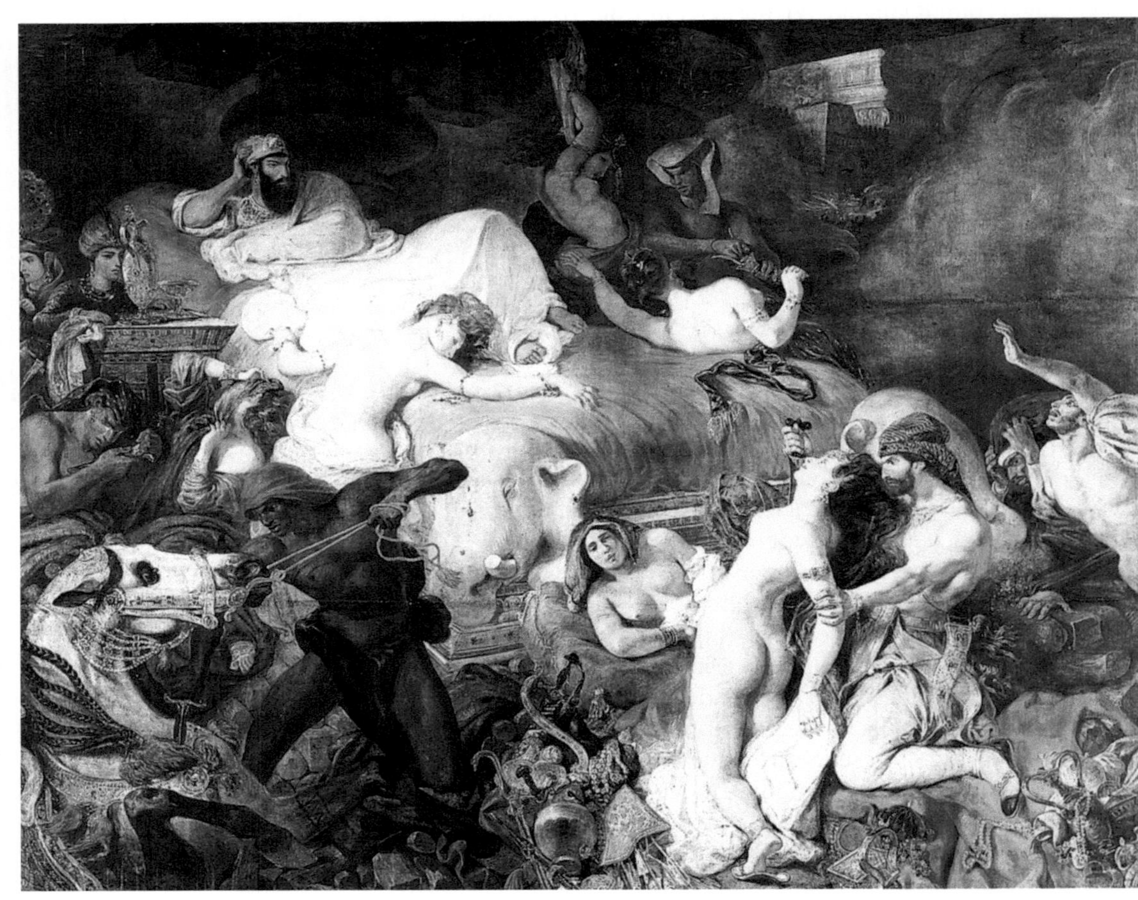

Abb. 129: Eugène Delacroix, Der Tod des Sardanapal, 1827, Öl auf Leinwand, 392 x 496cm, Musée du Louvre, Paris, public domain

sucht nach Harmonie und Freiheit. Die Rubenssche Dramatik des Schicksalhaften in leuchtenden Farben und lockenden entblößten Frauenleibern wird aufgerufen.

In dem Bild „Das Massacker von Chios" (1824) nimmt er für das unterdrückte griechische Volk Partei. Es zeigt die gemordeten Frauen, Männer und Kinder, 25 000 sollen es gewesen. Die Griechen leiden unter der Fremdherrschaft, ihre Häuser werden gebrandschatzt: Die Osmanen vergewaltigen Frauen, morden und rauben. Gleichzeitig protestiert Delacroix gegen die Unterdrückung der Opposition in Frankreich, gegen die Macht des Militärs. 1927/28 malt er „Der Tod des Sardanapal": ein sadomasochistisches Feuerwerk einer voyeuristischen Lust. Der König Sardanapal thront auf seinem Bett und sieht zu, wie Bedienstete seine Konkubinen lustmeucheln. Auch sein geliebtes Araberpferd, das sich wild aufbäumt, bekommt ein Messer in die Brust gestoßen. Der Sage nach war Sardanapal von seinen Feinden ohne Aussicht auf Rettung umstellt, die schon Feuer in seinem Schloss gelegt haben. Die Feinde wollen auch ihn töten. Er wird ihnen aber zuvorkommen: Ein Diener steht schon bereit und wird ihm den Giftbecher reichen. Weltuntergang im Bildformat. Melancholisch-schwülstige Männerphantasien von Macht und Untergang.

In seinen vielen Schlachtenbildern und Kriegsgetümmeln zeigt sich Delacroix blutrünstig, er stellt die Kämpfenden im Rausch des Tötens und Getötetwerdens dar, wilde bestialische Wut spricht aus ihren Gesichtern. Er idealisiert nicht (allenfalls mit den glitzernden Ausrüstungen, den wehenden Fahnen und den sich wild aufbäumenden Rossen), er distanziert sich aber auch nicht. Hier interessiert ihn eigentlich nicht das historische Geschehen sondern das dramatisch bewegte Auf- und Abwogen des Getümmels und die bestialische Ausdruckskraft der Pferde. Die „Einnahme von Konstantinopel" (1841), „Die Letzten Worte des Kaisers Mark Aurel" (1844) oder „Die Gerechtigkeit des Trajan" (1840) dagegen sind ganz Historienbilder im traditionellen Sinn. Die Kreuzritter reiten als Heilige in Konstantinopel ein, die Besiegten beten zu ihren Füßen und betteln um

Gnade. Sie geraten eher kraftlos, sind langweilig, weil er seiner Fantasie angesichts gewichtiger Themen Zügel anlegt. Er hält an den Inhalten herkömmlicher, idealisierender, verfälschender Historienmalerei fest.

1830 gestaltet er das großartige „Die Freiheit auf den Barrikaden". Da stürmt die barbusige Marianne (allerdings als Symbol der Freiheit) mit der Trikolore und dem Gewehr in den Händen über die Barrikaden. Neben ihr der Bürger mit Zylinderhut und geladener Schusswaffe, ein Proletarier schwenkt den Säbel und ein Jüngling stürmt mit zwei Pistolen voran. Sie kämpfen für die Pressefreiheit und das gewählte Parlament; König Karl X. wollte diese bürgerlich-demokratischen Errungenschaften per Dekret abschaffen. Nach drei Tagen Aufstand in Paris muss der König abdanken. Er wird durch den Herzog von Orléans ersetzt, der Pressefreiheit und parlamentarische Rechte garantieren muss. Hier sind aber auch kritische Fragen angebracht: Identifiziert sich Delacroix wirklich mit dem Kampf des Volkes für demokratische Freiheiten oder interessiert er sich in erster Linie für die Dramatik der wild bewegten Auseinandersetzungen. Seine persönliche Aussage gibt zu denken: „Ich habe keine Sympathie für die gegenwärtige Zeit; die Ideen, die meine Zeitgenossen begeistern, lassen mich absolut kalt; alle meine Neigungen gehören der Vergangenheit." (zit. n. Held, S. 363) Schließlich sieht er auch keine neuen Aufgaben für die Kunst seiner Zeit. Denn alle großen Probleme der Kunst seien im 16. Jahrhundert gelöst worden, „von Raffael die Vollendung der Zeichnung, der Grazie und Komposition; von Correggio, Tizian und Paolo Veronese die Vollendung der Farbe und des Helldunkels" (ebd.). Er sieht die Aufgabe der Kunst nicht in der Ausgestaltung eines neues Weltbildes, er sieht nur formale Aspekte.

Schließlich reist Delacroix in den Orient, nach Marokko. Er studiert dort nicht die raue Wirklichkeit, er versucht durch die Schlüssellöcher in die Schlafzimmer der Harems zu blicken. Das gelingt ihm während der Reise nicht, also bemüht er wieder in Paris angekommen seine Fantasie. Er flüchtet in die Haremsromanze: Hübsche

Odalisken rekeln sich lasziv-frivol in ihren Gemächern und warten geduldig darauf, von ihrem Pascha zum Liebesdienst abgerufen zu werden. Mit farbigen Kostümen, viel Nacktem träumt er sich aus der rauen zeitgenössischen Wirklichkeit heraus. Delacroix war kein Revolutionär. Er wollte auch keiner sein. Im Grunde seines Herzens war er Aristokrat. Voller Pessimismus schrieb er in sein Tagebuch: „Ist es nicht offenkundig, dass der Fortschritt, das heißt, der fortschreitende Gang der Dinge im Guten wie im Schlechten, heute die Gesellschaft an den Rand des Abgrunds gebracht hat, in den sie leicht stürzen könnte, um einer vollkommenen Barbarei Platz zu machen?" (ebd., S. 86)

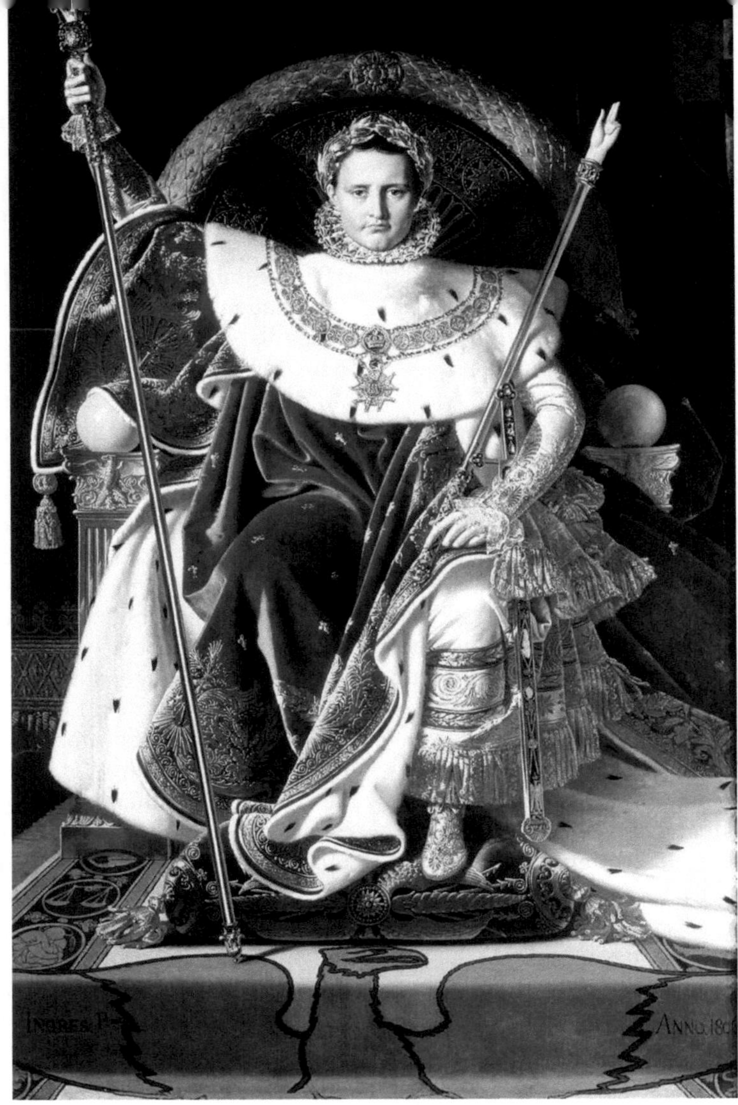

Abb. 130: Dominique Ingres, Napoleon als thronender Jupiter, 1806, Öl auf Leinwand, 259 x 162 cm, Musée de l'Armée, Paris, public domain

Einen Heiligenschein bildet nicht nur der güldene Lorbeerkranz auf seinem Haupte sondern auch die Rückenlehne seines Throns, betont durch seine Halskrause und die schwere Halskette. Gottgleich, erhaben, unnahbar: Als Vorlage für das Bild diente dem Künstler eine Reproduktion eines antiken römischen Schmucksteins, auf dem Jupiter dargestellt ist. Auch dessen Symbol, der Adler auf dem Teppich, verweist auf den Göttervater. Ingres ist der Maler der Ultraroyalisten. Schon 1804 gestaltete er das Gemälde Bonaparte als erster Konsul. 1814 porträtierte er Caroline Murat, die jüngere Schwester Napoleons und Königin von Neapel, und andere Mitglieder der königlichen Familie. Das Gelöbnis Ludwigs XIII. (1824) gewann die Sympathien der Nationalisten. Ludwig XIII. hatte 1638

Das vollkommen inszenierte Herrscherbild gelingt Dominique Ingres (1780-1867) mit „Napoleon als thronender Jupiter" (1806). Mit vielen Bommeln, mit Gold besticktem Purpur, Nerz und allen Insignien der Macht (dem Zepter, dem Schwert Karls des Großen, dem Kreuz der Ehrenlegion und der Hand der Gerechtigkeit), geriet unter seinem Pinsel das Kaiserporträt schon fast zur Karikatur.

sein französisches Königreich unter den Schutz der Madonna gestellt und damit die Allianz von Hof und Altar bekräftigt – das war auch das Interesse der Royalisten im Jahre 1824. „Karl X. im Krönungsornat" stellte er majestätisch in den Jahren 1829 -1830 dar, bevor dieser im

Jahr 1830 vom Volk davongejagt wurde. Noch 1853 gestaltet er im Hotel de Ville in Paris die „Apotheose Napoleons I." Als antiker, nackter Gott wird Napoleon in wallender Toga von einem römischen Streitwagen in den Himmel transportiert, begleitet vom entschlossen dreinschauenden Adler und mehreren Siegesengeln.

Ingres ist der begehrte Porträtist der französischen Haute Société: „Philibert Riviére" (1805), „Marie-Francoise Riviére" (1806), „La Belle Zélie (1806), „Antonia Duvaucey de Nittis" (1807), „Baron Jacques Marquet de Montbreton de Norvins" (1811), „Marie Marcoz, spätere Vicomtesse de Senonnes, (1814), „Graf Amedée-David de Pastoret" (1826), „Herzog Ferdinand-Philippe von Orléans" (1843), Inès Moitessier (1856). Die Liste ist unvoll-

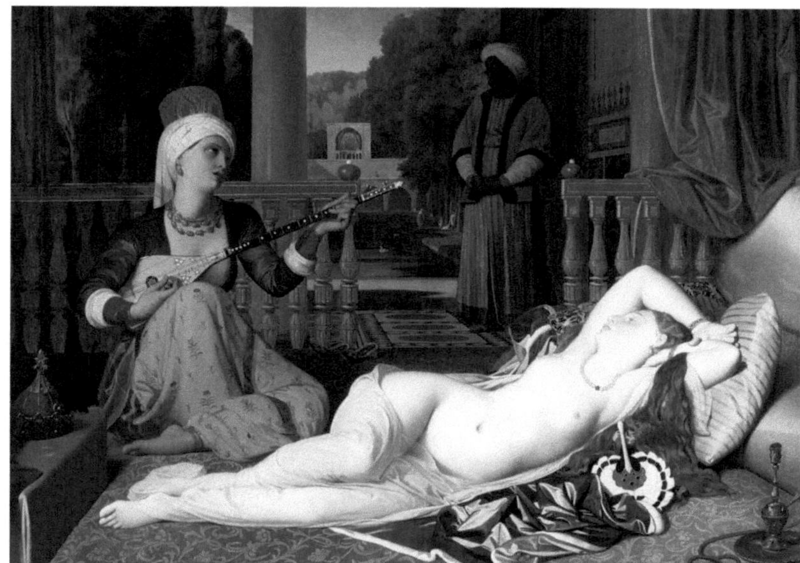

Abb. 131: Dominique Ingres, Paul Flandrin, Odaliske mit Sklavin, 1842, Öl auf Leinwand, 76 × 105 cm, Walters Art Museum, Baltimore, public domain

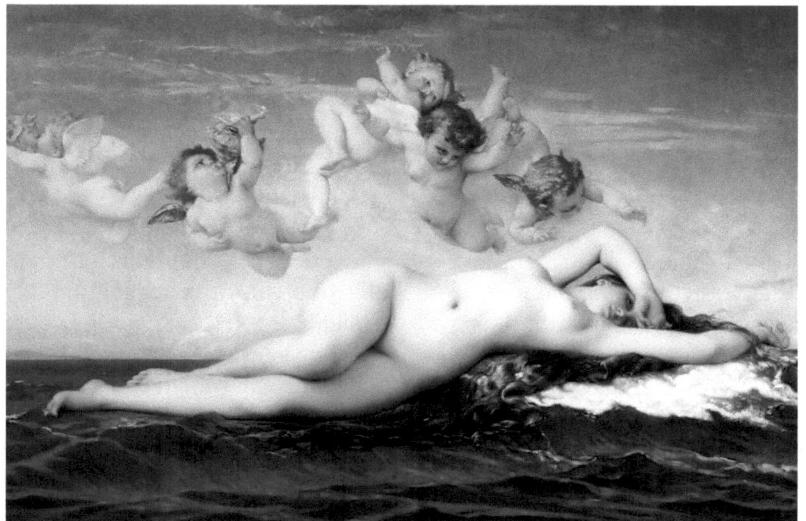

Abb. 132: Alexandre Cabanel, Die Geburt der Venus, 1875,Öl auf Leinwand, 130 x 225 cm, Metropolitan Museum of Art, New York, public domain

rückt sie aus der Wirklichkeit, er malt Heilige. Schon seine zeitgenössischen Bewunderer sprechen von einer Heiligkeit der Linie und einer Religion der Form.

Ingres sieht seine vorrangige Aufgabe in der Historienmalerei. Er debütiert 1801 mit dem Gemälde „Die von Diomedes verwundete Venus kehrt zum Olymp zurück". „Achill empfängt die Bittgesandtschaft des Agamemnon" bringt ihm 1801 den begehrten Prix de Rome ein. „Romulus als Bezwinger König Artos" (18011-12) ist in Form eines römischen Figurenfrieses gestaltet. Diese anfänglichen Historienbilder wirken steif in der Form und blass in der Farbe, sie haben sich noch nicht von den Vorbildern antiker Heldenstatuen oder der Bilderwelt Poussins gelöst. Zur Hochform läuft dann Ingres mit dem Bild „Jupiter

ständig. Der Künstler verklärt seine Porträtierten, er ent-   und Thetis" (1811) auf. Das Bild dominiert Gottvater Ju-

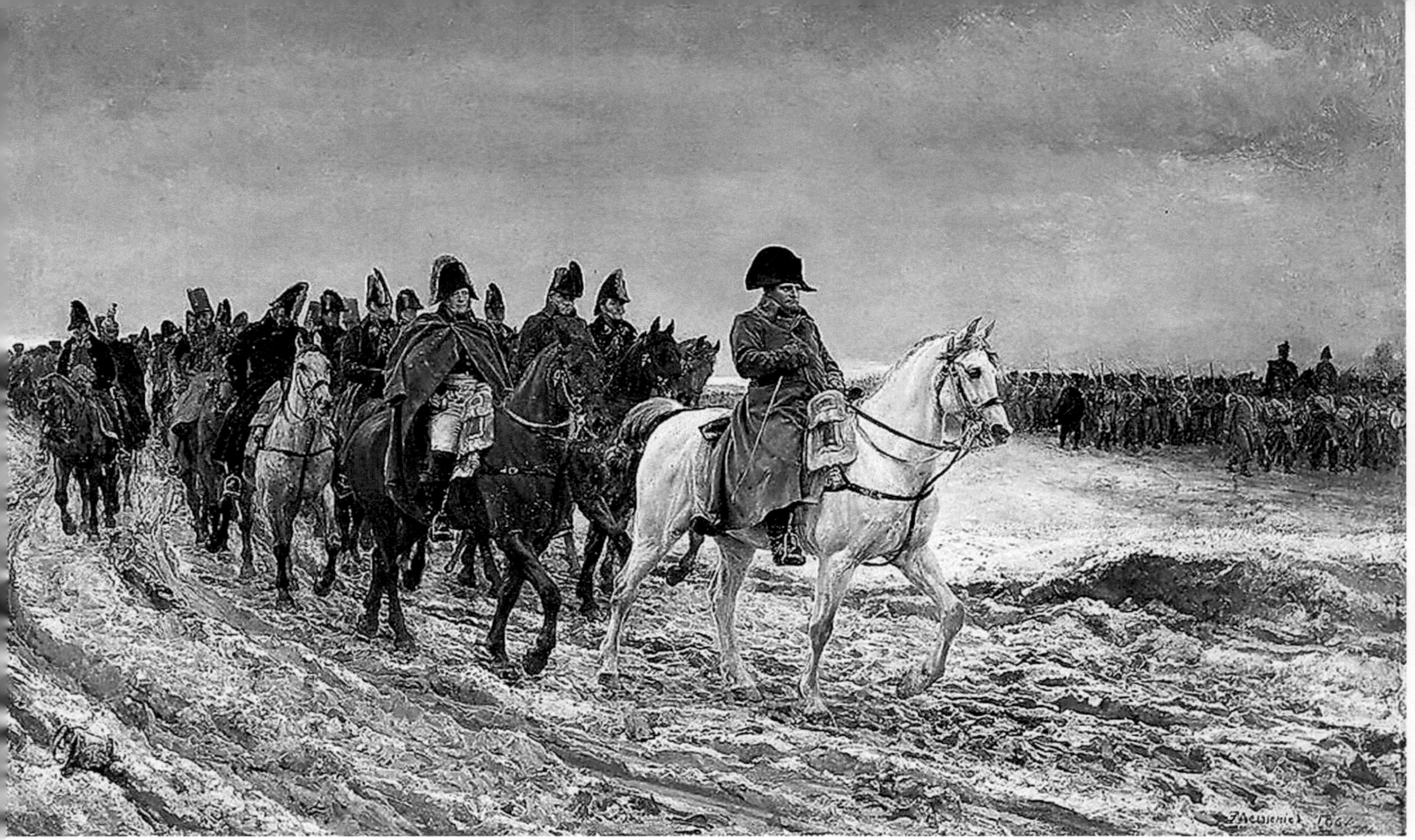

Abb. 133: Jean Louis Ernest Meissonier, Frankreichfeldzug 1814, 1864, Öl auf Holz, 51,5 x 76,5 cm, Musée d´Orsay, Paris, public domain

piter im Olymp thronend, bärtig, breitschultrig mit wallendem, gelocktem Haar, seine rechte Hand hält den Herrscherstab, sein linker Arm liegt auf einer Wolke. Grimmig schaut rechts neben ihm ein Adler drein. Schmachtend nähert sich ihm untertänigst von links unten Thetis, die Schönste der Nereiden, Tochter des Meeresgottes Nereus. Die ehrfurchtsvolle, barbusig kniende Thetis berührt sehnend das Kinn des obersten Gottes, der derweil starr aus dem Bild ins ungewisse Leere schaut. Ingres malt seinen Männertraum der Macht.

In „Roger befreit Angelika" (1819) ist Angelika schmachtend, splitterfasernackt an einen Fels gekettet. Da schwebt der Held Roger in der Luft auf seinem Adler-Pferd-Löwen-Ross herbei und tötet mit seiner sehr langen Lanze den Drachen (eher ein Spielzeug-Holztier). Er wird die gequälte Schönheit befreien. Ingres leidet offenbar unter einer nicht erfüllten Sexualität – und mit ihm die Schar seiner zeitgenössischen Bewunderer. In „Ödipus und die Sphinx" (1808) tritt der Jüngling mit zwei Speeren bewaffnet der barbusigen Löwin-Göttin gegenüber, die ihn strafend, abweisend fixiert. Ingres sehnt sich in „Das Goldene Zeitalter" (1842 - 1847) zurück. Dieses 4,80 mal 6,60 große Wandbild will Gerechtigkeit, Opferdienst und Liebe in arkadischer Landschaft thematisieren. 1862 greift er das Thema noch einmal auf und konkretisiert es: Blumengeschmückte Mädchen tanzen im Eva-Kostüm Reigen, Engel schweben vom Himmel herunter, Gottvater Zeus grüßt aus der Ferne. Ein weißes Häschen (als Symbol der keuschen, reinen Fruchtbarkeit) sitzt vor sich rekelnden Barbusigen. Eine Priesterin in weißem Talar, dem ein Jüngling den Saum küsst, predigt anderen andächtig Zuhörenden. Da ist zu viel an Theatralik: Kitsch des 19. Jahrhunderts.

Aber Ingres bedient auch andere Themen. In „Jesus unter den Schriftgelehrten" (1842 - 1862) sitzt der Knabe im Bildmittelpunkt mit Heiligenschein, während die Alten andächtig staunend zuhören. „Die Sixtinische Kapelle" (1814) feiert den Papst als obersten Herrscher. Die „Apotheose Homers" (1826-1827) lässt den heidnischen Griechen göttlich werden. „Das Martyrium des Hl. Symphorian" (1833-34) zeigt deutlich Michelangelos Einfluss und stellt den Märtyrer als Heiligen engelsgleich in den Mittelpunkt. Eine nationale Ikone schuf Ingres 1854 mit dem Gemälde „Jeanne d'Arc bei der Krönung Karls VII. in der Kathedrale von Reims". Jeanne d'Arc steht in Ritterrüstung und mit Heiligenschein bei der Krönung von Karl VII. am 17. Juli 1429 am Altar, die Fahne des Vaterlands in der rechten Hand, die linke berührt den Altar. Ihr visionärer Blick ist noch oben in den Himmel zum Gottvater gerichtet. Modell war Ingres 20 Jahre jüngere zweite Ehefrau Delphine, er selbst malte sich in den linken Bildrand als Ritter.

Das eigentliche Thema von Ingres ist die Nacktheit. Die „Odaliske mit Sklavin" (1839) präsentiert weißes schimmerndes, wollüstiges Fleisch, hingegossen vor den Augen des Betrachters. In die „Große Odaliske" (1814) schaut die Haremssklavin als deutlich gelängter Rückenakt sehnsüchtig erwartungsvoll den Betrachter an. Ingres malte 1808 „Die große Badende" und 1828 „Die kleine Badende". Bei der „Geburt der Venus" (1808 - 1848), das Thema beschäftigt ihn also über 40 Jahre) interessiert ihn die schaumgeborene Göttin der Liebe. 1856 greift er das Thema erneut auf: „Die Quelle" zeigt die andächtig einen Krug mit Wasser entleerende Nackte ohne Schamhaare. In seinem Spätwerk „Das türkische Bad" (1863) versammelt Ingres seine Liebesdienerinnen

erneut: Es ist eine vielfigurige Komposition, da tummeln sich fast 30 Haremssklavinnen. Die eine tanzt, die andere musiziert, viele präsentieren ihre wohlgeformten Brüste. Die Figuren kommunizieren nicht miteinander. Aber alle warten sie.

Alexandre Cabanel (1823 - 1889) setzt die Tradition der süßlichen, romantisierenden, verklärenden Aktdarstellungen fort. In „Phädra" (1880) sinniert die Tochter des Sonnengottes Helios über ihre unerwiderte Liebe zu Hippolytos. Sie wird bald Selbstmord begehen. In „Die Nymphe Echo" (1874) stöhnt die Nackichte, weil sie nicht die Liebe von Narziss erlangen kann. Höhepunkt ist aber „Die Geburt des Venus" (1863). Die Schaumgeborene zeigt auf den Wellen des Meeres reitend alle ihre Reize, sechs Engelchen lobpreisen im Himmel ihre Schönheit. Ein weiterer Höhepunkt ist aber auch das Porträt „Kaiser Napoleon III." (1865). Cabanel ist allerdings nicht der unbestritten führende Maler des Zweiten Kaiserreichs.

Das ist Jean Louis Ernest Meissonier (1815 - 1891). Er war der Künstler, der zu Lebzeiten den höchsten Ruhm genoss und auch die höchsten Preise erzielte. Hoch im Kurs standen seine Schlachtenbilder, die Heroisierung Napoleons, der Führer und Feldherren, die Verklärung und Idealisierung der nationalen Geschichte. „Napoleons Leben ist das Heldenepos unseres Landes, Vorbild für alle Künste", hatte schon Eugène Delacroix behauptet und zugleich seine Bewunderung für Meissonier bekundet: „Er ist der unangefochtene Meister unserer Epoche." (zit. n. King, S. 14 und 22) Meissonier hatte mit kleinformatigen Genrebildern wie einer Bauernprügelei oder „Der kleine Bote", „Ein Geistlicher tröstet einen Kranken", der Darstellung von Lesern, Rauchern, Schachspielern die Bewunderung der höheren Gesellschaft errungen. Dann begleitete er 1859 Napoleon III. auf dem Italienfeldzug, er wurde „der" Militärmaler Frankreichs. Im Salon von 1864 zeigte er das Bild „Napoleon III. mit seinem Generalstab in der Schlacht von Solferino" (1863). Dann plante er, das Leben Napoleon I. zu glorifizieren. Resultate sind „Die Schlacht bei Friedland 1807" und

„Der Feldzug in Frankreich 1814" (1864). Meissonier träumt von Frankreichs Glorie. Mit ihm träumen der Kaiser, der Adel, das Militär. Im Nachbarland Deutschland zeigen die Bilder des mit Meissonier befreundeten Adolph von Menzel ähnliche Größenfantasien – allerdings mit deutsch-nationalistischen Vorzeichen.

Caspar David Friedrich ist der Maler der Einsamkeit

Die Malerei der englischen und deutschen Romantik wird durch die napoleonischen Kriege geprägt. Caspar David Friedrich (1747 bis 1840) erlebte die Schrecken und die Hungersnöte in Deutschland. Er wollte eine „deutsche" und zugleich spirituelle Landschaftsmalerei begründen. Er lehnte die »italienische« Renaissance-Kunst ab, der er „sklavische Nachahmung" vorwarf. Friedrich: „Genügen unsere teutsche Sonne, Mond und Sterne, unsere Felsen, Bäume und Kräuter, unsere Ebenen, Seen und Flüsse nicht mehr? – Italienisch muss alles sein, um Anspruch auf Größe und Schönheit machen zu können." (zit. n. Kindlers 1982, S. 218f.) Mit seinem Freund Carl Gustav Carus (1789 bis 1869) war er überwältigt von der Kraft der Naturlandschaft: Gott ist in allen Dingen. Der Künstler müsse sich auf eine Art „mystische Suche" nach seinem Heil begeben. Die Rettung besteht für Friedrich in der Rückkehr zu einem mittelalterlichen Gemeinwesen eines einigen Vaterlands. Rettung sieht er in einem religiös verklärten Aufgehen in der Unendlichkeit der Natur, dem Zeugnis des Göttlichen. Hier müsse der Mensch seine Individualität aufgeben, hier erfahre der Mensch seine Kleinheit. Durch diese Verschmelzung mit dem inneren, dem göttlichen Wesen der Natur, erfahre der Künstler die Einheit der Schöpfung. Friedrich: „Ein Bild muss nicht erfunden, sondern empfunden sein." (zit. n. Sala 1993, S. 93)

Friedrich versteht sich als deutscher Künstler: 1806 stürzt ihn der Krieg mit Napoleon und die Demütigung des deutschen Vaterlands in eine tiefe Depression. Er wird ein Maler der Einsamkeit. „Ich muss allein bleiben und wissen, dass ich allein bin, um die Natur vollständig zu schauen und zu fühlen; ich muss mich dem hingeben, was mich umgibt, mich vereinigen mit meinen Wolken und Felsen, um das zu sein, was ich bin." (zit. n. Sala 1993, S. 198) Friedrich konstatiert eine Ohnmacht, ein

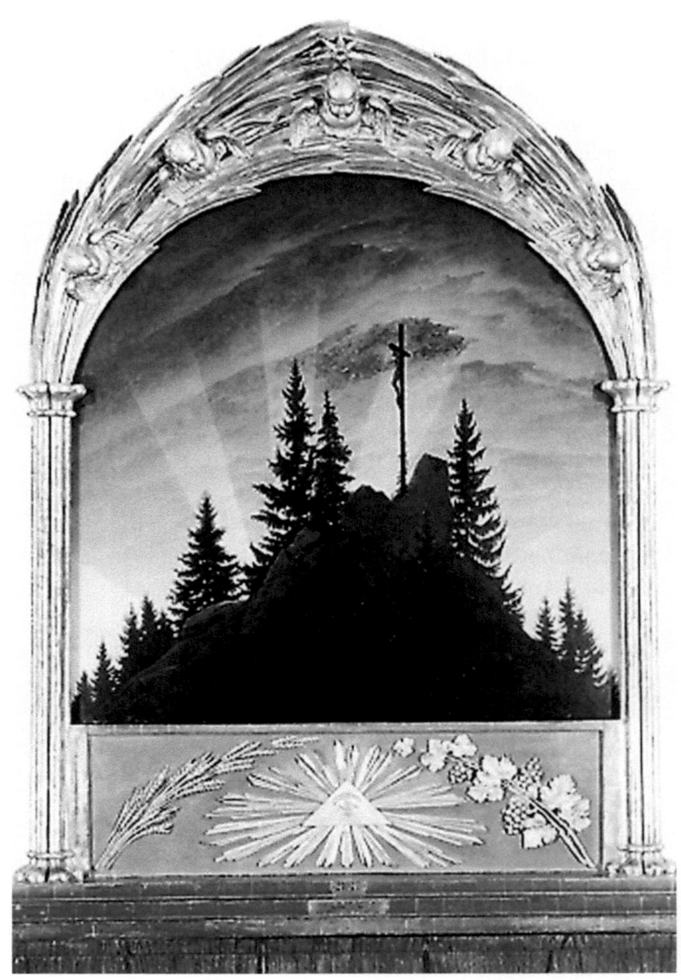

Abb. 134: Caspar David Friedrich, Tetschener Altar, Kreuz im Gebirge, 1807/08, Öl auf Leinwand, 115 x 110 cm, Galerie Neue Meister, Dresden, public domain

Verlorensein des Ichs: Es ist eine Reise ohne Rückfahrschein, die Reise in die Unendlichkeit. Es ist die Melancholie des Verfalls, wehmütiges Empfindungen des Verlusts und eine schwermütige Weigerung, sich der Realität zu stellen. Das Ich bestimmt nicht, die äußere Gewalt wird übermächtig, das Äußere überwältigt und führt in die Irrealität.

Er konzentriert sich darauf, das „Allmächtige" zu erfassen, gesellschaftliche Einflüsse, Störungen des Alltags versucht er auszuschließen. 1808 malt Friedrich den Tetschener Altar. Im Vordergrund sind mit Efeu, Felsen, Tannen und Kreuz die wichtigsten irdischen Symbole zu sehen. Das Bild wird bestimmt durch das Licht der untergehenden oder aufgehenden Sonne als der Erscheinung des himmlischen Vaters. Der Lichtstrahl aber saugt den Gekreuzigten auf. Das Bild wird nicht zu Unrecht als „Geburt der spirituellen Landschaftsmalerei" (Sala 1993, S. 111) bezeichnet. Ein anderes wichtiges Friedrich-Bild ist „Grabmale alter Helden": Ein Grabstein trägt den Namen des Germanen „Arminius", ein anderer die Inschrift „Edler Jüngling Vaterlandserretter". Die Schlange in dem Bild hat die Farben der Trikolore als Symbol des Bösen. „Der Chasseur im Walde" (1813) zeigt einen französischen Soldaten einsam im Wald, der von deutschen Tannen umstellt und erdrückt wird.

Mit dem Bild „Huttens Grab" (um 1823) legt Friedrich ein klares Bekenntnis gegen die Fürstenherrschaft und für politische Freiheiten ab. Vor der prächtigen Kulisse einer gotischen Ruine steht ein in deutscher Tracht Gekleideter (der Künstler selbst?) und würdigt Hutten, dem deutschen Kämpfer für die Unabhängigkeit von Rom in den Bauernkriegen der Reformationszeit. Auf dem Sarg sind noch weitere Namen eingraviert: die des Dichters Ernst Moritz Arndt, von Preußens Militärreformer Scharnhorst, von dem Reformer Freiherr von Stein, dem Turnvater Jahn und vom Publizisten Joseph von Görres. Es sind allesamt Liberale, die sich auch für demokratische Freiheiten einsetzten (wenn auch widersprüchlich). Friedrich selber schrieb 1814: „Ich wundere mich keineswegs, dass keine Denkmäler errichtet werden, weder die, so die große Sache des Volkes bezeichnen, noch die hochherzigen Taten einzelner deutscher Männer. Solange wir Fürstenknechte bleiben, wird auch nie etwas Großes der Art geschehen. Wo das Volk keine Stimme hat, wird dem Volk auch nicht erlaubt, sich zu fühlen und zu ehren." (zit. n. Hagen 2003/2, S. 340)

Friedrich ist zutiefst pessimistisch, melancholisch. In allem sei der Tod enthalten, sagt er. In dem Werk „Das Eismeer" wird ein Schiff, das von Menschen Geschaffene, von Eisschollen, der Natur, zermalmt. Friedrich: „Warum, die Frag ist oft zu mir ergangen, wählst Du zum Gegenstand der Malerei so oft den Tod, Vergänglichkeit und Grab? Um ewig einst zu leben, muss man sich oft dem Tod ergeben." (zit. n. Kindlers 1982, S. 223) Friedrich bemerkte zu dem Bild „Zwei Männer in Betrachtung des Mondes" (1819 -1820) „Die machen demagogische Umtriebe". Die in Rückenansicht gezeigten den romantischen Mond Betrachtenden sind mit der deutschen Kopfbedeckung als liberale Patrioten gekennzeichnet. In den Karlsbader Beschlüssen 1819 hatten die deutschen Herrscher die drastische Einschränkung der Meinungsfreiheit und die Verschärfung der Zensur beschlossen. Sie verdammten die Liberalen als Demagogen. Friedrich gehörte zu den Liberalen, denen von nun an die Staatsaufträge entzogen wurden. Friedrich reagierte mit Ironie und Melancholie auf die Unterdrückung.

Auch Philipp Otto Runge (1777 - 1810) arbeitete an der Schaffung eines neuen Landschaftsbildes, das er als „idealischer Körper für eine besondere Art des Geistes" hielt. Er sehnte sich nach der Einheit von Natur und Menschen. In seinem Bild „Die Hülsenbeckschen Kinder" (1805-06) taucht der Betrachter tief in die Erlebniswelt der kindlichen Psyche ein, unbelastet vom Geschehen und der Gesellschaft. Sonnenblumen, Kinder, die Landschaft, der Himmel bilden eine Einheit. Einen Zugang zum Zeitgeschehen findet er so nicht. Seine Figuren erscheinen wie zu innerer Größe gefroren, obwohl sie unerbittlich realistisch gestaltet sind.

Die Nazarener flüchten in die religiöse Schwärmerei

1808 – also noch während der napoleonischen Kriege – gründeten Franz Pforr (1788 - 1812) und Friedrich Overbeck (1789–1869), Künstler der Wiener Akademie, den Lukasbund, trennten sich von der Akademie und zogen nach Rom, um sich in mönchischer Abgeschiedenheit im Kloster San Isidoro als Gruppe dem Gebet und der Kunst zu widmen und gaben sich den Namen „Künstlerbund der Nazarener". Zu Pforr und Overbeck stießen in Rom Peter Cornelius (1783 - 1867), Philipp Veit (1793 - 1877), Wilhelm von Schadow (1788 - 1862) und Julius Schnorr von Carolsfeld (1794 - 1872). Die Nazarener gingen davon aus, dass im „Goldenen Mittelalter" noch die inzwischen verlorene Einheit von Kirche und Staat herrschte. Für sie stand der Mythos und der katholische Glaube im Zentrum. Bilder müssten wie spirituelle Gebete sein. Insgesamt handelte es sich hier um eine Programmkunst: Das Innerliche, Esoterische, Religiöse stand im Vordergrund. Ihre Heiligenbilder behaupteten eine „heile Welt" im Glauben und der Esoterik. Indem sie sich weltabgewandt geben, zeigen sie ihre innere Zerrissenheit, weil sie die „wirkliche Welt" mit ihren Machtstrukturen verabscheuen, aber als „unveränderbar" erdulden. Ihre Kunst wollte die allein Heil bringende Bedeutung des römisch-katholischen Glaubens vermitteln. Damit ist eine Abkehr vom Gesellschaftlichen, ein Rückzug in die Innerlichkeit verbunden. Ihre Protagonisten haben später Akademie-Ämter in Frankfurt, München, Wien, Düsseldorf, Göttingen, Dresden und Kiel übernommen. Ihr Stil prägte dann die im 19. und 20. Jahrhundert massenhaft entstandenen Heiligenbilder.

Das Programmbild gestaltet Overbeck mit „Der Triumph der Religion in den Künsten" (1831-1840). Es ist ein Auftragswerk für den Frankfurter Städel. Der Künstler kommentiert, es gelte „einer neu sich bildenden Kunstanstalt vor Augen zu halten, dass alle Kunst auf die Verherrlichung Gottes zielen und zur Erbauung der Nächsten dienen muss, ja dass ohne dies Ziel gar keine eigentlich fortlebende Kunst gedacht werden kann." (Katalog Nazarener, S. 158) Overbeck orientiert sich in der Komposition und in der Gedankenwelt deutlich an Raffaels Disputa in den Stanzen des Vatikans. In einer Ganzkörper-Gloriole thront über allem in den Lüften Maria mit dem Segen spendenden Christus. Sie werden links und rechts flankiert von auf Wolken schwebenden biblischen Gestalten, links König David und rechts der Schutzheilige der Maler, der heilige Lukas. Um den Lebensbrunnen, der im Mittelpunkt des Bildes direkt unter Maria sprudelt, gruppiert Overbeck nicht wie Raffael Philosophen und andere Geistesgrößen sondern vor allem Maler, rechts ist Dürer mit Raffael, links Holbein mit Leonardo im Gespräch. Es ist ein Treffen von italienischen und deutschen Künstlergrößen. Natürlich malt er auch sich und seine Nazarener-Kollegen Peter Cornelius und Philipp Veit mit ins Bild der Maler-„Genies". In wessen Auftrag die Maler zu dienen haben, verdeutlichen links der Kaiser und rechts der Papst. Die Nazarener versuchen die religiöse Malerei des Mittelalters von Giotto bis Raffael wiederzubeleben – sie ahmen aber nur nach. Sie versuchen zu reproduzieren und wollen so den alten Geist beschwören. Ihr Pathos, ihre Sehnsucht nach alter Erhabenheit lässt aber ihre Figuren zur reinen Dekoration erstarren, heraus kommt eine Schaufrömmigkeit. Das veranlasste schon Goethe zu der spöttischen Bemerkung, diese Künstler würden eine neue Kunstepoche begründen wollen, indem sie sich rückwärts bilden, sie wollten in den Schoß der Mutter zurückkehren. Und Caspar David Friedrich sprach gar von knechtisch nachäffenden Sklavenseelen.

Die Politik der Nazarener wird Religion. Ihre Kunstwerke stilisieren sie zu ästhetischen Reliquien hoch. Der romantische Philosoph Friedrich Schleiermacher schrieb über das Wesen der Religion: „Die menschliche Seele [...] hat ihr Bestreben nur in zwei entgegengesetzten Trieben. Zufolge des einen nämlich strebt sie, sich als ein Besonderes hinzustellen. [...] Der andere hingegen ist die bange Furcht, vereinzelt dem Ganzen gegenüber zu stehen, die Sehnsucht hingebend sich Selbst in ihm aufzulösen, und sich von ihm ergriffen und bestimmt zu fühlen."

(zit. n. Katalog 2005, S. 89)
Es ist die Angst der Zeit,
die die Künstler nach
überstandenen Kriegen,
nach Hungersnöten in das
Absolute, das Göttliche
flüchten lässt: Alle Welt-
freudigkeit, alle Diesseits-
bejahung wird als sündig,
alles Moderne, Neue wird
als Verfallserscheinung gedeutet. So versuchen sie,
das Individuelle, künstlerisch Originäre, Vorwärtstreibende abzutöten. In
ihrer Sehnsucht nach
Schutz ordnen sie sich den
weltlichen und kirchlichen
Mächten demütig unter –
sehen ihre Ideale aber
nicht in der Gegenwart
sondern in einem mär-
chenhaften Mittelalter
verwirklicht. Die Idealität
der Malerei Raffaels wird
als göttliche Vollkommen-
heit, zeitlose Transzen-
denz gedeutet.

Trotzdem die Nazarener
Kunst aus zweiter Hand
schaffen, ist ihre Bedeu-
tung nicht zu unterschät-
zen. Sie bestimmten im 19.
Jahrhundert an den deut-

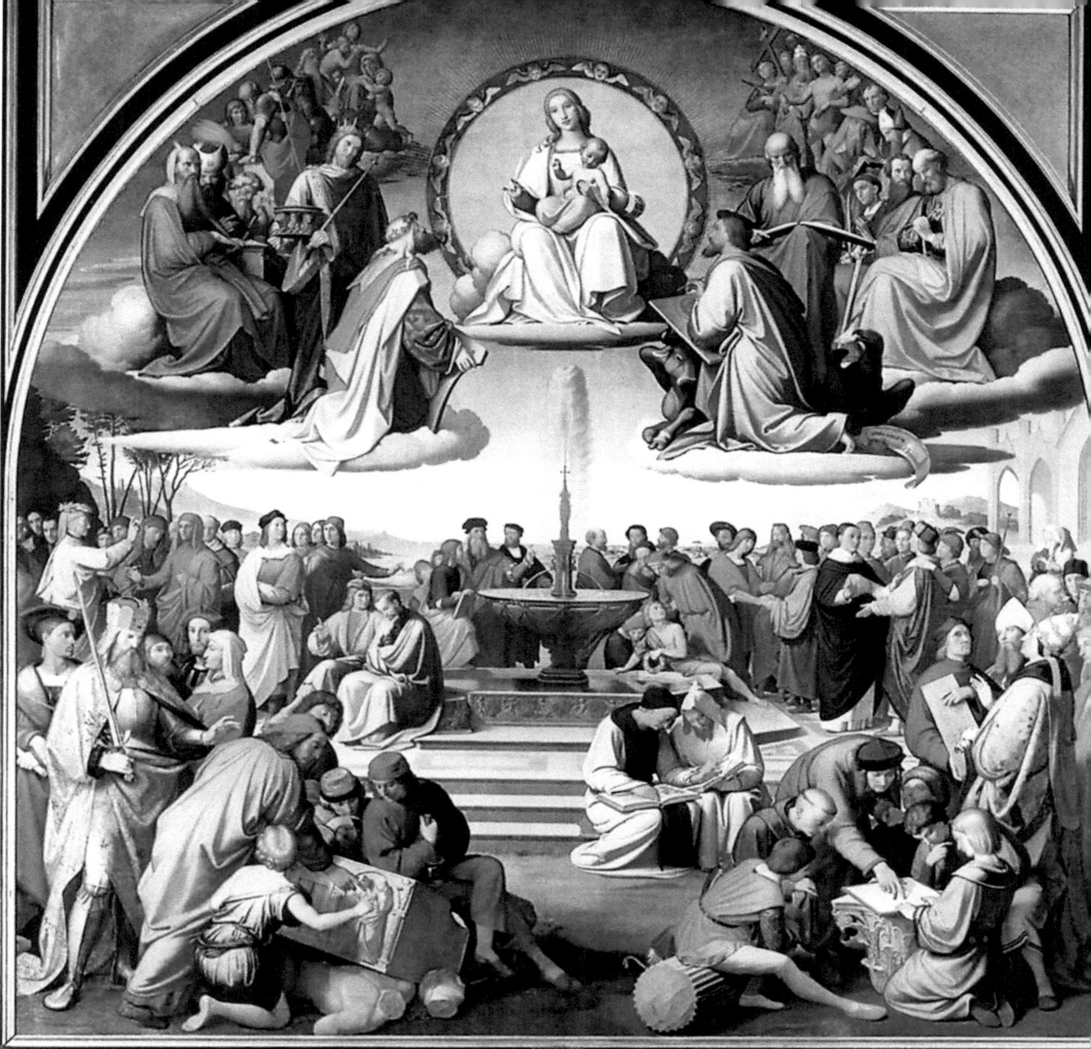

Abb. 135: Johann Friedrich Overbeck, Der Triumph der Religion in den Künsten, 1831-1840, Öl auf Leinwand, 392 × 392 cm, Städel, Frankfurt am Main, The Yorck Project, public domain

schen Kunstakademien, prägten die breite Bewegung der religiösen Malerei und fanden auch die Unterstützung der deutschen Fürsten, zuerst des Königs Ludwig I. in Bayern, dann von König Friedrich Wilhelm IV. ab 1840 in Preußen. Die religiöse und die Kunst am Hofe gingen wieder eine innige Verbindung ein. Heraus kam auch eine nationalistische Malerei.

Pforr wählte für sein Programmbild ein Thema aus der mittelalterlichen Geschichte: Der fromme Graf Rudolf von Habsburg zieht als König triumphierend im Jahr 1273 in Basel ein. Rudolf war ab 1273 der erste römisch-deutsche König aus dem Geschlecht der Habsburger. Ein typisches Herrscher- und Historienbild. Das religiöse Pendant bildet dazu „Der Einzug Christi in Jerusalem"

173

auf einem Esel von Overbeck. In „Italia und Germania" fordert Overbeck für die deutsche Kunst – wie schon in seinem Triumph der Religion – zumindest Gleichberechtigung mit der italienischen Kunst ein, die bisher immer als Vorbild hingestellt wurde. Nationales wird mit Religiösem verknüpft. Peter Cornelius schuf eine Serie mit Illustrationen zu dem Nibelungenlied: Siegfried präsentiert König Gunther die erbeuteten Feldzeichen der besiegten Gegner. Kriemhilde und Siegfried werden getraut, idealisiert wird der Held Siegfried mit der Tarnkappe. Hagen mordet den Recken. Um König Etzel liegen die Leichen, beweint von einer Schar trauernder Männer, klagender Frauen, schreiender Kinder: Die nationale Heldenzeit wird aufbereitet. In München versucht Cornelius in der Glyptothek mit der Darstellung der griechischen Götterwelt christliches Gedankengut zu verbinden. Julius Schnorr von Carolsfeld malte im Auftrag Ludwig I. in der Münchener Residenz fünf Räume mit Fresken aus der Nibelungensage aus. 1843 entstanden seine Federzeichnungen zur Nibelungensage und Bibelillustrationen. Philipp Veit malte für den Kaisersaal im Frankfurter Römer die Porträts Karls des Großen, Ottos IV. und Friedrichs II.. Im März 1848 gestaltete Veit ein großes Germania-Bild. Die nationale Identität wird betont und durch den religiösen Nimbus legitimiert und erhöht.

Die Nazarener-Bewegung wird politisch vereinnahmt für die katholische Restauration und als Stütze der Fürstenherrschaft. Heinrich Heine diagnostizierte dies zu seiner Zeit klar: „Ich spreche von jener Religion, in deren ersten Dogmen eine Verdammnis allen Fleisches enthalten ist, und die dem Geiste nicht bloß eine Obermacht über das Fleisch zugesteht, sondern auch dieses abtöten will, um den Geist zu verherrlichen; ich spreche von jener Religion, durch deren unnatürliche Aufgabe ganz eigentlich die Sünde und Hypokrisie in die Welt gekommen, in dem eben, durch die Verdammnis des Fleisches, die unschuldigsten Sinnenfreuden eine Sünde geworden [...]; ich spreche von jener Religion, die ebenfalls durch die Lehre von der Verwerflichkeit aller irdischen Güter, von der auferlegten Hundedemut und Engelsgeduld, die erprob-

teste Stütze des Despotismus geworden. Die Menschen haben jetzt das Wesen dieser Religion erkannt, sie lassen sich nicht mehr mit Anweisungen auf den Himmel abspeisen. [...] Eben weil wir alle Konsequenzen jenes absoluten Spiritualismus jetzt so ganz begreifen, dürfen wir auch glauben, dass die christkatholische Weltansicht ihre Endschaft erreicht. Denn jede Zeit ist eine Sphinx, die sich in den Abgrund stürzt, sobald man ihr Rätsel gelöst hat." (Heine, S. 169) In seinem Enthusiasmus über die Erkenntnisfähigkeit war Heine wohl doch zu optimistisch. Und der Dichter warnte gleichzeitig eindringlich: „Man suchte in dieser Absicht den Gemeinsinn unter den Deutschen zu wecken, und sogar die allerhöchsten Personen sprachen jetzt von deutscher Volkstümlichkeit, vom gemeinsamen deutschen Vaterlande, von der Vereinigung der christlich germanischen Stämme, von der Einheit Deutschlands. Man befahl uns den Patriotismus und wir wurden Patrioten; denn wir tun alles, was unsere Fürsten befehlen. [...] der Patriotismus des Deutschen hingegen besteht darin, dass sein Herz enger wird, dass es sich zusammenzieht wie Leder in der Kälte, dass er das Fremdländische hasst, dass er nicht mehr Weltbürger, nicht mehr Europäer, sondern nur ein enger Deutscher sein will." (ebd. S. 185). Heine wettert gegen die „neu-deutsch-religiös-patriotische Kunst". Vergebens: Sie setzt sich allgemein durch.

Biedermeier-Kunst färbt die raue Wirklichkeit schön

Nach dem endgültigen Scheitern der französischen Revolution und demokratischer Bestrebungen passte sich die Kunst an. In Deutschland verklärte dann die Biedermeier-Kunst mit »Idyllen« gesellschaftliche Wirklichkeit. Am bekanntesten ist Carl Spitzwegs (1808 bis 1885) »Der arme Poet« (1839). Ein Dichter muss sich am helllichten Tag in München in seinem Bett verkriechen, weil er kein Heizmaterial hat und dichtet unter den wärmenden Kissen und der Decke, er zieht sich in seine stillen Wände zurück, schützt seinen Kopf mit der Zipfelmütze,

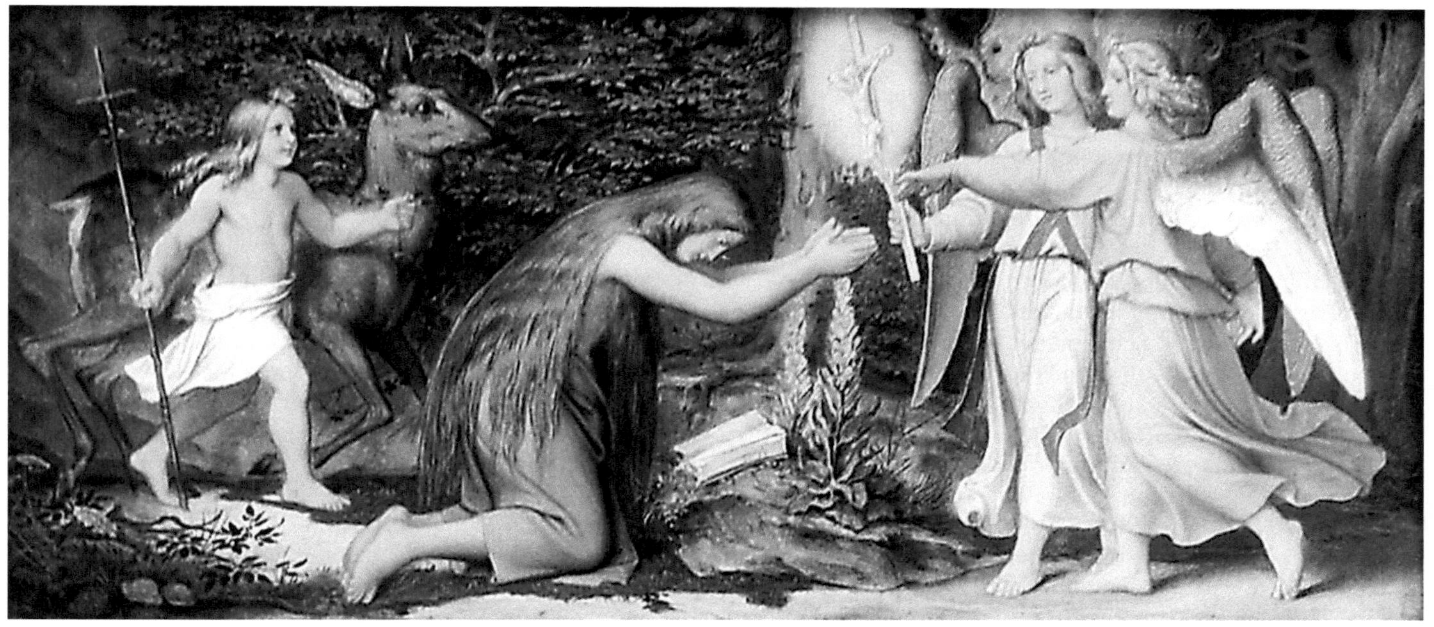

Abb. 136: Moritz von Schwind, Genoveva in der Wildnis, Öl auf Leinwand, um 1865, Museum Oskar Reinhart, Winterthur, Foto: Vietinghoff, public domain

um romantisierend die Welt zu verklären. Der arme Poet hat fast nichts außer Zylinder, Stock und Ausgehrock. Das sind die Utensilien, die notwendig waren, um als ordnungsbewusster, deutscher Königstreuer auf den Straßen zu flanieren. Und in München regierte König Ludwig, der anordnete, dass seine Beamten statt „Staatsbürger" wieder das Wort „Untertan" zu verwenden hätten. Der deutsche Michel wird angepasst. Der Bücherwurm vergräbt sich in die Poesie seiner Bibliothek. Wittwer blicken verträumt sehnend zwei vorübergehenden Schönen nach. Ein Einsiedler spielt im deutschen Wald auf seiner Violine. Bauernmädchen sammeln vor einer Kapelle Blumen. Mägde schöpfen aus einem rinnenden Flüsslein Wasser. Anheimelnd grüßt die Kleinstadtidylle: Giebelhäuser, Kirchentürme, Wirtshausschilder leuchten in der Abendsonne. Genügsame, verliebte Menschen geben sich in der Gartenlaube Küsschen.

Moritz von Schwind (1804 - 1871) ist der Märchenerzähler der deutschen Romantik. Aschenbrödel und Rübezahl durchwandern seine Bilder. Die schöne, aber sehr arme Melusine wird zur Königin wachgeküsst. Nixen, Engel und Nymphen lässt der Künstler fliegen. Wiese und Wald werden mit Seelen ausgestattet: Kobolde und Elfen tanzen im Erlenhain. Er versucht uralte Märchen neu zu erzählen, indem er jede Grausamkeit aus ihnen entfernt und alles Derbe und Harte in Süßlichkeit umwandelt. Das Bildrepertoire wird nicht erweitert, es wird auf den einfachsten Nenner gebracht. In „Die Künste im Dienst der Mutter Gottes" gruppiert Schwind unter die Himmelskönigin Vertreter der Musik und der bildenden Künste, die heilige Cäcilie, den Erzengel Gabriel, den heiligen Bernhard, Kaiser Heinrich II. als Erbauer des Bamberger Doms mit seiner Gemahlin Kunigunde. Und natürlich darf auch der heilige Lukas als Patron der Maler nicht fehlen.

In „Die drei Einsiedler" idealisiert der Künstler das Eremitenleben im deutschen Wald. Der eine schnitzt an einem Kreuz, der andere liest in der Bibel, der andere füttert ein Reh... Und er weiß die deutschen Flüsse romantisierend zu verklären. Bei dem Werk „Der Vater Rhein, die Fidel Volkers spielend" (1865) hatte Schwind

175

die Worte Friedrich Schlegels als Anregung genommen: „Nirgends werden die Erinnerungen an das, was die Deutschen einst waren, und was sie seyn könnten, so wach, als am Rheine. Der Anblick dieses königlichen Stromes muss jedes deutsche Herz mit Wehmut erfüllen." In „Die Donau mit ihren Nebenflüssen" (um 1865) liegt die gekrönte und zusätzlich mit Eichenlaub bekränze deutsche Frau in wallenden Gewändern auf den Wogen des Flusses. Schwind behauptete von sich, dass nur er allein den deutschen Wald malen könne.

Aber auch Ludwig Richter (1803 - 1884) kann den deutschen Wald malen – mit Innerlichkeit und viel Sehnsucht. Er legt Wert auf größte Volkstümlichkeit und versucht, dem deutschen Gemüt Ausdruck zu verleihen, das Gemütliche, Behagliche, Idyllische und Märchenhafte. Da tanzen Magd und Jüngelein, es freut sich Hund und Vögelein. Im Holzschnitt „Christenfreude" ist eine große Kinderschar in einer Haustür stehend mit zwitschernden Täubchen abgebildet. Über der Tür prangt das Schildchen „Zuerst ein Küsschen!" Ein anderer Holzschnitt zeigt eine abendliche Naturidylle mit der Inschrift: „Auch der Mond und Sternenpracht jauchzen Gott bei stiller Nacht." Sein Hauptwerk „Die Überfahrt am Schreckenstein" (1837) zeigt die Abkehr von der Wirklichkeit und die Reise in die Innerlichkeit. Ein Harfenspieler ist in „uralte" Klänge vertieft, ein alter Schiffer schmaucht seine Pfeife. Ein kleiner Bub spielt mit den Wellen, ein ländliches Brautpaar ist ganz mit sich beschäftigt. Der Betrachter verspürt deren zarte Empfindungen, ihre Keuschheit. Ein Wanderer auf einen Stab gestützt sehnt sich voll innerer Glut zu der Burg Schreckenstein herauf, die erhaben und majestätisch hoch oben auf einem Fels gebaut ist. Sie glänzt in der Abendsonne, aber auch der Mond schimmert schon zart und gelb. Richter ist der populärste Darsteller des deutschen Bürger- und Bauernlebens, ganz besonders aber der Kinderstube, weil er für Verleger und Buchhändler preiswert zu reproduzierende Illustrationen und Holzschnitte anfertigte. Seine einfachen Menschen kennen nur den ewigen Sonntag mit eitel Sonnenschein. Seine Welt erschöpft sich in Kinderstube, Kartoffelessen, Kochtopf

und Hausmusik.

Landschaftsmaler war auch Karl Friedrich Lessing (1808 – 1880). Die deutschen Wiesen, den Wald und Berg bevölkerte der Künstler mit mittelalterlichen Mönchen, Räubern, Rittern und Einsiedlern. Auch er ist ein Maler der Melancholie, wie schon die Titel seiner wichtigsten Gemälde beweisen: „Kirchhof mit Gräbern" (1826), „Klosterhof im Schnee" (1830), „Judenfriedhof" oder „Trauerndes Königspaar". Aber er versuchte sich auch als Historienmaler. 1836 präsentierte er in Düsseldorf „Die Hussitenpredigt": Es zeigt den tschechischen Reformator in dramatischer Pose, der als neuer Christus für die Reinheit der Religion predigt und streitet. Lessing wollte gegen die „Verdummungsmaschinerie der katholischen Kirche" anmalen. Dieser Angriff auf die Institution Kirche erregte ungeheures Aufsehen, war doch die Masse der Nazarener zuvor zur katholischen Kirche konvertiert. Lessing behielt sein Lehramt an der Düsseldorfer Akademie nicht. 1850 malt er resigniert das Bild „Huss auf dem Scheiterhaufen".

Hans Thoma (1839 - 1924) wird als der deutscheste unter den deutschen Künstlern bezeichnet. Der Kunstkritiker und Zeitgenosse Leibls Fridrich Haack bezeichnet ihn sogar als „Herzenskünder deutschen Menschentums". Die Bilder singen und klingen wie echte deutsche Volkslieder: „Taunuslandschaft", „Waldshut am Rhein", „Laufenburg am Rhein". „In einem kühlen Grunde": Ein Jüngling hat sich an herrlichem Sommertage nach fröhlicher Wanderschaft ermüdet im satten Grün niedergelassen. Sein Hut liegt am Boden neben ihm. Zu seiner Seite schläft sein Hund. Der Wanderer schaut melancholisch in die herrliche Landschaft hinein. Hinterfragt werden muss, weshalb die deutschen Romantiker sich gerade in das Landschaftsbild und die Darstellung altertümlicher Stadtbilder flüchten. Die Zeit wird geprägt durch die Festigung der Fürstenmacht, der Degradierung der Bürger zu Untertanen. Politische Spannungen nehmen zu, die Industrialisierung macht gerade nach 1850 rasche Fortschritte, die Städte expandieren. Aber diese bestimmenden Themen werden nicht

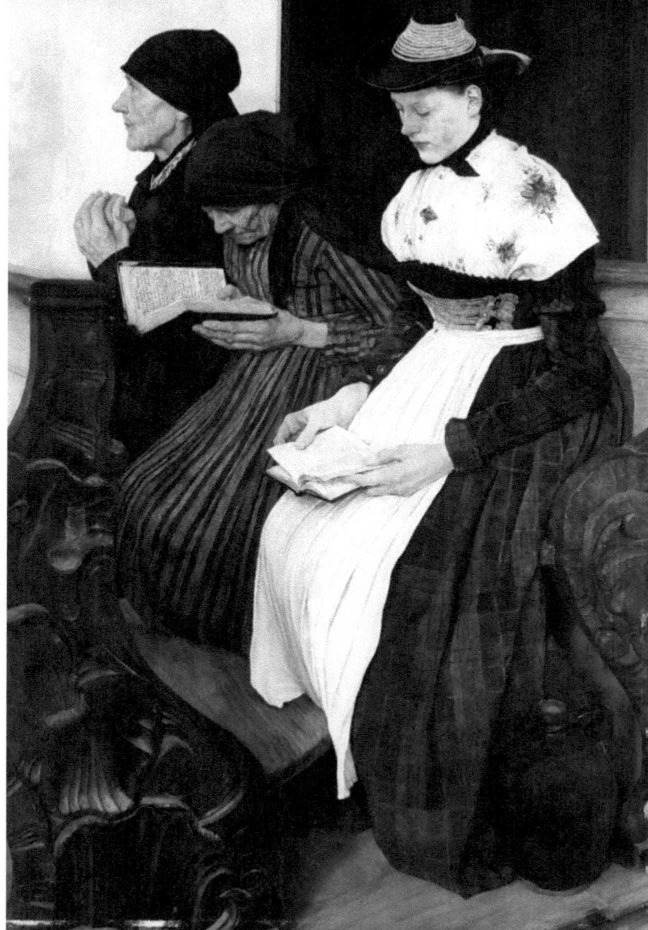

Abb.137: Wilhelm Leibl, Die drei Frauen in der Kirche, 1881, Öl auf Leinwand, 113 × 77 cm, Kunsthalle Hamburg, public domain

Bildinhalt: Das Landschaftsbild, der Bauer, die Bäuerin in Sonntagsausgehrock stehen im Mittelpunkt. Es ist der wehmütige Blick zurück, von der rauen, nicht als harmonisch erlebten Gegenwart träumt sich auch Thoma in die Reinheit der Natur. Er wagt sich auch an religiöse Themen, an Porträts, Märchen, eigene Phantasien heran. Aber diese Themen bekommt er mit der Einfachheit seiner Anschauungen nicht in den Griff.

Die Bildaussagen zum Beispiel in seinem „Selbstbildnis mit Buch" widersprechen sich. Über seinem Porträt hängen rotbackige Äpfel. Über den Äpfeln singen Engel ihr

Jubellied. Es sind ungeschlachte Kinderschädel mit angemalten Flügeln. Wollte er sein ernsthaftes Bemühen um Darstellung des Natürlichen und seine engelhafte Inspiration verdeutlichen? „Sonntagsfrieden": Der Betrachter sieht eine von hellen Lichtern und klarer Luft erfüllte deutsche, gemütliche Stube mit einem Tisch in der Mitte. Demütig sitzen davor eine alte Frau mit einem Strickstrumpf, der alte Mann ist in die sonntägliche Lektüre der Bibel vertieft. Gepriesen wird Schlichtheit, das genügsame Leben einfacher Menschen. Es ist die Ideologie des Untertanen, der sich bescheiden in sein Schicksal fügt.

1899 erhielt Thoma vom Großherzog Friedrich I. von Baden einen Ruf ins badische Heimatland als Professor an der Kunstakademie und zugleich als Direktor der Kunsthalle in Karlsruhe. An diese Kunsthalle wird ein eigenes Thoma-Museum angebaut, das der Künstler mit neutestamentlichen Darstellungen füllt. Oben thront in der Mitte Gott-Vater in einer weit ausstrahlenden Glorie. Links jubilieren Engel. Sie verkünden den Hirten die frohe Botschaft. Engel führen auch die heiligen drei Könige nach Jerusalem. In der Mitte wird das Christuskindlein von den Eltern angebetet. Schlicht und sentimental werden auch die „Ruhe auf der Flucht nach Ägypten" und die Himmelfahrt und der Höllensturz geschildert. Es ist aufgewärmte Kunst. Die Religiosität gefriert zu Bildern: Engel musizieren, Putten tanzen. Peinlich wird seine Malerei, wenn er die mystischen Gestalten und Helden aus den germanischen Heldensagen erscheinen lässt.

Wilhelm Leibl (1844 – 1900) war romantischer Naturalist. Seine Devise lautete: „Man male den Menschen, so wie er ist, da ist die Seele ohnehin dabei." Als Sohn eines Domkapellmeisters blieb er Einzelgänger. Er fühlte sich nicht wohl in der Großstadt. Er kümmerte sich nicht um den Streit der weiten Welt, er wich auch dem Kunststreit aus. Er wurde von Arnold Böcklin als langweilig und denkfaul angefeindet. Er würde sklavisch nachahmen wie ein „Galeerensträfling". In der Tat brauchte er für sein Hauptwerk „Die drei Frauen in der Kirche" (1881) drei Jahre bis zur Fertigstellung, so akribisch treu widmete er sich den Details. Den Vordergrund dominiert die junge Bäuerin mit blaukariertem Rock. Sie ist sonntäglich festlich gekleidet, die weiße Schürze, das buntbestickte Halstuch putzen die Bauernschönheit heraus. Neben ihr sitzen zwei andächtig ins Gebet vertiefte ältere Bäuerinnen, denen man ansieht, dass sie ihr Leben lang hart gearbeitet haben. Auch auf die Schnitzerei des Kirchengestühls verwendete er viel Sorgfalt. Alle Figuren Leibls sind seltsam isoliert, sie leben nicht wirklich. Leibl ist ein scharfer Beobachter, aber er gehört zu seinen Bauern, Bäuerinnen und Jägersleuten einfach nicht dazu. Die Figuren sind ruhig, schwerfällig, schweigsam, ernst. Wenn er Porträts von der „besseren" Gesellschaft malt, wie „Frau von Poschinger Gräfin von Treuberg" oder „Bildnis der Frau Apotheker Rieder" (1893), erscheinen sie gewollt erhaben, würdig, aber immer mit einem Anflug von Schwermut. Sie sind einsam wie der Maler selbst. Er liebt die ländliche Abgeschiedenheit. Die Großstadt, das sich entwickelnde moderne Leben stößt ihn ab. Er war der Ansicht, dass in der Großstadt München die Malerei nur mit schlauer Berechnung, aber ohne jedes innige Gefühl betrieben werde. Aber von der Obrigkeit wird er hoch verehrt. 1892 wird er zum Professor ernannt, 1900 erhält er den bayerischen „Orden des Heiligen Michael".

„Der Hirtenknabe" von Franz von Lenbach (1836 - 1904) knüpft an die idealisierende Darstellung des einfachen Bauernburschen anderer Romantiker an. Gleichzeitig ist er auch bedeutender Porträtist der Wilhelminischen Ära. Vor allem seine Bismarck-Bilder haben zu der Heroisierung dieses Politikers und „Eisernen Kanzlers" beigetragen. Lenbach bildet eine Klammer zwischen den deutschen Romantikern, den Malern des Hofes und den deutschen Symbolisten. Er war mit Markart und mit Böcklin befreundet. Malerische und politische Gesinnung liegen bei den Künstlern nicht so weit auseinander, wie es auf den ersten Blick erscheinen mag.

Die deutsche Romantik ist nicht nur Weltflucht. Sie aktivierte „uralte Mythen", idealisierte den „deutschen Boden" und legte mit den Grundstein für einen deutschen Nationalismus – sehr folgenreich für die kulturelle Entwicklung. Der deutsche Romantik-Forscher Fritz Strich schreibt 1947, also nach Ende des Nationalsozialismus, „dass mich die Entwicklung der Geschichte dazu geführt hat, in der deutschen Romantik eine der großen Gefahren zu erkennen, die dann wirklich zu dem über die Welt hereingebrochenen Unheil führten. Ihr ästhetischer Zauber ist geblieben. Aber ich habe gelernt, dass man ihm nicht zu sehr weit verfallen darf, und dass er im Bereich des Lebens verführen und irreleiten kann." (Strich 1949, S. 9) Die Romantik habe einen gewaltigen Einbruch in der europäischen Kultur bedeutet, weil sie dem europäischen Geist das Fundament entzogen habe, einem Weltbild mit dem Ideal der Schönheit und der Weltvernunft, das sich gegen Barbarei und Wildheit und gegen das magisch-dämonische Weltbild wandte.

Klassik: Erhabenheit, edle Einfalt, stille Würde – patriarchale, aristokratische Weltsicht

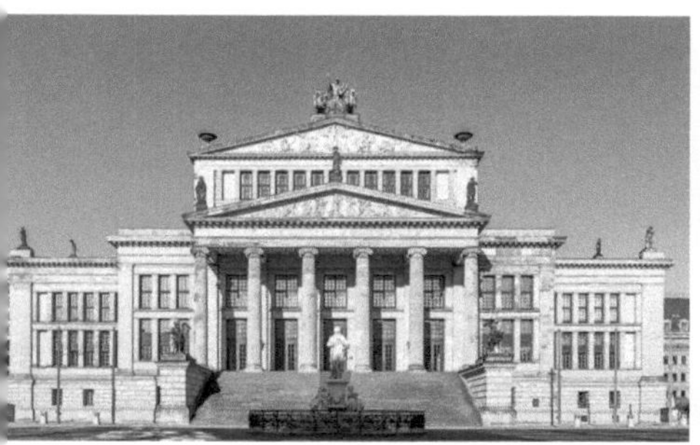 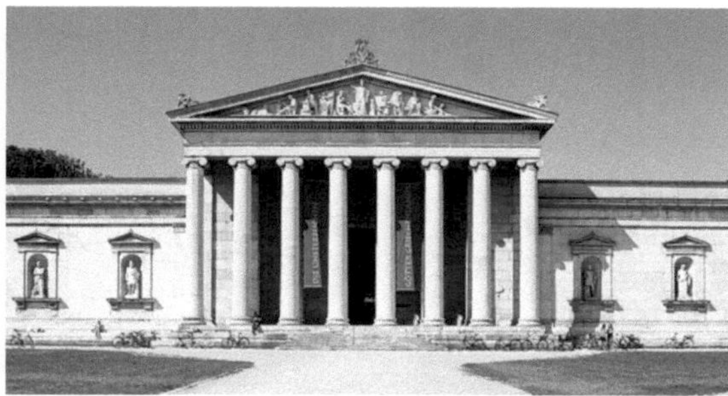 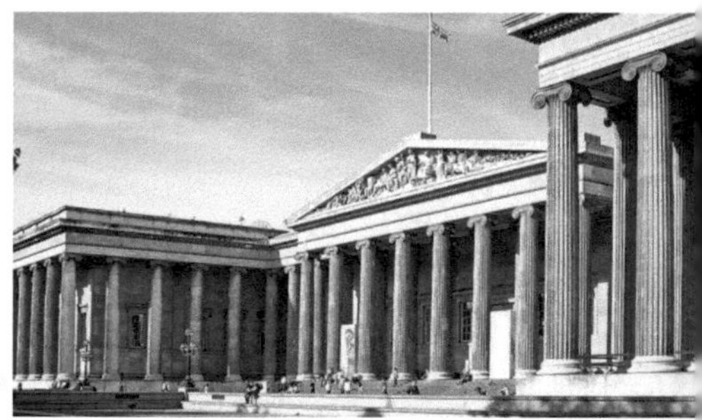

Kunsthistoriker haben Schwierigkeiten mit der Einordnung der Klassik. Der Begriff sei nicht „völlig eindeutig". In der Bildenden Kunst werden folgende Maler in diese Epochen-Klassifikation eingeordnet: in Frankreich Joseph-Marie Vien, Jacques-Louis David, Pierre-Henri de Valenciennes, François Gérard, Antoine-Jean Gros und Jean-Auguste-Dominique Ingres; im deutschsprachigen Raum Anton Raphael Mengs, Angelika Kauffmann, Jakob Asmus Carstens, Johann Heinrich Wilhelm Tischbein und Gottlieb Schick; in Italien Pompeo Batoni, Giuseppe Velasco, Andrea Appiani, Gaspare Landi, Felice Giani, Vincenzo Camuccini und Luigi Sabatelli; in Spanien Francisco Bayeu und Francisco de Goya. In der Tat ist es schon dreist (oder zeugt von Unverständnis), Jacques-Louis David, Angelika Kauffmann und Francisco de Goya in einen Topf zu werfen. Es wird dann angemerkt, dass schon in der Renaissance, Barock oder der Romantik „klassizistische Stilmerkmale" zu registrieren seien. Hier zeigt sich besonders klar die Problematik der Einteilung der Kunst nach rein formalen Kriterien. Bei den einzelnen Künstlerpersönlichkeiten sollte schon genauer hingeschaut werden. Trotzdem hat der Epochenbegriff „Klassik" seine Berechtigung. In der Bildenden Kunst und besonders in der Architektur ist er der Repräsentationsstil der (noch) selbstbewusst auftretenden Aristokratie.

Johann Joachim Winckelmann (1717 bis 1768) weiß die entscheidenden Grundlagen der wissenschaftlichen Kunstgeschichte auszuarbeiten. Er ist auch geistiger Be-

Abb. 138- 143: Oben Links: Berliner Konzerthaus am Gendarmenmarkt, Architekt: Karl Friedrich Schinkel (Foto: Ansgar Koreng / CC BY 3.0 (DE), Oben Mitte:Die Glyptothek in München (Foto: High Contrast, CC BY-SA 3.0), Oben rechts: Britisches Museum in London (Foto: Ham, CC BY-SA 2.5), Unten links: Villa, Tradd Street, Charleston, South Carolina (Foto: ProfReader, CC BY-SA 3.0), Unten Mitte: Aussicht von der Dachterrasse des Humboldt Forum, Berlin, auf das Alte Museum.(Foto: A.Savin, WikiCommons), Unten rechts: Akademie von Athen, (Foto: facebook.com/GtasPhotography, Gosspil89, CC BY-SA 4.0)

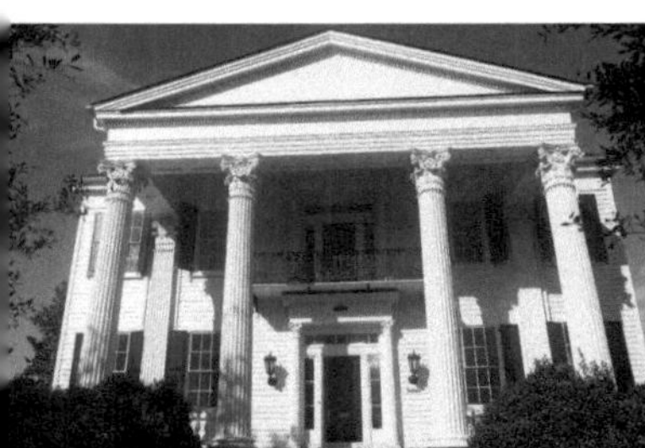 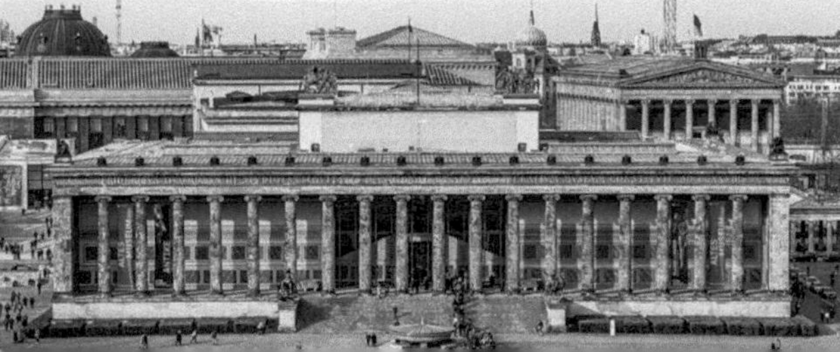 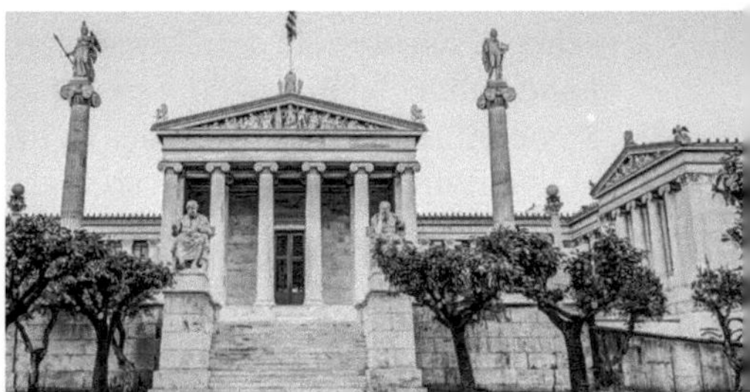

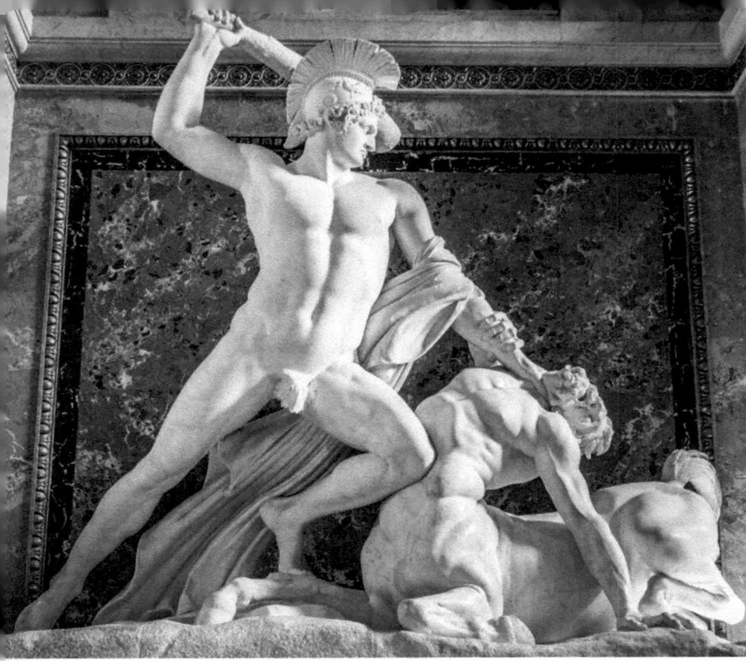

Abb. 144: Antonio Canova (1757–1822), *Theseus erschlägt den Kentaur* (1804–1819), Marmor, Kunsthistorisches Museum, Wien, Höhe: 340 cm, Breite: 370 cm, Foto: Falcodigiada, CC BY-SA 4.0

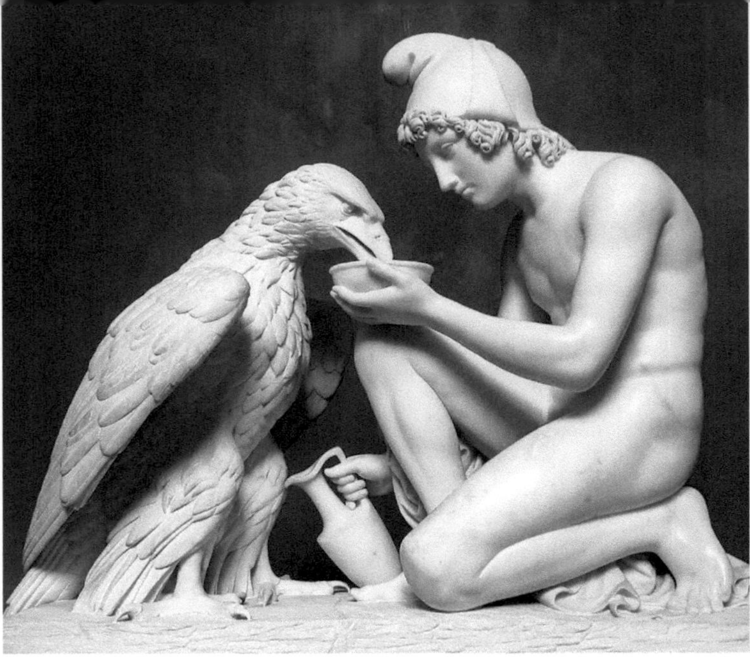

Abb. 145: Bertel Thorvaldsen (1770–1844), *Ganymed tränkt den Adler Jupiters*, 1817, Thorwaldsen-Museum, Kopenhagen, Marmor, Höhe: 93.3 cm, Breite: 118.3 cm, Foto: CarstenNorgaard, CC BY-SA 3.0

gründer des Klassizismus. Er sieht die Klassik als Verwirklichung des allgemeinen Schönheitsideals, als das Vollkommene. Winckelmann: „Das Ziel der Kunst ist ihre auswählende und belehrende Funktion im Blick auf das Vollkommene der idealischen Schönheit." Kalokagathia oder Kalos Kai Agathos, das Schönheitsideal der Adligen im Griechenland des 5. Jahrhundert v. Chr. wird neu herausgeputzt und aktualisiert. Als führender Kunsthistoriker seiner Zeit und oberster Archivar der Bibliotheken des Vatikans bemüht er sich, die aktuelle Vorherrschaft der italienischen Kunst mit der der Antike zu verbinden. Er knüpft dabei an den Aussagen von Michelangelo zur „italienischen Malerei" an: „Nur die Werke, die man in Italien schafft, kann man wahre Malerei nennen. Und deshalb nennen wir auch die echte Malerei die italienische, so wie wir ihr den Namen nach einem anderen Land gäben, wenn sie dort so gut geschaffen würde. [...] So nennt man also nicht jedes in Italien entstandene Gemälde italienische Malerei, sondern jedes, das gut und

mit Wissen gemacht worden ist. [...] Denn diese edelste Kunst gehört keinem Lande an, sondern stammt vom Himmel." Auch heute noch wird vor allem die italienische Renaissance als Höhepunkt der Kunstgeschichte gepriesen. Dann lag Winckelmann besonders die Würdigung der Qualitäten der Antike am Herzen: „Die Geschichte der Kunst des Altertums, welche ich zu schreiben unternommen habe, ist keine bloße Erzählung der Zeitfolge und der Veränderung in derselben [...] meine Absicht ist, einen Versuch eines Lehrgebäudes zu liefern." Die Kunst der Klassik sei zeitlos schön erhaben. Insgeheim beabsichtigt er, ein Lehrgebäude der Bildenden Kunst auszuarbeiten, das die klassizistische Kunst vom antiken Griechenland bis in die Neuzeit als Richtlinie der „idealen Kunst" schlechthin popagiert. Klassik bedeute, meinte er, den Menschen in seiner Idealgestalt zu zeigen und das nicht nur in seiner Körperlichkeit, sondern auch in seiner „großen und gesetzten Seele", seiner Geisteshaltung. In griechischen Skulpturen wie etwa der Laokoon-Gruppe liege „eine edle Einfalt und eine stille Größe". In seiner 1755 publizierten Schrift „Gedancken über die Nachahmung der Griechischen Wercke in der Mahlerey und Bildhauer-Kunst" entwarf er ein euphorisches Bild der idealen Schönheit griechischer Antike, das überall in Europa Furore machte. „Der einzige Weg für uns, groß, ja, wenn es möglich ist, unnachahmlich zu werden, ist die Nachahmung der Alten". Wie können Künstler unnachahmlich werden, wenn sie nur die Alten nachahmen? Die Beantwortung dieser Frage bleibt Winckelmanns Geheimnis. Voraussetzung für wahre Größe in der Kunst, predigt er, sei das Studium der griechischen Werke – man müsse mit ihnen vertraut werden „wie mit seinem Freund".

Johann Wolfgang von Goethe ist anfangs ein Fürsprecher des neuen Stils: „Das Klassische nenne ich das Gesunde, und das Romantische das Kranke. Und da sind die Nibelungen klassisch wie der Homer, denn beide sind gesund und tüchtig. Das meiste Neuere ist nicht romantisch, weil es neu, sondern weil es schwach, kränklich und krank ist, und das Alte ist nicht klassisch, weil es alt, sondern weil es stark, frisch, froh und gesund ist. Wenn wir nach solchen Qualitäten

Klassisches und Romantisches unterscheiden, so werden wir bald im reinen sein." Goethe setzt also große Hoffnung in den von Winckelmann propagierten klassischen Stil, weil er gesund, stark, froh, frisch und frei sei, während vergangene Zeiten krank dahinschwächelten. Später geht er dann auf Distanz zu der Winckelmannschen Empfehlung, die antiken Griechen „nachzuahmen", mit der Devise „Was du ererbt von deinen Vätern, erwirb es, um es zu besitzen". Auch der Philosoph Georg Wilhelm Friedrich Hegel ist dann der Überzeugung, dass die Klassik dem Ideal nahe kommt, weil sie dem Wesen des Weltganzen entspreche: „Denn die klassische Schönheit hat zu ihrem Inneren die freie, selbständige Bedeutung, d. i. nicht eine Bedeutung von irgend etwas, sondern das sich selbst Bedeutende." Was das „sich selbst Bedeutende" ist, führt er allerdings nicht detailliert aus.

Es wird Mode, die Antike als das anzustrebende Ideal anzupreisen. Es ist der kämpferische, stolze und aristokratische Gestus, der beeindruckt. Der bekannteste klassizistische Skulpteur Antonio Canova feiert den Helden Theseus, der die Barbaren, die Kentauren und Krieger anderer Völker mit der Keule besiegt. Schwerter, Speere,

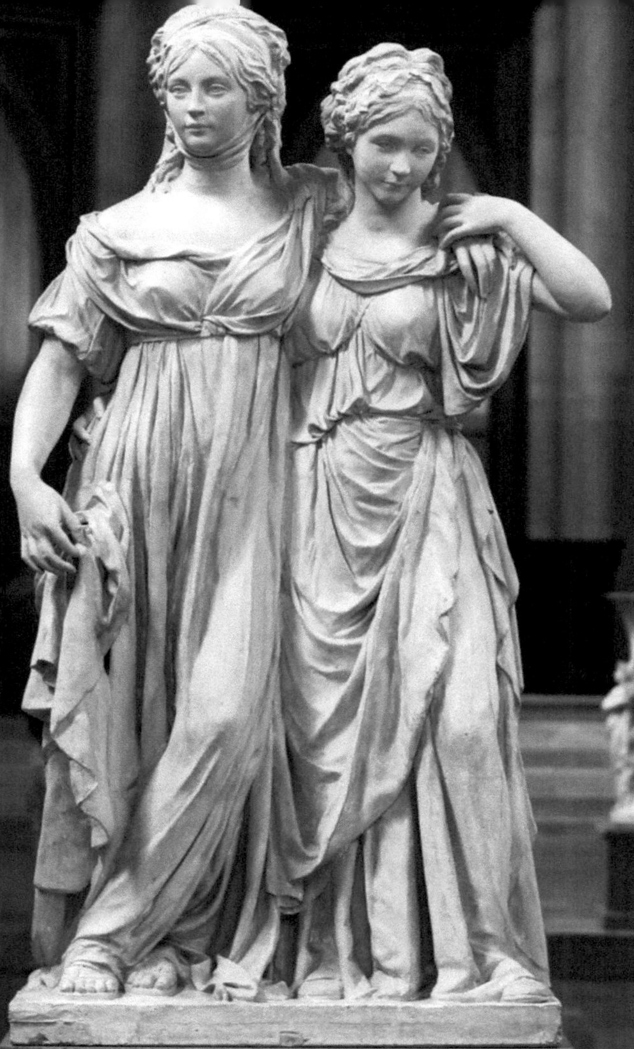

Abb. 146: Johann Gottfried Schadow (1764–1850), Prinzessinnen Luise von Mecklenburg-Strelitz und Friederike von Mecklenburg-Strelitz ("Prinzessinengruppe"), Gipsmodell Höhe: 93.3 cm, Breite: 118.3 cm, Staatliche Museen zu Berlin / Friedrichswerdersche Kirche, Foto: Niermann, CC BY-SA 3.0

lustrieren, ohne selbst überzeugt zu sein. Der von Winckelmann ausgeschmückte Kanon wird mit Stereotypen bedient.

Antonio Canova glorifiziert nach 1803 Napoleon als friedensstiftenden Kriegsgott Mars drei Meter 25 Zentimeter groß in Bronze splitternackt mit dem Feldherrenstab in der linken Hand. In der rechten Hand hält er eine Erdkugel als Zeichen seiner unbegrenzeten Macht, auf der die Siegesgöttin Nike mit Engelsflügeln sich in die Höhe reckt.

Nach Canova galt Bertel Thorvaldsen (1770 bis 1844) als der genialste Bildhauer seiner Zeit. Auch er pilgert wie vor ihm Canova nach Rom, wo er seine künstlerische Weihen erhält. Seine Figur des ebenfalls splitternackten „Jason mit dem goldenen Vlies" ist entsprechend der Winckelmannschen Empfehlungen der griechischen Mythologie entsprungen. Ihn kleidet nur der Helm, in der linken Hand präsentiert er das goldene Vlies (es ist aus weiß poliertem Marmor) in der rechten Hand umklammert er den wehrhaften Speer. Als seine bedeutendsten Werke gelten aber die Ganymed-Skulpturen: Ganymed, die Trinkschale darbietend (1804), Ganymed, in die Trinkschale eingießend (1816) oder Ganymed tränkt den Adler Jupiters (1817). Ganymed, der schönste aller Jünglinge, wird von den Göttern als Mundschenk des obersten aller Götter Zeus auserkoren. Zeus erscheint als Adler verkleidet und labt sich an dem Trank aus der Schale, die ihm Ganymed darbietet. Anschließend wird der Adler seine Flügel flattern lassen und Ganymed mit seinen Krallen packen und in den Olymp entführen, wo er dann als Mundschenk dienen darf.

Für Winckelmann war es die höchste Aufgabe der Kunst, die Schönheit darzustellen. Hierfür fand er die Formel „edle Einfalt und stille Größe", welche er dem Verspielten und Überladenen des Barock und Rokoko entgegenstellte. Seine Begeisterung für die männlichen Helden- und Götterstatuen der Antike war wohl auch ein Ausdruck seiner homophilen Neigungen, die ihm letztlich zum Verhängnis wurden. Auf einer Reise wurde er von

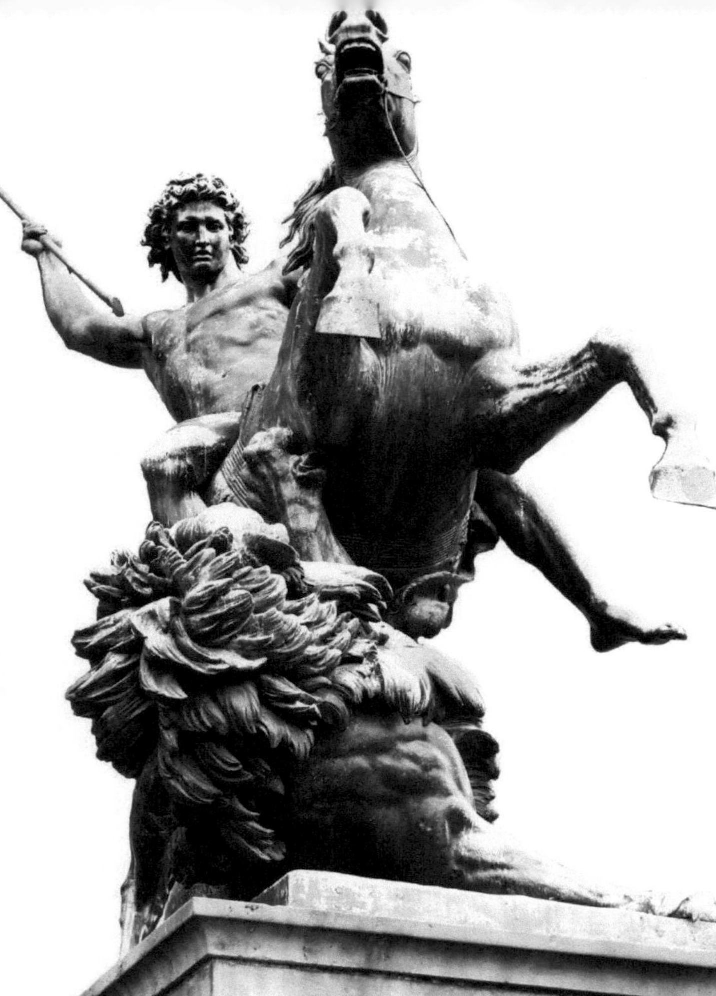

Abb. 147: Albert Wolff, Löwenkämpfer, Aufstellung 1861, Bronze, Berlin, Treppe des Alten Museums, Foto: RF

schützende Schilde, Keulen, Pfeile und Bogen sind die häufigsten männlichen Attribute. Die Siegesgöttinnen und weiblichen Bewunderer reichen ihren Helden oft den Lorbeerkranz. Die antiken Kämpfer sollen mit heroischer Nacktheit überzeugen. Die marmornen Skulpturen und die meist in Bronze ausgeführter Reiterstatuen mit den siegreichen Königen und Herrschern dekorieren alle europäischen Hauptstädte. Den Figuren haftet eine statische Starrheit an: Die Künstler wollen die überirdische Würde und Schönheit der griechischen Klassik illustrieren.

einem Begleiter wohl wegen seines Geldbeutels ermordet. Der Aufklärer Winckelmann stellte nicht nur dem römischen Despotismus die griechische Demokratie gegenüber sondern betonte auch die vermeintlich größere Originalität der griechischen Werke gegenüber den römischen, die nur schlechte Imitate seien. Irrtümer: Genauso wie die Gesellschaft in Rom war auch die griechische eine kriegerische Sklavenhaltergesellschaft. Alle von ihm bewunderten griechischen Skulpturen waren römische Imitate. Er bewunderte die Reinheit der griechischen Skulpturen aus poliertem reinen weißen Marmor. Nachgewiesen ist indes, dass die antiken Plastiken vielfach farbig gestaltet waren. Der Zahn der Zeit hatte die Statuen ausgebleicht.

Die Fürsten und Könige, die Größen der aristokratischen Elite werden in Reihe in Marmor produziert. Jetzt sind sie in der Walhalla in der Nähe von Regensburg oder imposant abgestellt in einer Großen Halle der Spandauer Zitadelle zu besichtigen. Sehr präsent sind die Standbilder der Könige und Kaiser in Marmor und Bronze auf der Berliner Schlossbrücke und in allen europäischen Hauptstädten.

Die Kunst am Hofe Preußens war vor allem Repräsentationskunst. Der Berliner Gottfried Schadow (1764 – 1850) ist der Hauptvertreter mit der Quadriga (1794) auf dem von Langhans erbauten Brandenburger Tor. Antikisierend, klassizistisch stürmen die antiken Rosse vorwärts zum Sieg. Schadow arbeitete schon an der Idealisierung des Preußenkönigs Friedrichs des Großen und seiner Generäle. Mit seiner Porträtstatue „Friedrichs des Großen mit zwei Windspielen" (1793) versuchte er die Volkstümlichkeit und Lebendigkeit des Soldatenkönigs zu verdeutlichen. Für den Wilhelmsplatz hat der Künstler „Zieten aus dem Busch" (1794), den legendenumwobenen Husarengeneral des Preußenkönigs, und den „Alten Dessauer" (Leopold I., preußischer Heeresreformer) modelliert. Sie sollten „im Gedächtnis des Volkes fortleben". Es ist der Beginn der politischen Programmkunst Preußens.

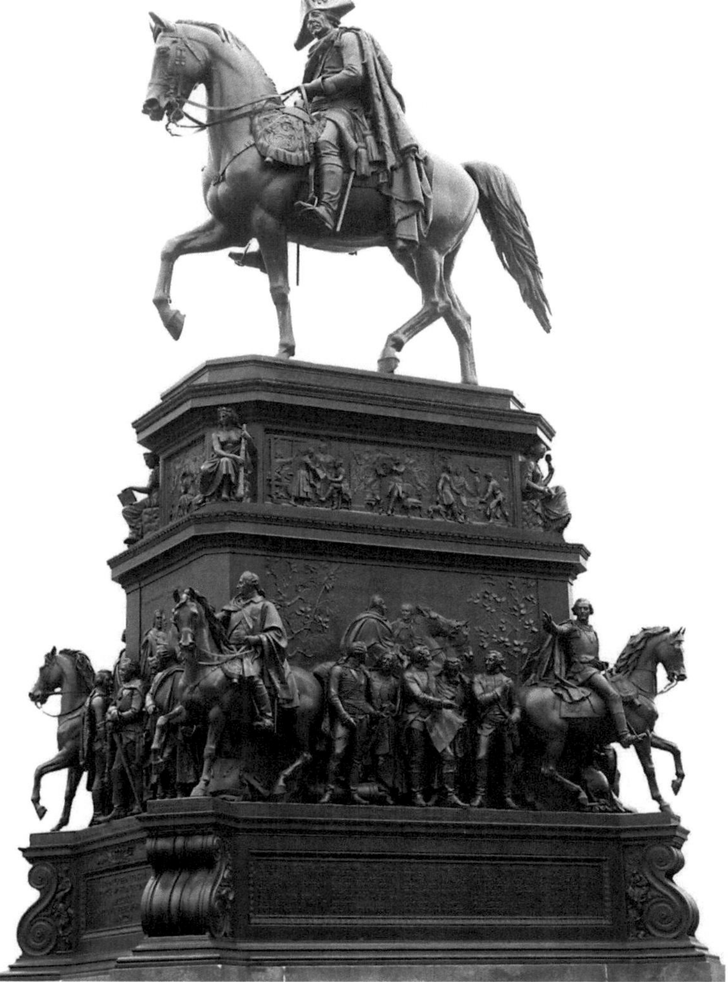

Abb. 148: Christian Daniel Rauch, Denkmal Friedrich des Großen, Berlin, Unter den Linden, Foto: RF

Gleichzeitig wurde die Volkstümlichkeit des Königshauses herausgearbeitet. Dazu dienten Statuen und Büsten der „Kronprinzessin Luise und Prinzessin Friederike" von Gottfried Schadow (1797). Er und seine malenden und dichtenden Kollegen betonten den holdesten Liebreiz, den fürstlichen Anmut der adligen Geschöpfe. Er wolle „alles zu tun, um der Liebe und Verehrung lebendigen Ausdruck zu verleihen, mit der er, wie jeder Preuße, zu dem Herrscherhause emporsah". „Die Kronprinzessin ist innerhalb der Gruppe deutlich als Hauptfigur hervorgehoben. Sie ist höher gewachsen, hebt das Haupt – mit dem für Luise charakteristischen Halstüchlein – vornehm empor." (Lübke-Haack, S. 64)

Schadows Ruhm ist in Rauch aufgegangen, hieß es in Berlin. Denn den Auftrag des Königs Friedrich Wilhelms des III., der früh gestorbenen Königin Luise ein Denkmal zu setzen, bekam Christian Daniel Rauch (1777 - 1857). Der König wollte schlichte Naturwiedergabe und keine kalte antikische Idealfigur. Die Fürstin, seine liebe Frau, sollte in ihrer schlichten menschlichen Güte und in

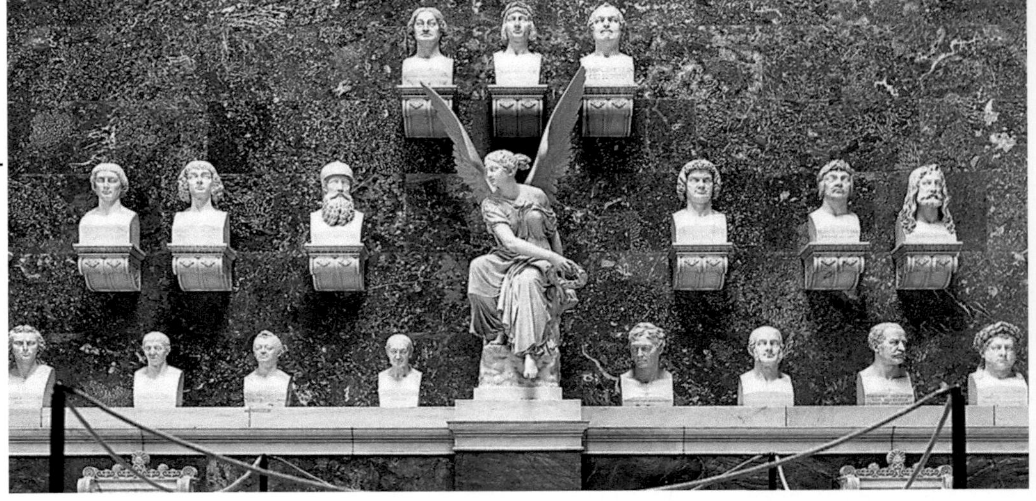

Abb. 149: Die Gedenkstätte Walhalla Ruhmes- und Ehrenhalle an der Donau. Als gestalterisches Vorbild des klassizistischen Baudenkmals, das bedeutenden Persönlichkeiten „teutscher Zunge" gewidmet ist, dienten antike Tempelbauten. Innenansicht: Büsten im unteren Wandbereich der Halle, mittig die Kranzwerfende Viktoria, Foto: Ingo Steinbach, CC BY-SA 3.0

ihrem seltenen Seelenadel zur Darstellung gebracht werden. Rauch idealisierte auch die Helden der napoleonischen Befreiungskriege: Er schuf die Statuen von Scharnhorst und Bülow in Marmor zu beiden Seiten der Berliner Neuen Wache und gegenüber auf dem Opernplatz von Blücher zwischen Yorck und Gneisenau in Bronze. Der „Marschall Vorwärts" (Blücher in den Busch) ist mit dem linken Fuß auf einem Geschütz, den Säbel in der Rechten, als der alte Haudegen aufgefasst. Wilhelm Freiherr von Bülow ist als Schlachtenlenker und Gerhard von Scharnhorst als Organisator dargestellt. Schadow war der Verherrlicher der ›Heldenzeit‹ Friedrichs des Großen, Rauch derjenige der Befreiungskriege." (ebd., S. 67)

Gleichzeitig arbeitete Rauch daran, mit Denkmälern eine nationale Identität zu schaffen, für Königsberg einen Kant, für Nürnberg einen Dürer. In erster Linie wurde aber die Identifizierung mit dem Königshaus und den führenden Militärs angestrebt. So bekamen bei dem Denkmal Friedrich des Großen in Berlin, an dem Rauch von 1839 bis 1851 arbeitete, die Geistesgrößen Kant und Lessing nur einen Platz im Hintergrund des Sockels, unter dem Schwanz des Rosses, während das Militär do-

miniert. An den vier Ecken des Sockels reiten Herzog Ferdinand von Braunschweig (Generalfeldmarschall in preußischen Diensten), Prinz Heinrich von Preußen (Oberst Chef des Füsilier-Regiments No. 35), Zieten (Husarengeneral) und Seydlitz (Kavalleriegeneral).

Karl Friedrich Schinkel (1781 - 1857) wollte den Sieg über Napoleon mit dem Bau eines gewaltigen gotischen Doms in Berlin feiern. Er plante dieses Denkmal der wieder errungenen Freiheit auch in mehreren Gemälden. Ausgeführt wurde allerdings nur das relativ kleine Kreuzbergdenkmal (1818). Die Gotik bezeichnet er – wie auch Caspar David Friedrich – als die „altdeutsche Baukunst". Auch der Kunsthistoriker Lübke-Haack behauptete: „Also Deutsche, Engländer, Franzosen erblickten, ein jedes Volk für sich, in der mittelalterlichen Gotik ihren nationalen Stil. So widerspruchsvoll dies erscheinen könnte, so ist doch im tiefsten und letzten Grunde die Gotik der Stil der nordisch-germanischen Völker im Gegensatz zu den Südländern [...]" (Lübke-Haack, S. 96) Seine Hauptwerke erbaute er dann aber in reinstem Klassizismus: die Neue Wache (1817 - 18), das Schauspielhaus am Gendarmenmarkt (1819 - 21) und das Alte Museum (1824 - 28).

Ludwig I. von Bayern versuchte eine ähnlich repräsentative Architektur, Plastik und Malerei zu schaffen. Was Schinkel in Berlin, war Leo Klenze (1784 – 1864) mit der Glyptothek in München. In der Plastik war das Pendant zu Schadow und Rauch Ludwig Schwanthaler (1802 - 1848). Klassizistisch ist der Stil, die Themen sind der antiken und der nordischen Mythologie entlehnt. Allerdings gerät in der bayrischen Metropole alles etwas klotziger, wuchtiger und unbeholfener.

Die Maler des Hofes und des Militärs

Die Darstellung der Befreiungskriege in den Napoleonischen Kriegen hat auffällig wenig Resonanz in der Malerei der Zeit gefunden. Der Maler Georg Friedrich Kersting (1785 - 1847) hat seinen gefallenen Kameraden Körner, Friesen und Hartman mit dem kleinen Gemälde „Auf Vorposten" ein Gedächtnis bewahrt. Die Männer tragen die schwarze Uniform der Lützower mit den roten Vorstößen, den goldenen Knöpfen und dem Barett. Aus der Uniform wurde später die sogenannte altdeutsche Tracht, die als Bekenntnistracht deutscher Patrioten und Liberalen von vielen Studenten, Künstlern und Turnern getragen wurde. Der

zu seiner Zeit geschätzte Porträtist Friedrich Carl Gröger (1766-1838) malte 1816 das Bildnis des populärsten preußischen Heerführers dieser Epoche, des Generalfeldmarschalls Gebhard Leberecht von Blücher. Knapp zehn Jahre später lithografierte Gröger das Porträt, das nun weiteste Verbreitung fand. „Gröger hat dem damals 74 Jahre alten Feldherrn alle Falten und Runzeln genommen, hat die Stirn geglättet, aus Schnurrbart und Brauen die grauen Haare entfernt und das weiße Kopfhaar ordentlich frisiert." (Uhlitzsch, S. 194) Ludwig Elsholtz malte 22 Jahre später ein figurenreiches Bild über die Schlacht vor Paris im Jahr 1814 für das Palais Friedrich Wilhelms III. Aber so rechte Begeisterung kommt in diesen Bildern nicht auf, Preußens Glanz und Glorie ließ sich mit diesen Bildern nicht darstellen.

Auch das Gemälde „Marsch der preußischen Kavallerie" (1820) von Franz Krüger (1797–1857) zeigt keine leidenschaftliche Anteilnahme. Wie alle Bilder des preußischen Hofmalers wirkt es kühl und distanziert. Er wurde vor allem bekannt für seine volkstümlichen und lebensechten Porträts und Pferdebilder, die ihn zum bedeutendsten Militär- und Porträtmaler Berlins werden ließen. Ein Jahr nach der Ernennung Gneisenaus zum Stadtkommandanten von Berlin malte er 1819 ein militärisches Repräsentationsbild. Der Pinsel des Pferde-Krüger genannten Künstlers verschwendet die ganze Liebe und Sorgfalt auf Pferde und Hunde: Der

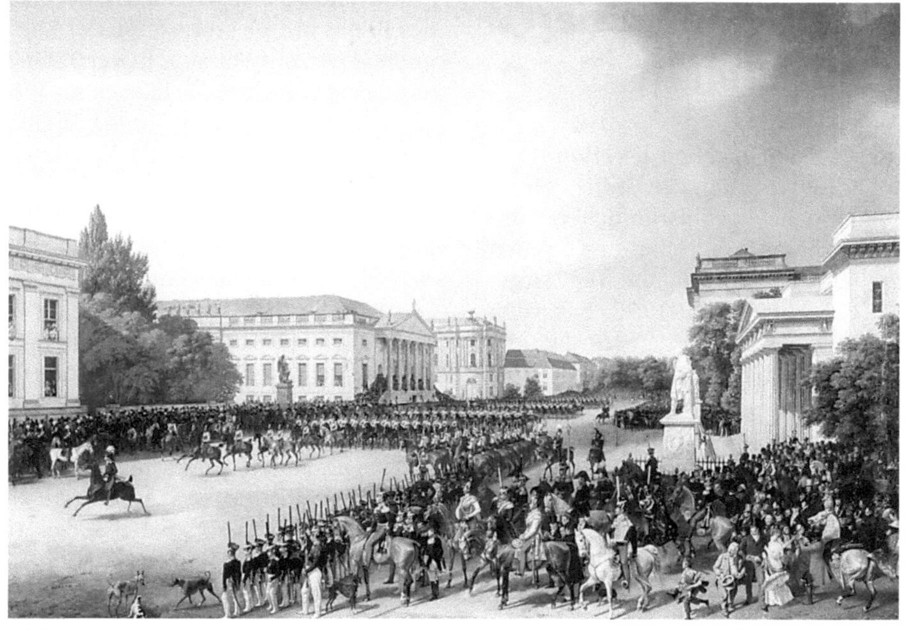

Abb. 150: Franz Krüger, Parade auf dem Opernplatz (Berlin), 1824–1830, Öl auf Leinwand, 249 x 374 cm, Nationalgalerie, Staatliche Museen zu Berlin, public domain

„Ausritt des Prinzen Wilhelm von Preußen" (des späteren Kaiser Wilhelm I.) zeigt den Prinzen hoch zu Ross in Begleitung des Malers. Die „Parade auf dem Opernplatz in Berlin" (1824–1830) demonstriert die straffe militärische Ordnung im Preußenstaate. Rechts im Bilde hat sich vor der Alten Wache die höhere Gesellschaft Berlins versammelt. „Biedermeierisch ist die Ordnung, die das Bild durchwaltet, keine Rangordnung, sondern Aufgeräumtheit, die Ordnung einer sauberen Buchführung und eine geputzte Malerei [...]" (Lübke-Haack, S. 772) Porträtaufträge des Prinzen August von Preußen (eines Sohnes Ferdinands von Preußen) und des Grafen Neidhardt von Gneisenau begründeten seinen Ruf als Porträtist, auch andere Mitglieder der königlichen Familie ließen sich daraufhin gern von ihm porträtieren. 1825 wurde er zum Königlichen Professor ernannt und ordentliches Mitglied der Akademie. Der Maler war aber auch an anderen Höfen Europas begehrt. Mehrere Reisen führten ihn in den Jahren 1836, 1845, 1847 und 1850/51 an den russischen Zarenhof nach Sankt Petersburg sowie an die Höfe von Hannover 1839/40 und Schwerin 1854.

Adolph von Menzel idealisiert Friedrich den Großen

Es hatte immer wieder Anläufe gegeben, den Preußenkönig Friedrich II. zu einer historischen Persönlichkeit von Weltrang und zu einem möglichst volkstümlichen Landesvater zu machen. Die Bilder Friedrichs, die zu seiner Zeit entstanden, waren dazu nicht geeignet. Der Zeitgenosse des Königs J. H. C. Franke (1738-1792) hatte den 50 Jahre alten König gemalt. Das Bild taugte für keine Friedrichslegende, es zeigte ein unschönes, wachsfarbiges Gesicht. Daniel Chodowiecki (1726-1801) hatte Grafiken mit dem Porträt des Königs geschaffen. Sie zeigen Friedrich als kleines Männlein auf einem prächtigen Pferd. Schadow und Rauch hatten den König zwar popularisiert, für eine Legendenbildung analog Napoleons in Frankreich reichte das aber nicht.

Adolph von Menzel (1815 bis 1905) stellte dann Friedrich den Großen als sorgenden und gebildeten Landesvater, als erster Diener seines Volkes heraus. Er malte 1852 „Das Flötenkonzert Friedrichs des Großen in Sanssouci" – rund 100 Jahre vorher hatte Friedrich der Große gelebt. Menzel idealisiert Friedrich den Großen als deutschen Bürgerkönig, musizierend mit der Querflöte. Er wurde in der Zeit und viel stärker später als das Vor- und Leitbild für Deutschland gepriesen. Friedrich der Große spielte deutsche Hausmusik, eine deutsche Idylle. Doch Friedrich der Große war in erster Linie der Soldatenkönig. Friedrich der Große wird als derjenige herausgestellt, der die Franzosen und die Österreicher besiegte. Er wurde als der eigentliche Begründer des deutschen Reichs gefeiert. Verschwiegen wurde, dass an seinem Hofe nur französisch geredet wurde, er die deutsche Sprache und Literatur verachtete. Hier kann man von bewusster Geschichtsfälschung sprechen, einer Fälschung, die später von den Nationalsozialisten begierig aufgegriffen wurde. Ab 1849 malte Menzel eine Serie von Darstellungen aus dem Leben Friedrichs des Großen, darunter als bekannteste Werke „Die Tafelrunde" (1850): König Friedrich II. sitzt in Sanssouci in der Mitte des Bildes mit Geistesgrößen der Zeit diskutierend, unter ihnen mit Voltaire. In der Tafelrunde und im Flötenkonzert erscheint Friedrich als Privatmann oder als volkstümlicher, gütiger König („Die Bittschrift", „Friedrich der Große auf Reisen"). Von den beiden Darstellungen aus dem Siebenjährigen Krieg zeigt „Friedrich und die Seinen bei Hochkirch" eine Schlacht, die mit einer preußischen Niederlage endete, die „Ansprache Friedrichs des Großen an seine Generäle vor der Schlacht bei Leuthen" die angespannte Situation vor einer scheinbar aussichtslosen Schlacht (die dann allerdings doch gewonnen wurde). Wilhelm II. würdigte Adolph von Menzel als „Ruhmeskünder Friedrichs des Großen und seiner Armee". Menzel beschäftigte sich intensiv mit dem Kriegsgeschehen, studierte Kavallerieattacken, Handgemenge, die gegnerische Infanterieeinheiten, was viele Zeichnungen belegen. In diesen Vorstudien setzte sich Menzel auch mit den Grausamkeiten des Krieges auseinander: Ein Degen zerschlägt Schreibfedern, der Tod trommelt zur Schlacht oder er grinst aus dem Rohr eines Geschützes heraus. In seinen Gemälden ist davon wenig zu spüren. Hier steht Friedrich, der tatkräftige, sich Tag und Nacht für die Sache des Vaterlands sich einsetzende König im Vordergrund. Ein König, der auch Niederlagen einstecken musste, sich davon aber nicht beirren ließ. Letztlich siegte er. Das zählte. Friedrich der Große war ein Mann der Tat, stellt Menzel heraus.

Menzel war ein wachsamer und sensibler Beobachter der Zeit. Offenbar hatte er 1848 kurzfristig Sympathien für die Liberalen, die im März 1848 für mehr Demokratie und die Pressefreiheit kämpften. Über sein Bild „Die Aufbahrung der Märzgefallenen", das unvollendet

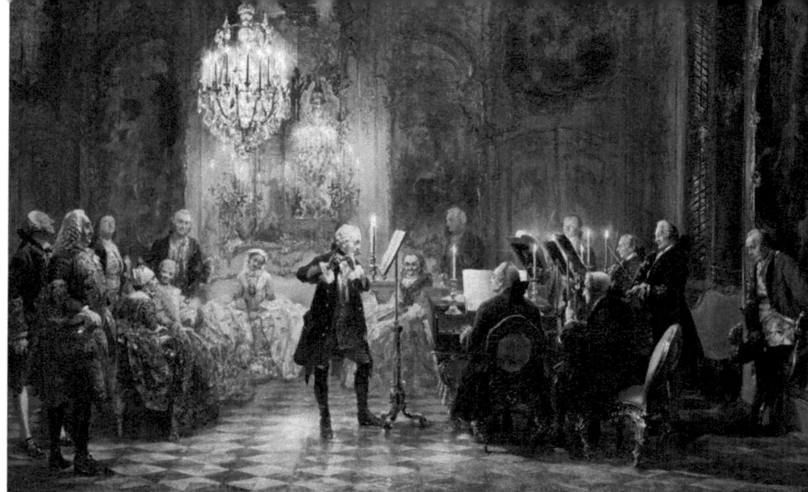

Abb. 151: Adolph von Menzel, *Das Flötenkonzert Friedrichs des Großen in Sanssouci, 1852, Öl auf Leinwand, 142 x 205 cm, Berliner Nationalgalerie*

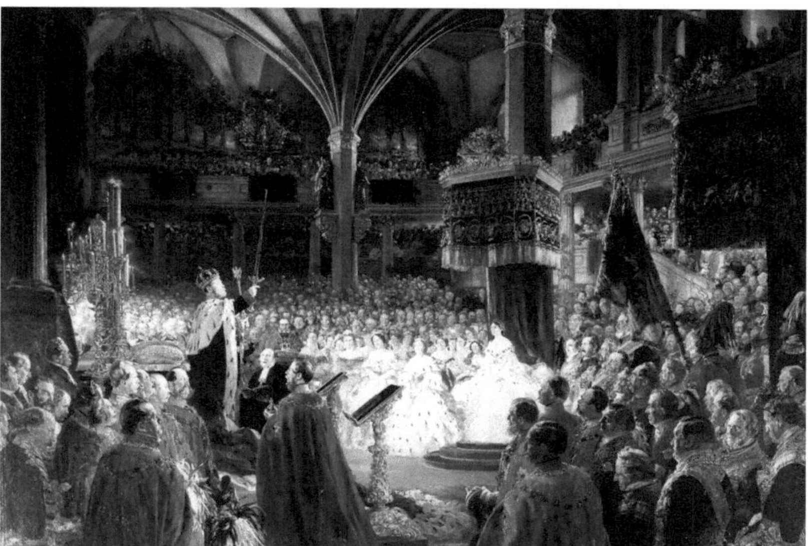

Abb. 152: Adolph von Menzel, *Die Krönung Wilhelms I., 1861 - 1865, Öl auf Leinwand, 345 x 445, Stiftung Preußische Schlösser und Gärten Berlin-Brandenburg, Potsdam-Sanssouci (Ausschnitt), Abb. 151 und 152: public domain*

alles Lüge oder dummes Zeug gewesen wäre, und er hätte das Bild mit dem Gesicht gegen die Wand gestellt und in seinem Ekel keine Hand mehr daran legen mögen". (Germer, S. 508) Menzel hatte sich ab 1848 dazu bekannt, Maler des Kaiserreichs und der absolut-monarchistisch Regierenden zu sein. Das Riesengemälde (345 × 445 cm), geschaffen anlässlich der Krönung König Wilhelms I. in Königsberg 1861, weist ein Übermaß an Pathos auf (hier spielten auch die Vorstellungen des königlichen Auftraggebers eine Rolle), und wirkt heute theatralisch-leer, überladen. Im Gemälde „Abreise König Wilhelms I. zur Armee am 31. Juli 1870", also der Abreise zur Front des deutsch-französischen Krieges, von

blieb, berichtet Alfred Lichtwark, Menzel „wäre mit Herzklopfen und in hoher Begeisterung für die Idee, in deren Dienst die Opfer gefallen, an die Arbeit gegangen, aber ehe er fertig gewesen wäre, hatte er gesehen, dass

Menzel im darauf folgenden Jahr fertiggestellt, gibt er ein Bild des deutschen Hurra-Patriotismus, es flattern die Fahnen Preußens und Deutschlands. Er zeichnet ein Bild der reicheren Stände, der höheren Beamten und Offizieren mit ihren Orden, der Fabrik- und Großgrundbe-sitzer in beschönigenden Farben. Er malt das Kaiserreich schön. Er blendet die Grauen des Kriegs aus und zeigt ein „einig Volk".

Allenfalls hin und wieder lassen sich in seinen Bildern der besseren Gesellschaft gewisse karikaturhafte Züge feststellen. So auf dem „Ballsouper" (dargestellt ist eine Festveranstaltung am kaiserlichen Hof): Der Offizier im Vordergrund versucht mit wenig Erfolg, im Stehen Messer und Gabel zu handhaben und dabei gleichzeitig Teller, Glas und Hut zu halten.

Völlig frei von Ironie sind dagegen Menzels Darstellungen von Handwerkern und Arbeitern. Sie drücken den Respekt aus, den der Maler vor ernsthafter, gut gemachter Arbeit gleich welcher Art empfand. In diese Kategorie gehört „Das Eisenwalzwerk" (1872–1875). Bei dem Bild handelt es sich um eine Auftragsarbeit, jedoch hatte Menzel das Motiv selbst gewählt. Das Eisenwalzwerk gilt als die erste größere Industriedarstellung in Deutschland. Zur Vorbereitung des Bildes reiste Menzel in die schlesische Königshütte.

Die Kunst des Fin-de-Siècle am Ende des Jahrhunderts

Der deutsche Historienmaler per excellance ist Karl Piloty (1826 – 1886): Geschichtliche Ereignisse, häufig grausigster Art inszeniert er leidenschaftlich, ernst, feurig, düster. „Seni vor der Leiche Wallensteins" ähnelt Delaroches „Ermordung des Herzogs von Guise". Der Astrologe Seni steht vor seinem gemordeten Feldherrn. König Maximilian lobte ihn für dies Bild und erhob den Künstler in den Adelsstand. In „Thusnelda im Triumphzuge des Germanikus" versammelt Piloty eine beträchtliche Anzahl von Gestalten in Lebensgröße auf der

Leinwand. Es sind „die" Römer und „die" Germanen, Sieger und Besiegte, bei den Römern hohle, äußere Prachtentfaltung und bei den Germanen innere schlichte Größe, er demonstriert „römische Mätressenwirtschaft" und „deutsche Frauenreinheit". Lübke-Haack kommentiert: „Die mit den Waffen Besiegten erweisen sich als die geistig und sittlich höher Stehenden. Thusnelda [die Frau von Hermann, dem Cherusker], im Mittelpunkt des Bildes, nur von ihrem Knaben überschnitten, der sich furchtsam an sie schmiegt, beherrscht wie eine Königin das Ganze. [...] Der Kaiser erschauert auf seinem Throne neben seinem aus verschiedenen Rasseschönheiten zusammengesetzten Harem vor der Unnahbarkeit und sittlichen Hoheit des deutschen Weibes ..." (Lübke-Haack, S. 245 f.) Piloty entfaltet völkisches Bühnentheater. Das war selbst seinem Malerkollegen Anselm Feuerbach zu viel, der kommentierte: „Die ganze Piloty-Schule ist die brutale Vernichtung alles Ideellen im großen Sinne; ein Aufgehen in theatralischer Sentimentalität und romantischem Materialismus." (zit. n. Kindlers 10, S. 141) Und der Kunstkritiker Friedrich Pecht merkte an, dass Piloty „die Herren umso edler, je höher ihr Rang ist, genau wie in den offiziellen Zeitungen und den von Hofdamen geschriebenen Romanen" (ebd.) malte. G. Tolzien führt aus: „Kunst wurde Mittel zum Zweck. Sie diente unter anderem den Interessen König Maximilians II., dem es weniger darum ging, ein echtes Geschichtsbewusstsein zu wecken, als vielmehr die Untertanen zu einer staatspolitisch erwünschten Geschichtsauffassung zu erziehen. Ganz im Sinne seines Monarchen übertrug Piloty das falsche nationale Pathos und den heroischen Wortprunk des Dichters Emanuel Geibel, der seit 1851 in München als Professor der Ästhetik wirkte, in die bildende Kunst." Trotzdem würdigt Tolzien den Maler Piloty: „Vor allem liegt Pilotys bleibendes Verdienst in seiner Lehrtätigkeit, die ihm den Ehrentitel ›Praeceptor Germaniae‹ einbrachte. Unter seiner Leitung erlebte die Münchner Akademie [...] eine Zeit höchster Blüte. Nicht zuletzt diesem Umstand verdankt München noch heute seinen internationalen Ruf als Kunststadt." (ebd.)

Piloty war der „Malerfürst" Münchens, Hans Makart

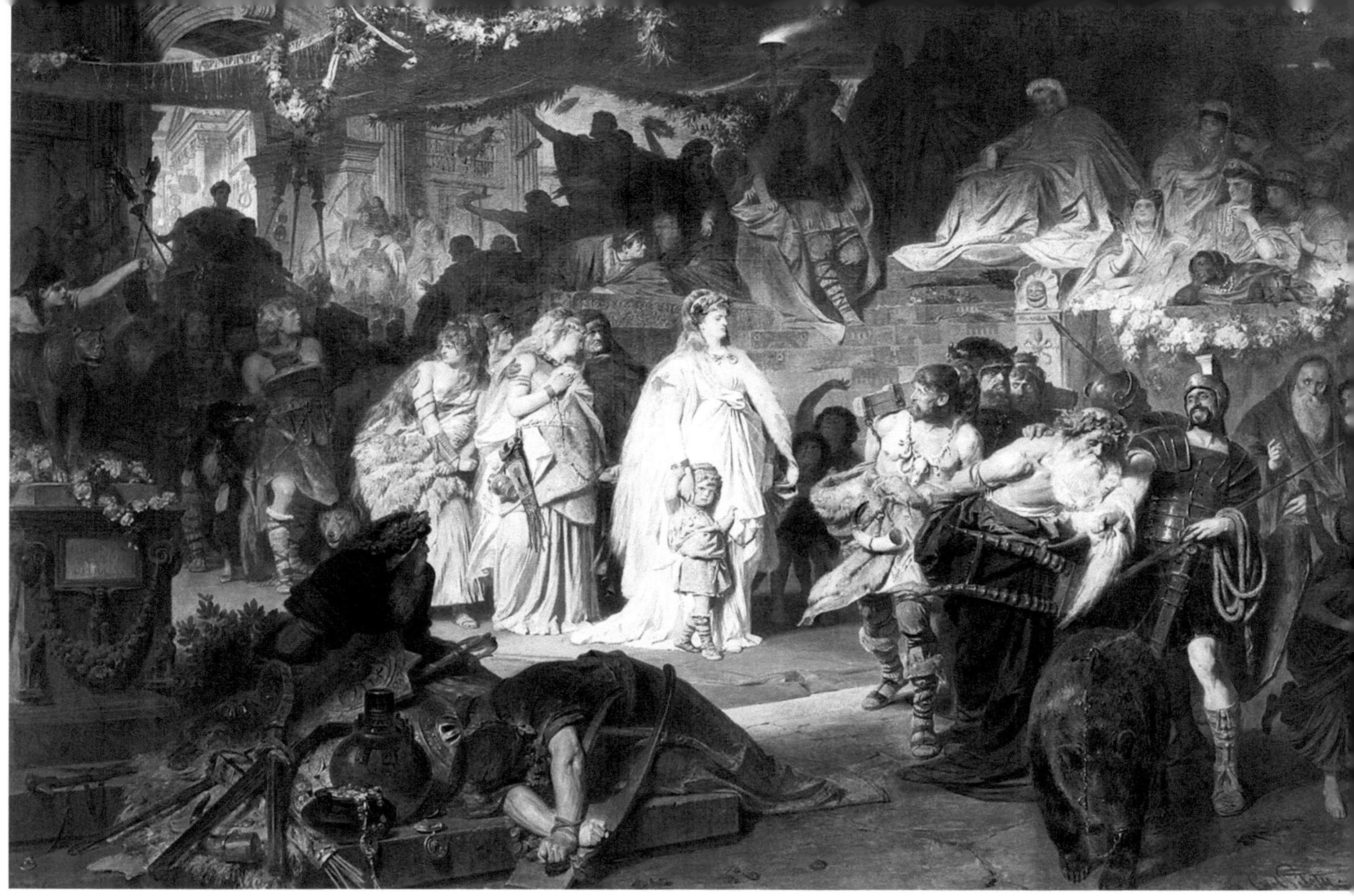

Abb. 153: Karl von Piloty (1826–1886): Thusnelda [die Gemahlin von Armin dem Cherusker] im Triumphzug des Germanicus, 1873, Öl auf Leinwand, Höhe 490 cm, Breite 710 cm, Neue Pinakothek, Foto: public domain

(1840 – 1884) der von Wien. Sein ganzes Schaffen ist eine einzige Farbensymphonie oder eine einzige Farbenorgie, theatralische Schaukunst im Farbenrausch. Er war Schüler von Piloty, seine Mitschüler waren Defregger und Lenbach. Seine Themen „Die Pest in Florenz", „Der Einzug Karls V. in Antwerpen" oder „Kleopatra auf dem Nil" sind Vorwand für pompös-dramatische Inszenierungen, einer Mischung aus Dekadenz und Pathos, mit der er Eindruck auf die höheren Kreise machte. Kaiser Franz Joseph I. berief ihn persönlich nach Wien. In „Der Einzug Karls V. in Antwerpen" wird der Kaiser Karl von

nackten Frauen glänzend umrahmt. Andere Damen erscheinen in farbenprächtigen Prunkgewändern gekleidet, andere halbenthüllt in Schleiern. Die Männer sind keine kriegerischen Gestalten, sondern lüsterne Jünglinge. In diesem Gemenge ragt die edle Mannesgestalt Dürers heraus... Weitere Themen sind „Der Sommer", „Der Frühling", „Die fünf Sinne", „Die sieben Todsünden": Für Makart sind sie immer Anlass, Nacktes, orgiastische Fleischeslust und farbenprächtige Frauen zu präsentieren. Seine gleichzeitig eingeflochtenen Kindergestalten, Früchte, Blumen, Girlanden, Stoffe und Architekturen

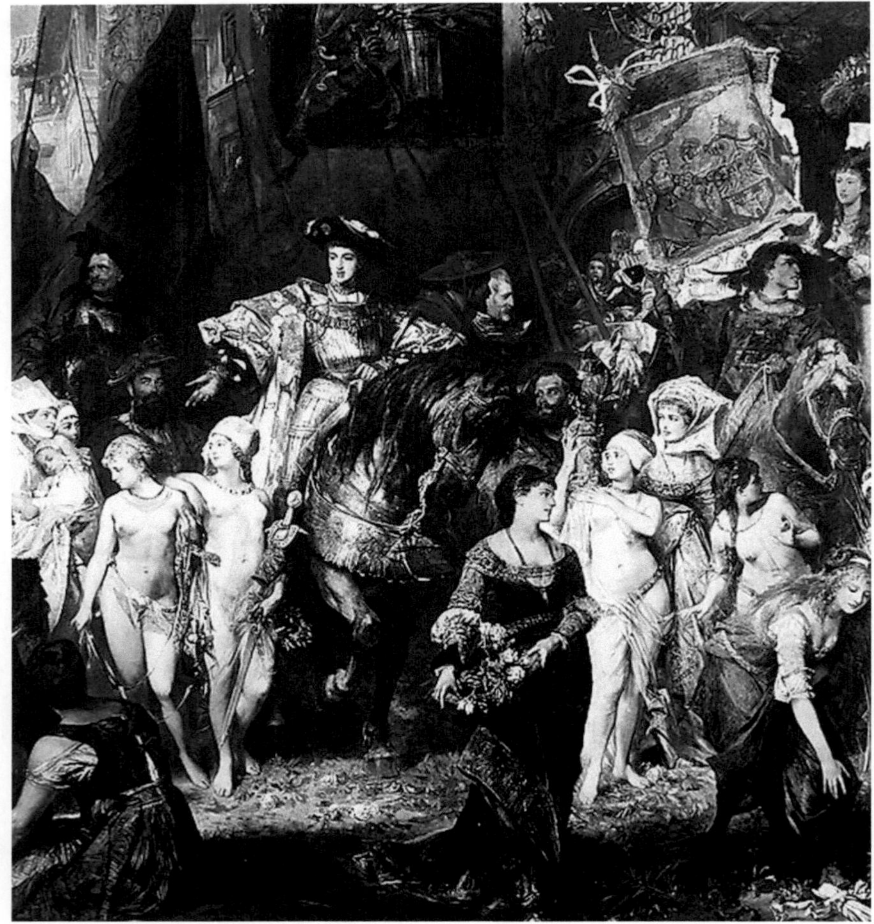

Abb. 154: Hans Markart, Einzug Karl V. in Antwerpen (Ausschnitt), 1878, 520 cm x 952 cm, Hamburger Kunsthalle, public domain

preußischen Akademie der Künste und Vertrauter Wilhelms II.. „Bei den Kartons zu den Siegesdenkmalfries [in Berlin]... malte [er] Geschichte, wie sie für Preußen auszusehen hatte. In dem Ausschnitt mit den aufeinanderprallenden Mächten stürmt links der böse Feind heran. Vor einer pervertierten Marianne, die von den Dämonen des Hungers und der Pest begleitet wird, steht der in eine Toga gehüllte Imperator, der Deutschland versklaven will. Sein Gesicht ist das Napoleons. Doch es gibt kein zweites Jena und Auerstedt, denn hoch zu Ross leitet Prinz Friedrich Karl, ein Neffe Kaiser Wilhelms I., die Truppen zum Sieg. [...] Auf einem anderen Ausschnitt steht rechts das Riesenweib Germania. Bayerische Herolde heben ihr die Kaiserkrone entgegen. Sie wird sie für Preußen übernehmen. Links stehen der deutsche Kronprinz, der sächsische Prinz Albert und Bismarck". (Uhlitzsch, S. 219)

Im Winter 1870-1871 porträtierte er im deutschen Hauptquartier in Versailles Fürsten und Generale. Alle waren mit seinen Bildern zufrieden, denn von Werner malte sie nicht nur so, wie sie aussahen, sondern wie sie ihrem Rang unter genauer Befolgung aller Reglements und Bekleidungsvorschriften nach auszusehen hatten. Das höfische Zeremoniell wird in den Bildern getreu abgebildet. So hat er auch den „Berliner Kongress" (1881) und die „Kaiserproklamation im Spiegelsaal zu Versailles" (1877) gemalt. Er traf den Geschmack der höheren Gesellschaft und seines Kaisers. Gelegentlich integrierte er in seine Kriegsbilder lustige oder rührende Züge, wie in der Darstellung des Kronprinzen Friedrich Wilhelm an der Leiche des französi-

wirken eigentümlich lüstern und dekadent zugleich. Sein Atelier bildete den Treffpunkt der vornehmen, reichen, kunstbegeisterten Welt. „Und wie seine Gestalten, so war auch der Künstler selbst: prächtig, glänzend, berückend, aber im letzten Grunde hohl, leer und ohne die Fähigkeit fortzuzeugen und fortzuwirken." (Lübke-Haack, S. 250)

Anton von Werner (1843 - 1915) ist der preußische Malerfürst in der zweiten Jahrhunderthälfte, er ist der Hauptrepräsentant des Wilhelminismus, Direktor der

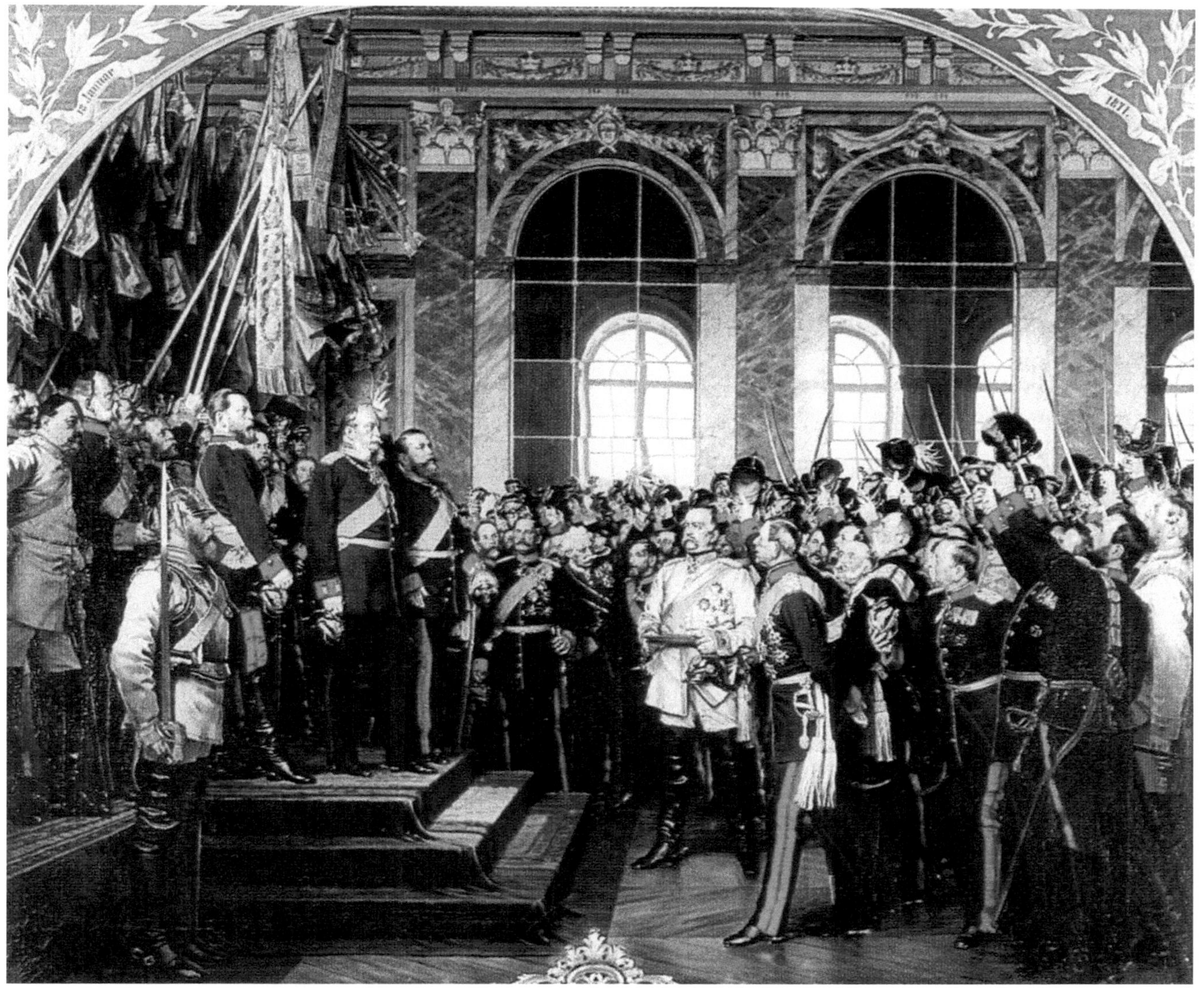

Abb. 155: Anton von Werner, Kaiserproklamation in Versailles, 3. Version, 1885, Öl auf Leinwand, 250 x 250 cm (mit Rahmen), Bismarck-Museum, Friedrichsruh, public domain

schen Generals Abel Douay oder in dem Bilde des deutschen Landwehrmannes, der auf verschneiter Landstraße einer Französin ihr Kind abnimmt, es in seinen Armen wiegt und beruhigt. Er gestaltete im Berliner Dom acht Mosaikfelder in der Kuppel mit den Seligprei-sungen der Bergpredigt und mit Mosaikporträts der vier Evangelisten, in den Augen von Kritikern „Berliner Frömmelei und heiliges Augenverdrehen".

Von Menzel, Makart und von Werner repräsentierten

deutsche und österreichische Staatskunst. Sie hatten
sich in einen engstirnigen Nationalismus gesteigert, der
dem in Größenwahnfantasien schwelgenden Franzosen
Meissonier in nichts nachstand. In zwei führenden Staa-
ten Europas hatte sich eine Ideologie herausgebildet, die
eine gefährliche Konfrontation vorbereitete. Diese Kunst
dominierte die öffentliche Meinung. Diese Kunst mit
ihrer monumentalen Architektur der Triumphbögen,
Siegessäulen, Kaiser- und Kanzler-Denkmälern bestimmen die Stadtbilder nicht nur von Paris und Berlin. Sie
degradieren die Kunst in den Museen zu Nebenschau-
spielplätzen.

Englische Visionen, Ängste und Träume – Weltflucht?

Auch die Engländer litten unter der von Napoleon ver-
hängten Blockade. In Großbritannien zeigte sich eine
gleichartige Weltflucht bei der präraffaelitischen Bruderschaft mit ihrem wichtigsten Vertreter Dante Gabriel
Rossetti. Wegbereiter des englischen Symbolismus war
der Maler und Dichter William Blake (1757 bis 1827). Er
verstand sich als Prophet. Der vierjährige Blake hatte Visionen vom Antlitz Gottes am Fenster seines Vaterhauses
gesehen. Ihm erschienen die Propheten der Vergangenheit wie Moses oder Johannes, als deren Sprachrohr er
sich verstand. Blake lehnte den „Rationalismus" und
„Materialismus" ab und wollte die Unendlichkeit in allen
Dingen erblicken. So war für ihn der Naturwissenschaft-
ler Isaac Newton ein Vertreter des gefährlichen und ver-
abscheuenswürdigen Rationalismus. Blake war den
Ausgeburten seiner Phantasie willenlos ausgeliefert.
War er latent schizophren? „Ich bin der Sekretär, die Autoren sind in der Ewigkeit": Milton, Moses und die Propheten statteten ihm Besuche ab. Aber Blake
verabscheute nicht nur die Sklaverei, sondern glaubte
auch an demokratische Werte wie die Gleichheit der
Rassen und Geschlechter. Er lehnte auch die christliche
Lehrmeinung ab, da sie für die Unterdrückung natürlichen Begehrens und gegen lebendige Sinnesfreude Posi-

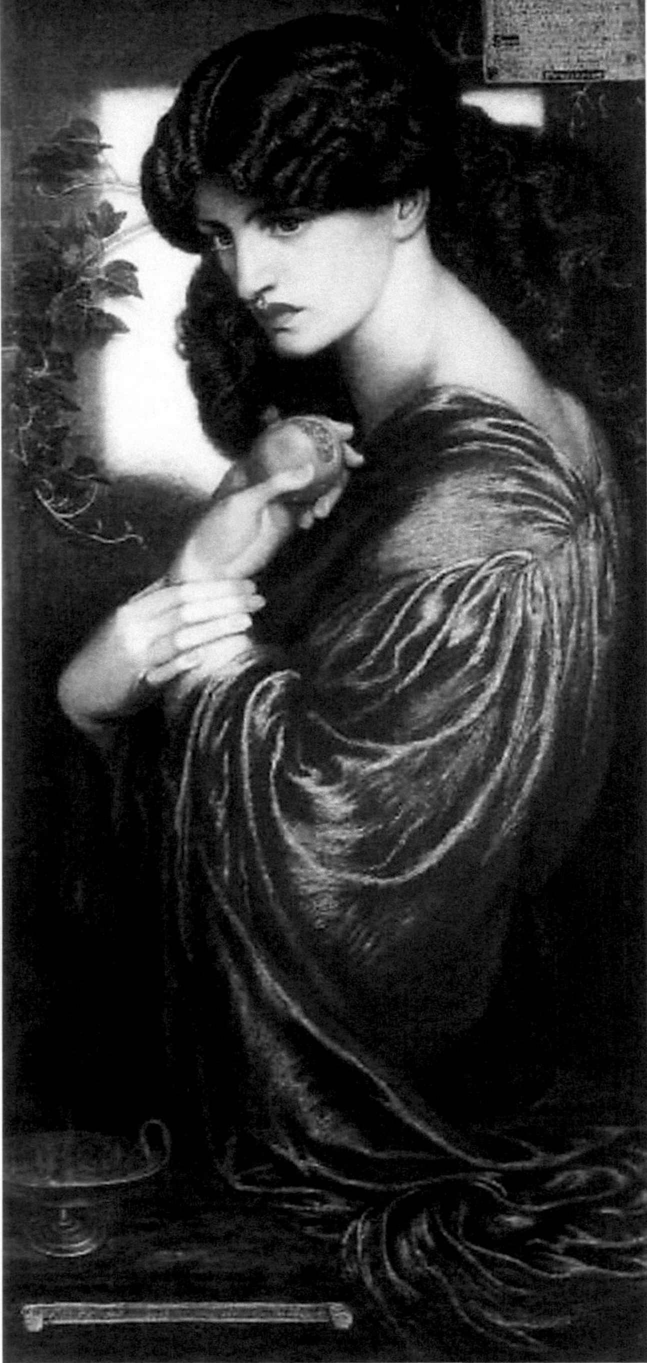

*Abb. 156: Dante Gabriel Rossetti (1828–1882) Proserpina,
1874, Öl auf Leinwand, 125.1 cm X 61 cm, Tate Britain, London, public domain*

tion bezog.

In gewisser Weise geistesverwandt war ihm Johann Heinrich Füssli (1741 - 1825), der in der Welt der Träume und Visionen schwelgte. Traumgestalten und Nachtmähren durchgeistern seine Bilder mit sexuell gefärbten Fantasien, die die verklemmte Moral der Zeit thematisiert und gegen sie ankämpft. Oft wird er dabei von englischen Gespenstergeschichten inspiriert; aber auch die Nibelungensage dient ihm dazu, sexuelle Wunschvorstellungen in Bilder zu fassen. Das unterscheidet ihn von deutschen Künstlerkollegen, die die Sagengestalten zu nationalen Helden uminterpretieren. Blake und Füssli artikulieren eine tief sitzende Angst vor den gesellschaftlichen Zuständen, die nicht genau benannt werden kann, die aber das Individuelle, das Persönliche existenziell bedroht. Sie ziehen sich beide in ihre Schneckenhäuser privater Wunschvorstellungen und persönlicher Visionen zurück.

Der romantische Landschaftsmaler John Constable (1776 - 1837) bereitete mit impressiven Bildern den Weg für William Turner vor. Constable wollte sich nur auf seine Augen verlassen, um die durch Licht und Farbe hervorgerufene Stimmung zu erfassen. „Malen ist nur ein anderes Wort für Fühlen" war seine Devise. Er liebte dunkle Stimmungen bei trübem Wetter „Ich habe nie ein hässliches Ding in meinem Leben gesehen." Obwohl er Landschafts-Idyllen malte, war er nicht sentimental, sondern wollte die Malerei als Wissenschaft, als „Naturphilosophie" verstanden wissen.

William Turner (1775 - 1851) will in England eine Malerei verwirklichen, die vor allem mit Farben berauscht. Die Formen zerfließen und geben Raum für lichtdurchflutete Bilder. Vor allem in den letzten Lebensjahren dramatisiert Turner in sturmgepeitschten See-Gemälden mit wolkenbedecktem Himmel das Landschaftsbild. Er inszeniert ein Naturspektakel, aber er mystifiziert es nicht. Er ist auch kein Historienmaler. Das Gemälde „Fighting Téméraire" erhielt seinen Titel nach einem Seegefecht mit einem französischen Kriegsschiff. Es

kämpfte 1805 in der Schlacht von Trafalgar als zweites Schiff in Lord Nelsons Division und eroberte das französische Schiff „Fougueux". Auf dem Bilde ist der Augenblick dargestellt, in dem das alte Kriegsschiff im Jahre 1838 von einem kleinen Schleppdampfer an Land gezogen wird, um abgetakelt zu werden. Die Sonne geht mit gelben, goldenen und roten Strahlen unter. Das stolze Heldenschiff teilt das Schicksal alles Irdischen. Hier und in vielen anderen Werken spielt eine Melancholie mit, die auch die Bilder Caspar David Friedrichs prägen. Aber im Gegensatz zu dem Deutschen ist die Melancholie des Engländers durch das dramatische farbige Spiel der Farben heiter gefärbt.

Bocola schreibt: „Seine dramatisch bewegte Naturromantik könnte man als Flucht vor der Wirklichkeit einstufen. Doch in dem Maße, als er diesem Schauspiel in erster Linie durch die reinen malerischen Mittel, durch Rhythmus, Licht und Farbe, Gestalt verleiht, drückt Turner Gewalt und Leidenschaft unmittelbar und mit seinen ›eigenen‹ Mitteln aus, statt sie nur zu illustrieren. Seine Malerei vermittelt nicht die Illusion eines Abenteuers, sondern sie ist es." (Bocola, S. 96) Turner ist auf einer wild bewegten Suche, er ist Abenteurer auf dem Weg zu Neuem. Deshalb konnte er auch die Impressionisten begeistern. Turner ist eine „Schlüsselfigur für den Übergang der Malerei zur historischen Moderne".

Das kann man von Dante Gabriel Rossetti (1828 – 1882) nicht behaupten. Er war Mitbegründer der Bruderschaft der Präraffaeliten. Wie die Nazarener wollten sie durch die Rückbesinnung auf Raffael die „Erneuerung" einer national-religiösen Kunst. Vorausgegangen war auch in England die von dem Gatten der Königin Prinz Albert veranlasste Gründung der Arundel-Gesellschaft, die spätgotische Kunst erneuern wollte. Rossetti schulte sich an mittelalterlichen Vorbildern und in mehreren Italienreisen durch die Beschäftigung mit klassischen Mythen. Aus Dante hat Rossetti gern seine Stoffe gewählt. Auch wenn der Künstler seinen Frauenbildern ausgesprochen antikisierende Namen gab „Dantis Amor" (1859), „Beata Beatrix" (1863), „Sibylle",

„Astarte" oder „La Ghirlandata" (1873), immer blickt den Betrachter eine ausgesprochen englische Frauenerscheinung sehnsuchtsvoll schmachtend an. Diese Frau war Miss Elisabeth Siddal, eine junge Hutmacherin. Sie war Rossettis langjährige heimliche Geliebte, 1857 verlobte er sich mit ihr, 1860 heiratete er sie, zwei Jahre später starb sie und ließ ihn noch sehnsüchtiger als zuvor zurück. Er liebte vor allem ihre tiefliegenden, träumerisch blauen Augen, ihre schlanke, hochgewachsene, feingliedrige Figur, ihre zarten, bleichen Wangen und die vollen, wie zum Kusse geschürzten Lippen. Ihre goldblonden oder braunrot schimmernden Haaren wellten sich wunderbar üppig tief in die Stirn wie tief in den Nacken. „Dieser übersinnlich-sinnliche Künstler war vielleicht der früheste und zugleich entschiedenste Vertreter dieser ganzen Kunstgattung, die in ihrer merkwürdigen Verquickung von Himmelsfreud und Erdenleid, von Mystizismus und Sensualismus, von altmeisterlicher Einfachheit und echt modernen Anrüchigkeit so unermesslichen Einfluss weit über die Grenzen ausübte." (Lübke-Haack, S. 422)

Edward Burne-Jones (1833 - 1898) wechselte aus dem theologischen Hörsaal in die Malerwerkstatt. Bei ihm gehen eine schwüle Erotik, eine unterschwellige Sexualität, Religiosität und Naturlyrik eine mystische Verbindung ein. Die Liebenden von Burne-Jones scheinen nicht, wie diejenigen Rossettis, vom Übermaß irdischer Freuden, sondern von Entbehrungen erschöpft zu sein. Mann und Frau liegen sich zwar in den Armen, aber sie scheinen nicht zueinander zu finden: „Die Liebe unter den Ruinen". Ein Zug von Entsagung zeichnet Burne-Jones aus. „Seine weiblichen Gestalten sind gotisch überschlank in die Höhe gezogen; ihre Knöchel zart zum Brechen; ihre Hände und Füße schmal, fast zu schwach zum Greifen und zum Stehen. Er lässt seine gleich schlanken, anmutigen Grazien gleich in Gruppen auftreten. Eine Anzahl von nicht weniger als achtzehn ganz gleich gebildeten und schlicht gewandeten, hoch gegürteten jungen Mädchen lässt er, allerdings in den mannigfaltigsten und stets anmutigen Bewegungen, mit verschiedenen Musikinstrumenten in den feinen Hän-

den eine schön gewundene Stiege, ›Die goldene Treppe‹, herabsteigen. Eine Schar von zehn jungen Mädchen versammelt er an einem Weiher, und nun spiegeln sie sich wiederum in den anmutigsten und abwechslungsreichsten Stellungen in diesem ›Venusspiegel‹ wider." (Lübke-Haack, S. 423) Die Präraffaeliten kommen mit der verklemmten Sexualmoral des Jahrhunderts nicht zurecht und überhöhen die Liebe mythisch und religiös.

Symbolisten flüchten in Mythen – Sie fürchten kommende Gewitter

Die Künstler des 19. Jahrhunderts spüren, dass die Fundamente unter ihren Füßen wegbrechen, überkommene Wertvorstellungen brüchig werden. Der Klassizismus und das Rokoko hatten eine neue Ordnung zu konstruieren versucht, eine heile Welt versprochen, ohne ihr Versprechen einhalten zu können. Statt aber in einer sich umwälzenden Zeit nach neuen Chancen, nach neuen Ordnungen Ausschau zu halten, neue Wege zu bahnen, schauen die Symbolisten zurück, suchen Halt in der Antike, glauben an eine Wiederbelebung der Religiosität wie die Nazarener und Präraffaeliten oder finden Heil in Märchen und heidnischen Mythen, in einem animalischen Urgrund. Insgesamt klammern sie sich als „Adlige des Geistes" an der feudal-absolutistischen Ordnung mit kirchlicher Legitimation. Hans von Marées (1837 – 1887) ist Spross einer uralten, adeligen Familie, Sohn eines hohen preußischen Staatsbeamten. Er müht sich zuerst an vielfigurigen Pferde- und Schlachtenbildern ab wie „Rastende Kürassiere". Dann kopierte er auf der Suche nach dem verlorenen Ideal Tizian, Raffael und Velazquez und befragte die Antike. Er fand das Ideal nicht. Seine „Ruderer" rudern – nach vorn oder nach rückwärts: Er weiß es nicht. Marées sieht den Menschen als Gegenstand für bildkünstlerische Aufgaben, vermag ihm aber kein individuelles Gesicht zu geben. Seine Figuren

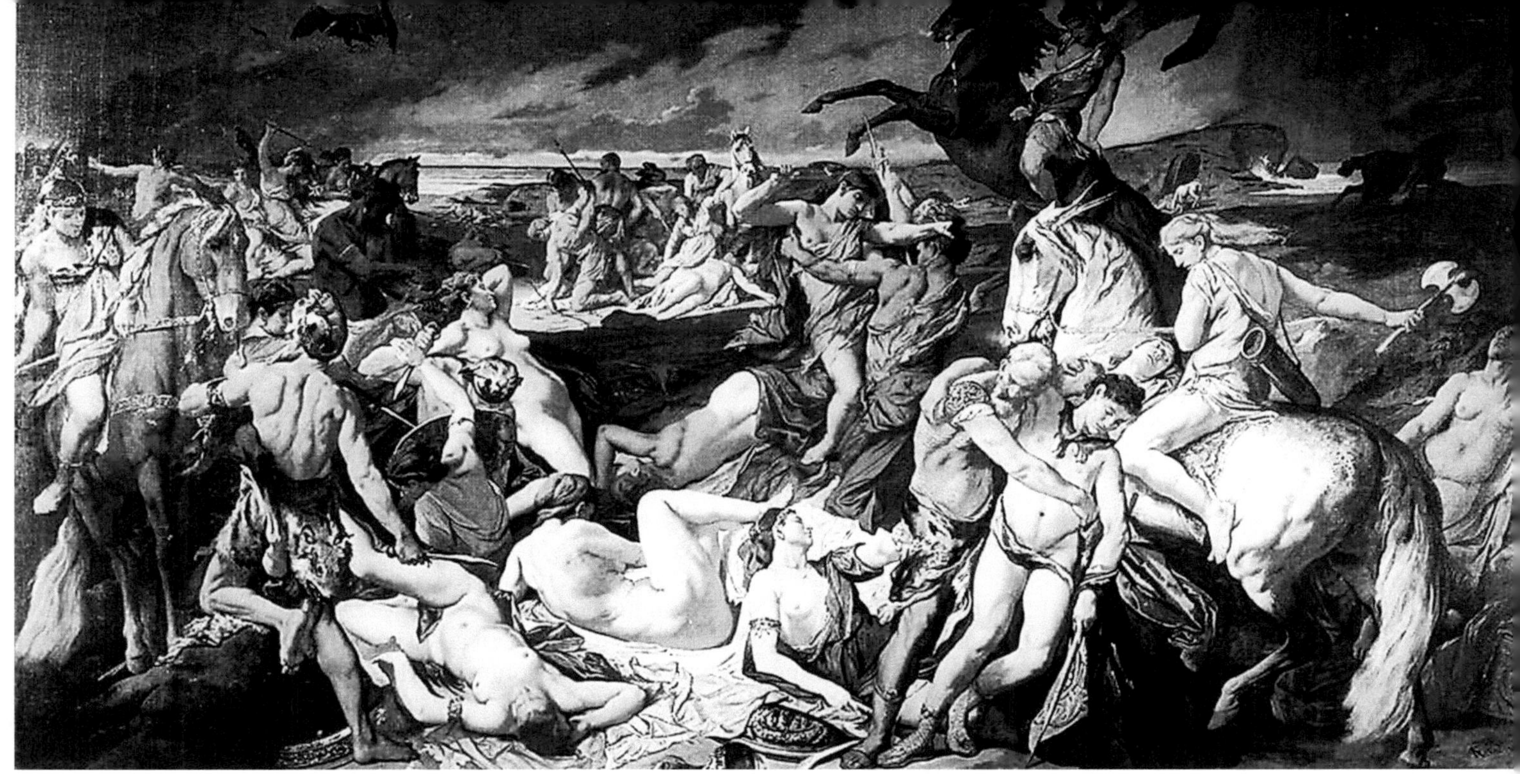

Abb. 157: Anselm Feuerbach, Amazonenschlacht, 1873, Öl auf Leinwand, 405 x 693 cm, Städische Kunstsammlungen Nürnberg, public domain

sind verquält ganz auf sich gestellt.

Auch Anselm Feuerbach (1829 – 1880) sucht auf klassischem Boden nach dem Ideal. In Venedig, Florenz und Rom sog er die volle Schönheit Italiens und der römischen Antike ein. Sein sehnsuchtsvolles Umherirren in südländischen Gefilden brachte den Erfolg: Er fand die römische Handwerkerfrau Anna Risi oder „Nanna", sein weibliches Schönheitsideal. Dies variiert er, indem er Nanna in wallende Tücher hüllte und sie mehrfach als „Iphigenie", „Virginia", als „Lucrezia Borgia" oder „Bianco Capello" wiederauferstehen ließ. Immer leuchtet Nanna in vollendeter Reinheit und Keuschheit. Er malte sie im Halbprofil, wie sie dem Betrachter abgewandt vornehm, sehnsüchtig, melancholisch sinnend aufs Meer oder in die Ferne schaut. Auch Feuerbach sehnt sich zurück. Er möchte ein neuer Raffael, Tizian oder Michelangelo sein. Er studiert die alten Fresken, Säulen und Sarkophage

und konstruiert daraus seine Bildthemen. Im „Garten des Ariost" (1863) überhöht er die Stellung des Dichterfürsten. Der Künstler steht im Kreise edler Damen, von denen jede ihn verehrt und ihn mit dem Lorbeerkranz schmücken möchte. Im „Gastmahl des Plato" lässt er starr und steif seine antiken Geisteshelden auftreten. Die Würde, die Bildung der alten Griechen und Römer stolziert in seinen Gemälden in antiken, wallenden Gewändern daher. In „Medea auf der Flucht" (1870) erscheint nicht die ihre Kinder mordende Sagengestalt sondern seine Nanna, die mit ihren Kindern am Meeresstrand träumt, während vor Kraft strotzende Männer ein Boot zur „Flucht" vorbereiten.

Er wagt sich auch an religiöse Bilder, an eine „Kreuzabnahme" und eine „Versuchung des hl. Antonius" (1855). Bei der „Pieta" (1863) beweint Maria inbrünstig den toten Christus, drei andere Frauen im Nanna-Profil knien und beten. Hell leuchtet der Leichnam vor dunklem Fels, die drei Frauen sind durch den farbigen Horizont hervorgehoben. Eine „Maria mit dem Jesusknaben" (1860) orientiert sich an Raffael und Andrea del Sarto. Nanna erscheint als „Madonna" (1863) mit scheuem Jesus, während vier andere Kinder musizieren. Feuerbach liebt Kinder: „Kinder am Springbrunnen" (1859), „Badende Kinder" (1864) „Musizierende Kinder, von einer Nymphe belauscht" (1864). Es sind keine tollenden Kinder, schwermütig und starr schauen sie drein, viele sind mit Lorbeer bekränzt und haben schon die großen Gebärden künftiger Geisteshelden.

In der „Amazonenschlacht" (1869) brennt die erotisch-sexuelle Fantasie mit ihm durch. Es ist keine Schlacht, sondern ein inszeniertes Theaterstück aus lauter Einzelakten zusammengesetzt, um nackte Frauenkörper im wild bewegtem Kampf mit Männern präsentierten zu können. Wer in dieser orgiastischen Auseinandersetzung gesiegt hat, ist dem Lauf der Geschichte zu entnehmen. Das Bild legt sich hier nicht fest. Das ist nichts wirklich Neues, Anleihen bei Figuren aus der Trajanssäule, alten Sarkophagen, bei Michelangelo und Rubens lassen sich nachweisen. Die Bildthemen sind Illustrationen antiker Texte, die farblich gedämpft zurückhaltend, figurativ aber feierlich überhöht präsentiert werden.

Bei Arnold Böcklin (1827 – 1901) wird alles Natur-

mystik, heidnisch, von wilden Leidenschaften beherrscht, von ungebändigten Naturtrieben und wild sich auslebenden Gelüsten gelenkt. Auch für Böcklin war Italien die eigentliche Heimat aller Malerei, er liebte die zerklüftete Meerlandschaft Siziliens, die Olivenhaine, die Zypressen. Und diese Landschaften verrätselt er mit seinen Figuren, halb Tier halb Mensch, organisch sind sie zusammengesetzt aus Pferden, Ziegen und Stieren. Quellnymphen, Faune, Meeresgöttinnen, Ziegen durchgeistern seine Bilder. Er beseelt die Natur und will damit Ewigkeitsschauer erzeugen. Seine Männer strotzen vor Kraft, seine Frauen schmachten dahin oder sind mit sinnlicher Leidenschaft erfüllt. Seine Triebmenschen kennen weder Gut noch Böse. Und das wird verklärt durch die antike Mythologie: „Odysseus und Kalypso" (1883). In „Triton und Nereide" (1873) spielt die nackt auf dem Rücken liegende Meeresgöttin mit wild zerzausten Haaren mit einer riesigen, grün leuchtenden Meeresschlange. Der vollkommen behaarte, bärtige Triton mit Fischschwanz, Sohn von Poseidon und Amphitrite, bläst auf einem Muschelhorn Urlaute.

Böcklin erlebt in Paris den Juni-Aufstand von 1848, er verfolgt den deutsch-französischen Krieg 1870 und den Aufstand der Pariser Kommunarden. Er kommentiert die Ereignisse mit seinem „Zentaurenkampf" (1871). Was sich in Frankreich abspielt, sind wild animalische Auseinandersetzungen. Kampf

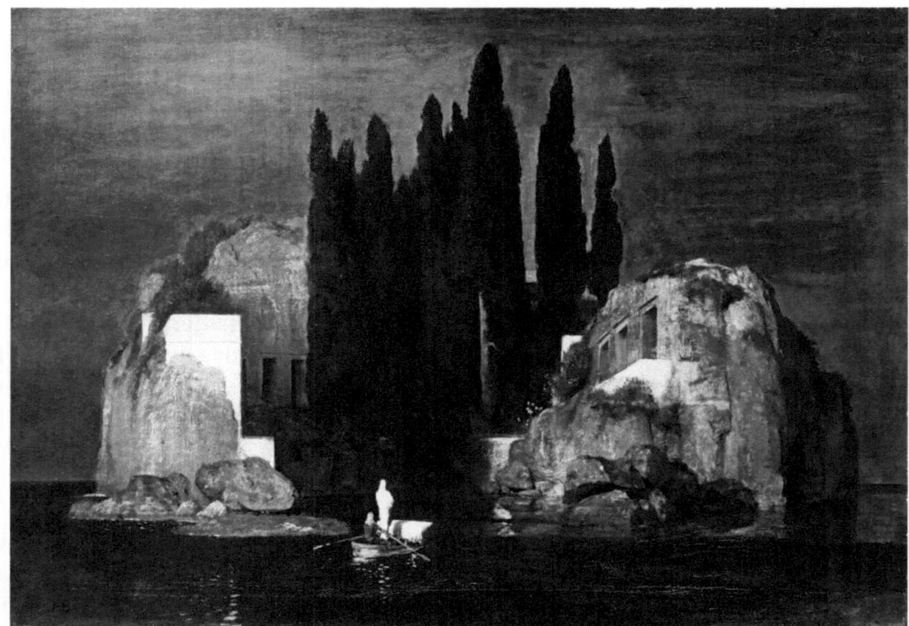

Abb. 158: Arnold Böcklin, Die Toteninsel, 1. Version, 1880, Öl auf Leinwand, 110,9 x 156,4 cm,Kunstmuseum Basel, public domain

oder/und Liebe – das sind die großen Themen Böcklins, nicht gesellschaftliche Interessengegensätze oder gesellschaftliche Entwicklungen. Und so stellt er auch den Krieg (1896) dar. Ein wildes, nacktes Weib wird auf einem Gaul durch die Lüfte getragen und erhebt erschreckt beide Arme. Begleitet wird sie von einem Berserker, der mit dem Hammer um sich schlägt und dem Sensenmann. Krieg ist Schicksal.

In dem Bild „Die Toteninsel" (1880), das er sechs Mal variiert, weht der Wind der Ewigkeit. Im Bildvordergrund steht hoch aufgerichtet in einem Boot, in weiße Laken gehüllt, der Todesbote, vor ihm ein ebenfalls mit weißen Leichentüchern bedeckter Sarg. Dieses Boot steuert auf den Eingang der Toteninsel zu, hoch recken sich die dunkelbraunen Felsen, nur noch überragt von den riesigen Zypressen, den Todesbäumen. Gespenstisch grell leuchten wie Sarg und Todesbote die Gräber. Der Himmel ist düster verhangen. Böcklin hat die Endzeitstimmung des Jahrhunderts in Szene gesetzt. Er sagt selber zu dem Bild: „Es soll so still werden, dass man erschrickt, wenn an die Tür gepocht wird."

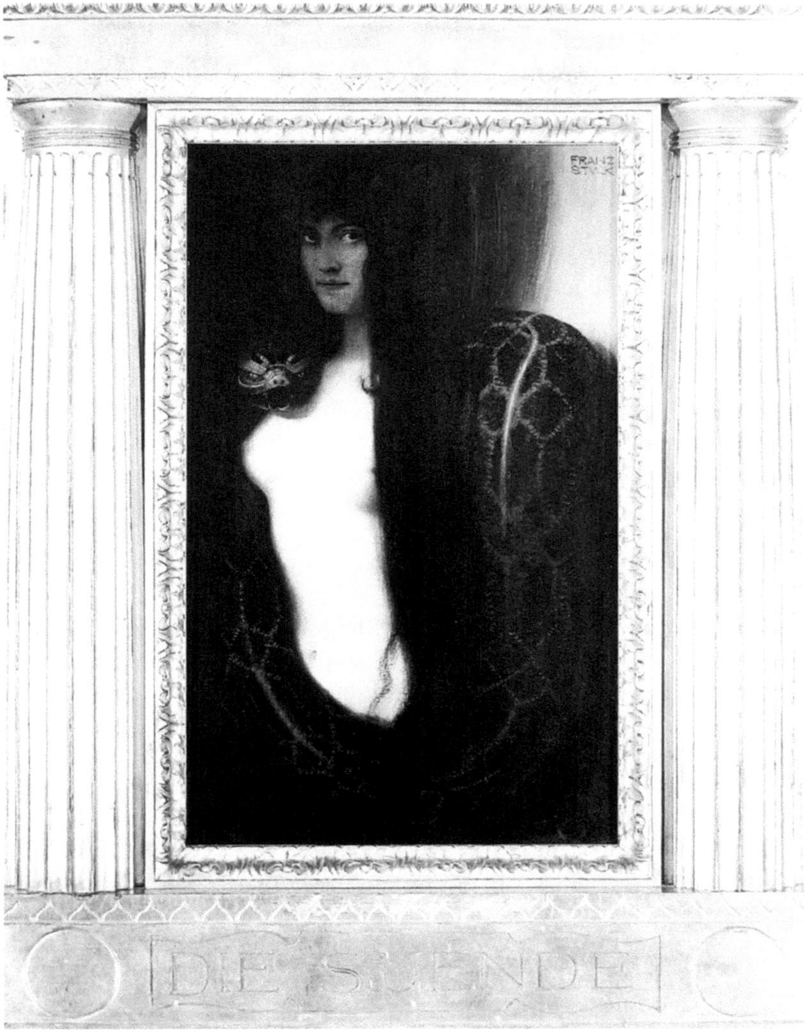

Aus Franz Stuck (1863 - 1928) wird seit 1906 der Ritter von Stuck. Ein adliger Traum geht in Erfüllung, hatte er sich doch an der Münchner Prinzregentenstraße, an der sein Prinzregent morgens und abends vorbeiritt, eigens eine Villa errichten lassen, eine statuengeschmückte römische Villa mit pompejanischen Motiven. In dieser hängt auch sein berühmtestes Werk „Die Sünde" (1883), das er in der Folgezeit häufig variierte. Das rabenschwarze Haar lässt den grazilen nackten Frauenleib leuchten. Links züngelt die Schlange den Betrachter an. Das ist das lockende sündige Weib mit der Schlange, das dem Mann Verderben bringt. Sie ist gefährlich „Kämpfende Amazone" (1897). Sie saugt dem Mann die Kraft aus dem Leib „Der Kuss der Sphinx" (1895). Sie schlägt dem Mann den Kopf ab „Salome" (1906), „Judith und Ho-

FRANZ
STVCK

DIE SVNDE

Abb. 159: Franz von Stuck, Die Sünde, 1893, Öl auf Leinwand, 95 x 60 cm, Neue Pinakothek, München, public domain

lofernes" (1927). Stuck treibt es bunt, er überspitzt, so dass seine Gemälde schon fast zur Karikatur verkommen – oder an Kitsch grenzen. Auch bei seinen religiösen Motiven übertreibt er, zum Beispiel wenn Eva Adam den Apfel reicht (und die Schlange sich kunstvoll um ihre Beine bis zu der darbietenden Hand mit dem Apfel windet). Zu dem Bild „Luzifer" (um1890) schrieb der Zeitgenosse Otto Julius Bierbaum: „[...] hier nur ein schwaches Flimmern, das fast mühsam in die feuchte Luft eines grün-violetten Nebelheims fällt. Ein Phosphortropfen Licht als letzte Erinnerung an den, der Lichtbringer hieß: Lucifer. Aber daneben aus der Seele des Verstoßenen zwei heiße, rote stechende Lichter, die Augen des innerlich Glühenden. Zwei Funken vom Herde der Rache, dessen Feuer nicht wärmt, sondern nur zerstört. Sie würden nicht sein in der Helle; hier im Dunkel sind sie Herrscher. Es ist ein großer Zug in diesem Bilde, ein Pathos des Hasses, das ergreift." (Katalog Seelenreich, S. 142) Stuck ist ein Blender, der mit seinen imaginierten Visionen überrumpeln will.

Max Klinger (1857 - 1920) versteht sich als Gedankenkünstler und bringt die Endzeitstimmung des Jahrhunderts auf den Punkt, indem er die drei Grundströmungen, die naturalistische, die symbolistische und die dekorative vereint.

Er setzt sich intensiv mit der Antike auseinander. In „Christus im Olymp" triumphiert Jesus von Nazareth über Zeus. Im Vordergrund schreitet von links auf einer großen blumigen Wiese ein jugendlicher Christus heran, gefolgt von den Kardinaltugenden in festlichen Kleidern, die ein großes Holzkreuz tragen. Die splitternackte Psyche wirft sich Christus zu Füßen. Im Hintergrund präsentieren weitere Entkleidete ihre schönen Körper. In dieser wundervollen Umgebung tritt Jesus vor Zeus, der auf einem Steinthron als Greis kauert, nur gestützt von dem Knaben Ganymed. Um den Steinsitz sind die eingeschüchterten Götter Griechenlands versammelt. Weitere antike Themen: In „Der Tod Cäsars" (1919) stehen drei düstere Mördergestalten vor der Leiche. Das Material für seine Statuen „Amphitrite", die sehr schöne Beherrsche-

rin der Meere, oder seine „Salome" lässt er aus antiken Steinbrüchen herbeischaffen.

In Radierfolgen interessieren ihn das Schicksal des Weibes und der Ruin des Mannes durch das Weib. „Phantasien über den Fund eines Handschuhs": Ein Frau verliert beim Schlittschuhlaufen einen Handschuh, um anzubändeln. Was könnte jetzt alles passieren? Klinger malt es sich fantasievoll aus: pubertär-sentimentale Männerträume. „Ein Leben" (1881 - 84): Ein lüsternes, schwaches Weib lockt einen Mann in die Sünde, aber es wird verachtet und misshandelt. Die Dramen (1883) heißen. „In Flagranti – Ein Schritt – Ein Drama im Hinterhause – Märztage." Die Folge „Eine Liebe" (1887) beschäftigt ihn zehn Jahre. Wieder ist es die Geschichte vom Sündenbabel. Das kann und darf nicht gut ausgehen. Die Sündigen sterben elendiglich. Er widmet die Radierfolge dem von ihm verehrten Böcklin, dessen Toteninsel, Flora und Sommertag er auch radiert hat. Düstere Weltuntergangsstimmungen intoniert Klinger in den Folgen „Vom Tode I" und „Vom Tode II", an denen der Künstler Jahrzehnte gearbeitet hat.

Klinger betreibt Geniekult. Seine Geisteshelden heißen Lamprecht, Nietzsche, Brahms, Beethoven, Christus. Bei seinem Beethoven-Denkmal versucht er die feierlichweihevolle Stimmung eines Kirchendomes zu entfachen. Der Musiker mit entblößtem Oberkörper schaut wildentschlossen, dämonisch, visionär drein. Die Nacktheit soll dem Helden etwas Göttliches verleihen. Klinger überlädt und bedient sich widersprechender Darstellungselemente. Die Englein (Inspirationen darstellend?) links und recht rechts sind aus Elfenbein. Zu seinen Füßen krallt sich auf dem Felsen ein Adler fest, der den Musikerfürsten anstarrt. Die Krallen des Adlers sind aus Erz, seine Augen aus Bernstein. Die Armlehnen des Throns leuchten golden. Auf den Seiten des Throness sind die Grundtriebe Hunger, Durst und Liebe dargestellt, es erscheinen für den Hunger Tantalus, die Danaiden für den Durst, die Liebe symbolisiert der Sündenfall.

In der Aula der sächsischen Hochschule Leipzig idealisiert Klinger Griechenland mit einem Gemälde, zwanzig Meter lang und sechs Meter hoch. Es erstrahlt der Inbegriff der Poesie in jungfräulicher Nacktheit, bläuliche Schleier geben mehr preis als sie verbergen, Tauben umschwirren die Schöne. Die schaumgeborene Aphrodite entschwebt dem Meer. Homer wird von zwei Jungfrauen flankiert. Plato und Aristoteles philosophieren stolz und aufrecht. Der waffenstrotzende Alexander der Große wird von drei hochgewachsenen Jungfrauen angehimmelt. Klinger gibt sich als Bildungsgrübler und verkommt dabei zum vordergründigen Dekorateur.

Der Schweizer Ferdinand Hodler (1853 – 1918) wird schon von seinen Zeitgenossen als ein „urgermanischer Dichter, Denker und Grübler" bezeichnet. Er stöbert in der deutschen und Schweizer Geschichte, er malt den Freiheitshelden Tell. 1897 schmückte Hodler die Waffenhalle des Schweizer Landesmuseums in Zürich. Das Thema war „Der Rückzug der Schweizer aus der Schlacht von Marignano im Jahr 1515". Er gestaltet den „Auszug der Jenenser Studenten in den Freiheitskrieg 1813" für die Universität Jena. Mit dem Kunstmittel der Symmetrie verschafft er seinen Gemälden Wucht und Eindringlichkeit. Man verspürt die Ge- und Entschlossenheit der Marschierenden. Oder sind es in Reih und Glied Marschierende ohne Individualität? Er verbildlicht „Tag" (1900) und „Nacht" (1889) „Alter und Jugend", „Glück und Unglück" und trifft dabei den Geschmack seiner Zeit. Er bringt seine Gestalten auf sofort verständliche, einfache Formeln. Der „Holzfäller" schlägt kräftig zu. Er hat das Gesicht eines einfachen Bauern. „Der Orator" deklamiert pathetisch. Das Gemälde „Der Auserwählte" zeigt ein am Boden vor seinem Lebensbaum kniendes Knäblein, sechs Schutzengel mit Blumen in den Händen umschweben den Auserwählten und spenden eine segensreiche Aura. Seine Landschaftsbilder idealisieren die Alpen. Hodler schwankt zwischen hartem Realismus und überladenem Symbolismus.

Der Österreicher Gustav Klimt (1862 - 1918) gibt sich aristokratisch-exklusiv, raffiniert morbide. Er sammelt alles, was schön und exaltiert ist. Er ästhetisiert den den

Verfall zelebrierenden Wiener Jugendstil. Seine Lebenseinstellung ist im Grunde pessimistisch: Der Mensch ist gefangen, die Lebensläufe sind unendlich schwermütig verschlungen, das Regelwerk nicht beeinflussbar. Im Rausch des Eros kann der Mensch dem Trübsal für Momente entfliehen. Seine Bilder wollen diese Momente darstellen. Im Mittelpunkt seines Schaffens steht das Weib, die Dame, die Feme fatale. Die sinnlich-erotischen Köpfe der Schönheiten und meist auch die entblößten Busen leuchten in seinen Bildern, darum gruppiert der Künstler seine farbensatten mit Gold, Silber, Rot, Violett, Blau und Grün funkelnden Mosaike und Ornamente. Klimt schwelgt auch in Allegorien „Die Hoffnung" (1903), „Die Jungfrau" (um 1913), „Der Kuss" (1908) und „Die Medizin" (1901) oder „Jurisprudenz" (1903). Dass in dem Gemälde der Justitia der Verbrecher im Mittelpunkt steht, die Rachegöttinnen und die Wahrheit nackt dargestellt waren, erregte damals die Gemüter. Klimt versucht, sich die Welt schön zu malen. Es gelingt ihm nur mit einer Farbenorgie. „Als Angehöriger des Fin de Siècle und im Bewusstsein seiner Endphase schuf Klimt Bilder einer sinnlichen, fast immer dekadenten Erotik in Verbindung mit einer latenten Todessehnsucht." (Kindlers 7, S. 32)

Der größte Dekorateur der französischen Malerei des 19. Jahrhunderts ist Puvis de Chavannes (!824 – 1898). Bei ihm erstarren die sentimentalen Stimmungen zu weiblich-nackten Statuen in einer mystischen Naturlandschaft. Es tanzen die Nixen, Faune und Zentauren fröhlich und realistisch gemalt. In seinen monumentalen Wandbildern schaut er meist sentimental zurück: „Karl Martell, Sieger über die Sarazenen" (1874), „Der hl. Hain der Künste und Musen" (1887), „Die hl. Genoveva verpflegt das hungernde Paris" oder „Die hl. Genoveva wacht über dem schlafenden Paris" (beide 1898). Bei Chavannes braucht Paris also noch eine Heilige zum Schlafen. Dass er mit seinem Symbolismus unbewusst komisch wurde, zeigt sein Gemälde „Physik" für die Stadt Boston. Da schweben an Telefondrähten entlang eine nackte und eine bekleidete Frau, die die schlechten und die guten Nachrichten darstellen sollen.

Gustave Moreau (1826 – 1898) ist im Geiste verwandt mit Chavannes. Auch er liebte das Unergründliche, das Transzendente. Er steigerte sich in Traumzustände hinein. Er wollte heilige Schauer und Schrecken erzeugen. Dabei liebte er die griechische Archaik, deren Monumentalität und die Geheimnisse des Orients. Bei Moreau mutiert der Napoleon von Ingres zu einem symbolischen Gott, der über alles thront und alles beherrscht. Gott ist ein Jüngling mit Stab. Gott ist ein orientalischer, mystischer Herrscher. Moreau: „Gott ist das Unermessliche, und ich fühle ihn in mir. Nur an ihn glaube ich. Ich glaube weder an das, was ich berühre, noch an das, was ich sehe. Ich glaube nur

an das, was ich nicht sehe, und einzig an das, was ich fühle. Mein Gehirn, meine Vernunft scheinen nur kurzlebig und von zweifelhafter Wirklichkeit; nur mein inneres Gefühl halte ich für ewig und für unanfechtbar gewiss." (zit. n. Bocola, S. 106) Für Moreau ist Gott ein männliches Genie.

Dagegen tanzt Salome als Femme fatale. Oder die Frau schwebt von dem Herrscher verdammt als verstoßener Engel ins Bodenlose – in ein Meer brodelnder Farben. Mo-

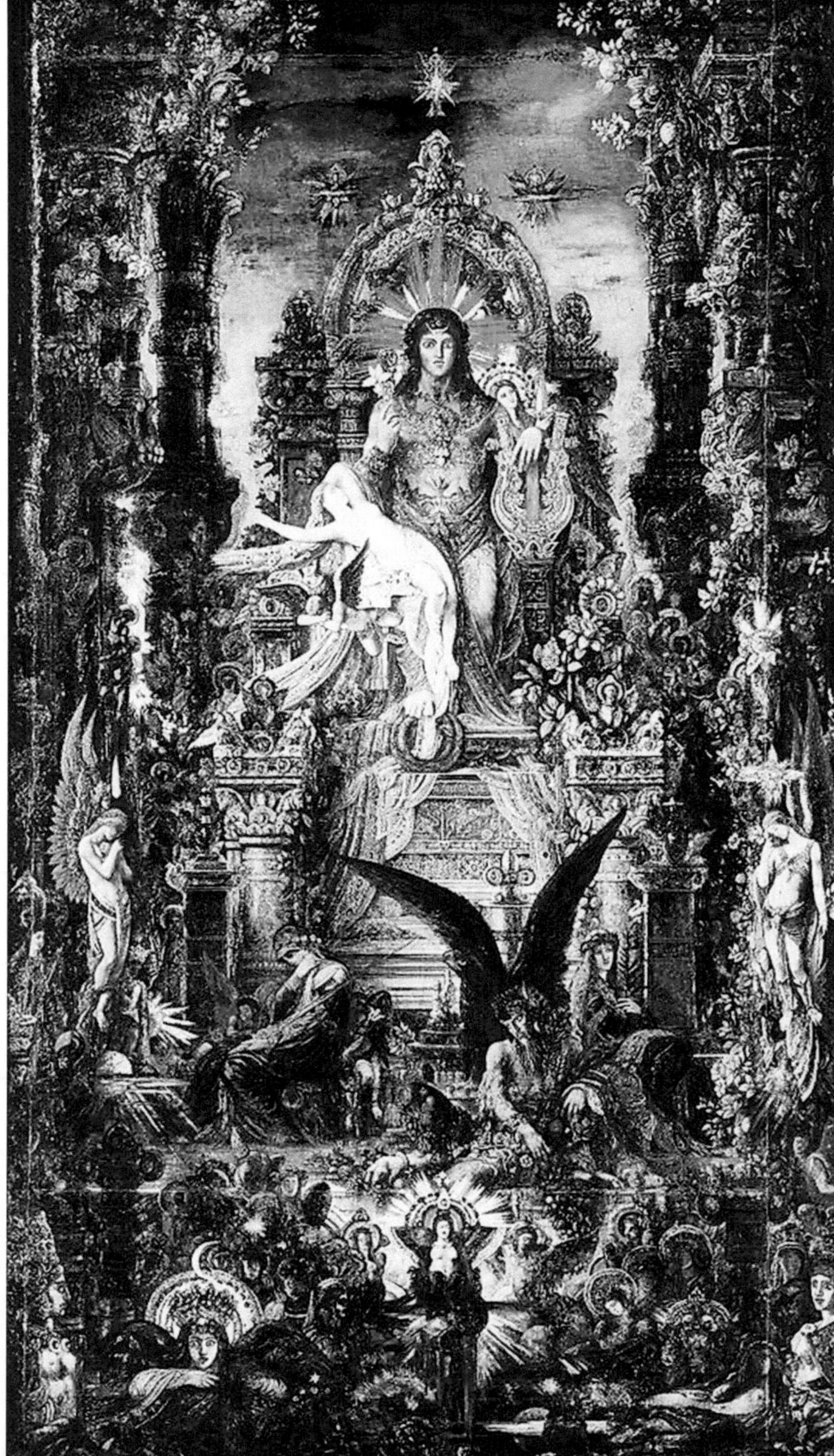

Abb. 160: Gustave Moreau, Jupiter und Semele (Ausschnitt), 1886, Öl auf Leinwand,213 × 118 cm , Musée Nationale Gustave Moreau, Paris, public domain

reaus sagt, Frauen seien „Wesen der Unbekümmertheit, vernarrt in das Unbekannte, das Geheimnis, verliebt in das Schlechte, in Formen der perversen und teuflischen Verführung. [...] Das sind Wesen, deren Seelen versehrt sind, die am Wegrand auf den wollüstigen Ziegenbock warten, der von Unzucht besessen ist [...] einsame Wesen, düster in ihren Träumen des Neides, des unbefriedigten Stolzes...“ (ebd.) In „Jupiter und Semele“ (1886) sind die zwei Seiten seines Weltbildes „wunderbar“ zum Ausdruck gebracht. Jupiter thront als jugendlicher Held der Musen und starrt in göttlicher Ergriffenheit ins Unendliche. Aus seinem Kopf blitzt es. Eine feuerrote Aureole bildet seinen Heiligenschein. Semele stürzt als verstoßener Engel mit erschrockenem Gesicht in den Abgrund. Semele war in der griechischen Mythologie die Tochter der Göttin der Eintracht Harmonia. Semele wurde von Zeus verführt, der sich ihr als Sterblicher näherte, und zeugte mit ihm Dionysos. Sie wollte ihn aber in seiner wahren Pracht als Gott sehen. Als Zeus ihrem Drängen nachgab und sich zeigte, wurde sie von seiner überirdischen, männlichen Schönheit wie von einem Blitz getroffen und verbrannte.

Aber Moreau taucht seine Gestalten in eine faszinierende Farben- und Formenpracht. Damit weist er weit über den Symbolismus hinaus. Er experimentierte mit der Wirkung der abstrakten Farbe.

Die Kunst des 19. Jahrhunderts hat ein widersprüchliches, dekadentes Weltbild

1. Das Herrscherbild dominiert die Kunst des 19. Jahrhunderts. Besonders klar bildet es sich in Frankreich bei David heraus. Bemerkenswert ist, dass ein überzeugter Jakobiner, der den König zum Tod unter der Guillotine verurteilte, schon wenige Jahre später Herrschaftsbilder malte, die in der Glorifizierung des Mächtigen alles Bisherige übertreffen. Neu ist auch die serienmäßige, industrielle Reproduktion der Napoleon-Glorifizierung, als Propaganda auf Flaschen, Tellern und Gefäßen, als Schlüsselanhänger und so weiter. Zwar hatte es Reproduktionen von Statuen und Amuletten auch schon unter Echnaton oder in der römischen Antike gegeben, aber nicht in dem Ausmaß, sondern allenfalls für die Elite. Die schnelle Wandlung Davids vom Saulus zum Paulus und dann vom Paulus zum Saulus ist nur durch zwei Faktoren zu erklären. Erstens ist das feudal-absolutistische Weltbild noch tief in ihm verankert, wie schon „Der Schwur der Horatier“ beweist. Zweitens – und das ist neu – wird in Frankreich ein Nationalismus entfacht, der zur Weltherrschaft strebt. Dieser Nationalismus wird aufs Innigste mit der Person Napoleons – und den Herrschern in seiner Nachfolge – verknüpft. Ingres und Delacroix tun sich hier hervor, Meissonier malte noch 1864 die glorreichen napoleonischen Feldzüge und wurde dadurch zum erfolgreichsten französischen Maler.

Aber auch in anderen Ländern regte sich Nationalismus – wenn auch zunächst in anderer Form. Das Herrscherbild der Kunst am preußischen Hof findet in den (Militär)-Legenden Friedrichs des Großen durch Adolph von Menzel seinen Höhepunkt. Vorausgegangen waren die Plastiken von Schadow und von Rauch.

Die Historienbild-Malerei erlebt in fast allen Ländern Europas eine neue Blüte. Nationale Geschichte – vor allem die des Mittelalters – wird aufgearbeitet und schön gefärbt. Große Männer, Kaiser, Könige und Fürsten bestimmen mit dem Schwert in der Hand die Bedeutung der Nation und des Volks (obwohl es im Mittelalter noch gar keine Nation oder eine Volksidentität gab). Es war schon immer so, behaupten die Bilder. Überall werden die bedeutenden Schlachten und die nationalen Mythen – wie in Deutschland die Nibelungensage – neu aufgearbeitet.

Damit geht Hand in Hand eine Idealisierung der Antike

und deren Mythen. Auch hier ist der Grund naheliegend. In der Antike wurde das Ideal männlicher Macht- und Kampfeskraft entwickelt und mit einem Überlegenheitsbewusstsein geistiger Größe verbunden. Auch hier behaupten die antikisierenden Bilder: Es war schon immer so, es wird immer so bleiben.

Die feudal-absolutistische Macht festigt ihren Einfluss durch den Ausbau bestehender und der Schaffung neuer Institutionen. Der absolutistische Herrscher bestimmt alles, machen nicht nur die Bilder von David, Delacroix, Ingres oder Meissonier klar. In Deutschland ist Friedrich der Große der Größte, danach kommen nicht nur in Preußen die Militärs. Die größten Dichter und Denker finden beim Plastiker Rauch gerade einmal unter dem Schweif des mächtigen Königsrosses Platz. Dass mit der dominierenden Rolle des Militärs auch die Gesellschaft ausgerichtet wird, zeigt das Berliner Paradebild von Krüger. Die Fürsten als Oberbefehlshaber stehen im Mittelpunkt. Die Elite der Stadt wohnt diesem Höhepunkt festlich gekleidet bei. Das ist etwas Neues: Die bessere Gesellschaft, das höhere Bürgertum wird in den Hofstaat einbezogen, das Bürgertum wird „feudalisiert". Das demonstriert auch das Bild von Menzel „Abreise König Wilhelms I. zur Armee am 31. Juli 1870". Die Staatsbürger jubilieren ihrem Oberhaupt zu. In der Hierarchie des feudal-absolutistischen Staates bekommen die Einzelnen ihre Rolle in der Rangordnung zugewiesen – wer diese Rangordnung missachtet, stirbt den „sozialen Tod". Die Staatsbeamten, das Bürgertum hat dabei mehr zu verlieren als ihre „goldenen" Ketten in diesem Machtgefüge. Das gilt nicht nur für die sozial privilegierten Stände der Akademiker, Pfarrer, Lehrer oder Ärzte. Das gilt auch besonders für die geistige Elite – und für die Künstler. Die eingerichteten Königlichen Akademien, Salons oder jährliche Kunstausstellungen bestimmten über den Erfolg eines jeden Einzelnen. Es war fast unmöglich, außerhalb dieser Institutionen bekannt zu werden, Karriere zu machen und Geld zu verdienen. So wurden auch viele Künstler in den Adelsstand erhoben: Franz von Lenbach, Franz von Stuck, Adolph von Menzel, Carl Theo-

dor von Piloty, Fritz von Uhde, Anton von Werner. Die Liste lässt sich fortsetzen.

Der Psychoanalytiker Erdheim schreibt: „Je integrierter aber das Individuum in die Machthierarchie ist, desto unmöglicher wird es für es, Unbewusstes, das mit seinen Größen- und Machtphantasien verknüpft ist, zu erkennen. [...] Zu den wesentlichen Voraussetzungen für die Entdeckung des Unbewussten durch Freud gehörte daher die Auflösung einer ganzen Reihe mit Prestige besetzter Rollen, darunter auch die des Psychiaters, Arztes und Akademikers. Diese Auflösung erlebt das Individuum als ›sozialen Tod‹." (Erdheim, S. 76) Das hat sehr große Auswirkungen für den künstlerischen Schaffensprozess, denn „[...] im Rahmen jener Institutionen fallen diese sogenannten Ich-Funktionen weg[...]." (ebd). Die Integration des Künstlers in die Machthierarchie sorgt für die Uniformität der inhaltlichen Aussagen zugunsten der bestehenden Ordnung. Kritiklosigkeit sowie die Übernahme der nationalistischen oder religiösen Illusionen bestimmen die Inhalte des Künstlers als „institutionalisiertem" Individuum. Diese vor allem unbewusst wirksamen Mechanismen der Macht auszuschalten bedeutet, die Regeln der Institutionen zu erkennen und sich ihnen zu widersetzen. Das schafften aber erst die französischen Impressionisten (und auch sie nur teilweise).

2. Die gleichschaltende Wirkung der Hierarchien in den Institutionen gilt auch für die religiösen Institutionen. Besonders die katholische Kirche verklärt die Abhängigkeit von König und Institutionen religiös und zielt auf die Unterordnung – wenn nicht auf die Vernichtung des Ich. In den Kriegswirren schon zu Beginn des Jahrhunderts und bei den folgenden Hungersnöten in ganz Europa waren die Menschen dem Geschehen hilf- und schutzlos ausgeliefert. Traumatisierungen, andere seelische Schädigungen und der Verlust von Ich-Funktionen waren die Folgen. Ihnen blieb gar nichts anderes übrig, als sich unter den Schutz der staatlichen Institutionen und der Kirche zu begeben. Sie hofften auf die Sicherheit und Geborgenheit „höherer Mächte". Das erklärt das Wiederauf-

leben der Religiosität in ganz Europa und den durchschlagenden Erfolg der Nazarener und anderer religiöser Bewegungen in ganz Europa wie der Präraffaeliten. In Frankreich hatte schon Napoleon ein erneutes Bündnis mit der katholischen Kirche geschlossen, um Unterstützung für seine Expansionspolitik zu erhalten. Andere Königs- und Fürstentümer eiferten ihm in der Folgezeit nach, um ihre Positionen zu stärken. Jede Religion verklärt die Machtverhältnisse der Hierarchien bestehender gesellschaftlicher Ordnungen als Willen einer „höheren Ordnung". Insofern kann in Europa besonders der Katholizismus als eine wesentliche Stütze des Feudaladels bezeichnet werden. Die Künstler stellen die jeweiligen Herrscher als Götter dar (David, Ingres, Delacroix). Die religiös-pompöse Feierlichkeit der Krönungszeremonie Kaiser Wilhelms I. von Adolph von Menzel wird von keinem religiösen Bild übertroffen.

3. Aus der Dominanz des feudal-absolutistischen Staats mit seinen Hierarchien und Institutionen leitet sich auch der Geniekult ab. Gott, König, Papst, Priester. Der Künstler wird Priester, Darsteller des Transzendenten, des Unerklärbaren. Er allein soll die göttliche Ordnung intuitiv erfassen können. Es ist ein seit der italienischen Renaissance und dem Manierismus zu beobachtendes Phänomen: Die Kunst wird Ersatzreligion, der Künstler-Kult verklärt den Einzelnen als Genie. Jetzt wird diese Ersatzreligion aber noch stärker mystisch und teilweise nationalistisch verklärt.

Der romantische Philosoph Friedrich Wilhelm Joseph Schelling versucht eine religiöse Ästhetik auszuarbeiten. Er will mit „›genialer Intuition‹ das Absolute" erfassen. Wie soll die „geniale Intuition" Gott, das Unfassbare, „begreifen" können? Dazu kann er natürlich keine Gebrauchsanleitung liefern. Schelling: „Der Künstler scheint in seinem Werke außer dem, was er mit offenbarer Absicht darein gelegt hat, instinktmäßig gleichsam eine Unendlichkeit dargestellt zu haben, welche ganz zu entwickeln kein endlicher Verstand fähig ist." (zit. n. Katalog 2005, S. 22) Instinktmäßig soll der Künstler eine Unendlichkeit erfassen. Schelling sagt selbst, dass dazu

kein „endlicher Verstand" fähig ist. Was zeichnet den „unendlichen Verstand" des Künstlers aus? Wie er das Unendliche endlich darstellen will – dazu noch auf einer zweidimensionalen Leinwand – bleibt Schellings Geheimnis. Aber das soll alles dazu dienen, „jene Heiligkeit und Reinheit der Kunst" zu begründen.

Ein Widerspruch zwischen der geistigen Elite und der unzurechnungsfähigen Masse wird konstruiert. Schopenhauer behauptet, dass die Erkenntnis der Welt „nur dem Genius" in einer genialen Stimmung erreichbar sei. Wahre Kunstwerke würden „der stumpfen Majorität der Menschen ewig verschlossene Bücher" bleiben. Genie versus stumpfe Majorität, das entspricht nach Schopenhauer dem Unterschied zwischen der Würde des Fürsten und dem Pöbel. (zit. n. Erdheim, S. 58) Schopenhauer atmet noch die fürstliche Luft der Höfe. Ein Kult des Genies wird aufgebauscht, um das Erfassen des Unendlichen, Heiligen, Unfassbaren, Göttlichen „verständlich" zu machen. Der Geniekult ist ein Abglanz des Herrscher- und Gotteskults. Er behauptet die Wahrheit und Realität der Bilder; eine Scheinwelt des Gott-Kaisers und Gott-Künstlers durchweht die Paläste und die Ateliers.

4. Das Ich, das Individuelle, die Möglichkeiten freien, demokratischen Lebens bleiben auf der Strecke. In einem Punkt sind sich die Maler der höfischen Gesellschaft mit ihren Porträts, die Schlachten- und Historienmaler einig: Es ist die Kunst für den männlichen Herrscher, die der Macht, der Ordnung, der Institutionen. Allenfalls kündigt ihr Pathos, ihr übertrieben glanzvoller Stil von einer inneren Leere. Ein überladenes Dekor soll die Morbidität und Dekadenz verdecken. Die Darstellungen der Gottes-Herrscher und anderen religiösen Heiligen sollen erreichen, dass die Betrachter in Demut erstarren. Nietzsches Übermensch wird geboren.

Und es ist eine Malerei der Idealisierung des Krieges und des Kampfes. Napoleon steht für Frankreichs, Friedrich der II. für Deutschlands Größe, für ein einig Vaterland. Auch wenn Böcklin, Klinger oder Leibl den Krieg auch als grausam und Leichen produzierend schildern, für sie ist das Leben zugleich grausam und lustvoll. Es ist Nietzsches Wille zur Macht. Dionysos erscheint als Symbol der Dekadenz der Stärke im Gegensatz zur intellektualisierenden Vernunft und demokratischer „Gleichmacherei". Böcklin will die Instinkte befreien. Er hat damit die gleiche Ambition wie zum Beispiel der Komponist Wagner, beide verstricken sich mit ihren dämonisch-lustvollen Instinkten nur noch tiefer. Dionysos steht für „Sinnlichkeit und Grausamkeit", für die durch Triebe gesteuerte Naturkraft..

Der Idealisierung der Macht und der Mannestugenden steht die Dämonisierung der Frau gegenüber. Natürlich nicht überall. An der Seite des weltlichen Würdenträgers wird als Dekoration auch die sittsame Gattin dargestellt. Oder die Biedermeier-Künstler zeigen die Bauersfrau tief versunken in religiöser Andacht, beim Stricken oder bei der Fürsorge für die Kinder. Aber ansonsten ist auffällig, die Frau für die Grausamkeiten der Welt verantwortlich zu machen. Die Büchse der Pandora wird weit geöffnet. Das Weib ist schuld, haltet die Diebin, hallt es. Einerseits suchten die Symbolisten das unfassbare Heilige, das Erhabene zu idealisieren, andererseits dämonisierten sie Frauen mit ihrer „teuflischen Verführung", die dem Mann Tod und Verderben bringe. Die gesellschaftlichen Zwänge dieser Zeit führten zur Verdrängung und Unterdrückung der Sexualität und zu einer gespaltenen Moral.

Die Frauen werden für das Unrecht in der Welt verantwortlich gemacht, obwohl sie nichts zu sagen haben. In einem Zeitalter der größten Unterdrückung der Frau – Frauen sind von fast allen öffentlichen Institutionen und bedeutenden Positionen oder höheren Bildungsmöglichkeiten ausgeschlossen – ist dies auf den ersten Blick verwunderlich. Die Frau ist Hüterin des Hauses, der Kinder oder Sexualobjekt. Und als solches wird sie auch von den Künstlern gebraucht. Als Madonna von den Nazarenern angebetet, verklärt von den Präraffaeliten, toben die Symbolisten ihre Sexualfantasien aus. Allesamt finden sie kein realitätsgerechtes Bild der Frau. Sie bekommen damit aber auch keinen Zugang zu ihrer eigenen Ge-

schlechtlichkeit und zu einem demokratischen Miteinander.

Bocola schreibt über die „sinnlichen" Bilder der Symbolisten: „Die Liebe ist ihnen das schlechthin Verbotene, der nie wieder gutzumachende Sündenfall, doch verwandelt ein romantischer Satanismus diese Sündhaftigkeit selbst in eine Quelle der Wollust: die Liebe ist nicht nur an und für sich das Böse, ihr höchster Genuss besteht gerade im Bewusstsein, das Böse zu tun. In der Sympathie mit der Prostituierten, der »femme fatale« und der »großen Hure«, die in den Gestalten der Messalina, der Judith, Kleopatra oder Salomé auftritt, äußert sich nach Hauser die gleiche gehemmte, mit dem Gefühl der Schuld belastete Beziehung zur Liebe: »Die Prostituierte ist die Entwurzelte und Ausgestoßene schlechthin, die Rebellin, die sich nicht nur gegen die institutionelle bürgerliche Form der Liebe, sondern auch gegen ihre »natürliche« seelische Form empört ... Sie ist kalt inmitten der Stürme der Leidenschaft, sie ist und bleibt die überlegene Zuschauerin der Wollust, die sie erregt, sie fühlt sich einsam und teilnahmslos, wo andere fühlen und sich berauschen – sie ist, mit einem Wort, die Doppelgängerin des Künstlers. Aus dieser Gefühls- und Schicksalsgemeinschaft erwächst das Verständnis, das die Künstler der Dekadenz ihr entgegenbringen. Sie wissen, wie sie sich selber prostituieren, wie sie ihre heiligsten Gefühle preisgeben und wie billig sie ihre Geheimnisse hergeben." (Bocola, S. 107/108)

Das Landschaftsbild erfüllt verschiedene Funktionen. Einerseits ist es Flucht aus einer als widersprüchlich und ungerecht empfundenen gesellschaftlichen Wirklichkeit wie schon in der holländischen Malerei des 17. und 18. Jahrhunderts. Der Künstler sucht Ruhe und Ausgeglichenheit und glaubt sie nur in der Natur zu finden. Andererseits erfüllt das Landschaftsbild aber auch patriotische Funktionen und soll die Liebe zum deutschen Wald wecken. Insbesondere in den Märchen-Landschaftsbildern von Moritz von Schwind wird deutsches Brauch- und Volkstum aufbereitet. Das Kindermärchen der Biedermeierzeit ist nationale Erbauungskunst für

Erwachsene. Die kindlichen Größenwahn- und Machtfantasien können Künstler und Betrachter in märchenhaft verschleierter Form ausleben.

Der Mystizismus der Symbolisten vor allem am Ende des Jahrhunderts spitzt die Widersprüche zu. Alles bleibt unbestimmt, wie von fernen Mächten gelenkt. Diese dämonischen Gewalten entfalten ungeahnte Kräfte. Alles wird unfassbar, unbegreifbar, durchweht vom Wind der Ewigkeit. Die Symbolisten legen sich nicht fest, wollen nicht Erkennbares gestalten, sie suchen nach den Mysterien des Seins. Sie wollen mit Unbekanntem und Übersinnlichem verrätseln. Sie wollen eine neue Welt aus Traumbildern, aus Erahntem, Gefühltem gestalten. Es sind düstere Ahnungen vom Weltuntergang. „In den apokalyptischen Untergangsphantasien erkennen wir nun eine kulturelle Prägung, in der die aggressiven Strebungen zwar bewusstseinsfähig werden dürfen, aber lediglich in einer so entstellenden Form, dass sie gegen die herrschenden Verhältnisse nichts ausrichten können. Die aufgestaute Kulturfeindschaft kommt in der Vorstellung, dass die Welt untergeht, auf ihre phantastische Rechnung [...], aber die dabei auftauchenden Ängste sowie die verzweifelte Anlehnung an eine transzendente Macht wirken sich derartig lähmend aus, dass davon nur die Herrschaft profitiert." (Erdheim, S. 330)

Die Dekadenz wird als Geistesadel verklärt: Die Künstler künden von der Auflösung der Zivilisation. Es ist aber „nur" das Ende einer geschichtlichen Epoche. Der Feudal-Absolutismus erweist sich als überholt, seine Kultur als dekadent. Historiker sprechen gern von einer fin-de-siècle-Stimmung am Ende des 19. Jahrhunderts. Dem ist nur bedingt zuzustimmen. Das ganze Jahrhundert prägt eine Endzeitstimmung. Schon in Caspar David Friedrichs Bildern ist überall der Tod enthalten. Das Jahrhundert endet mit der schicksalhaft-dämonischen Stimmung von Böcklins Toteninsel. Dieses Bild hatte später zwei prominente Liebhaber: Es war ein Lieblingsbild von Lenin und Hitler. „Die Toteninsel" thematisiert den Verfall und erhebt die Stimmung des Niedergangs zu einer erhabenen Größe, feiert Dekadenz, Tod und Vergänglichkeit.

Die Grundwerte des gesellschaftlichen Lebens werden als gefährdet dargestellt. Statt aber die Macht und nationalistischen Größenwahnfantasien als gefährlichen Weg in die Sackgasse zu diagnostizieren, steigert man sich noch intensiver in sie hinein. Die europäischen Führungsschichten rüsten geistig und militärisch auf. Die Militarisierung nahm einen jeden geschichtlichen Vergleich sprengende Dimension an. In der Ideologie der Zeit führte der drohende Herrschaftsverlust zur Ausbreitung der Melancholie und zum einer widersprüchlichen Angst, die sich in Lebensüberdruss und Todessehnsucht einerseits, andererseits in Größenwahn und romantisierendem Geistesadel äußerte.

Das Vorwort zur ersten umfassenden Symbolisten-Ausstellung in Paris 1892 zeigt die Zerrissenheit, wie sich die Künstler gegen eine hereinbrechende Moderne stemmten: „Die Menschheit, oh Heiland, wird immer zu deiner Messe gehen, wenn die Priester Bach, Beethoven, Palestrina sind. Elende Moderne, ihr werdet nie siegen, der heilige Georg tötet immer von neuem das Ungetüm, und das Genie, das Schöne, wird immer Gott sein. Brüder in der Kunst, ich lasse den Kriegsruf erschallen, bilden wir eine heilige Schar zur Rettung der Idealität. Wir sind wenige gegen alle, doch die Engel kämpfen mit uns. Wir haben keinen Führer, aber die alten Meister leiten uns dem Paradies entgegen." (Bocola, S. 103) Dieses Vorwort macht deutlich, worum es geht: die Rettung der Idealität, das Genie, das Schöne, Engel, Gott. Das sind Synonyme. Der heilige Georg schützt vor Gefahren im irdischen Jammertal: Das Heilige kämpft gegen das Schlechte, das Geistige kämpft gegen das Materielle. Hier ist die Rangordnung idealisiert, die das feudale Regime kennzeichnet: Gott, König, Genie, Künstler.

Beat Wyss verdeutlicht am Beispiel der Nazarener, dass ihre religiöse Schwärmerei und ihre Sehnsucht zurück zum angeblich widerspruchsfreieren Mittelalter auf drei Ursachen zurückzuführen sei:
In sozialer Hinsicht reagieren sie auf die Entwicklung zur Moderne, „weg von der Hofkultur, hin zu einer Kultur

in den städtischen Metropolen" mit Ablehnung. „Die romantischen Künstler reagieren so auf den Rückzug der traditionellen Auftraggeber und den Verlust der tradierten Aufgaben der Kunst."

In formaler Hinsicht versuchen sie den durch Aufklärung und Industrialisierung entleerten Formenschatz der Kunstgeschichte mit religiösen ästhetischen Reliquien neu aufzuladen.

In ökonomischer Hinsicht ist die „Romantik eine Antwort auf die Entlassung des Künstlers aus dem Hofdienst. Er ist freigesetzt und soll als unternehmerischer Existenzgründer jetzt für sich selbst sorgen."

Beat Wyss zieht den Schluss: „So leben die Nazarener ein Paradox: Sie genießen eine Autonomie, gegen die sie sich auflehnen. [...] Ihr Wahn ist zugleich Revolte gegen die für kalt empfundenen Ergebnisse der Aufklärung." (ebd. S. 156) Die Künstler insgesamt des 19. Jahrhunderts sehen sich in diesem Dilemma. Die Ideologie der feudalaristokratischen Ordnung ist brüchig geworden; Versuche mit neuer religiöser Inbrunst oder nationalistischer Mystik die Risse zu kitten, erweisen sich als Rückzug – in die Kunst des Mittelalters, die Mythologie oder in den Elfenbeinturm.

Eine neue Epoche kündigt sich an

Nicht alle Künstler schwammen im Strom der Zeit. Vor allem Jean-François Millet, Gustave Courbier und Honoré Daumier thematisieren auch die sozialen Widersprüche in der Gesellschaft und rücken häufiger den „vierten Stand", die Arbeiterschaft, in den Bildmittelpunkt. Vor allem diese drei Künstler gelten als Begründer eines sozial engagierten Realismus. Jean-François Millet (1814 - 1875) bleibt am stärksten noch traditionellen Werten verpflichtet. Er lernte das Handwerk im Atelier des Historienmalers Delaroche und startete seine Karriere, indem er Porträts, Genrebilder und galante Szenen im

Stil des Rokoko malte. Vor allem für seine antikisierenden Werke wie „Daphne und Chloe" (1845) oder „Ödipus" (1847) wurde er spöttisch kritisiert. Doch dann wandelte er seinen Stil und gestaltete in graubraunen, erdigen Tönen das harte Leben der Landbevölkerung. Er idealisierte die Bauern nicht, er zeigte sie als schwer schuftende Landarbeiter. Besonders sein im Salon von 1857 ausgestelltes Bild „Die Ährenleserinnen" fand das Lob der Kritik. Die drei bückend arbeitenden Frauen wurden als „Schicksalsgöttinnen der Massenarmut" bezeichnet. Fortan stehen „einfache Menschen" im Mittelpunkt: „Die Bohnenpflückerin", „Die Näherin", „Der Holzhauer", „Die Binder", „Der Sämann". Er freundete sich mit Théodore Rousseau an, dem Gründer der Schule von Barbizon, in der sich die ersten Freilichtmaler zusammenfanden. 1858 erhielt er vom Papst den Auftrag „Die Unbefleckte Empfängnis" zu malen. Das Bild fand nicht die Zustimmung des Auftraggebers, der es mit den Worten ablehnte: „Diese Franzosen können nicht mehr die Madonna malen." Millet hatte Maria als naive Bäuerin aufgefasst. An religiösem Empfinden mangelte es dem Künstler nicht; so hatte er die Bibel als „das Buch der Maler" bezeichnet. Trotz seiner sozialen Anteilnahme ist sein Werk nicht frei von religiöser Mystik.

Auch Gustave Courbets (1819 - 1887) Werk ist widersprüchlich. Er, Sohn eines Gutsbesitzers, begründete einen nüchternen aber dennoch romantisierenden Realismus. Schon zu Lebzeiten wurde er als der „erste sozialistische Maler" gepriesen. Das sorgte für schroffe Ablehnung beim Establishment und für begeisterte Bewunderung der Opposition. Eduard Beaucamp kennzeichnete ihn treffend: „Rebell von 1848, Klassenkämpfer und Kommunarde von 1871 und zugleich inwendiger, zeitvergessener und weltabgewandter Melancholiker, realistischer Programmmaler und zugleich bedeutungsschwangerer Symbolist und Romantiker, auftrumpfender Egozentriker und zugleich ein Maler, dessen sinnlicher Furor aufgeht und geradezu verlöscht in der distanzlosen Hingabe an Naturphänomene, schließlich ein Künstler, der alle Stilbegriffe sprengt und die Bildsprache permanent modifiziert."

(FAZ vom 18. 10. 2010) Sein Gemälde „Begräbnis in Ornans" (1851) wurde von der Öffentlichkeit abgelehnt, weil es durch seine nüchterne Darstellung die religiösen Gefühle verletze. Der Schriftsteller Silvestre nannte es ein schwarzes Arkadien der Kohlenschlepper. Nicht Prunk und Feierlichkeit wird präsentiert: Alltag in der Provinz. Es zeigt die eingeübte, gestelzt wirkende Würde der Geistlichen, die trauende Familie, die Bauern in ihren schlichten schwarzen, ärmlichen Anzügen aber auch die Geschwätzigkeit der Dorfbewohner. Courbet verachtet die Salonkunst, die schön malt und nur Sonntage und Feiertage kennt. Im „Das Atelier des Künstlers" (1855) gibt er sich als Sozialist zu erkennen und nimmt gegen die reaktionäre Regierung Stellung. Er malt sich selbst in den Mittelpunkt. Courbet kommentiert sein Bild: „Rechts sind die Beteiligten, also die Freunde, die Arbeiter, die Kunstliebhaber. Links ist eine andere Welt dargestellt, die des trivialen Lebens, das Volk, das Elend, die Armut, der Reichtum, die Ausgebeuteten, die Ausbeuter..." (zit. n. Masanès, S. 48) Die Freunde sind der Sozialist Pierre Joseph Proudhon, die Schriftsteller Jules Champfleury, Max Buchon und Charles Baudelaire und sein Förderer und Mäzen Alfred Bruyas. Seine Verbundenheit mit den einfach arbeitenden Menschen belegen Werke wie „Die Steinklopfer" (1849) „Bauern aus Flagey kehren vom Markt zurück" (1850), „Die schlafende Spinnerin" (1853) oder „Die Kornsieberinnen" (1854).

„Der Ursprung der Welt" (1866) zeigt das Aktbild in bisher nicht gewagter Kühnheit. Es ist für den kurzsichtigen Voyeur bestimmt: Der osmanische Diplomat Khalil Bey ergötzte sich daran in seinem Hinterzimmer. Sein letzter Besitzer, bevor es in den Louvre kam, war der Psychoanalytiker Jacques Lacan, den das sexuelle Begehren und die erotische Sublimation bei Courbet begeisterte. Der Maler schwelgt in der Darstellung seiner Frauen als Schlafende, träumende Frauen oder im postkoitalen Schlummer. Immer sind sie sich enthüllende Freudenspenderinnen, eingebettet in Natur: „Die Mädchen am Ufer der Seine" (1856/57). Der Maler geht in seinen Modellen auf. Aber das sind keine Göttinnen der Liebe mehr, es sind Liebende. Das missfiel nicht nur Eugène Delacroix, der kritisierte: „Die Vulgarität der Formen würde nichts ausmachen; es ist die Vulgarität und die Bedeutungslosigkeit des Gedankens, die so abscheulich sind. Und wenn, bei alledem, die Idee und welche auch immer we-

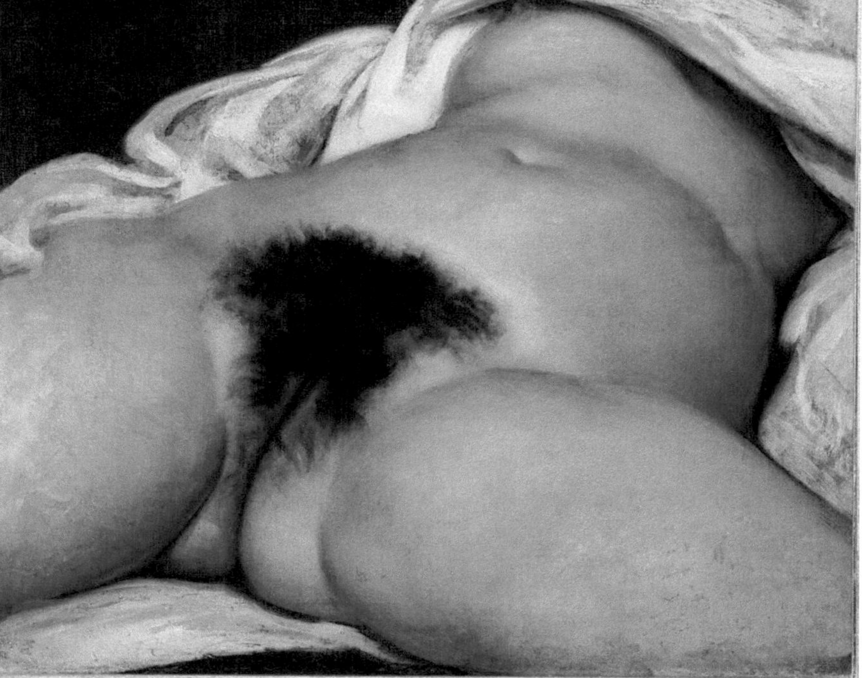

Abb. 161: Gustave Courbet, Der Ursprung der Welt, 1866, Öl auf Leinwand, 46 x 55 cm, Musée d´Orsay, Paris, public domain

nigstens klar wäre!" Courbet kann mit den glatten und idealisierenden Akten der akademischen Malerei nichts anfangen, er will die Natürlichkeit realistisch einfangen. Die Liebe ist für ihn eine Gabe der Natur.

Courbet ist Narzisst. Er versteht sich als Genie – darin ganz herkömmlichen Kunstvorstellungen befangen. Er sieht sich von seinem Freund Proudhon bestätigt, der Künstler als soziale Propheten idealisiert. Courbet ist überzeugt: „Ich habe [...] das vollkommene Glück gefunden; Verdruss ist mir unbekannt (Und wenn schon! Ohne Qualen kein Genie!); ich liebe die Dinge für das, was sie sind, und lasse jedes einzelne zu meinen Gunsten geraten. Weshalb sollte ich in der Welt zu sehen trachten, was in ihr nicht ist, und durch Anstrengungen meiner Einbildung etwas verformen, was sich in ihr findet? Manche Leute hassen Hunde : wieso? Ich achte sie nach ihrem Wert; ich erkenne jedem Wesen seine natürliche Funktion zu und gebe ihnen in meinen Bildern eine angemessene Bedeutung; ich lasse sogar die Steine denken. Ich schätze nichts gering. Begegne ich heute einer Frau, die mit einer Eigenschaft begabt ist, genieße ich sie; und morgen wechsle ich wegen einer anderen Eigenschaft zu einer anderen." (zit. n. Metken, S. 62 f.)

Courbet strebt eine Harmonie an, er sucht den Einklang von Körper und Natur, er bemüht sich um eine realistische Innenansicht der Natur. Er liebt die Landschaft als weibliches Wesen. Viele sehen in seinen dargestellten Schluchten, Grotten und Tälern einen erotischen und sexuellen Symbolismus. Er taucht in die Landschaft ein, küsst sie toniger Farbigkeit wach. Er beseelt die Landschaft, wird dabei aber nicht mystisch. Es ist ein Erschaffen, ein Entstehen der Welt im Feuchten. In vielen seiner Bildern schlängeln sich Bäche, Wasser schäumt in der Woge auf, es quillt aus Grotten. „Stürmisches Meer" (1869-70): Er thematisiert die Wildheit des Meeres, ist begeistert von entfesselten Naturgewalten, archaischen Kräften. Er dramatisiert die expressiv aufschäumenden Wellen, Wolken ballen sich am Horizont. Courbet spachtelte die Farbe pastos auf die Leinwand, nuancierte mit dicken weißen Farbaufträgen, modelliert mit Blau-Grün-

Braun-Tönen. Der Materialist lauscht der Natur liebend die Vielfältigkeit ab: Die Welt ist schön. Er gestaltet einen Blutkreislauf der Natur. Er selbst staunt über das Sichtbare.

Courbets Kritik am Akademismus, an den künstlerischen staatlichen Institutionen ist hoch aktuell. Auch der politische Rebell hat keineswegs ausgedient, betont Beaucamp: „Die gesellschaftlichen Konflikte, die ihn umtrieben, sind nicht überwunden, sondern haben sich verlagert und globalisiert. Die Krise der Natur ist heute dramatisch. In einem offenen Brief an seine deutschen Künstlerfreunde (und das deutsche Heer) beschwört Courbet 1870 eine ›europäische Republik‹, um nationale Konflikte auszuschließen, und erinnert daran, dass der Kampf für die Freiheit der Kunst auch ein Kampf für die Freiheit der Völker gewesen sei." (FAZ vom 18. 10. 2010)

Ihn allerdings wegen seiner politischen Ansichten als sozialistischen Maler zu bezeichnen, führt zu weit. Er nimmt die sich abzeichnenden industriellen Umwälzungen nicht zur Kenntnis. Er zieht sich in das naturalistische, realistische und zugleich expressive Landschaftsbild zurück. Teilweise ist er noch der akademischen, traditionellen, der höfisch-aristokratischen Malerei verbunden, wie die vielen Werke mit Jagdszenen, die nicht kritisch hinterfragt werden, beweisen. Courbet war eben auch Gutsherr und begeisterter Jäger. Er ignoriert das städtische Leben mit den sozialen Konflikten.

Honoré Daumier besticht durch radikalliberale Humanität
Honoré Daumier (1808 - 1879) dagegen ist der erste prominente Kritiker der sozialen Missstände des Industriezeitalters. Seine Waffe ist die Karikatur. Er bekennt sich bedingungslos zu den Idealen der großen französischen Revolution: „Freiheit, Gleichheit, Brüderlichkeit". Seine Grundhaltung ist eine radikalliberale Humanität. Seine beißende Kritik richtet sich gegen den monarchistischen Obrigkeitsstaat, gegen die unmenschliche Gewalt, mit der die absolutistisch-monarchische Unterdrückung aufrecht erhalten wird. Er huldigt dem

Ideal der Gewaltlosigkeit und Friedfertigkeit mit einer großen Liebe für den einfachen Menschen – hier steht er ganz in der Tradition von Francisco Goya. Dabei registriert er mit wachem Blick auch die Schwächen des Kleinbürgers und bedient sich des künstlerischen Repertoires von William Hogarth. Daumier nimmt entschieden Partei für den neuen vierten Stand, für die Arbeiter. Er lässt die Zigeunerromantik hinter sich und kritisiert die raue soziale Wirklichkeit. Daumier arbeitet für die satirischen Zeitschriften „La Caricature" und „Le Charivari". In mehr als 4000 Lithografien und über 1000 Holzschnitten macht er sich über Politiker, Juristen, Ärzte und das Spießbürgertum lustig. Einen Vorteil gegenüber Goya und Hogarth hat Daumier: Er kann sich über die Zeitschriften an ein Massenpublikum wenden.

„Er kämpft für die Freiheit und gegen den Zwang der Gesetze: gegen die Gesetzgeber, Monarchie und Parlament, gegen die Unterdrückung der Presse, gegen Kirche und Obrigkeit, gegen den Zwang im Leben, aber auch gegen den Zwang in der Kunst, gegen Akademie und Klassizismus." (Wikipedia) Daumier verdeutlicht, dass die Idealisierung der Antike eine verlogene Verherrlichung der Bildungsbürger mit Biedermeiergenügsamkeit ist. Er gibt die Vorstellungswelten dem Spott und dem Witz

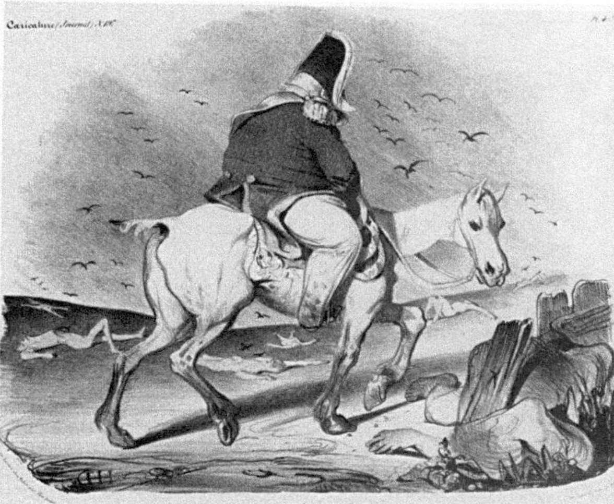

Abb. 162: Honoré Daumier, Ritt durch die geschäftige Bevölkerung, La Caricature 14.8.1834 D.82 H.D.267, public domain

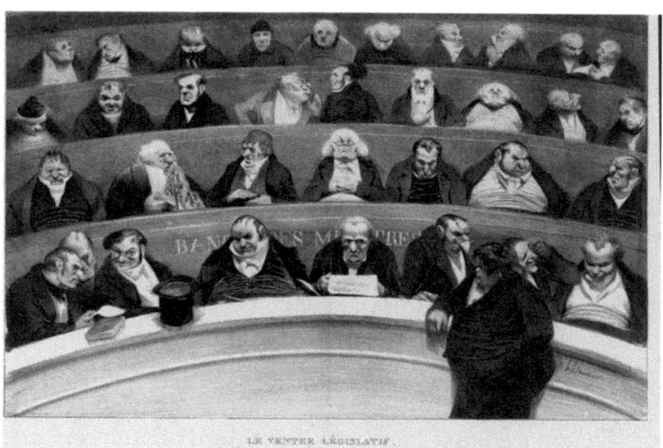

Abb. 163: Honoré Daumier, Die legislative Versammlung, um 1855, Lithografie, 28,2 x 43,5 cm, public domain

preis. Ein Greis mit Zipfelmütze, ein Bauerngesicht mit Klobennase und Breitmaul glotzt stillvergnügt, die Hände gefaltet, auf das Rokokobild eines busenfrohen Mädchens. Er zeigt die komische Seite des gemeinen Spießbürgerlebens und das Lächerliche der Bürokraten, Juristen und Professoren. Die Vereinnahmung der antiken Ikonografie durch die Bourgeoisie macht Daumier lächerlich: Er zieht dem Kleinbürgertum die falschen Masken ab und zeigt sie in erbärmlichen Alltagsszenen.

Daumiers Werk liest sich wie die Geschichte Frankreichs im 19. Jahrhundert aus der Sicht der Unterdrückten. In „Masken von 1831" kennzeichnet er führende Politiker als gerissen, hämisch auf den eigenen Vorteil bedacht, sein Monarch Louis-Philippe erscheint als Birne, über 170 Jahre später wird der deutsche Kanzler Kohl mit gleichem Symbol karikiert. Diese Karikatur brachte Daumier eine Gefängnisstrafe von sechs Monaten ein. 1832 zeichnet er die in gesellschaftlich führende Positionen gelangten Großbürger als „Sehr demütige, sehr unterwürfige, sehr gehorsame und vor allem sehr gefräßige Untertanen". 1834 lässt er den Monarchen Louis Philippe durch eine mit Leichen gepflasterte Landschaft reiten.

Er wird von hinten als unsympathisch und fett charakterisiert. Teilnahmslos registriert er die Toten und das Lei-

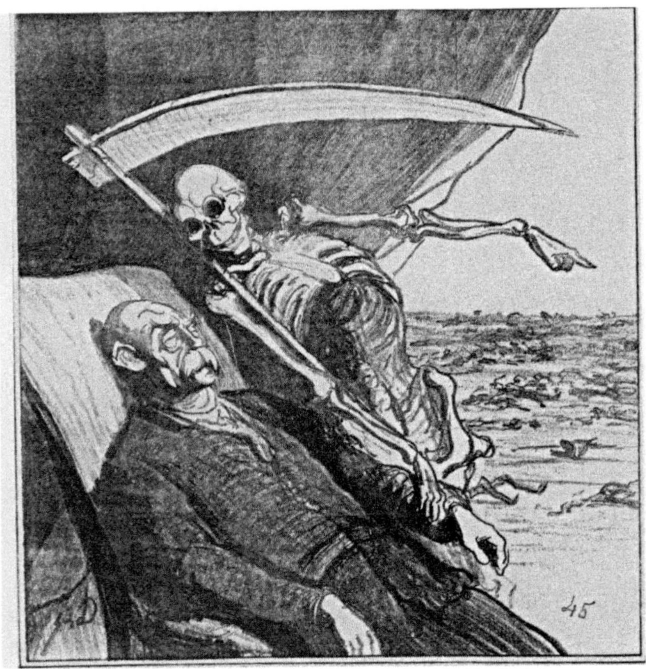

Abb. 164: Honoré Daumier, Ein Alptraum des Herrn von Bismarck – Danke!..., Le Charivari 22.8.1870, Lithografie, public domain

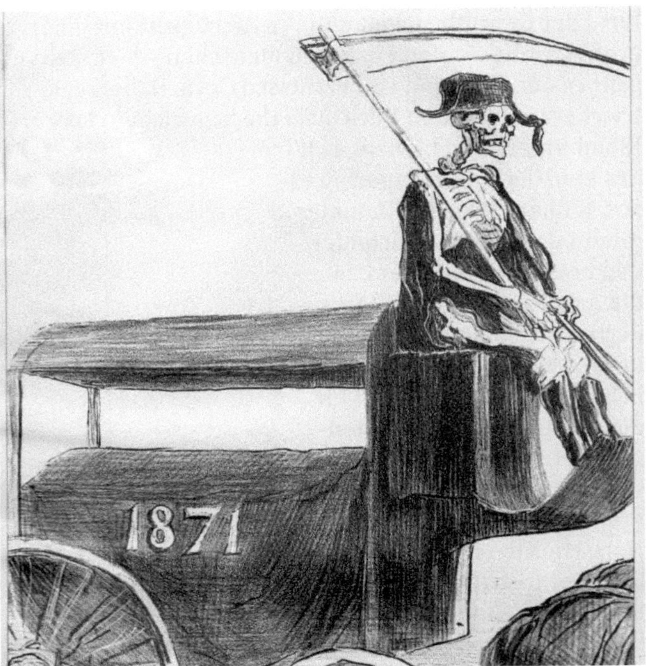

Abb. 165: Honoré Daumier, Maudite! Das verfluchte Jahr, Le Charivari 1.1. 1872, Lithografie, public domain

den. Der Titel lautet: „Ritt durch die geschäftige Bevölkerung. Das ist ein Schlag gegen die idealisierende Hofmalerei, wie sie noch von Ingres oder Delacroix betrieben wurde. In der Schilderung vom Massaker in der „Rue Transnonain" (1834) rückt er einen offenbar im Schlaf ermordeten Bürger in den Bildmittelpunkt, um ihn herum liegen gemeuchelte Frauen, Kinder. Die Regierung hatte eine Strafaktion nach einem Aufstand angeordnet; es traf offenbar Unschuldige, nicht am Aufstand beteiligte. In „Die Ehre des Pantheons" zeigt er, wo er die führenden Politiker, die Aufstände in Lyon und Paris mit vielen Toten niedergeschlagen hatten, am liebsten hängen sähe: am Galgen, allen voran der Justizminister Jean-Charles Persil und der Präsident Adolphe Thiers.

1835 wird die Pressefreiheit stark eingeschränkt, 1837 die Zeitschrift „La Caricature" verboten. Daumier nutzt

die im damaligen Paris durch Theaterstücke sehr populäre Figur Robert Macaire zu seinen Angriffen auf die regierende Finanzoligarchie. Macaire hatte sich von einem kleinen Gauner zu einem großbürgerlichen Fianzbetrüger emanzipiert. Karl Marx schrieb dazu: „Die Julimonarchie war nichts als Aktien-Kompagnie zur Ausbeutung des französischen Nationalreichtums, deren Dividenden sich verteilten unter Minister, Kammern, 240 000 Wähler und ihren Anhang. Louis-Philippe war der Direktor dieser Kompagnie – Robert Macaire auf dem Throne."

Nach der Februarrevolution 1848 muss Louis-Philippe abtreten. Daumier sieht schon die Freiheit mit der Jakobinermütze triumphieren, die Zweite Republik wird ausgerufen. Im Juni wird dann aber ein Aufstand Pariser Arbeiter blutig niedergeschlagen, 3000 werden getötet, 10 000 inhaftiert. Ende des Jahres landet Louis Napo-

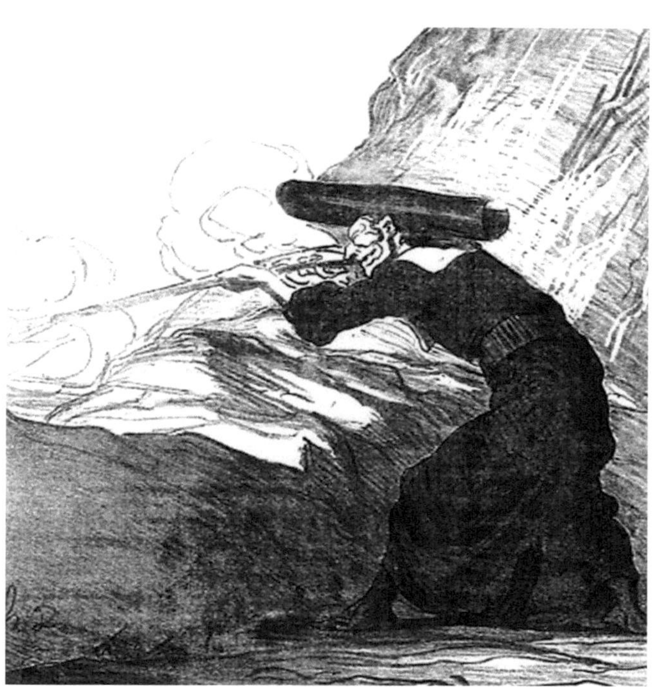

Abb. 166: Honoré Daumier, In Spanien – Christliche Nächsten-liebe, Le Charivari 29. 5. 1872, Lithografie, public domain

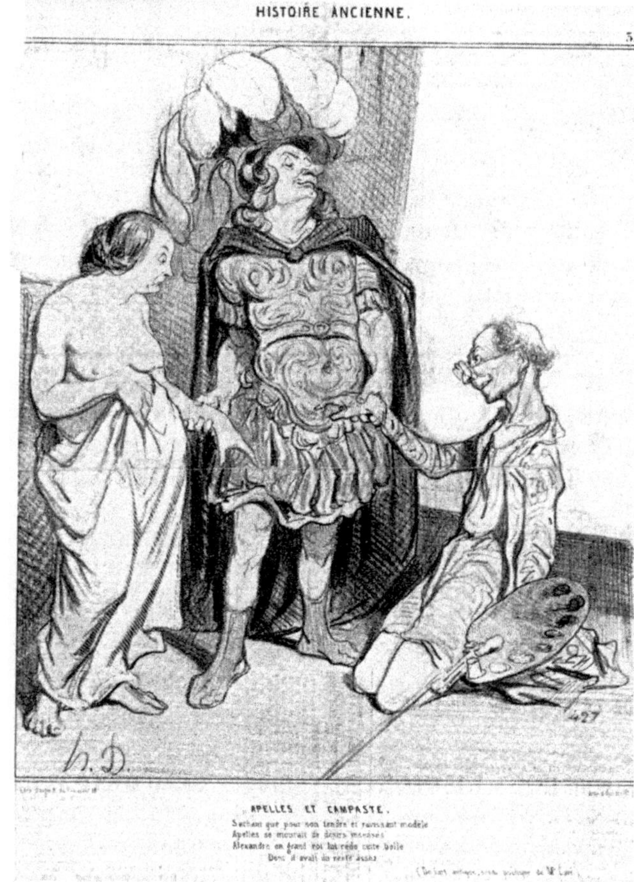

Abb. 167: Honoré Daumier, Apelles und Campaste, La Charivari 30.11. 1842, Lithografie, public domain
Der Untertitel lautete: „Nach Alexanders zärtlichem und rei-zendem Modelle schmachtete Apelles in irrsinniger Liebe. Ale-xander wusste es und, großer König, der er war, trat ihm die Schöne ab, zumal er ihrer überdrüssig."

léon Bonaparte an der Küste Frankreichs und wird mit Mehrheit zum Staatspräsidenten (ab 1852 als Napoleon III. Kaiser) gewählt. Daumier stellt mit seiner Karikatur „Napoleonischer Dampfer" eine Parallele zur Rückkehr Napoleons I. von Elba her. Ein zerrupfter Adler zieht Louis-Napoléon Bonaparte in einem für ihn zu groß ge-ratenen Napoleon-Hut an die französische Küste. Nichts wendet sich zum Besseren. Daumier kritisiert die Ein-schränkung der Pressefreiheit. Das allgemeine Wahl-recht wird beschnitten. Die führende Rolle der Kirche in der Volksbildung wird wieder hergestellt. Daumier sieht Reaktion auf der ganzen Linie.

Mit Sorge verfolgt er in den 1860er Jahren die erstar-kende Militärmacht Preußens, die dann auch zum deutsch-französischen Krieg 1870 führt. In „Ein Alp-traum des Herrn von Bismarck – Danke!" zeigt der Tod dem deutschen Kanzler, was dieser angerichtet hat: ein unübersehbares Leichenfeld. Dann erfolgt mit der Com-mune 1871 ein für Daumier hoffnungsvoller Aufbruch. Er wird Mitglied einer Kommission, die für die Unver-sehrtheit der Museen zu sorgen hat. Aber die Commune wird von dem konservativen Ministerpräsidenten Adolphe Thiers mit Unterstützung Bismarcks blutig er-stickt. 30 000 Kommunarden finden den Tod, 40 000 werden verhaftet, von denen 3000 deportiert werden. „Maudite! Das verfluchte Jahr" kommentiert Daumier.

Weitere Themenbereiche von Daumier: die Verlogenheit und Geldgier der Juristen (Daumier hat anfangs als Laufbursche bei einem Gerichtsvollzieher gearbeitet), Ehesitten im damaligen Paris, die verlogene Moral: Der Kleinbürger tritt mit Häubchen, Schlafmütze, Staubtuch und Blumentopf auf. Die stürmische Industrialisierung lässt die sozialen Spannungen zunehmen. Es gibt viele Arbeitslose in Paris. Die Kriminalität nimmt zu, die Bewohner sind verunsichert. Aber der gute Bürger mit der Zipfelmütze auf dem Kopf züchtet auf seinem Balkon die Tugend und die Blumen. Daumier karikiert auch Spitzwegs armen Poeten. Nur dass er bei Daumier auf die Hausbesitzer flucht, die zu hohe Mieten verlangen und die Wohnungen vergammeln lassen. Daumier zeichnet sich durch einen konsequenten Antiklerikalismus aus. Als im Jahr 1872 das spanische Volk sich gegen die Unterdrückung erhob, wurde der Aufstand von der Obrigkeit im Blute erstickt – die katholische Kirche beteiligte sich engagiert daran. Daumier lässt einen Jesuiten-Pfaffen aus dem Hinterhalt auf das spanische Volk schießen: „In Spanien – Christliche Nächstenliebe" (1872).

Der reaktionären Politik mit der Konsolidierung des Bürgerkönigtums entsprach die Restauration in der Kultur: Gefordert wurde, einen klassischen Themen- und Regelkanon zu befolgen, der die Freiheit der Kunst einschränkte: Daumier reagierte darauf mit beißender Satire in seinen „Histoire Ancienne", den antiken Geschichten.

Apelles war der vielgerühmte Malerfürst des alten Griechenlands. Künstler wurden von der Obrigkeit deshalb mit dem Ehrentitel „der Apelles seines Zeitalters" ausgezeichnet, so zum Beispiel Tizian durch Kaiser Karl V.. Von Apelles heißt es, dass er in heißer Liebe zu einem Modell „Campaste" entflammt war. Diese war jedoch die Geliebte Alexanders des Großen. Dieser großherzige König überließ dem berühmtesten Künstler die Schöne. Daumiers Seitenhieb mit seiner Lithografie „Apelles und Campaste" gilt den die Antike nachäffenden Künstlerkollegen. Der „Charivari" kommentierte zu seiner Zeit: „Die antike Schönheit hat die großen Künstler immer gereizt.

David hat sie vorausgeahnt, Ingres hat sie gesucht, Daumier hat sie gefunden. [...] Diese Wiederherstellung (Erneuerung) der griechischen Kunst hat Daumier keinesfalls ins Institut geführt, aber eingebracht hat sie ihm den ruhmreichen Beinamen des Fortsetzers von Apelles." (zit. n. Katalog 1993)

Bewertung

ndererseits setzt die italienische Renaissance sehr wohl byzantinische Traditionen fort, wie die Revitalisierung der Heiligenbilder und die Verehrung der Maria als Gottesgebärerin zeigen. Es werden aber andere Akzente gesetzt. Die Bilder der Heiligen werden nicht mehr auf „unerklärliche" Weise durch Gottes Hand selbst geschaffen sondern durch die Erleuchtung von Genien. Gott führe den Inspirierten die künstlerische Hand und zaubere so mit dem Pinsel die Wunder auf die Leinwand. Der erste bedeutende Kunsthistoriker der Welt, Giorgio Vasari (1511 - 1574), schreibt in seiner Einleitung zu der Leonardo-Biografie: „Reiche und manchmal übernatürliche Gaben sehen wir oft von der Natur mit Hilfe der himmlischen Einflüsse über einzelne Menschen ausgebreitet. Bisweilen aber vereinigen sich in einer einzigen Persönlichkeit Schönheit, Liebenswürdigkeit und Kunstbegabung so herrlich, dass, jede ihrer Handlungen glücklich erscheint, alle anderen Sterblichen hinter ihr zurückbleiben und sich deutlich offenbart: ihre Leistung ist von Gott gespendet, nicht aber durch menschliche Kunst erworben. Dies erkannte man bei Leonardo da Vinci. Sein Körper war mit nie genügend gepriesener Schönheit geschmückt ... Wirklich wunderbar und gottbegnadet war Leonardo..." (Vasari, S. 228) Vasaris Ausführungen stehen allerdings im Widerspruch zu Leonardos Kunstauffassung: Er sah sich als Handwerker und Kunst als erlernbares Können, als Wissenschaft.

Vasari begründete mit seiner Vielzahl von Künstlerbiografien, die die Einzigartigkeit und Erleuchtung der italienischen Künstler vor allem der Renaissance preisen, die Vorgehensweise auch noch von vielen modernen Kunsthistorikern, die sich von dem Stil- und Formwillen einzelner Künstlerpersönlichen von einem Genie zu einem anderen Genie tasten, ohne die Brüche und die inhaltlichen Veränderungen gebührend im Zusammenhang darzustellen und ohne den religiösen Charakter von Institutionen, Erleuchtungen und Genien-Kult zu reflektieren.

Rückgriffe auf die griechische und römische Ideenwelt finden sich in der Folgezeit nicht nur bei den Epochen prägenden Malern wie Peter Paul Rubens (1577 - 1640), bei dem Mars, Venus und Minerva für den Sieg der katholischen Heere in den Glaubenskriegen des 30-jährigen Krieges sorgen oder bei Nicolas Poussin (1594 - 1665), der mit dem Bild „Die Hirten von Arkadien, Et in Arcadia ego" seine künstlerische Berufung und Sendung erfährt. Im Rokoko lässt Jean-Antoine Watteau (1684 - 1721) seine Liebenden in seinem Hauptwerk nach Kythera einschiffen, jener Insel der Aphrodite, wo die Liebesgöttin aus dem Meeresschaum geboren und an Land gestiegen sein soll. Bei Francois Boucher (1703- 1770) tritt seine barbusige Madame Pompadour auf einem sabbernden Stier – die Verkörperung des Sonnenkönigs Ludwigs XV. – die Reise nach Kreta an. Der Titel: „Der Raub der Europa". Bei den englischen Präraffaeliten, den deutschen Nazarenern und Symbolisten, überall findet sich der Rückgriff auf die Mythen- und Legendenbildung der Antike.

Das griechische Schönheitsideal bleibt form- und stilbestimmend bis in die Zeit des Wilhelminischen Kaiserreichs, wie auch zum Beispiel die plastischen Arbeiten von Reinhold Begas (1831 - 1911) mit dem Neptunsbrunnen vor dem Roten Rathaus in Berlin, dem Nationaldenkmal für Kaiser Wilhelm I., enthüllt 1897, und dem 1901 fertiggestellten Bismarck-Nationaldenkmal, das heute am Berliner Großen Stern aufgestellt ist, zeigen.

Im Grunde bricht erst der französische Impressionismus – und vor allem deren Nachfolger in der Moderne – mit der idealistischen und idealisierenden Ideenwelt. Vereinzelt hatte es schon Kritik an den Malvorschriften, abgeleitet aus den Idealvorstellungen der Antike, gegeben, so in der Renaissance nördlich der Alpen oder in dem Bild „Ganymed und der Adler" von Rembrandt Harmensz van Rijn, wo das angsterfüllte Baby Ganymed sein rosiges nacktes Hinterteil zeigt, aus dessen Piepmatz tröpfelt es, während der mächtige Adler Zeus seinen Mundschenk für homoerotische Abenteuer in den Olymp befördert. Oder Honoré Daumier macht sich in seiner Lithografie Apelles und Campaste über eine Legende lustig. Der Untertitel lautete: „Nach Alexanders zärtlichem und reizendem Modelle schmachtete Apelles in irrsinniger Liebe. Alexander wusste es und, großer König, der er war, trat ihm die Schöne ab, zumal er ihrer überdrüssig."

Den durchgreifenden Bruch mit der Illusionsmalerei gelang aber Picasso 1907 mit seinem Werk Les Demoiselles d'Avignon. Carsten-Peter Warncke führt dazu aus: „Parisurteil und Venustypen verwendete Picasso mit gutem Grund. Beim Parisurteil geht es schließlich um die ideale Schönheit, die Venus verkörpert.
Das Problem künstlerischer Gestaltung solch ästhetischer Normen war auch ausschlaggebend für Picassos Entscheidung zugunsten einer Komposition aus fünf verschiedenen Frauen. Hier spielt Picasso auf eine antike Anekdote an. Danach habe der Maler Zeuxis, vor die Aufgabe gestellt, Helena, die sagenhafte schönste Frau der Menschen, zu malen, die fünf schönsten Jungfrauen der Insel Kroton zum Modell genommen, um durch eine Kombination ihrer jeweils schönsten Körperbildungen eine in der Natur nicht vorhandene vollkommene Idealgestalt zu schaffen. Ergänzend zeigt auch das Stillleben im »Demoiselles«-Gemälde eine kunsttheoretische Aussage an. Allen Betrachtern fiel bisher die unmotivierte Stellung dieses Details in der angeblichen Bordellszene auf, wie auch die stilistische Differenz der ziemlich illusionär gemalten Früchte zur Darstellung der Figuren. Hier verweist Picasso auf eine andere Zeuxis-Anekdote, der zufolge der antike Maler in einem seiner Gemälde

Früchte, insbesondere Weintrauben, so naturgetreu nachbildete, dass sich Vögel davon täuschen ließen und heranflogen, um davon zu naschen. Diese Histörchen sind nicht nur Allgemeingut der kunstgeschichtlichen Überlieferung, sie sind auch für die Geschichte der Malerei von Bedeutung. Zeuxis gilt als der Begründer der Illusionsmalerei. also genau jener Kunstauffassung, gegen deren Regeln Picasso mit den »Demoiselles d´Avignon« und ihre nichtnormativen Ästhetik programmatisch angeht.

... Picassos Anliegen ist denn auch nicht der Bruch mit der Tradition, sondern die Zerstörung der Konvention – und das ist etwas ganz anderes. Ihm gelingt hier, wie in keinem anderen Werk der europäischen Moderne, eine Reflexion über das Malen und über die Schönheit der Kunst." (Warncke, S. 162 f.) Picasso mischte die Karten in der Malerei neu, verwarf den Illusionismus und konstruierte Bilder nach seinem Empfinden und der Wirklichkeit als „eigenständige Wesen". Kunst wird als menschliches Kommunikationsmittel und nicht als Botschaft des übernatürlich Göttlichen verstanden. Markige Sprüche von Pablo Picasso bezeugen die große Hochachtung dieses Künstlers vor der prähistorischen Kunst. Nach dem Betrachten der Höhlenmalereien von Altamira soll er gesagt haben: „Nach Altamira ist alles Dekadenz." Nach dem Besuch von Lascaux formulierte er: „Wir haben nichts dazugelernt."

Künstler der klassischen Moderne stellten die Weichen der Malerei neu. Zuvor hatte schon Henri Matisse 1906 mit seinem Bild „Lebensfreude" einen Bruch mit der traditionellen Malerei vollzogen. Auch dieses Bild soll durch Höhlenmalereien angeregt worden sein. Schon Auguste Renoir hatte vor ihm eine neue Orientierung vorgegeben: Die Maler hätten eines Tag kein Schwarz mehr besessen und trotzdem weitergemalt. Henry Moore beschäftigte sich schon während seines Bildhauerstudiums vor allem mit der Kunst der Kykladen. Er verband damit eine grundsätzliche Kritik der traditionellen Malerei: „»Es gab eine Zeit, da vermied ich es, mir irgendwelche griechische oder Renaissanceplastiken anzusehen. Damals glaubte ich, die griechische und die Renaissance-

kunst seien ›der Feind‹, man müsse das alles über Bord werfen und wieder vom Anfang der primitiven Kunst an beginnen.« Moore forderte nicht weniger als »das Entfernen der griechischen Brille von den Augen der modernen Bildhauer«." Besonders erfreut war er, als das Britische Museum ihm die Gelegenheit gab, sein Werk „Moonhead" (1964) in der Sammlung zusammen mit der Kykladenkunst auszustellen. Moore: „Ich liebe und bewundere die kykladischen Skulpturen, sie sind von so elementarer Einfachheit."

Pablo Picasso mag als exemplarischer Künstler gelten, der sich intensiv mit den Bildern der Vergangenheit auseinandersetzte, mit Lucas Cranach, Velazquez, Delacroix, David und vielen anderen und deren inhaltliche Aussagen oft sogar ins Gegenteil verkehrte. Er bezog die Kraft dazu auch aus den Höhlenmalereien und eben den Kykladen-Skulpturen. Den Kykladen-Bilderhauern sei es gelungen, Fruchtbarkeitsidole und Lebensgöttinnen zu Symbolen zu wandeln – zu Symbolen der Liebe ohne Dominanz.

Zum „Anfang der primitiven Kunst" zurückzukehren, ist auch angesichts der ständigen Konfrontation mit der Kunst der Griechen, ihren Schönheitsidealen und ihrem Fortleben in der Kunst nicht möglich. Künstler der Moderne wie Pablo Picasso, Constantin Brancusi, Henri Matisse oder Alberto Giacometti, Alexander Archipenko, Hans Arp, Wilhelm Loth, William Turnbull oder Lothar Fischer gingen daran, die inhaltlichen Aussagen der konventionellen Kunst zu überprüfen und zu revidieren. Sie versuchten, den Illusionismus aus ihren Bildern zu vertreiben und stritten für eine befreite Kunst. (hierzu ausführlicher: Stolberg)

Auch Kasimir Malewitsch versuchte, radikal mit der Kunst der Vergangenheit zu brechen, indem er sein schwarz-anarchistisches oder sein revolutionär-rotes Quadrat anstelle des Jesus-Pantokrators in die Kuppeln der orthodoxen Kirche platzieren wollte. Die russische Avantgarde und auch das deutsche Bauhaus versuchten – nicht ohne Widersprüche – eine Neuausrichtung der

Kunst, weg vom Illusionismus, der Idealbildung und dem Geniekult. Sie scheiterten. Sie wurden vereinnahmt, in die Museen verfrachtet und zu den neuen Genien erklärt. Jetzt geben nicht mehr Despoten und kirchliche Würdenträger die Malanweisungen: Der Markt regelt, wer als Genie zu gelten hat und wer mit Schwindel erregenden Millionensummen für diese Rolle verwöhnt wird. Die Milliardäre der Welt haben die Regie im Illusions-Kunstzirkus übernommen.

Literatur

Anati, Emmanuel (2002): Höhlenmalerei. Düsseldorf.

Arsuaga, Juan Luis (2003): Der Schmuck des Neandertalers. Hamburg.

Assmann, Jan (2000): Religion und kulturelles Gedächtnis. München.

Bachofen, Johann Jakob (1995): Das Mutterrecht. Eine Untersuchung über die Gynaikokratie der alten Welt nach ihrer religiösen und rechtlichen Natur. Eine Auswahl. hrsg. v. Hans-Jürgen Heinrichs. Frankfurt am Main.

Bar-Yosef, O., Gropher A. (Hg.) 1977: An early Neolithic Village in the Jordan Valley, Part I: The Fauna of Netiv Hagud. American School of Prehistoric Research Bulletin 43. Cambridge, MA: Peabody Museum

Batiuk, Stephen D. (2013): The fruits of migration: Understanding the ›lonue dureé‹ and the socioeconomic relations of the Early Transcaucasian Culture, Journal of Anthropological Archaeology. 32 (4): 449-477

Bauer, Joachim (2008) Das kooperative Gen – Abschied vom Darwinismus, Hoffmann und Campe, Hamburg

Bauer, Joachim (2004): Das Gedächtnis des Körpers. Wie Beziehungen und Lebensstile unsere Gene steuern. München Zürich.

Bednarik, Robert G. (2003): A figurine from the Africaan Acheulian. Current Anthropology 44(3), S. 405 – 413

Bednarik, Robert G. (2013):(Hrsg.): The origins of modern human behaviour. Nova Press, New York, ISBN 978-1-62257-901-3; darin S. 1–58: The psychology of human behaviour

Benz, Marion, Bauer, Joachim (2010): Neolithics 2/13. The Newsletter of Southwest Asian Neolithic Research, Berlin, ex oriente e.V.

Bernbeck, Reinhard (1997): Theorien in der Archäologie. Tübingen/Basel.

Bosinski G., Fischer, G. (1974): Die Menschendarstellungen von Gönnersdorf der Ausgrabung 1968. Der Magdalénien-Fundplatz Gönnerdorf 1, Wiesbaden

Bourdieu, Pierre (1999): Die Regeln der Kunst – Genese und Struktur des literarischen Feldes, Frankfurt am Main, Suhrkamp

Bourdieu, Pierre (2012): Die männliche Herrschaft, Frankfurt am Main, Suhrkamp

Boyd, Brian (2009): On the Origin of Stories: evolution, cognition and fiction. Cambridge, Mass., Belknap Press of Harvard University Press

Brosius, Bernhard (2004): Von Cayönü nach Catal Höyük, Internetveröffentlichung, veröffentlicht auch unter dem Titel "Vergessene Welt" in Inprekorr, 400/401, 24-29, 2005.

Carbonell et al. (1998): The Pleistocene site of Gran Dolina, Sierra de Atapuerca, Spain: a history oft he archaelogical investigations, Journal of Human Evolution (1999) 37, 313-324

Casado López, Pilar (1977): Los signos en el arte paleolitica de la peninsula Iberica. In: Monografias arqeologicas. Saragossa. S. 269.

Cauvin, J. (1977): Les fouilles de Mureybet (1071 – 1974) et leur signification pour les origines de la sedentarisation au Proche-Orient, Annual oft he American School of Oriental Research 44: 19-48

Childe, Gordon (1936): Man makes himself, London, Watts

Christensen, Lisbeth Bredholt (2010): in: Benz, Marion (g) The Principle of Sharing, Segregation and Construction of Social Identities at the Transition from Foraging to Farming. Stdies in Early Near Eastern Production, Subsistence, and Environment 14 (2010) 81-90. Berlin, ex oriente.

Clottes,Jean; Lewis-Williams, David (1997): Schamanen Trance und Magie in der Höhlenkunst der Steinzeit. Sigmaringen.

Cohen, Claudine (2003): La Femme des origines. Images de la femme dans la préhistoire occidentale, Paris

Cook, Jill (2013): Ice Age art. arrival of the modern mind. Katalog der Ausstellung des Britischen Museum vom 7. Februar bis 26 Mai 2013. The British Museum Press, London.

Deacon, Terence William (1997): The symbolic species: the co-evolution of language and the brain. New York, W.W. Norton.

Delporte Henri (1993): L'image de la femme dans l'art préhistorique, überarbeitete Ausgabe, Paris.

Dörfler (2006): Lexikon der Kunst, 12 Bände, Gesamtleitung: Wolf Stadler, Eggolsheim-Bammersdorf.

Drößler, Rudolf (1980): Die Kunst der Eiszeit. Von Spanien bis Sibirien. Leipzig, Koehler & Amelung.

Durkheim, David Émile (1981): Les formes élémentaires de la vie religieuse. Félix Alcan, Paris 1912. deutsche Übersetzung von Ludwig Schmidts: Die elementaren Formen des religiösen Lebens. Deutsch. Suhrkamp, Frankfurt am Main

Einstein, Carl (1930er Jahre): Handbuch der Kunst, Typoskripte, Manuskripte. Courtesy Akademie der Künste, Berlin, Carl-Einstein-Archiv Nr. 219

Elze, Reinhard, Konrad Repgen (2003): Studienbuch Geschichte – eine europäische Weltgeschichte, Stuttgart, Klett-Cotta

Engels, Friedrich (1976): Die Entstehung der Familie, des Privateigentums und des Staats, in: K. Marx und F. Engels, Progress, Moskau.

Falkenstein, Frank, Tierdarstellungen und „Stierkult" im Neolithikum Süd-osteuropas und Anatoliens. In: H. Todorova, M. Stefanovich, G. Ivanov (Hg.), The Struma/Strymon River Valley in Prehistory, Proceedings of the International Symposium "Strymon Praehistoricus", Kjustendil-Blago-evgrad (Bulgaria) / Serres-Amphipolis (Greece), 27.09.-01.10.2004 (Sofia 2007) S. 123-138.

Fock, Gerhard J. (1989): Felsbilder in Südafrika. Köln.

Foucault, Michel (1978): Dispositive der Macht. Michel Foucault über Sexualität, Wissen und Wahrheit. Berlin.

Foucault, Michel (2005): Analytik der Macht, Frankfurt am Main.

Freud, Sigmund (1970): Gesammelte Werke. 16. Band, 2. Auflage, Frankfurt am Main, S. 90-93

Freud, Sigmund (1970): Abriss der Psychoanalyse. Das Unbehagen in der Kultur. Frankfurt am Main.

Fromm, Erich (1981): Die Seele des Menschen, Frankfurt am Main, Berlin, Wien

Fromm, Erich (1981): Gesamtausgabe

Fromm, Erich (2001): Märchen, Mythen, Träume   Eine Einführung in das Verständnis einer vergessenen Sprache, Rowohlt, Reinbek bei Hamburg.

Gimbutas, Marija (2010): Göttinnen und Götter im Alten Europa - Mythen und Kultbilder 6500 - 3500 v. Chr., Uhlstädt-Kirchhasel, Arun-Verlag

Göttner-Abendroth, Heide (Hg) (2006): Gesellschaft in Balance, Kohl-hammer, Stuttgart.

Graziosi, Paolo (1956): L'arte dell'antica età della pietra, Sansoni, Firenze.

Güler, Mustafa, Celik, Bahattin, Güler, Gül (2012): New Pre-Pottery Neolithic Settlements from Viransehir District, in Anadolu / Anatolia 38, 2012

Gutbrod, Karl (Hg.) (1975): DuMont´s Geschichte der frühen Kulturen, DuMont Schauberg, Köln.

Guthrie, R. Dale (1971/2005): The nature of Paleolithic art. Chicago, University of Chicago Press.

Gutjahr, Ortrud (2005): Freiburger literaturpsychologische Gespräche, Kulturtheorie, Band 24.

Haarmann, Harald (2010): Einführung in die Donauschrift, Hamburg, Helmut Buske Verlag

Haarmann, Harald (2011): Das Rätsel der Donauzivilisation, München, C. H. Beck

Haarmann, Harald (2016): Auf den Spuren der Indoeuropäer, München, C. H. Beck

Hahn, Joachim (1970): Die Stellung der männlichen Statuette aus dem Hohlenstein-Stadel in der jungpaläolithischen Kunst, Germania, Vol. 48, Seiten 1-12

Hamann, Richard (1963): Geschichte der Kunst (2 Bände). Akademie-Verlag, Berlin.

Hegel, Georg Wilhelm Friedrich (1837): Vorlesungen über die Philosophie der Geschichte. (gehalten 1822–1831, aus Notizen und Mitschriften 1837 postum hg. v. E. Gans)Berlin

Henshilwood, Christopher S. et al.(2011): A 100.000-Year-Old Ochre-Processing Workshop at Blombos Cave, South Africa. In: Science, Band 334, Nr. 6053, S. 219-222

Hodder, Ian (2004): Women and Men in Çatalhöyük. Scientific American, Jan. 2004, Vol. 290, Issue 1

Hovers, Erella, Shimon Ilani et al. (2003): An Early Case of Color Symbolismm: Ochre Use by Modern Humans in Qafzeh Cave. Current Anthropology 44(4): 491-522

Ivanova, Marya (2012): Kaukasus und Orient: Die Entstehung des Maikop-Phänomens" im 4. Jahrtausend v. Chr., Prähistorische Zeitschrift 2012; 87(1): S. 1-28

Jacobs Z, Roberts RG. (2009): Catalysts for Stone Age innovations: What might have triggered two short-lived bursts of technological and behavioral innovation in southern Africa during the Middle Stone Age? Commun Integr Biol. 2(2): 191-3. PMID 19513276

Johanson, Donald, Blake Edgar (2006): Lucy und ihre Kinder. Mit Photographien von David Brill, aus dem Englischen übersetzt von Sebastian Vogel, 2. aktualisierte und erweiterte Auflage. Elsevier Verlag, München.

Jordá Cerdá, Francisco (978): Los estilos en el arte parietal magdaleniense cantábrico, in Curso de Arte rupestre paleolítico, (Publicationes de la UIMP, Santander-Zaragoza, 1978), S. 73; Casado López, **Pilar** (1977), Los signos en el arte paleolítico de la península Iberíca, Monografías Arqueológicas (Saragossa), S. 269.

Jung, Carl Gustav (2009): Archetypen, München.

Karlgren, Bernhard {1937): Ordos und Huai. BMFEA 9, Stockholm.

Kindlers Malerei Lexikon im dtv. (1982): Koordinator und Chefredakteur der Bände 1–12: Dr. Rolf Linnenkamp. München.

Klima, Bohuslav (1974): Archeologicky vyzkum plosiny predjeskyni Pekarnou- Studie Archeologickeho ustavu CSAV II, 1973, Brno

Köhler, Thomas (2006): Freuds Schriften zu Kultur, Religion und Gesell-schaft. Gießen.

König, Marie E.P (1973): Am Anfang der Kultur. Berlin.

Leakey, Mary (1983): Africa´s Vanishing Art: The Rock Paintings of Tanzania, London.

Leroi-Gourhan (1971): Prähistorische Kunst. Die Ursprünge der Kunst in Europa (= Ars Antiqua – Große Epochen der Weltkunst). Herder Verlag, Freiburg/B.

Lévy-Strauß, Claude (1962/1968): La pensée sauvage, deutsch von Hans Naumann, Das wilde Denken, Suhrkamp, Frankfurt a. M.

Mania, Dietrich/Mania, Ursula (2004): Der Urmensch von Bilzingsleben. in: Katalog 2004.

Mania, Dietrich (2004): Königsaue – Jäger am Ascherslebener See vor 80.000 Jahren. In: Katalog 2004

Marshak, Alexander (1997): The Berekhat Ram figurine; a late Acheulian carving from the Middle East. Antiquity, 71 (272, S. 327. Online als PDF

Marshak, Alexander (1972): 1972. The Roots of Civilization: the Cognitive Beginning of Man's First Art, Symbol and Notation. New York: McGraw-Hill.

Marx, Karl (1974): Grundrisse der Politischen Ökonomie, Berlin, Dietz

Mc Brearty, Sally/Brooks, Alison S. (2000):The revolution that wasn´t: a new interpretation of the origin of modern human behavior. Journal of Human Evolution 39 (5): S. 453-563

Mc Dermott, L.D. (1996): Self-Representation in Upper Palaeolithic Femal Figurines, Current Anthropoly 37: S. 227-275.

Mellaart, James (2005) Internetveröffentlichung, auch: Çatal Hüyük. Stadt aus der Steinzeit. 2. Auflage, Lübbe, Bergisch Gladbach 1973.

Meller (2005): in Katalog 2005.

Mithen, Sreven (1996/2004): „We Have Allways Been ... Cyborgs". Metascience 13 (2).

Morgan, Lewis Henry (1877): Die Urgesellschaft

Morsch, Michael G.F. (2002) Magic Figurines? Some Remarks About the Clay Objects of Nevali Cori, in: H.G.K. Gebel, B. Dahl Hermansen & C. Hoffmann Jensen (eds.), Magic Practices in the Near Eastern Neolithic. Studies in Early Near Eastern Production, Subsistence and Environment

Odlin-Smee, Laland et al. (2003): Niche Construction: the neglected process in evolution. Princeton, Princeton University Press.

Özdogan, Mehmet (1999): Nothwestern Turkey: Neolithic cultures between the Balkans and Anatolia. In: Özdogan, N. Basgelen(Hg): Neolithic in Turkey, Istanbul 1999, S. 203-236

Özdogan, Mehmet (2011): Archaeological Evidence on the Westward Expansion of Farming Communities from Eastern Anatolia to the Aegean and the Balkans. In: Current Anthropology 52 (2011) 415–430. auch: Neolithic Sites in the Marmara Region. Fikirtepe, Pendik, Yarımburgaz, Toptepe, Hoca Çeşme, and Aşağı Pınar. In: Nezih Başgelen, Mehmet Özdoğan, Peter Kuniholm (Hg.): The Neolithic in Turkey. New Excavation & New Research, Bd. 5: Northwestern Turkey and Istanbul, Istanbul 2013.

Pales, Leon (1969): Le Gravures de la Marche: Felins et Ours, Bordeaux.

Parzinger, Hermann (2014): Die Kinder des Prometheus – Eine Geschichte der Menschheit vor der Erfindung der Schrift, München. C.H. Beck.

Peschlow-Bindokat, Anneliese (2003): Frühe Menschenbilder. Die prähistorischen Felsmalereien des Latmos-Gebirges (Mainz, Ph. v. Zabern 2003) ISBN 3-8053-3001-4.

Pfeiffer, John E. (1986): The Creative Explosion: An Inquiry Into the Origins of Art and Religion. New York.

Pike, A.W.G. et al. (2012) Science 336, 1409-1413

Pohanka, Reinhard (2014): Die Urgeschichte Europas. Wiesbaden.

Porr, Martin (2004): Was wurde aus ihnen? Das Ende der Urmenschen. in: Katalog 2004.

Robbins, Lawrence; Murphy Michael, Campbell, Alec; Brook, George (1996): Excavations at the Tsodilo Hills Rhino Cave. Botswana Notes and Records 28.

Schelsky, Helmut (1964): Soziologie der Sexualität. Hamburg.

Schmid, E. (1989): Die altsteinzeitliche Elfenbeinstatuette aus der Höhle Stadel im Hohlenstein bei Asselfingen, Archäologische Ausgrabungen in Baden-Württemberg, Vol. 14, Seiten 33-118

Schmidt, Klaus (2010): Göbekli Tepe – the Stone Age Sanctuaries. New results of ongoing excavations with a special focus an sculptures and high reliefs, in Documenta Praehistorica XXXVII (2010), UDK 903.6(560.8)"633/634":636.01

Soffer, O., Adovasio, J. M. , Hyland, D. C. (2000): The „Venus" Figurines. Current Anthropology Volume 41, Number 4, August - October.

Soressi, Marie; D´Errico, Francesco (2007): Neanderthal Symbolisme, in: Biologie et cultures. Paris, Editions du CTHS (Documents Préhistoriques; 23), S. 297-309

Sterelny, Kim (2004): Externalism, Epistemic Artefacts and the Extended Mind. In R. Schantz (Hg.), The Externalist Challenge. Berlin, New York Walter de Gruyter.

Sterelny, Kim (2003/2010): Thought in a hostile world: the evolution of human cognitions. Malden, Massachusetts.

Tacon, Paul (2014): The global implications of the early surviving rock art of greater Southeast Asia, Antiquity, 2014; Vol. 88: 342, Seiten 1050 – 1064

Texier, Pierre Jean, G. Porraz, J. Arkington: A Howiesons Poort tradition of engraving ostrich eggshell containers dated to 60,000 years ago at Diepkloof Rock Shelter, South Africa, in: Proceedings of the National Academy of Sciences of the United States of America (PNAS) 107 (14), 2010, 6180-6185

Tokarew, Sergei Alexandrowitsch (1978): Die Religion in der Geschichte der Völker, Berlin, Dietz

Zeki, Semir (2010): Glanz und Elend des Gehirns – Neurobiologie im Spiegel von Kunst, Musik und Literatur, München, Reinhardt.

Zotz, Lothar (1966): Ewiges Europa, Urheimat der Kunst. Bonn.

Züchner, Christian (2003): Zu den Anfängen der Höhlenkunst in Westeuropa. In J. M. Burdukiewicz (Hg.), Erkenntnisjäger. Kultur und Umwelt des frühen Menschen. Festschrift für Dietrich Mania. (Veröffentlichungen des Landesamtes für Archäologie Sachsen-Anhalt. Landesmuseum für Vorgeschichte Band 57 II) (S.689-696). Halle: Landesamt für Archäologie Sachsen-Anhalt.

Kataloge/Veröffentlichungen

Antiquity (2014)

Katalog (2004): Paläolithikum und Mesolithikum, Kataloge zur Dauerausstellung im Landesmuseum für Vorgeschichte Halle, Band 1, Hrsg. Harald Meller, Halle (Saale) 2004

Katalog (2005): Geisteskraft. Alt- und Mittelpaläolithikum, Begleithefte zur Dauerausstellung im Landesmuseum für Vorgeschichte Halle, Band 1, Hrsg. Harald Meller, Halle (Saale) 2005

Katalog (2012): LebensWandel. Früh- und Mittelneolithikum, Begleithefte zur Dauerausstellung im Landesmuseum für Vorgeschichte Halle, Band 3,

Hrsg. Harald Meller, Halle (Saale) 2012

Katalog (2016): Kunst der Vorzeit – Felsbilder aus der Sammlung Frobenius. Hrsg.: Karl-Heinz Kohl, Richard Kuba, Helène Ivanoff. Frobenius Institut Frankfurt am Main, Prestel Verlag, München.

Katalog (2018): Neolithische Kindheit. Kunst in einer falschen Gegenwart, ca. 1930,

Mitteilungen der Gesellschaft für Urgeschichte – 23 (2014), S. 121: Bringing the Middle Stone Age into Clearer Focus, Nicholas J. Conrad, Gregor D. Bader, Viola C. Schmid, Manuel Witt

Proceedings of the National Academy of Sciences of the United States of America, 2010, vol no. 14, Pierre-Jean Texier, 6180-6185, dol: 10.1073/pnas.0913047107: A Howiesons Port tradition of engraving ostrich eggshell containers dated to 60.000 years ago at Diepkloof Rock, Shelter, South Africa

Proceedings of the National Academy of Sciences, 2012, vol.109 no. 22, Randall White et al. 8450-8455,